世界とつなぐ起点としての日本列島史

荒武賢一朗 編
Aratake Kenichiro

清文堂

世界とつなぐ
起点としての日本列島史

目次

第1部　商人たちがもたらす地域経済の充実

第2部　文化と経済の内実——外来文化と地場産業

第3部　「国際交流の現場」を明らかにする――外交の実態

世界とつなぐ 起点としての日本列島史

序章　世界とつなぐ　起点としての日本列島史

荒武賢一朗

〔本書の意図と目的〕

本書は、平成二十五・二十六年度東北大学東北アジア研究センター共同研究および同センター上廣歴史資料学研究部門共同研究（歴史資料学の調査と研究プロジェクト第一班）「日本列島の文化交渉史—経済と外交—」の成果をまとめた論文集である。

書名に掲げた『世界とつなぐ　起点としての日本列島史』とは、列島内部の歴史分析、日本と他地域の交流史を、「日本史」に収斂させることなく、日本から発信してより広い視座で議論をしたいという試みから名付けたものである。ちょうど今回の所収論文が出揃い、編集作業を開始したとき、日本史をテーマとする国際シンポジウムに出席した。この会合は海外在住の日本史研究者が組織したもので、冒頭の基調報告では「国史〈日本史〉の開国」という意味深な課題が提示された。これを聞いて、なるほどと頷く者、過激だと思う者、あるいはどうでも良い話題だと否定する者、受け取り方はさまざまであろう。この言葉を耳にして筆者は、言い得て妙だと感じたが、ふと考えてみれば長らくの間、日本における日本史研究は「鎖国」をしてきたのだ。もちろん近代日本の国史は、やがて日本史に看板を替え、多くの良質な成果を蓄積して今日に至っている。その歳月のなかでは、件の組織者を含む諸外国の研究者との交流も深まり、「日本史は日本人が研究する分野」

からの脱却が図られてきた。近年、これをさらに加速させているのは歴史学における新しい動向で、たとえば一国史的研究の克服を目指す動き、それに関連するグローバル・ヒストリーの隆盛であろう。ここ二〇年ほどの対外関係史や海を越えた文化交流が格段に水準を高めているのはその表れである(1)。

しかしながら、これらの有益な諸論考を興味深く読んで思うのは、結局行き着くところ「日本史のためなのか」、という疑問である。すべての研究がそうだと言うわけではなく、論者ごとの個性があることも承知の上だが、海外との関係を分析しながらも最終的には日本史のなかに閉じ込めようとする動きも垣間見える。軸足をどこに置くか、自らの実証をどの方向へ結びつけるのか、このような論点を探る必要があるだろう。日本史に取り込むよりはむしろ、日本列島の歴史研究を起点にして議論を組み立てる試みがあっても良い。その結果、研究者が本来目指すべき通説を超えて、新しい研究手法を編み出す契機を模索できるのである。このような挑戦は、すでに始まりつつある(2)。

私たちの共同研究では、近世・近代における日本の経済や外交に関する事例を集積し、それぞれの専門領域で分析を深めてきた。「日本列島史」と銘打ちながら、長い歴史の一部分しか扱わないのかという批判は当然受け止めなければならないが、それは偏に編者の力量不足によるものである。ただし、おおよそ十七世紀から十九世紀という時期の設定は、これまでの日本史が近世と近代に区分してきたものとは異なり、また政治体制の枠組みを超えて社会全体で共有する事柄も多く含まれる。短くなく、長いでもないという適切な括りで、各論をまとめて読者に提示することが大きな意義を持つだろうとの判断でもある。経済や外交に主題を定めたことも右の内容に重なることだが、一国史的観念の打破を目論む上で最も効果をもたらすのはこの二つの分野である。本書における意図としては、経済や外交に軸足を置き、そこから政治、社会、文化の諸問題へと展開することを想定した。

日本列島を出発点とするならば、対外関係だけを論じるのではなく、内部の要素を合わせて議論しなければならない。そこで第1部には「商人たちがもたらす地域経済の充実」と題して、国内における流通や商人の活動にねらいを定めた。第2部「文化と経済の内実――外来文化と地場産業」では、国内から海外への輸出品と、近代に展開される欧米技術の移入を取り上げ、経済交流を商品や技術に特化して各論を設定した。この物質文化の相互関係に対して、日本と他地域を行き交う人々を考察したのは第3部「国際交流の現場」を明らかにする――外交の実態」である。外交、移民、また対外関係を梃子にした内政への波及という課題を意識し、その舞台も対馬、朝鮮、琉球、さらにはカリブ海に至り、日本から広がる世界を描き出す。三部構成として各部のまとまりを重視する一方、本書のなかでさまざまな連関性も存在する。たとえば、第1部宮坂論文が詳述する漁民たちの移動と第3部ル・ルー論文の海外移民は生業と労働について共有し、第1部下向井論文の木綿統制は第2部小林論文における産業技術とも関連するほか、第1部荒武論文の大名家財政に関する内容は第3部古川論文の御用頼へとつながる、といった具合に全体を通読すれば、大きな歴史の流れを発見することができるだろう。

そして付け加えて説明すると、執筆者全員における最も大きなこだわりは「現場」を明らかにしていくことにある。ここでの現場とは、商人たちの売買や物流、そして世間の情報収集など（第1部）、ものづくりに意欲を燃やす職人や経営者たち（第2部）、そして日本と海外の交流では文化を伴いつつも、外交の場面による駆け引きや、日本から遠くカリブ海へ移民をする人々のありようなど（第3部）、そこには生々しい人間たちの足跡が刻まれている。私たちはこの現場に対する実証性を高めていくことを第一の目標に据えている。また、経済や外交とは称しながら、本書全体に通底しているのは地域史の分析から出発することである。房総半島や鳥取、天草や対馬など、いずれも小さな地域を取り上げつつ、それがやがて日本史となり、世界史にも接点を見出していく。これら個別の課題は、特定の分野のみに対応するのではなく、ひとつの「こだわり」からさまざまな論点への波及を想定している。少なくとも本共同研究のメンバーが連携することで、各自が手掛ける事例の分析とその歴史的意義、そして史実の豊富化が実現できたといえよう。このことから歴史学研究全般にも少なからぬ影響を与え、新しい歴史像の構築への貢献になるものと信じている。

〔各章の読みどころ〕

第1章「近世関東における干鰯流通の展開と安房」(宮坂)

本章では近世前期から中期における房総産干鰯の流通と、これに関わる安房国(現千葉県南部)の人々の役割を検討した。当該期の干鰯(魚肥)流通については、関西から房総への出稼ぎ漁民・商人が果たした役割や、その後の地元漁業の発展、また浦賀・江戸問屋をはじめとする流通ルートの成立・変容などの視点から研究が蓄積されており、全国流通と地域産業・流通の双方を考える素材として有効と言える。特筆すべきは、これまであまり検討されてこなかった安房の役割に注目した点である。房総産干鰯の研究は、大規模産地である九十九里を中心に検討されてきた。その一方、すでにこの分野で成果を出している原直史は、由緒書類に記される「安房からの江戸送り」を、浦賀と江戸の干鰯問屋の力関係を転換させたと位置付けており、安房の干鰯生産・流通を分析することは関東の干鰯流通を捉えるために必要不可欠な作業である。

具体的な実証分析では、関西出身者の房総への流入や安房での活動を確認し、干鰯の産地・問屋・関西出身者の関係を整理する。次に、安房産干鰯の数量的位置付けをおこなうことにより、房総三か国全体における安房の割合は小規模で、安房産干鰯の江戸出荷というだけでは、それほどの影響を持たない点を指摘する。そのうえで、三方を海に囲まれた安房では海上流通が発達しており、安房の船乗りが上総産干鰯の海上輸送を担っていたことを明らかにする。以上の結果、「安房からの江戸送り」は、安房の人々によって海上輸送されていた房総産干鰯が、江戸問屋に送られるようになったことを示すものであり、これが浦賀問屋の衰退(江戸問屋の入荷量増加）をもたらしたと主張したい。安房の船乗りたちによる干鰯輸送は、関東の干鰯流通構造を変化させる力を持っていたのである。

第2章「文政年間の木綿流通統制をめぐる三井越後屋と鳥取藩の交渉」（下向井）

三井越後屋は天明二年（一七八二）より伯州木綿の仕入をおこなっていた。これは越後屋が入手する主力木綿の一つだったが、文政元年（一八一八）、鳥取藩は木綿の流通統制を実施し、領外商人による在地の木綿仕入を禁止する。つまり、この政策によって越後屋は当地から締め出されたのである。そこで越後屋は、鳥取藩に対して仕入禁止の除外を要請する歎願活動をおこなうが、結果的に歎願を棄却され文政八年（一八二五）の流通統制廃止まで鳥取における仕入を中断した。以上の事実は既に知られており、藩専売制の研究の中でも、藩が三都問屋資本の前貸し支配地域に割り込み生産物の独占をはかる事例として取り上げられている。しかし、越後屋側の史料を丹念に検討していくと、国元と大坂蔵屋敷で複数回にわたり交渉を行っていること、越後屋が従来通りの仕入方法を要望するなかで、流通統制を主管する国益方は越後屋に対して流通統制の枠内での仕入を提案し、大坂蔵屋敷も越後屋の鳥取からの撤退を憂慮して独自に譲歩案を提示していること、鳥取藩側は越後屋の伯州木綿仕入自体を軽視していなかったものの最終的に双方の折り合いがつかず歎願を棄却したこと、などこれまで明らかになっていない事実がみえてくる。本章ではこれまで詳細に検討されてこなかった越後屋の歎願活動の過程を整理し、流通統制をめぐる商人と権力双方の具体像を明らかにする。そのうえで鳥取藩の流通統制と越後屋の木綿仕入について再評価し、流通統制・専売制研究に新視点を加えたい。

第3章「近世後期大坂商人の記録と情報―鴻池市兵衛家の史料から―」（荒武）

江戸時代の大坂といえば、日本列島における経済的拠点として広く知られているが、意外にもその内実を明らかにする史料は少ない。そのなかで本章では、これまで明らかではなかった近世後期大坂で両替商を営む鴻池（井上）市兵衛家の記録を分析し、当時の商人たちと大名家の関係、そして商人が自身を取り巻く社会をどのようにみていたのかを論じたい。これまで筆者は幕末維新期の市兵衛家について分析を進めてきた。鴻池善右衛門に代表される大坂の「豪商」はともかく、それよりも下位ながら明治時代に至る息の長い商家の歴史をひもとくことは都市の実像を明らかにすることにもつながるであろう。そこでまず、本章では市兵衛家に関する基礎史料の整理を端緒として、その来歴について詳しく検討する。また、同家は大名金融を主たる生業としていたが、この大坂商人と諸大名の主従関係を考察していきたい。とくに重視したいのは、通説で述べられてきた「擬似的主従関係（商人が大名に資金を貸すことで「大名の家来」になる）」の是非や、実際の人的諸関係を分析することである。近世大名家の財政は、彼ら商人たちに支えられたものであったが、その反対に商人たちもその財政再建や諸事業に依存していたこともしかりだろう。市兵衛家の記録では、「町の噂」が書かれていて、当時の社会情勢や大名・武士たちの動きも理解できる。以上、商人や武士たちの実像に迫りつつ、経済を支えた人々の現場を明らかにしていきたい。

第4章　「近世天草陶磁器の海外輸出」（中山）

陶石を原料とする磁器の国内生産の歴史は比較的新しく、近世になって初めて確立したものづくり技術である。江戸時代初期、佐賀県有田に陶石山が発見され磁器生産が開始され、以後、現代に至るまでその生産地は有田地方が中心となっている。しかし、原料となる陶石は、肥後国天草下島西海岸一帯で有田産を凌駕する良質な陶石の埋蔵が発見されたあとは、天草産陶石が有田のほか各窯業地に供給される体制となった。このような地質的環境にあるため、陶石を産する天草地域においても陶磁器生産が企図され、十七世紀中葉に内田皿山焼や楠浦焼などが開始された。近世初期から後期に断続した天草産磁器の最大の特色は、いずれも海外輸出用の製品を包摂していることにある。本章では、とくにこの点を深く掘り下げ、天草産磁器の海外向け製品の遺物分析と高浜焼関係史料の海外輸出向け製品の焼成・販売に関する記録の検討を中心におこなう。近世段階の天草産磁器が、なぜ海外向けに焼成されるに至ったかを、その果たした役割とともに考察したことが大きな論点になる。主に陶石を産する天草下島西海岸は海外との接触が制限された近世において、最大の海外貿易港であった長崎出島と指呼の距離にあった。有田焼が肥前藩の藩窯として人材、技術の流出を厳しく制限したのに対し、高浜焼は幕府直轄地の庄屋が開窯したものであることから、長崎・天草の代官所からの要請を契機に海外向け磁器の焼成へと展開したが、技術の保持についても比較的緩やかな体制にあり、結果として国内への製磁技術拡散の一翼を担う存在となった意義を主張したい。

第5章　「内国勧業博覧会における出品者の意図」（小林）

一八五一年、世界初の国際博覧会「ロンドン万国博覧会」が開催され、以後西洋諸国では万博が流行した。万博の存在を知った明治時代初期の日本政府首脳は、在来産業を奨励し欧米技術の移植を推進するものとして、国内限りの内国勧業博覧会（以下、内国博）を開催することとした。この内国博を主導した内務省および農商務省にとって、第一義的な目的は国内産業の振興であった。内国博は第一回から第三回まで東京で開かれたが、明治二十八年（一八九五）の第四回以降、開催地をめぐる都市間での競合が発生する。競合する他都市との差別化をはかり開催地として選定されるために、京都市ならびに商業会議所は敷地の無償提供をおこない、決定後も道路修繕などの資本投下を積極的に展開した。ここから内国博の目的は、投下した資本を回収すること、すなわち集客へと変化していった。その転換は、政府と地域行政の目的意識の相違から生じるものと考えられる。

しかしながら、欧米技術の移植という点で、内国博は当初の機能を失ったわけではない。本章では、「観客を喜ばせるための余興」が中心となったと考えられる第四回・第五回において、技法・技術の交流の場として内国博が果たした機能を具体的に検討したい。研究蓄積の厚い博覧会研究という分野において、従来あまり顧みられることのなかった内国博における展示技法と技術移転の具体相を明らかにする。

第6章　「近世日朝知識人の文化交流――『鶏林唱和集』を中心に――」（鄭）

本章では、近世日朝関係を担う朝鮮通信使の来日時に日本の文人たちとおこなった交流を明らかにしていく。一七一一年の辛卯・正徳通信使は日本を往来する際、合計三部の使行録とともに四〇種以上の唱和集を残している。両方とも朝・日の文人たちの交際が見られる貴重な資料であるのは間違いない。ただし、既存の研究はもっぱら使行録に集中してきたため、両国間の交流の相互作用という点においては、幾分か偏りがみられる。唱和集は、朝鮮通信使と日本の文人が唱酬した詩文や文章のみをまとめた書籍であるが、朝鮮側の立場で記録、編集されている使行録と比べ、唱和集は日本の立場や当時の環境を反映しているため、二つの書物を比較、対照することにより、より具体的な日朝交流の現場がみえてくる。

一七一一年の通信使来日に際して作成された『鶏林唱和集』では、一般的な漢詩の唱和以外にも、朝鮮の官制、科挙制度、薬草・漢方知識、諸動植物の分類や名称、日本の書法、音楽、中国の書物、両国の風俗、宗教、日本の対中国貿易など、さまざまな話題が取り上げられている。短編的であった使行録に比べて、より広くて深い対談が続いていることがわかる。それでは日本人はなぜ唱和集を編纂したのか。唱和の結果である唱和文だけではなく唱和が成り立つ過程や編纂などの諸事項を取り上げ、日朝交流の実状についてより具体的な理解を目指すとともに、両国の文人たちによる唱和会の意味について追究を加える。

第7章　「対馬宗家の対幕府交渉――正徳度信使費用拝借をめぐって――」（古川）

江戸時代、対馬宗家は幕府から多額の財政援助を受けていた。近世日朝関係史を研究してきた田代和生の試算によれば、拝領金二八万四〇〇〇両、拝借金四三万三〇〇〇両であり、それに伴う対馬藩からの財政援助の要求は、実に四〇回以上となっている。これだけ多くの願い出を幕府に対しておこない、そしてそれを実現した大名家は他には存在しない。しかし、従来の研究において、対馬宗家の財政援助の要求を本格的に分析したものはない。宗家は日朝交易が危機に瀕した一八世紀初頭から朝鮮通交に絡む多様な要求を繰り返してきたのであり、こうした「連続性」のもとに、個々の財政援助要求は理解されなければならない。そうでなければ、なぜこれだけ多くの財政援助を獲得できたのか説明できないし、その背後に存在する対馬宗家の「特殊性」についても、具体的に明らかにすることはできないだろう。本章では、これら財政的援助を求める動きを「御用頼」として捉え直し、時系列かつ論理的に整理することでその「連続性」と、対馬宗家の「特殊性」をも浮き彫りにしようとするものである。とりわけ宗家が初めて朝鮮通信使費用を獲得した正徳度（一七一一年）を事例として分析を深めていく。また、これが幕府対外関係史上、どのような意味を持ったのかも考察したい。

第8章　「琉球王国の財制と外交儀礼—戌冠船をめぐって—」（麻生）

琉球にとって冠船（冊封）とは、明・清朝による琉球国王への権威付けであり、政治的な「通過儀礼」と理解されてきた。また、薩摩の侵略以降になると、冠船は清朝の「属国」という立ち位置をアピールする機会であり、薩摩の琉球支配を牽制するものへとその意義が拡大・変容してきたこと、一方で財政面や冠船に伴う中国貿易を営むうえで、近世日本とのつながりが必須であったことなどがこれまで明らかとなっている。すなわち、冠船を通した薩摩と琉球の関係は、牽制と依存という一見両義的な状況を呈していたといえるが、先行研究では、冠船からみた琉球と清朝との関係、琉球と薩摩との関係を有機的に捉えきれておらず、琉球にとって冠船とはどのような政治・外交上の意味があったのかについては検討の余地が残されている。本章では、財政問題と儀礼を手がかりに冠船を考えたい。まず、冠船実施に関する予算について分析する。分析を通して、臨時税・増税・献金などにより収入増加をはかりながら、冊封使節や貿易取引の削減をめざし、さらに薩摩藩とも交渉しながら支出減・歳入増を企図していたこと、江戸参府や冠船の頻発などが王府財政を圧迫し、薩摩からの拝借銀返済に十年以上が必要だったことなどを指摘する。続いて、冠船儀礼の全体像と薩摩役人接待を取り上げる。たとえば薩摩役人は、冠船時に清朝人との接触を避け農村部へ隠れてはいたが、その間、王府は薩摩役人への接待を止めておらずむしろ厚遇し、冠船儀礼は諭祭・冊封など冊封使節と共催する国王就任儀礼と、琉球国王を中心に展開する国内儀礼および薩摩との外交儀礼の総体であったことを確認する。

第9章　「フランス領グアドループ島と日本人について—実証的研究を目指して—」（ル・ルー）

一八九四年（明治二十七）十二月、約五〇〇人の日本人出稼ぎ移民がカリブ海に浮かぶフランス領のグアドループ島に到着した。この二年前に始まったニューカレドニア移民に引き続き、日本人移民がフランスの植民地へ赴くのは二回目であった。しかし、ニューカレドニアでのニッケル鉱山関係の仕事と違って、グアドループ島における日本人移民の仕事はハワイと同じように甘蔗（砂糖キビ）関係の重労働であった。

ハワイや南米への日本人移民に関する研究は非常に多く、フランス領ニューカレドニアにおける日本人移民の話も散見されるが、世界の反対側に位置するフランス領グアドループ島へ日本人の移民が出稼ぎとして赴いたという話はほぼ知られておらず、それに関する研究は非常に少なく断片的なのが現状である。フランスでは、グアドループ島の歴史や移民史（主にインド人移民）に関する先行研究において、日本人移民の存在が指摘されているがそれ以上の研究はみられない。一方日本では、移民史関係の先行研究においてグアドループ島への出稼ぎ移民の存在が古くから知られてものの、詳しいわけではない。このような現状において本章では、フランス側の新出史料からグアドループ島における日本人移民の状況を具体的に明らかにし、日本人移民の計画が失敗に終わったとされる背景について考察する。

なお本書は、東北大学東北アジア研究センターの助成によって、『東北アジア研究専書』の一冊として刊行されたものである。出版と共同研究の運営にご支援をいただいた東北大学東北アジア研究センター、公益財団法人上廣倫理財団に厚く御礼を申し上げたい。また、共同研究の会議開催には三井記念美術館のご協力を賜った。そして何よりも論文集刊行を快くお引き受けいただいた清文堂出版の皆様、とりわけ編集担当の前田正道氏には日本語のみならず多言語を扱う厄介な原稿を手掛けていただいた。末筆ながら、ご関係の各位に記して謝意を表する次第である。

〔注〕

（1）対外関係史の成果は枚挙に暇がないほどだが、たとえば荒野泰典・石井正敏・村井章介編『日本の対外関係』（全七巻、吉川弘文館、二〇一〇～一三年）は最新の研究動向を把握し、これからの展望を整理している。また、『岩波講座日本歴史』（全二〇巻、岩波書店、二〇一三～一五年）でも時代ごとで海外との交流史を強く意識し、第二〇巻には『地域論』を配置し、日本列島と近隣地域の関係について力を入れている。

（2）筆者が携わった成果は、荒武賢一朗・太田光俊・木下光生編『日本史学のフロンティア』（全二巻、法政大学出版局、二〇一五年）、平川新編『通説を見直す―一六～一九世紀の日本―』清文堂出版、二〇一五年。とくに本書では、『日本史学のフロンティア一―歴史の時空を問い直す―』の第二部「日本から広がる世界」、『日本史学のフロンティア二―列島の社会を問い直す―』の第二部「生業と資源利用」を念頭に置き、前者については本書第3部、後者については本書第1部で論点を継承し、本書第2部はこの二つの方向性をつなぐ役割を持たせた。

第1部　商人たちがもたらす地域経済の充実

第1章　近世関東における干鰯流通の展開と安房

宮坂　新

はじめに

本章では、関東における房総産干鰯の流通について、十七世紀を中心に検討を行う。当該期の干鰯（魚肥）流通については、関西から房総へ進出した漁民が果たした役割やその後の地元漁業の発展[1]、浦賀・江戸干鰯問屋をはじめとする流通ルートの成立・変容[2]などの視点から研究が蓄積されており、地域産業・流通と全国流通の双方を考える素材として有効と言える。

そのなかでも今回は、これまで本格的に検討されてこなかった安房国（現千葉県南部）の役割に注目したい[3]。房総産干鰯の研究は、大規模産地である九十九里を中心に分析が進められてきた[4]。その一方、原直史氏は、由緒書類に記される「安房からの江戸送り」を、浦賀と江戸の干鰯問屋の力関係を変えたターニングポイントと位置付けており[5]、安房の干鰯生産・流通を分析することは、関東の干鰯流通を考える上で必要不可欠な作業である。

また、房総産干鰯の輸送における安房の役割も検討すべき課題である。九十九里産干鰯の輸送については、荒居英次氏により、①銚子方面へ送られ利根川舟運を利用（「内川廻し」）、②陸送で房総半島を横断した後に海上輸送、③海上輸送で房総半島を迂回、の三ルートが提示されている[6]。このうち詳細な分析がなされていない

③ルートについて、原直史氏が検討を行っており、そこでは安房の船・船主が広範に活動していた事例が示されている[7]。彼らの活動に注目することは、③ルートの担い手の解明という点においても重要な意味を持つ。

以上の点をふまえ、本章では、まず関西漁民[8]の房総への流入や安房での活動を確認し、干鰯の産地・関西漁民・問屋の関係を整理する。原直史氏は、江戸問屋と浦賀問屋の関係について、本来は江戸が銚子、浦賀が上総・安房（およびそこに出漁した紀州中心の漁民）と結びついており、その住み分けが崩れるまで両者は平和裡に共存していた可能性を指摘した[9]。この点は、先述した「安房からの江戸送り」を評価する上で重要な点であるため、検証しておきたい。

次に、安房における干鰯生産の実態について検討を行う。従来の研究では安房が注目されてこなかったため、房総三か国に占める安房産干鰯の数量的規模など、基本的な点も解明されていないのが実状である。これらの分析により、安房の干鰯生産が地域産業としてどのような位置にあったのかを検討したい。

最後に、以上の点をふまえ、十七世紀の房総産干鰯の流通において、産地・輸送の面から安房が果たした役割を検討する。特に、先述した「安房からの江戸送り」の内容に注目し、江戸問屋と浦賀問屋の関係を中心とする干鰯流通構造がどのように変容したのかを明らかにしたい。

一　関西漁民の出漁と干鰯商売

戦国末期から近世前期にかけて、関西漁民の他国進出が盛んに行われた[10]。これは、城下町の急速な形成発展による食料需要と、畿内を中心とする綿作の拡大による肥料需要を背景としていた。特に、綿作は多くの干鰯を必要とするため、関西の綿作生産地帯の沿海漁民たちは、鰯資源の豊富な漁場を求めて、東は関東、西は九州・対馬にまで進出した。彼らによって新たな漁法が伝えられ、特に関東・北九州は全国的な干鰯生産地に成長した。

右に述べた関西漁民の他国進出について、荒居英次氏は、元禄期に衰退のきざしを見せ、享保期に消滅したとし、その主な理由として地元漁業の発展を挙げている。[11]さらに、関西漁民による関東出漁の減少は、彼らと結びついていた浦賀干鰯問屋の衰退を招き、新興勢力である江戸問屋が発展した、との見解を示した。これに対し、原直史氏は、①関東出漁はむしろ享保期に盛行する、②当初、浦賀問屋と強く結びついていた上総・安房の関西漁民が、江戸の干鰯場設置を背景に江戸送りを増加させていった、との批判を行っている。[12]

筆者は、原氏の指摘する①について異論はないが、②については、より精密な検討が必要と考える。原氏は「関東鰯網来由記」の記述を元に、江戸問屋の成立に銚子の荷主が大きな役割を果たした点、これに対し浦賀問屋の成立には、上総・安房に出漁した関西（紀州中心）漁民が関わっていた点を指摘している。さらに、これを「両者が基盤とする地域の違い」と評価し、「元禄期に安房からの江戸送りが開始される以前は、両者はむしろ平和裡に共存していた」可能性を示している。[13]もし、この指摘が正しいのであれば、このような住み分けをもたらした要因・背景についても考察すべきであろう。

そこで本節では、作成背景の異なる三点の由緒書類を用いて、右の点を検証していきたい。由緒書類を史料として用いるのは、近世前期における関西漁民の出漁を示す同時代の史料がほとんど残存していないためである。[14]使用するのは次の史料である。

①一七七一年（明和八）「関東鰯網来由記」[15]

写であり、巻末の記載から、原本は一七五七年（宝暦七）の成立と考えられる。作成者は未詳であるが、江戸干鰯問屋の沿革について詳細に記されていることから、その関係者によるものと推測される。[16]

②一八六三年（文久三）「干鰯問屋起立調書」[17]

浦賀干鰯問屋であった石井家に伝わった文書で、浦賀問屋成立の由緒が記される。

③一八二五年（文政八）「先祖六右衛門従申伝事」[18]
　摂津国西宮（現兵庫県西宮市）から安房国天津村（現鴨川市）へ進出した四位六右衛門の事績について、同家五代目が子孫へ伝えるために書き残したもの。現存するものは一八三六年（天保七）の写である。

これら三点のうち、①・②が関東における鰯網漁の伝播や干鰯問屋の成立について記しているのに対し、③は先祖の事績を書き伝えるという性格上、まったく異なる形式となっている。そこで、まず①・②の記載内容を比較し、その上で、③の内容を見ていきたい。

①・②に記載された、関西漁民の出漁および問屋の成立に関する内容の一部を抜き出したのが、次の表1である（地名については図1を参照）。ともに、関東における鰯漁の最初や、各産地に最初に出漁した漁民について記しており、内容も共通点が多い。漁民の出身地を紀伊・和泉・摂津の三か国としている点も共通している。ただし、出身地と産地（出漁地）、問屋との関係を詳細に見ると、若干の違いがあることに気付く。①では、上総・安房両国へ最初に出漁した漁民を紀州、下総国銚子へ最初に出漁した漁民を摂津国西宮の出身と明記している。また、浦賀問屋の成立には紀州漁民、江戸問屋の成立には銚子の荷主が大きく関わったことも記されている。以上の記述を総合すると、房総産干鰯の流通には、（紀州漁民―上総・安房―浦賀問屋）と（摂津漁民―銚子―江戸問屋）という二種類のグループが存在しているようにも読み取れる。原氏が指摘する住み分け説も、概ね右の理解に沿ったものと思われる。

しかし、②ではその傾向は窺えず、これを住み分けの背景とするのは根拠が不十分である。この点を検討するため、次に③の内容を見ていきたい。

〔史料1〕
一某先祖者摂州武庫郡西宮産ニ而、東照宮様御入国已来、御府内縁者有之候ニ附、商売思付之事共及相談候処、本船町米屋太郎兵衛殿、同国西宮之仁ニ御座候得者、先達而御当地住居之事ニ候間、売買向相談

表１　由緒書類にみる関西漁民と産地・問屋

内　　容	①「関東鰯網来由記」	②「干鰯問屋起立調書」
関東で最初の鰯漁	1615～24(元和年中)に紀州加太浦の大甫七十郎が上総国矢之浦に出漁。翌年、紀州湯浅浦貝から助右衛門・栖原浦おんぼふ四平次が八手網漁を開始。	1247～49(宝治年中)、紀州の漁師西之宮久助が九十九里に漂着。小地引網で鰯漁を行う。
上総国で最初の鰯漁	№１に同じ	1616年(元和２)、紀州加太浦の大甫七十郎が浦賀から上総に渡海し、矢之浦で二艘張八手網漁。翌年、湯浅村貝柄助右衛門・栖原村丹房四平治を連れ下り、八手網鰯漁を開始。
下総国銚子で最初の鰯漁	寛永の初め、摂州西宮の漁人が鰯網漁	1624～1644(寛永年中)、上方より出漁開始。
安房国で最初の鰯漁	1628年(寛永５)頃、紀州塩津・下津・栖原などの漁師が房州天津・浜荻村および内房に出漁し、まかせ網漁。	1624～1644(寛永年中)、紀州下津浦・栖原村の漁師が房州天津村・浜荻村で鰯漁開始。
漁民の出身国	紀伊・和泉・摂津国	紀伊・和泉・摂津国
江戸・浦賀への干鰯出荷	1637年(寛永14)に初めて銚子から江戸へ干鰯を積み送る。問屋は無く、所縁の商人へ販売。	当初、浦賀で商人に預けて上方の廻船で運送。上方から代金を送るのが難儀のため、その後、浦賀で販売する方式へ変化。
浦賀問屋の成立	紀州の漁師・商人が当初は直接関西に送っていたが、浦賀の兵庫屋弥右衛門を問屋に決めて売買するようになる。	1642年(寛永19)に干鰯問屋職を仰せ付けられる。
江戸問屋の成立	1652～55(承応年中)に江戸北新堀町塩屋清十良外２名が、銚子の干鰯荷主と相対して問屋となる。	(記載なし)
安房の江戸送り開始	1688～1704(元禄年中)の初め、房州和田村の庄司五郎右衛門が干鰯を初めて江戸問屋に送る。以後、多くが江戸廻しになる。	元禄10年(1697)以降、三文字屋一件の影響により、房州和田村の庄司五郎左衛門が干鰯を初めて江戸に送る。以後、房総浦々九十九里迄の海上輸送による干鰯が江戸送りになる。

出典：1771年（明和８）「関東鰯網来由記」(船橋市西図書館所蔵)・1863年（文久３）「干鰯問屋起立調書」(横須賀市立中央図書館所蔵「石井三郎兵衛家文書」)によって作成。

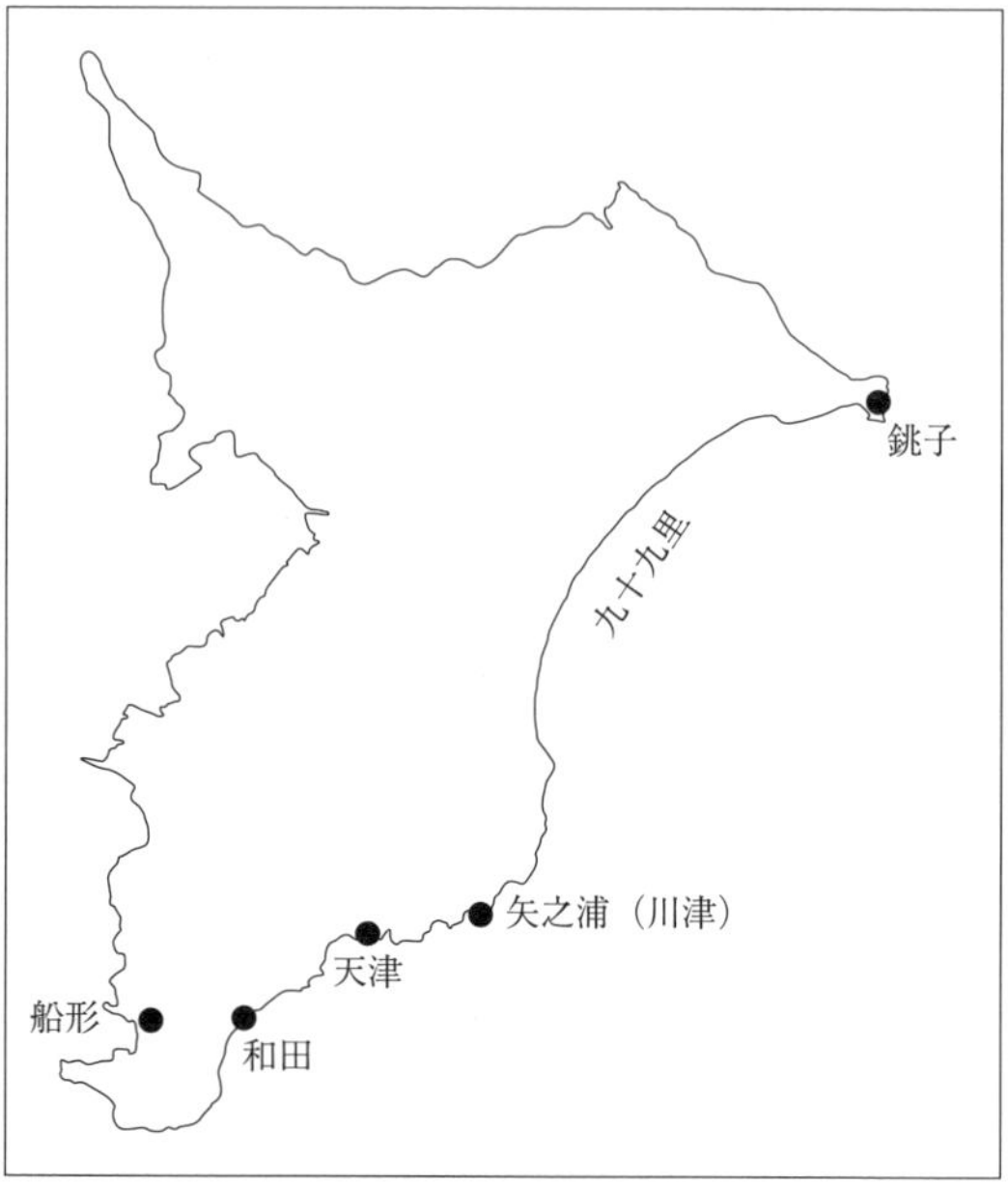

図１　由緒書類に登場する地域（地図は現在の千葉県）

可然与決之、右太郎兵衛殿委細願入及相談ニ候処、同人申候者、私事も四、五年已前迄者白米商内致し候処、房州館山与申所ニ我国座古屋佐次兵衛与申仁有之、彼仁従諸魚荷物送り呉ニ付、売買致し候処、御府内日増ニ繁昌ニ相成候ゆへ、格別之利潤ニ相成、始終一方商売ニ相成可申与存候、極而問屋を相建仕合能繁昌ニ売買仕候、依之其元義ハ房州船形村与申処、小漁舟数多有之候浜方ニ御座候間、右村ニ西宮四郎左衛門、同国人ニ而彼村住居致し、魚商売日々立身之さた承り候、右四郎左衛門、私頼可入候間、同人与跡相談被成、魚商売始候ハヽ、可然様ニ申呉候ニ付、同人江相談致し候処、右仁、幸手前も無人故、此上中間商売可致、元和四年ゟ寛永十三年迄廿ヶ年之間、船形村ニ住居致し、年々都合能元手金有付候ニ付、先祖六右衛門思付ニ而、船形・たたら《（多田良）》・岡本辺ハ小縄舟所、此辺従小漁舟数艘、当村江《（天津村）》引連参、仕入致し候処、精々致し候、内安房ゟハ格別漁事多漁、都合能大漁仕候得共、其比ハ当所ニ押送り船無之、荷物積出しニ困入候ニ付、山生ニ荷物取次納屋ヲ立置、船形村四郎左衛門迄附越し致し、（後略）

右は、③の前半部分を一部引用したもので、書き手の先祖六右衛門が安房国天津村へ定着するまでのエピソードが記されている。これによれば、六右衛門は摂津国西宮出身で、江戸にいた同郷の米屋太郎兵衛から、安房国船形村（現館山市）で魚商売を行う西宮四郎左衛門を紹介された。太郎兵衛は館山に住む摂津出身の座古屋から魚荷物を受ける問屋であり、江戸での消費増加に対応して富を得ていた。六右衛門は、同じく同郷の四郎左衛門の元で、一六一八年（元和四）から一六三六年（寛永十三）まで魚商売に従事する。元手金のできた六右衛門は、近隣の小漁船を連れて外房の天津村で漁を試したところ、内房よりも大漁であったことから、当地での商売を始める。このとき天津村には押送船が無かったため、魚を陸送し、船形村の四郎左衛門の元へと送っていた。

右の記述から、摂津国西宮出身の六右衛門が、同郷者の人的ネットワークを利用して、関東に進出している様子が具体的に分かる。また、産地荷主と江戸の問屋との関係においても、「同郷」ネットワークが活かされている。①・②では、関西漁民が安房国で鰯漁を行ったのは、一六二四〜四四年（寛永年中）の紀州漁民が最初とされていたが、③では、その一〇年以上前の時点で、すでに安房国から江戸へ魚を送る摂津出身者が存在していたことが記される。もっとも、ここでの商売は江戸の食料需要増大を商機とした鮮魚商売であり、これらの記述をすべて信用すれば、少なくとも安房では、干鰯生産よりも先行して鮮魚商売を目的とした関西漁民の進出が進んでいたことになる。外房よりも内房の方が漁獲・流通において先進的である点も、江戸に素早く鮮魚を送る産地としての役割を期待されていたことを示している。では、〔史料1〕に続く部分を見てみよう。

〔史料2〕

扨其比ハ当所（天津村）ニ西宮従出張店十四、五軒住居致し候得共、木戸最寄住居致し候人々七人、別而浜商売精々致し、小漁舟之者共申候ニ者、扨近年いわし沢山ニ相見江候、漁致スなら究而商売ニ相成可申与、夫ゟ七人之者相談之上、紀州・泉州・安芸国ゟ八手綱・まかせ網相廻し、寛永十五、六年ゟ右漁相初候処、年々大漁相続候得共、当所ニ干場無数、其比東條ニ西郷若狭守様、池田ゟ内浦辺迄新地壱万石御領主御取立、右御領主へ相頼、東條浦江持参俵口壱俵鐚拾文つゝ、相定メ干来候得共、あまり遠方ゆへ入目こかしニ御座候間、寛永廿年ニ相談致し、二間浦江干度候得共、此所ハ一面ニ菱原ニ而、人倫ハ不申及、畜類迄も容易ニ道行相成かたきとけ原之処、正保元年東條御屋敷へ開発頼候処、早足《(早速)》御免ニ付、夫ゟ今のうろことうし数百こしらひ、女子共毎日賃銭ニ而とうし取、所々ニ而火ニ焼捨、正保二年ゟ為御易鐚壱俵ニ付拾文つゝ上納、年々大漁相続、別而辰庄兵衛・恵比や市右衛門抔ハ漁年ニハ干いわし壱ヶ年ニ弐万五、六千つゝも干上候ゆへ、格別御易上納致し候ニ付、明暦元年、右七人者共御呼出しニ而、二間浦干いわし場、七人者共へ下し被置御墨付迄頂戴仕、御褒美書、其上七人者共五節句御見舞仰附ニ而、麻上下ニ而東條御屋敷表御玄関ニ而御礼相済、夫ゟ御次江相廻り、御奉行様ゟ御酒被下、其比御免ニ而、唐木綿三幅ニ而西宮干鰯仲間ト書大文字ニ書、二タ間浦壱番之下江立、五月晦日ゟ六月七日迄、龍神祭りと申、仲間中内寄、諸人江神酒ヲすゝめ、年久敷相続、右大のほりハ小西市郎右衛門方へ預ケ置候得共、御墨附ハ大切之品ゆへ辰庄兵衛方へ預ケ置候処、元禄十六年十一月廿三日、大津波為ニ庄兵衛家蔵・家財不残流され、右御墨附も其節流失仕候、（後略）

六右衛門が魚商売の拠点を内房の船形村から外房の天津村に移した当時、天津村には西宮出身者の出張店が一四、五軒あった。このうち六右衛門を含む七人は、近年鰯が豊漁との情報を入手し、一六三八年（寛永十五）から紀伊・和泉・安芸国の漁師に鰯網漁を始めさせた。この結果、大漁が続いたものの鰯を干す場所が無いため、東条藩西郷氏に願い出て、干鰯一俵につき鐚銭一〇文を払うことにより、東条浦での干鰯加工を許された。その後、二間浦を干場として開発することの免許を得、開発を行う。その後も大漁が続き、一六五五年（明暦元）には、東条藩から七人の者へ二間浦干鰯場が与えられた。彼らは五節句には藩屋敷へのお見舞いを許される身分となり、さらに「西宮干鰯仲間」と書いた大幟を立てる祭礼も行っていた。これらの関係書類や幟は、一七〇三年（元禄十六）の大地震で発生した大津波で流失してしまったという。

以上の記述で注目されるのは、一六三六年（寛永十三）頃の時点で、すでに天津村には一四、五軒の西宮出張店が存在した点である。業種は明らかではないが、「浜商売」とある七人は、恐らく六右衛門と同様、鮮魚を扱う商人だったと思われる。

さらに、同村には西宮出身者だけでなく、紀州出身者も数多く進出していた。本史料が伝来する善覚寺（鴨川市天津）は、安房では数少ない浄土真宗寺院であり、当地に流入した関西漁民の信仰を集めていた。同寺に伝わる一七三四年（享保十九）の「網方宗門人別証文」には、紀伊国栖原村・湯浅村（共に現和歌山県湯浅町）、塩津浦（現海南市）の網主一〇人の名が記載されている。[19]さらに各網には二〇〜四八人の乗組人数（網子）がおり、数多くの紀州漁民が当地へ出漁していたことが分かる。

〔史料２〕において、西宮出身の七人は、鰯の豊漁情報を入手した際、紀伊・和泉・安芸国の漁師に八手《はちだ》網・まかせ網による漁を依頼する。ここで同郷の漁師に依頼しないのは、房総においてこれらの鰯網漁が、すでに右の国々の漁師たちによって先行して実施されていたためと推測される。由緒書①・②において、各地の鰯網漁の最初が紀州漁民によってほぼ占められていることからも、その様子が窺える。関西漁民たちは、「西宮干鰯仲間」や網主・網子関係のように、それぞれの専門分野では同郷を軸とした集団を形成しながらも、互いに出身地の違いを超えて連携することで、干鰯の生産・流通を行っていたと言える。

以上、①・②・③の内容を総合した結果、関西漁民と進出先（産地）、問屋との関係については次のように考えられる。関西漁民たちは、十七世紀初めに食用鮮魚や肥料用の鰯を求めて、房総各地に進出した。主な出身地は紀伊・和泉・摂津国で、特に鰯漁については紀州の漁師たちが活発に活動していたと思われる。漁民たちは同じ出身地（同郷）の者から情報を得て進出先を選んだり、同郷の者同士で網主・網子関係や商人仲間を形成したりするなど、同郷ネットワークを駆使した活動を行っていた。ただし、関西漁民の進出先は、出身地によって明確に区分されているわけではなく、同一地域にさまざまな出身地を持つ漁民が流入していた。問屋については、①に銚子の荷主が江戸干鰯問屋の成立に関わったことが記される。[20]また③では、江戸の魚問屋と安房の産地荷主が同郷ネットワークによって取引を行っており、干鰯流通においても、このような個人的関係を基盤として取引関係が結ばれていたことが想定できる。

なお、最後に、関西漁民の進出が地域に与えた影響についても触れておく。〔史料1〕および〔史料2〕の記述からは、関西漁民の進出により、商人が集まる町場が形成されている様子を知ることができる。③の後略部分には、家康の関東入国以前は天津村には百姓家一七〇～八〇軒ほどしか無かったが、入国後は上方諸国からの流入があり、一六五八～六一年（万治年中）頃には家数千軒余にもなったとの記述がある。人口の増加は、地域内の消費を増大させ、多くの商売の機会を生む。さらに、彼らによって鮮魚や干鰯の流通が行われることにより、輸送業や干鰯加工などの面で、地元にも雇用の拡大があっただろう。〔史料2〕に見られる、干鰯場のための荒れ地開発や、女性・子供が日払いで行う「うろことうし」による作業（鱗を取る作業か）は、その一端を示している。また、西宮干鰯仲間は干鰯場の利用に対して、生産量に応じた銭を東条藩へ上納しており、領主財政の増収にも影響を与えている。

さらに、安房に限定して言えば、干鰯流通に先行して、鮮魚流通を目的とした関西漁民の進出が行われていた点も見逃せない。①・②では安房国での鰯漁は上総国より遅れて開始されているが、それ以前の時期でも江戸向けの鮮魚出荷地として関西漁民が流入しており、特に内房では押送船による江戸への輸送体制が確立していた点は、安房の地域性を考える上で重要である。これは、江戸の鮮魚市場において海上輸送で新鮮な魚を供給できる安房が重要な位置にあり、その要求に応える産業が安房に育っていたということを示している。

二　房総の干鰯生産と地域別特徴

1　房総産干鰯と江戸・浦賀問屋

本節では、少し視点を変え、房総で生産されていた干鰯の数量的把握を行いたい。残念ながら、本章で対象とする十七世紀については適当なデータが無いため、近世後期に浦賀干鰯問屋によって作成された見込書を分析対象とする。(21) この史料は、浦賀問屋が房総各地の干鰯・〆粕生産量について、漁のレベル（豊漁か不漁かを上・中・下で示す）に分けて見込高を書き上げたものである。さらにその上で、江戸と浦賀への入荷量の見込みを記す。実際の生産量・入荷量ではなくあくまでも見積もりではあるが、大まかな傾向は知ることができる。

まず、見込書の最後に書かれた部分を以下に掲げる。

〔史料3〕

上中下三年平均壱ヶ年分干鰯・〆粕合而俵高御府内入込高幷浦賀揚俵高
　但、海上積送り之分斗り凡見込
　　御府内入津高
一干鰯・〆粕合而　　四拾六万俵内外
右者上総国長柄郡泉村より同国夷隅郡浦々・安房国壱ヶ国、海上廻し荷物凡見込
一干鰯・〆粕合而　　拾七万俵内外
右者上総国長柄郡一之宮村ゟ下総国海上郡井戸野村迄海上廻し荷物凡見込
合而六拾三万俵程　　御府内入込高凡見込

右之外、前書申上候九十九里浦々惣俵高ニ而、海上廻し荷物を除き残り候俵数五拾万俵已上茂有之、幷飯岡・飯貝根粕、鹿嶋干鰯共取集候ハ、何程之万数ニ相成申候哉、仰山成俵高内川通りニ而御府内江入込候儀与奉存候、其外海上運送之荷物、常州・奥州もの亦者元船銚子江乗込、同所より内川を登り荷物、内上総・武州浦々ニ而取上ケ候内海〆粕共、御府内入込候荷物可有之候得共、何分凡ニ茂見込相知れ不申候得共、幾拾万俵之俵数ニ候義与奉存候、〆(ママ)

浦賀水揚高

一干鰯・〆粕合而　拾九万五、六千俵程

右者上総国長柄郡泉村ゟ同国夷隅郡浦々・安房国壱ヶ国より積送り候俵高凡見込

一干鰯・〆粕合而　八万俵内外

右者上総国長柄郡一之宮村ゟ下総国海上郡井戸野村迄、九十九里浦より積送り候、凡見込

二口合而弐拾七万五、六千俵程　浦賀水揚高凡見込

但、干鰯・〆粕御府内幷浦賀水揚分量之儀、浦賀より仕入多分御座候場所漁事劣り候年ニ者、平均見込より浦賀揚減、亦漁事勝れ候年者相増、年々不同に候得共、三ヶ国より海上廻し荷物惣高之内、七分者御府内江入込、三分者浦賀江水揚ニ可相成与凡見込ニ御座候

此外ニ

常州・奥州幷松前物、内上総・武州浦々・三浦郡ニ而取揚げ候内海粕、同郡下タ浦干鰯、東海道筋相模国浦々ニて取揚候干鰯とも、惣〆高凡平均見込候所、壱ヶ年分

一干鰯・〆粕合而凡三万俵内外水揚仕候義与奉存候、

惣高合而凡三拾万俵内外　東浦賀水揚高

　　右御尋ニ付凡見込奉申上候、以上

　ここでは、江戸と浦賀の干鰯問屋に入荷される干鰯・〆粕について見込量が記されている。まず江戸について見ると、江戸に海上輸送される分は六三万俵ほどで、このうち四六万俵が図2のB～E地域、一七万俵が図2のA地域から出荷されている。下総国から上総国へとまたがるA地域がいわゆる九十九里であり、ここで生産された五〇万俵以上が、右の海上輸送分とは別に、陸送等で江戸へ運ばれていると見込まれている。また、飯岡（現旭市）・飯貝根浦（現銚子市）産の〆粕や、鹿島（現茨城県鹿島市）産の干鰯が利根川を利用して江戸へ運ばれるほか、常陸・奥州産の魚肥や内上総・武蔵産の内海〆粕も江戸へ入荷されていると記す。〔史料3〕の冒頭に「海上積送り之分斗り凡見込」とあるように、本史料で見込量が記されているのは浦賀問屋が把握している海上輸送分のみであり[22]、それ以外にも陸送・河川ルートを通じて大量の魚肥が江戸へ持ち込まれていた。

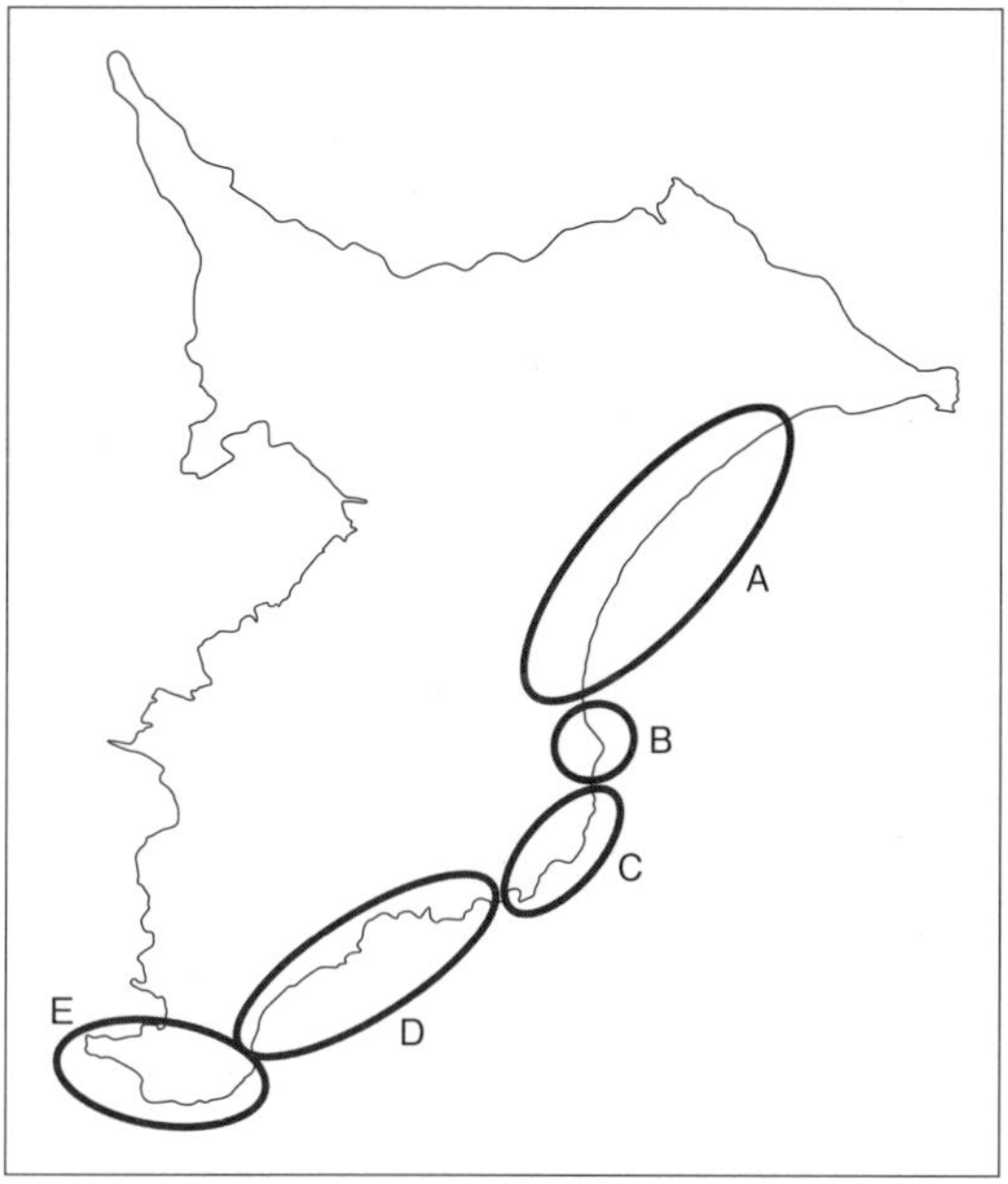

図２　浦賀問屋見込書の地域区分

　これに対し、浦賀には図2のB～E地域から一九万五〇〇〇俵余、A地域からは八万俵ほどの合計二七万五〇〇〇俵ほどが海上輸送されていた。その他、常陸・奥州・松前の魚肥や、内上総・武蔵・相模産の内海粕、相模の干鰯が入荷しており、これらを三万俵余と見込んでいる。

　本史料で明記されている海上輸送分だけを比較しても、史料中にも記されているように、七割が江戸、三割が浦賀へと出荷されていたことになる。さらに九十九里や銚子からの内陸・河川輸送分もすべて江戸へと運ばれており、房総三か国で生産された干鰯・〆粕の大部分は江戸の問屋へ出荷されていた様子が窺える。本史料は株仲間再興に関して江戸問屋と争論中であった浦賀問屋が作成したものであるため[23]、浦賀側の入荷量を少なく主張する意図があることは十分考えられる。この点を考慮しても、海上輸送分の半分以上と、陸上・河川輸送分のすべてが江戸へ運ばれていたのが、近世後期の実状だったと考えられる。

また、産地ごとの違いに注目すると、A地域（九十九里）で生産された干鰯・〆粕のうち、一七万俵が江戸、八万俵が浦賀へ海上輸送され、他の五〇万俵余が江戸へ陸上・河川輸送されている。大規模生産地九十九里では、約九割が江戸へ出荷されていたことになる。

これに対し、B～E地域で生産された干鰯・〆粕はすべて海上輸送であり、そのうち四六万俵が江戸、一九万五千俵が浦賀へと運ばれた。房総から浦賀への輸送ルートが海上輸送のみであることを考えると、浦賀問屋にとって重要なのは、大規模産地である九十九里よりも、これらB～E地域からの確実な入荷であったと推測できる。それにも関わらず、近世後期の時点では七割以上が江戸に流れていたのである。

なお、本史料では銚子の生産・流通量が記されていないが、これは記載内容が浦賀問屋の把握できる海上輸送分に限定されているためである。つまり、銚子産の干鰯・〆粕は（在売や境・関宿問屋などへの出荷を除き）すべて河川ルートを通じて江戸問屋に出荷されていたのである。一六二一年（元和七）から開始された利根川の東遷工事と江戸川の開削により、銚子から江戸への舟運路が完成したのは一六五四年（承応三）であり[24]、これは前節の由緒書①（表1）において、承応年中に銚子荷主と相対して江戸問屋が成立した、という記述と重なる。

江戸問屋の成立時期について、原直史氏は、これまで史料的性格を考慮せずに、一六一五～二四年（元和年間）など古い起源説が採用されていた点を批判し、江戸問屋成立について記した最も古い史料である「関東鰯網来由記」（由緒書①）の記述を重視すべきとの主張を行っている。[25] 銚子の荷主が江戸問屋成立に関わっているとするならば、その成立時期は銚子から江戸への舟運路の完成以降である必要がある。この点から言っても、承応年中を成立時期とする由緒書①の記述は信頼のおけるものだと考える。つまり、江戸問屋の成立は、銚子との河川ルート確立を背景にしたものであり、両者は成立当初から強く結びついていたと言える。

2　各産地の特徴

次に、見込書の内容をまとめた表2により、各産地の特徴を見ていきたい。本史料では、図2で示した五つの地域に分けて、使用する網の種類・数と生産される干鰯の見込量を記す。ただし、A地域のみは生鰯の漁獲見込量を記し、そこから干鰯・〆粕の生産量を算出している。見込量は漁の豊凶を漁事上年・中年・下年の三段階に分けて記し、さらに漁の特徴などを書き添えた地域もある。

まず、A地域にあたる九十九里では、大小地引網が約一一〇張使用されている。漁事上年〜下年を平均すると、一か年の生鰯漁獲見込量は一三四〜一三五万俵となる。このうち三割を干鰯、七割を〆粕に加工すると、干鰯約四〇万俵・〆粕約四二〜四三万俵が生産できると算出している。合計約八二〜八三万俵であり、これはB〜D地域全体の生産量（漁事中年）の一・三倍に当たる。また、地引網一張当たりの生産量は約七五〇〇俵となり、後から紹介する他地域と比べ、大規模な地引網を使用していることが分かる。九十九里産干鰯は、海上輸送以外に陸上・河川輸送も行われ、また本史料で「九十九里は前々より在売仕候由承り候」とも書かれているように、多くの流通ルートを持つ点が特徴であった。

次のB地域は、太東岬（現いすみ市）周辺に位置し、地引網一三張が用いられている。漁事中年の生産見込量は三万俵余で、網一張当たりの生産量は上株で三〇〇〇俵である。本地域内の日在浦（現いすみ市）も地引網漁が盛んなことで知られるが、[26] A地域に比べれば小規模で、必要人員も少なかったと思われる。

表２　房総３か国の干鰯生産見込量［1853年(嘉永６)］

A【九十九里（下総国匝瑳郡井戸野村〜上総国長柄郡東浪見村)】

	漁事上年	漁事中年	漁事下年
鰯漁獲見込(俵)	220万俵	125〜126万俵	57〜58万俵

＊平均１ヶ年　生鰯134〜135万俵
うち３分を干鰯、７分を〆粕に加工すると→干鰯約40万俵・〆粕　約42〜43万俵　合計　82〜83万俵
＊大小地引網約110張使用→１張平均約7,500俵

B【上総国長柄郡和泉村・夷隅郡宮前村〜夷隅郡塩田村】

	漁事上年		漁事中年		漁事下年	
	生産見込(俵)	１張平均(俵)	生産見込(俵)	１張平均(俵)	生産見込(俵)	１張平均(俵)
地引網						
上株(７張)	35,000	5,000	21,000	3,000	14,000	2,000
中株(３張)	10,500	3,500	6,000	2,000	4,500	1,500
下株(３張)	9,000	3,000	4,500	1,500	3,000	1,000
合計	54,500		31,500		21,500	

C【上総国夷隅郡小浜村〜同郡松部村】

	漁事上年		漁事中年		漁事下年	
	生産見込(俵)	１張平均(俵)	生産見込(俵)	１張平均(俵)	生産見込(俵)	１張平均(俵)
三艘張八手網						
上株(23張)	161,000	7,000	115,000	5,000	80,500	3,500
中株(50張)	250,000	5,000	175,000	3,500	125,000	2,500
下株(27張)	94,500	3,500	54,000	2,000	48,600	1,800
合計	505,500		344,000		254,100	

D【上総国夷隅郡鵜原村吉尾〜安房国朝夷郡白子村】

	漁事上年		漁事中年		漁事下年	
	生産見込(俵)	１張平均(俵)	生産見込(俵)	１張平均(俵)	生産見込(俵)	１張平均(俵)
二艘張八手網						
極上株(10張)	30,000	3,000	20,000	2,000	15,000	1,500
上株(30張)	45,000	1,500	30,000	1,000	24,000	800
中株(30張)	36,000	1,200	24,000	800	18,000	600
下株(30張)	24,000	800	15,000	500	12,000	400
地引網						
（３張）長狭郡	2,400	800	1,200	400	300	100
その他	150,000〜170,000	−	40,000〜50,000	−	15,000〜16,000	−
合計	424,800〜444,800		130,200〜140,200		84,300〜85,300	

※その他は、小地引網での漁獲分や、日雇に渡される賃鰯・もらい鰯などを干鰯にした分など（本文参照)。

E【安房国朝夷郡平館村～安房郡柏崎村】

	漁事上年		漁事中年		漁事下年	
	生産見込(俵)	1張平均(俵)	生産見込(俵)	1張平均(俵)	生産見込(俵)	1張平均(俵)
二艘張八手網（180張）	144,000	800	72,000	400	18,000	100
地引網（25張）	12,500	500	7,500	300	1400～1500	60
合計	156, 500		79, 500		19,400～19,500	

出典：[嘉永6年]「房総三ヶ国漁事上中下三ヶ年平均浦賀揚并御府内入込高凡見込書取之写」（横須賀史学研究会編『東浦賀干鰯問屋関係史料』、たたら書房）によって作成。

C地域は、上総国夷隅郡小浜村（現いすみ市）から同郡松部村（現勝浦市）の範囲である。ここでは、三艘張八手網が一〇〇張用いられている。八手網とは二～三艘の船が沖で張った網を引き揚げる漁法であり、船の数が多いほど漁の規模が大きい[27]。漁事中年の生産見込量は三四万俵余で、五地域の中では九十九里に次いで多い。また、同じく漁事中年の網一張当たりの生産量は、最も網数の多い中株で三五〇〇俵となっている。長大な砂浜が続く九十九里で大規模地引網が用いられていたのに対し、この地域は岩石海岸のため八手網が用いられていた[28]。すべて三艘張であり、かつ数も多いことから、大量の干鰯を生産していたことが分かる。C・D地域の境界付近は、前節表1で見たように、房総で最初の八手網鰯漁が紀州漁民によって行われたという伝承を持つ土地であり、九十九里での大地引網が盛んになる以前は、この地域が干鰯生産の中心であったと思われる[29]。

D地域は、上総国夷隅郡鵜原村（現勝浦市）から安房国朝夷郡白子村（現南房総市）までを範囲とする。ここでの主力は二艘張八手網一〇〇張で、他に地引網三張が安房国長狭郡前原町（現鴨川市）で用いられている。D地域も岩石海岸であるが、八手網の規模はC地域よりも小さい二艘張であり、一張当たりの生産量も漁事中年で五〇〇～二〇〇〇俵と少なくなっている。この地域で特徴的なのは、右の外に漁事中年で四～五万俵にもなる干鰯生産があることである。その内容は、①「神楽地引」と称する浦々の小地引網の漁獲、②沖で網船が積み残した鰯の買い取り、③網を陸揚げする際に日雇女に支払われる賃鰯やもらい鰯、であり、これらは小買商人によって干鰯へと加工された。この外、他所から押送船で買入れた鰯を西房州（内房）で干鰯に加工する、ということも行われていたという。鰯漁や干鰯生産が一部の漁師・商人だけでなく、地域全体で担われていた様子が窺える。これらを含めたD地域の生産見込量は、漁事中年で一三〜一四万俵程である。網の数に対して生産量は多くないものの、地域の多くの人々が関わる産業として存在していたと言える。

最後のE地域は、安房国朝夷郡平館村（現南房総市）から安房郡柏崎村（現館山市）[30]までを範囲とする。これより北側の内房は本史料に登場しないことから、鰯漁と干鰯生産が盛んではなかったと思われる。本地域では二艘張八手網一八〇張と地引網二五張が使用されており、網の数だけを比較すれば、どの地域よりも多い。ただし、八手網・地引網ともに小規模で、一張当たりの生産量も極めて少ない。八手網については、「乗子共抱候網者無少、漁事を見懸、村之人足を呼集沖立仕候、依之デロヤイ網与唱候」とあるように、網主・網子が組織化されておらず、漁の状況に応じて村の人々を呼び集めて行われていた。漁事中年の生産見込量は八万俵弱と少ないが、小規模の網が数多く存在しており、D地域同様、多くの人々が関わる産業であったと言える。

以上、見てきたように、房総（ただし銚子を除く）の干鰯・〆粕は、大規模な地引網を用いる九十九里で半数以上が生産され、次いで三艘張八手網を用いる夷隅郡が主力産地であった。D・E地域にまたがる安房国に注目すると、小規模な網が数多く存在し、漁師・商人だけでなく多くの人々が関わる点が特徴と言える。ただし、安房国の干鰯生産量が全体に占める割合は大きくはなく、安房産干鰯の動向が直接浦賀問屋の衰退に結びつくとは考えにくい。では、原直史氏がターニングポイントとして重視した「安房からの江戸送り」とは、実際はどのような出来事だったのであろうか。次節で検討していきたい。

三　干鰯輸送と安房の船

第一節で掲げた表1に記したように、由緒書①・②には、ともに安房国和田村（現南房総市）の庄司氏が初めて江戸へ干鰯を送った旨の記載がある。これが冒頭で検討すべき課題として挙げた、原直史氏の指摘する「安房からの江戸送り」である。まずは、この部分を以下に引用する。

〔史料4〕

（前略）元禄年中之初、房州和田浦庄司五郎右衛門と言人、干鰯を初て江戸問屋へ送りしより多ク江戸廻しに成シとや、（後略）

〔史料5〕

一元禄十丑年、御代官平岡三郎右衛門様御支配之節、御運上壱ヶ年金千両宛上納仕干鰯一手扱、三文字屋又左衛門与申者御請負仕候処、此者商売不鍛錬、殊ニ金子廻り不申、勝手を働、網方迷惑ニ及候故、房州和田村庄司五郎左（ママ）衛門、江戸表江始而干鰯積送候ゟ、房総浦々九十九里迄海上廻し干鰯江戸送りニ相成、浦賀着格外減候故、又左衛門立行不申、御運上不納仕候ニ付、問屋被召放候、

〔史料4〕は①「関東鰯網来由記」の記載である。元禄年中の初めに房州和田村の庄司五郎右衛門という人物が、干鰯を初めて江戸問屋へ送り、それ以後多くの干鰯が江戸に送られるようになったとある。前後に理由などは記されない。

これに対し、②「干鰯問屋起立調書」の記載である〔史料5〕では、より詳細に記されている。これによれば、一六九七年（元禄十）に三文字屋又左衛門という人物が、運上金を年間一〇〇〇両上納することを条件に、一人で浦賀干鰯問屋を独占した[31]。この者は商売に不慣れで資金融通が滞ったため、網主たちが困惑していたと

ころ、和田村の庄司五郎左衛門（五郎右衛門）が江戸へ初めて干鰯を積み送った。これ以後、房総の浦々は九十九里まで、海上輸送の干鰯が江戸へ送られるようになり、浦賀の入荷量は減少した。三文字屋は経営が立ち行かなくなり、運上を納められなかったため問屋株を没収された。

作成背景の異なる二点の史料において、ターニングポイントとして記されていることから、和田村庄司氏による干鰯江戸送りは事実である可能性が高く、江戸・浦賀の干鰯問屋双方にとって重要な出来事と認識されていたものと思われる。では、なぜこの江戸送りがそれほど重要な意味を持ったのか。これに関して、一八五四年（嘉永七）に浦賀干鰯問屋から浦賀奉行へ提出した願書に、「往古は廻船積海廻し干鰯は、不残浦賀江水揚渡世仕来候ニ付、（中略）其後、海上廻し荷物追々江戸表江洩行候様相成候故不如意ニ罷成」とある点に注目したい[32]。つまり、それまで残らず浦賀へ送っていた海上輸送分の干鰯を江戸へ出荷した最初の人物が、和田村庄司氏だったと考えられるのである。

以上をふまえると次のように言える。第二節で述べたように、一六五四年（承応三）に銚子から江戸への河川舟運路が開通したことを受け、江戸干鰯問屋が成立した。その後は従来存在した浦賀干鰯問屋は房総からの海上輸送分、江戸干鰯問屋は河川および陸上輸送分の干鰯・〆粕荷物を受け入れる、という住み分けがなされていた。この状況を変えたのが、一六八八〜一七〇四年（元禄期）に房州和田村の庄司五郎右衛門によって開始された、海上輸送による干鰯の江戸送りであったのである。

また、一七二〇年（享保五）に和田村の村役人から代官へ提出した資料によれば[33]、当時和田村には五大力船が三艘あり、いずれも干鰯・米などを江戸へ運んでいた。表3に示したように、そのうち一艘の船主は、名主でもある（庄司）五郎右衛門であり、由緒書に登場する庄司五郎右衛門が海上輸送を担う船主だったことが分かる。

この点に関して原直史氏は、上総国夷隅郡〜外房〜館山湾にかけての船が、房総の魚肥を運ぶ事例が多数見

表3　和田村の五大力船　1720年(享保5)

船　主	長　さ	幅	積　荷	江戸船宿
五郎右衛門	8間3尺(約15.5m)	3間(約5.5m)	干鰯俵・米など	箱崎町(現中央区) サイニヤ忠兵衛
次　兵　衛	6間3尺(約11.8m)	3間1尺5寸(約5.8m)	干鰯俵・米など	
市郎右衛門	6間2尺(約11.5m)	1間3尺3寸(約2.8m)	干鰯俵・米など	小網町(現中央区) 安田屋喜四郎

出典：岸上鎌吉編『安房郡水産沿革史』(安房郡水産組合、1914年)第38号史料によって作成。

られる点を指摘している。[34]これらの船には、九十九里など広範囲の荷を集荷する船と、自分荷物や自村周辺の荷を中心に運ぶ船があった。また、前者には中・大規模船も多く、「九十九里外廻し廻船」と呼び得る存在であったことを明らかにしている。

和田村には、一七〇八年(宝永五)に押送船五艘と五大力船一艘があり、これら六艘は船主や規模が記されていないものの「江戸へ入津仕候廻船」であった。[35]この時点ですでに、同村が江戸行き廻船の基地という性格を有していたことが分かる。その後、表3のとおり一七二〇年には五大力船が三艘に増加する。これら三艘の規模について原氏は、積石五〇〇石程度で干鰯二五〇〇俵ほどが積めたのではないかと推測している。[36]なお、一七二〇年当時、五郎右衛門は他に鰯漁を行う漁船二艘を所持しており、自らも干鰯生産を行っていたと思われるが、次兵衛・市郎右衛門は漁船をまったく所持していない。

以上の点を勘案すると、表3の船三艘は、九十九里など他地域を含む広範囲の干鰯荷を集荷して江戸へ運ぶ中・大規模廻船であり、このうち五郎右衛門は荷主も兼ねていたと考えられる。つまり、五郎右衛門が江戸に運んだ干鰯は安房産に限らなかった。むしろ、さまざまな地域の干鰯荷を扱っていたからこそ、「史料5」にあるように「房総浦々九十九里迄海上廻し干鰯江戸送りニ相成」といった状況が起こったのであろう。

第一節から検討してきた、原氏が指摘する江戸問屋と浦賀問屋の地域的住み分け、そして「安房からの江戸送り」に対する疑問は以上により明らかとなった。

つまり、江戸問屋と浦賀問屋は前者が銚子、後者が上総・安房というように基盤とする地域を住み分けていたのではなく、陸上・河川輸送分が江戸問屋、海上輸送分が浦賀問屋という形で住み分けていたのである。そして、その状況を変えた画期とされる房州和田村庄司氏による干鰯江戸送りは、安房産干鰯が江戸に運ばれたという意味ではなく、初めて海上輸送による江戸送りが安房の船によって行われたという意味で重要であった。安房の船は、生産規模の小さい安房産干鰯だけではなく、九十九里産干鰯の海上輸送も担っており、これらが江戸に送られるようになったことが、浦賀の入荷量減少をもたらしたのである。

なお、右の画期となった江戸送り開始の要因について、〔史料5〕では三文字屋一件を理由としており、原氏は江戸の干鰯場整備を挙げている[37]。本章では、この要因について明確な答えを出すことはできないが、海上輸送とそれに対する規制という面から社会背景を述べておきたい。

海上輸送による干鰯の江戸送りが開始されたとされる元禄期は、房総から江戸に入る荷物は改めを受けずに直接江戸へ輸送されていた[38]。しかし、一七二〇年（享保五）十二月に下田奉行が廃止され、浦賀に奉行所が設置されると、翌年から江戸内湾に出入りする廻船荷物は浦賀奉行所で改めを行うことになる。これにより、これまで対象外だった東廻り航路や、安房・上総・下総・常陸から江戸に入る船も、浦賀で荷物の改めを受けることになった。さらに、一七二一年（享保六）五月には、関東の川船を管轄する川船役所が、武蔵・相模・安房・上総・下総・伊豆・駿河の海船のうち、江戸内川へ出入りする船については、川船同様に年貢・役銀を上納することを命じた。これらの規制強化は、東廻り航路の利用増加や江戸内湾流通の活発化により、江戸に入る海船が増加したことを背景としており、海上輸送による干鰯の江戸送りも、右の流れに位置付けることができる。

浦賀での荷改めの開始により、房総産干鰯を江戸へ出荷する廻船も、一旦は浦賀に寄港しなければならなくなった。この施策には、海上輸送による干鰯の江戸送りをくい止める役割も期待されていたのではないか。しかし、その後も浦賀の干鰯集荷量は減少を続け、浦賀問屋たちは幕府の保護による入荷量の確保を求めて運動を行う[39]。一七三六〜四一年（元文期）から、江戸送りの干鰯の一部を浦賀に荷揚げすることがたびたび出願され、最終的に一七四七年（延享四）には、房総三か国から江戸へ出荷される干鰯の一〇分の一を浦賀へ廻送することが定められた。これにより、浦賀問屋は一定量の干鰯を確保できることになったが、その後も房総産干鰯をめぐる両者の競合は続いていく。第二節で見たように、近世後期の見込高では、房総からの海上輸送分干鰯約九〇万俵のうち、六三万俵が江戸、二七万俵余が浦賀へ送られていた。単純に考えれば、元禄期の江戸送り開始以前は、このすべてが浦賀へ出荷されていたことになり、海上輸送分干鰯の確保が江戸と浦賀問屋の力関係を左右するものであったことが分かる。安房の船主・船乗たちによる干鰯輸送は、関東における干鰯流通構造を変化させる力を持っていたのである[40]。

おわりに

最後に、本章で述べてきた点について、①房総産干鰯の流通、②安房の地域性、という二つの観点からまとめて結びとする。

①房総産干鰯の流通

十七世紀初頭、関西漁民たちが房総各地に進出し、鰯網漁や干鰯の生産を行うようになった。彼らは同郷ネットワークを利用し、情報収集や取引を行った。関西漁民の進出先は、出身地によって明確に区分されていたわけではなく、同一地域にさまざまな出身地の漁民が流入していた。彼らは同郷を軸に集団化しながらも、相互に関わりながら活動を行った。進出先では、新たな漁法や技術が伝えられるだけでなく、人口の増加による町場化と消費の拡大、新たな雇用の創出などの影響があった。

房総産干鰯を関西へ送る集散地として、まず浦賀に干鰯問屋が成立し、一六四二年（寛永十九）には幕府公認の問屋仲間となった。その後、一六五四年（承応三）に銚子から江戸への河川舟運路が開通すると、銚子荷主の尽力によって江戸干鰯問屋が成立した。これにより、浦賀干鰯問屋は房総からの海上輸送分、江戸干鰯問屋は河川および陸上輸送分の干鰯・〆粕荷物を受け入れる、という体制ができあがったと考えられる。

右の状況を変えたのが、一六八八〜一七〇四年（元禄期）に房州和田村の庄司五郎右衛門によって開始された、海上輸送による干鰯の江戸送りであった。五郎右衛門は五大力船の船主であり、自村で生産されたものだけでなく、九十九里など広範囲の干鰯・〆粕を積み送っていたと推測できる。それゆえ、この出来事を画期として、他の廻船も房総各地の干鰯を江戸へ送るようになり、浦賀の入荷量は大幅に減少した。

五郎右衛門が江戸送りを開始した直接の原因は不明であるが、当時、東廻り航路の発達や江戸内湾流通の活発化により、江戸の廻船入津量が増大しており、江戸送りの開始もこれらと同じ動向として位置付けられる。

右のような状況に対応し、一七二〇年（享保五）には下田奉行を廃止して浦賀奉行を設置し、翌年より江戸内湾に出入りする廻船荷物は浦賀奉行所で改めを行うことになった。さらに同年には、関東の海船のうち江戸内川へ出入りする船については、川船同様に年貢・役銀を上納することが定められた。

浦賀での荷改め開始は、房総産干鰯を江戸へ送る廻船も一旦は浦賀に寄港せざるを得ないことを意味しており、海上輸送による干鰯の江戸送りをくい止める役割も期待されていたと推測できる。しかし、その後も浦賀の集荷量は減少し、一七四七年（延享四）には、房総三か国から江戸へ出荷される干鰯の一〇分の一を浦賀へ廻送することが定められた。これにより、浦賀問屋は一定量の干鰯を確保できることになったが、近世後期の見込高では、房総からの海上輸送分のうち七割が江戸に送られていた。江戸問屋と浦賀問屋による住み分けが崩れた後、海上輸送分干鰯の確保は両者の力関係を決定する重要な要素であり、問屋は産地だけでなく船主・

船乗たちをも掌握していったと考えられる。

以上の成果は、干鰯の輸送について注目したからこそ得られたものである。すでに、原直史氏も主張されているが[41]、流通を論じる際に物資輸送の局面に注目することの重要性を重ねて強調しておきたい。

②安房の地域性

安房では遅くとも十七世紀初頭には、江戸向けの鮮魚出荷地として関西漁民が流入しており、特に内房では押送船による江戸への輸送体制が確立していた。外房の天津では、家康関東入国後の関西漁民流入により、家数が千軒余にもなったと言われ、鮮魚商売に少し遅れて、鰯網漁と干鰯生産が開始された。

房総産干鰯は、大規模な地引網を用いる九十九里や、三艘張八手網を用いる夷隅郡が主力産地であったのに対し、安房では小規模な地引網や二艘張八手網が数多く利用され、漁師・商人だけでなく多くの人々が関わる点が特徴だった。近世後期における生産見込高は多く見積もっても九十九里の五分の一程度と少ないが、地域内のさまざまな人々が携わるという意味で、重要な地域産業だったと言えよう。

さらに安房の人々は干鰯の輸送にも関わっていた。房州和田村には、一七二〇年（享保五）の時点で庄司五郎右衛門の船以外にも干鰯・米を江戸へ積み送る五大力船が二艘あり、他に押送船も干鰯を輸送していた。同村はすでに一七〇八年（宝永五）には江戸行き廻船の基地となっており、また第一節で見た由緒書によれば、内房の船形村や館山町では一六一八年（元和四）頃には鮮魚を押送船で江戸へ送っていた。さらに原直史氏は、九十九里などの魚肥積船に上総国夷隅郡〜安房国の船主が多く見られる点を明らかにしている。これらの点から、安房の船が十七世紀初頭から精力的に商品の輸送を行い、なかには自村周辺だけでなく広範囲の物資を集荷する廻船もあったことが分かる。

以上見たように、関東の干鰯流通における安房は、産地としての生産量はそれほど多くないものの、鰯漁・

干鰯生産が地域産業として広く根付いた地域であり、さらに房総産干鰯の海上輸送も担っていた。流入した関西漁民によって開始された干鰯生産は、一〇〇年の間に生産・輸送の両面において安房の人々にとって欠かせない産業となり、特に輸送については、安房の船主の動向が関東の干鰯流通構造を変化させるほど重要な役割を果たすようになったのである。

〔注〕

（1）荒居英次「九十九里浜の鰯漁業と干鰯」（地方史研究協議会編『日本産業史大系4関東地方篇』、東京大学出版会、一九五九年）・同『近世日本漁村史の研究』（新生社、一九六三年。以下、荒居著書①とする）・同『近世の漁村（日本歴史叢書）』（吉川弘文館、一九七〇年。以下、荒居著書②とする）・古田悦造『近世魚肥流通の地域的展開』（古今書院、一九九六年）など。

（2）注（1）の各研究、および原直史『日本近世の地域と流通』（山川出版社、一九九六年）。

（3）筆者が担当した展示図録『安房の干鰯―いわしと暮らす、いわしでつながる―』（館山市立博物館、二〇一四年）では、これまで注目されなかった安房における干鰯生産・流通について検討を試みた。本章は、この展覧会の準備調査やその後の調査・分析を元に執筆したものである。

（4）前掲注（1）荒居論文・注（2）原著書など。

（5）前掲注（2）原著書、一九九ページ。

（6）前掲注（1）荒居論文。

（7）原直史「近世房総をめぐる物流と海船」（『千葉県史研究』第三号所収、一九九五年）。

（8）本章では、漁師だけでなく、鮮魚や干鰯等の水産加工品を扱う商人を含めた総称として「漁民」という用語を用いる。

（9）前掲注（2）原著書、一九九ページ。

（10）以下、関西漁民の他国出漁に関する概要は、前掲注（1）荒居著書①・②による。

（11）前掲注（1）荒居論文および同著書①・②。

(12) 前掲注(2)原著書、第二部第一章および第三章。
(13) 前掲注(2)原著書、一九九ページ。
(14) 前掲注(1)荒居著書では、この理由について、一七〇三年（元禄十六）の大津波による史料流失と、漁民の出身地における出漁統制が元禄前後から厳しくなった点を挙げている。
(15) 船橋市西図書館所蔵。『日本農書全集五八（漁業一）』（農山漁村文化協会、一九九五年）所収。
(16) 『日本農書全集五八（漁業一）』所収の解題（高橋覚執筆）による。
(17) 横須賀市立中央図書館所蔵「石井三郎兵衛家文書」G②干鰯問屋№11。
(18) 善覚寺（鴨川市）所蔵。なお、岸上鎌吉編『安房郡水産沿革史』（安房郡水産組合、一九一四年）に全文の翻刻が掲載されている。
(19) 善覚寺所蔵文書。なお、前掲注(1)荒居著書①四七四ページに表が掲載されている。
(20) その他、紀州漁民が浦賀干鰯問屋の成立をもたらしたことも記されるが、出漁地については記載がない。
(21) 横須賀史学研究会『東浦賀干鰯問屋関係史料』（たたら書房、一九六八年）、五八ページ。なお、本史料に作成年は明記されていないが、嘉永期の株仲間再興に際して提出された文書であり、本文中に「昨子年」「一昨亥年」とあることから、一八五三年（嘉永六）のものと判断できる。
(22) 一七二一年（享保六）以降、江戸へ海上輸送される荷物は浦賀番所で改めを受ける必要があった。さらに一七四七年（延享四）には、房総三か国から江戸へ出荷される干鰯の一〇分の一を浦賀問屋へ送ることが定められた。このため、浦賀問屋は海上輸送分については江戸への出荷量を把握していたが、陸上・河川輸送分については把握できなかった。
(23) 前掲注(21)横須賀史学研究会『東浦賀干鰯問屋関係史料』四八～八七ページに関連資料掲載。
(24) 小出博『利根川と淀川』（中央公論社、一九七五年）。なお、那珂湊や銚子湊から江戸への舟運ルート（内川廻し）の開発段階をふまえた上で東廻り航路の発展を論じた研究として、川名登『河岸に生きる人々』（平凡社、一九八二年）・同『近世日本水運史の研究』（雄山閣出版、一九八四年）がある。
(25) 前掲注(2)原著書、一七九ページ。
(26) 日在浦（現いすみ市）の地引網漁を描いた一八六一年（万延二）の絵馬（館山市立博物館所蔵、前掲注(3)

図録一二ページ掲載）には、三〇人以上の男達が網を引く様子が描かれる。
(27) 一八八三年（明治十六）に開催された第一回水産博覧会で千葉県が出品した『房総水産図誌』（国文学研究資料館所蔵）には、八手網漁の様子を描いた彩色画と説明が載る。
(28) 地形と漁法の関係性については、前掲注(1)古田著書第三章で分析されている。
(29) 原直史「史料紹介　粕干鰯商売取扱方心得書―江戸干鰯問屋の経営マニュアル―」（『論集きんせい』第一六号、一九九四年）によれば、東上総のうち房州寄りの岩場の地は「本場」と呼ばれていた。
(30) 本史料では柏崎村と記されるが、実際には安房郡沼村柏崎浦である。
(31) 三文字屋一件については、前掲注(2)原著書および『新横須賀市史通史編　近世』（二〇一一年）等を参照。
(32) 前掲注(21)横須賀史学研究会『東浦賀干鰯問屋関係史料』、九〇ページ。
(33) 前掲注(18)岸上鎌吉編『安房郡水産沿革史』、第三八号史料。
(34) 前掲注(7)原論文。
(35) 前掲注(18)岸上鎌吉編『安房郡水産沿革史』、第二九号史料。
(36) 前掲注(7)原論文。
(37) 前掲注(2)原著書、一九九ページ。
(38) 以下の記述は、西川武臣『江戸内湾の湊と流通』（一九九三年、岩田書院）第二章・前掲注(31)『新横須賀市史通史編　近世』による。
(39) 詳しくは、前掲注(2)原著書および前掲注(31)『新横須賀市史通史編　近世』を参照。
(40) 一八四九年（嘉永二）には、九十九里の牛込村から浦賀へ送る干鰯七二八俵を預かった館山の船乗・庄吉が、江戸問屋である多田屋から割増運賃を持ちかけられたことにより、送り状を書き替え、江戸に送った事件が発生している（神奈川県大和市・橋本家文書№六二四）。近世後期の事例ではあるが、より多くの集荷を目指す問屋にとって、産地荷主だけでなく船主や船乗も掌握すべき存在となっていた様子が窺える。
(41) 前掲注(2)原著書、一〇九ページ。

第2章　文政年間の木綿流通統制をめぐる三井越後屋と鳥取藩との交渉

下向井紀彦

はじめに

三井越後屋（以下、越後屋）は、近世を代表する呉服問屋の一つであり、三井高利の「現金掛け値無し」の商法で大成功を収めた店として一般的に知られている。越後屋は京・江戸・大坂に店舗を持っており、京都の京本店で西陣織をはじめとする絹織物類を仕入れ、江戸・大坂にある販売店に送り販売させていた。この越後屋の店舗網は京本店が統括していた（これを本店一巻という。なお、本章では主に京本店を扱うが、越後屋全体を指す箇所では「越後屋」という表現を使用している）。西陣織の技術が地方に伝播して、地方で絹織物が織られるようになると、越後屋では地方絹の仕入も開始した。また、綿作の広がりとともに綿織物の生産が進み、廉価大衆衣料としての木綿製品が普及していくと、越後屋でも木綿を多く取り扱うようになる[1]。このように、越後屋は呉服問屋でありながら、木綿等も扱う三井の繊維部門であった。

京本店の商品仕入額の内、加賀や丹後の地方絹の仕入額が圧倒的に多いものの、木綿類は天明年間より仕入額を伸ばし、天保年間にはピークを迎え、多い時には仕入額の上位三位に入る年もあった[2]。越後屋では、一七八二年（天明二）から伯州木綿の仕入を開始し、一八〇〇年（寛政十二）には雲州木綿の仕入も開始する。伯州木綿は尾州・三州木綿よりも割安で、一七八二年時点で直接仕入を行う都市問屋が無く、越後屋は独占的な買い手であった。そのため、当初は他の商家にその存在を気づかれないように尾州木綿と偽称していた。一七九五年（寛政七）から一八六七年（慶応三）までの、京本店の木綿仕入額全体に占める伯州・雲州木綿の割合をみると、最大が一八四六年（弘化三）の六五％、最小が一八二〇年（文政三）の一三％で、平均は約四五％である。京本店で仕入れる木綿の四、五割を伯州・雲州木綿で占めていたことになる。京本店の仕入れる木綿のなかでも、伯州木綿と雲州木綿は主力木綿の一つだったことがわかる。越後屋では、伯州木綿の仕入にあたり、西紙屋佐兵衛という現地商人を仕入拠点である「買宿」に任命し、注文を送って伯州各地で木綿を仕入れさせ、京・大坂の店に送らせていた。買宿には木綿の仕入額に応じて口銭（手数料）を支払っていた。越後屋からも買方役という手代を派遣し、現地での仕入金の管理や仕入商品の品質管理などに従事させていた。また、買方役は、現地で問題が発生した際、越後屋を代表して買宿とともに対応にあたった。越後屋では一七八七年（天明七）に、それまで現金輸送によって確保していた仕入金を、鳥取藩との為替取組によって藩札を現地調達することとなった。ここで越後屋と藩の間の手形の流れを示せば、①京本店金方で手形を作成し買方役が持参して伯州に下向する。②買方役は伯州の鳥取藩勘定所管轄下にある倉吉銀札場に手形を提出し、時々の銀札相場で銀札を受け取る。③藩勘定所は銀札場で受け取った越後屋の手形を大坂御蔵屋敷に廻送し、参着分の手形を、越後屋大坂本店に持ち込んで現銀に引き替える、というものだった（第1図）。越後屋は、買宿の任命、買方役の派遣、現地での仕入金の安定的確保などによって仕入体制を構築し、伯州木綿を仕入れていた。

鳥取藩では一八一八年（文政元）九月より領内産出の木綿統制を開始する。[3] 鳥取藩における木綿流通統制の方法は、領内各地に木綿買座という部署を設置し、木綿を独占的に集荷させて積み登させ、特定の京・大坂の商人に販売させて売上を藩庫に納めさせるものであった。領内では、米子町人遠藤吉太郎を買座に任命して領内木綿を全て買い上げさせ、上方では、京商人広野長兵衛を上方での木綿売捌所に任命して木綿受入先に指定し、木綿を売り捌かせていた。流通統制を担当していたのは国益方という部署であった。国益方は、もともと鉄の流通統制を専管するために設置された部署で、一八一六年（文化十三）から「江戸廻鉄趣向」による国産鉄の流通統制を行っていた。後に繭・石灰・薬種などにも拡大し木綿も統制の対象となった。鳥取藩の木綿流通統制は、木綿集荷・積登・販売のルートを一元化し、上方での木綿売上益による正金銀獲得を狙ったものだったと評価されている。これら一連の流通統制は一八二五年（文政八）まで続けられ、越後屋の木綿仕入も流通統制の期間中は中止を余儀なくされた。

　鳥取藩の木綿流通統制について、従来の越後屋に関する研究では、①因伯木綿の取引が無くなり大きな打撃を受けたこと、②藩に何度も直仕入許可の歎願書を提出し、因伯木綿の発展に果たした越後屋の功績、藩元と大坂との為替送金に貢献してきたこと強調し、年に三万反の木綿直買の許可を求めたこと、③歎願却下後は雲州木綿の仕入に力を入れたこと、などの点が明らかにされている。[4]

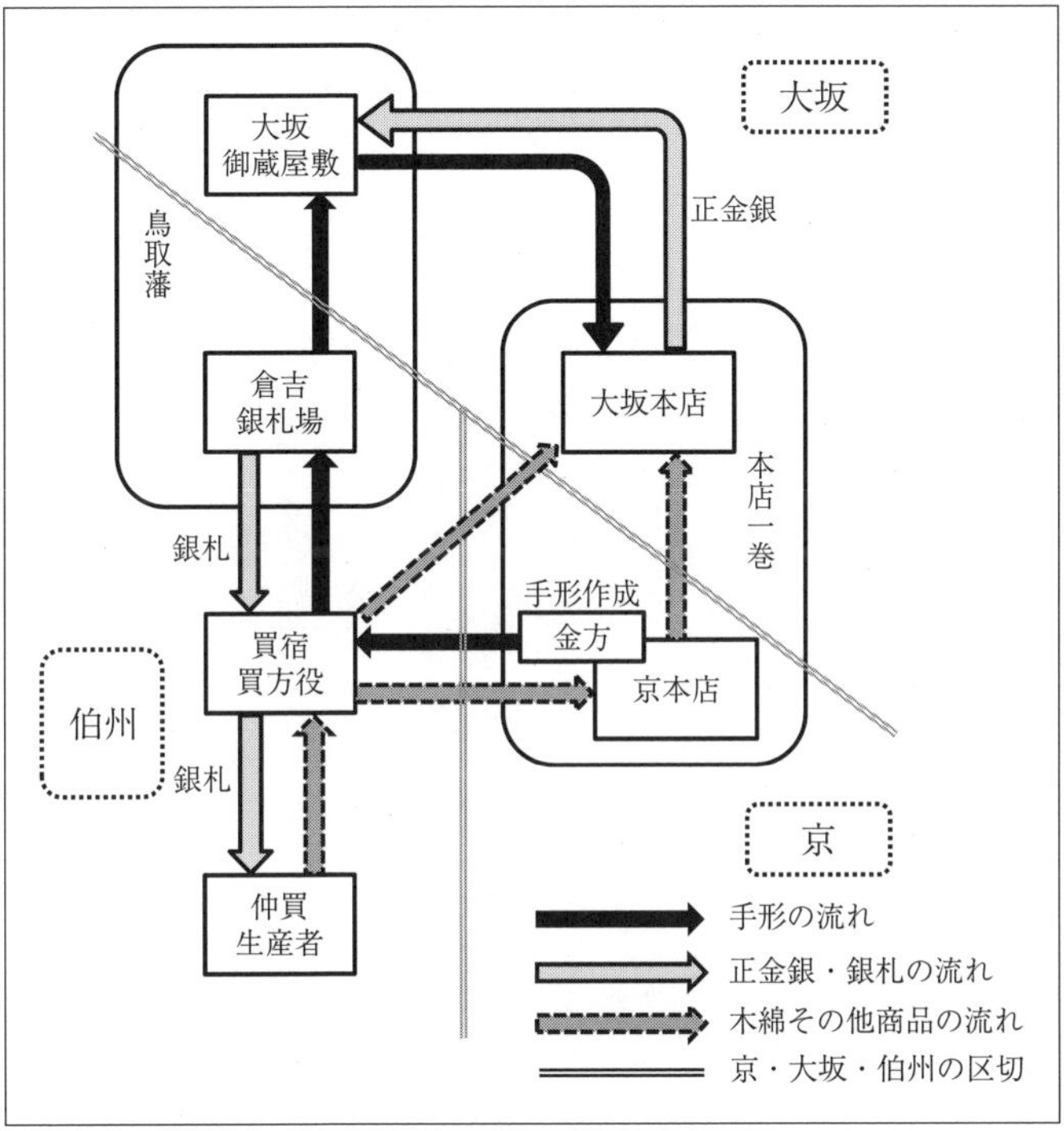

第１図　伯州での木綿仕入金確保のしくみ

注）下向井紀彦「天明年間における三井越後屋の伯州木綿仕入活動」（『三井文庫論叢』46，2012年，第３図，64ページ）より引用。

また、鳥取藩の研究では、化政期の流通統制は一役所の専管による応急措置であり、物価・通貨対策としての効果も無く機構改革の域を出るものでなかったと指摘し、越後屋と藩の関係については、越後屋の史料を用いて、越後屋が買宿とともに遠藤を通さない除外例を認めさせようと藩役人に働きかけたが成功しなかった、としている(5)。

一方、吉永昭氏による藩専売制研究では、鳥取藩の木綿流通統制は「これまで買宿をとおして産地を支配していた三都資本、なかでもその代表である三井との利害の対立を必然化するものであった」とされている(6)。このような三都資本との対立は、①「藩が問屋資本の前貸支配下にある生産地に割り込んでそれを独占する」場合、②「問屋資本と生産地との間での前貸金返済をめぐっての紛争などに藩が調停役として介入し、これを契機に生産地に対する支配を強める」場合、③「藩が江戸・大坂に出先の専売機関を設けて直接市場に介入する場合」といったモデルが提示されている(7)。吉永氏は越後屋と鳥取藩との関係がどのケースに当たるか明示していないが、吉永氏のモデルでは①に該当すると理解できる。

越後屋の研究においては、越後屋の経営動向の分析に力点を置いているため、願書を何度も提出し却下されたという事実を指摘するにとどまり、願書提出の具体像や、越後屋と藩との交渉過程について踏み込んで検討されてこなかった。また従来の鳥取藩の研究においても、藩政史料を用いて流通統制を藩政改革の中で論じており、やはり越後屋との関係や衝突の具体像に関心を払っていない。しかし、越後屋の史料を丹念に見ていくと、藩との交渉過程を具体的に追うことのできる史料が多く残っている。これらの史料全体を具体的に見ていき、さらに京都の店舗・現地派遣の手代・買宿・懇意の寺院などの間で取り交わされている書状もあわせて分析していくと、越後屋は藩の流通統制を知るやすぐに歎願を行い、従来通りの仕入を認めてもらえるよう交渉を行っていたこと、交渉が国元と大坂蔵屋敷を巻き込んで数度にわたっていること、藩も越後屋の対応に苦慮していることなど、従来知られていなかった事実がみえてくる。統制対象品を仕入れる立場にあった越後屋が流通統制にいかに対応したのか、また藩が越後屋をいかに扱おうとしていたのか、藩政史料からは見えてこない交渉の具体像について、検討の余地は多いのである。また、藩専売制研究における越後屋と藩との利害対立についても、この検討をとおして炙り出されてくるであろう。

そこで本章では、これまで詳細に検討されてこなかった木綿流通統制をめぐる越後屋と鳥取藩の交渉過程、双方の動きを具体的かつ徹底的に洗い出し、越後屋が藩権力によって自らの仕入地を脅かされようとする際の対応について明らかにしたい。なお、本章では越後屋手代・現地商人・鳥取藩役人をはじめ、多数の人物が出てくる。煩雑になるため、便宜的に越後屋手代や商人については名前で、藩役人については名字で表記した。ただし、買宿西紙屋佐兵衛については、買宿として触れる際は西紙屋、個人として触れる際は佐兵衛と表記した。

一　流通統制の開始と越後屋の交渉

1　情報到来と越後屋の初動

一八一八年（文政元）十一月十二日、京本店の上原政次郎は、上京していた伯州買宿の西紙屋佐兵衛、買子の長七、供付の徳兵衛を帯同し伯州に向けて出発した。通常業務としての木綿仕入を行うためである。しかし、現地に赴いてまだ間もない十二月初頭、京本店に政次郎から書状が届く。伯州木綿を全て「国産方」で買い上げることになったこと、越後屋を含めた領外商人は直買禁止となったこと、これが藩役人から直々に申渡されたことを通報してきたのである(8)。この時点で買宿の佐兵衛から京本店へは何の通知もなかったが(9)、まもなく鳥取藩の「御国益御趣向」の一環として米子の遠藤吉太郎に両国（伯耆・因幡）木綿支配を任されたこと、領内各地に「買座」が設けられ、遠藤手先以外の者は領内木綿の直買を禁止する触が出されたことを知らせてきた(10)。政次郎一人に任せるのは心許ないと判断した京本店の重役らは、店内相談の上で伯州木綿仕入のベテラン中原勘兵衛の派遣を決定し、藩との交渉を一任した。彼に与えられた任務は、従来通りの直仕入許可を取りつけることであった。十二月四日、勘兵衛は京都を出発、同九日には鳥取に到着し、すぐさま交渉を開始した。

2　勘定所への歎願

(1)　勘定所役人との面談と国益方への口入

勘兵衛が最初に接触したのは鳥取藩の勘定所（財政担当部局）であった。はじめに述べたように、越後屋では一七八七年（天明七）以来、為替取組によって勘定所管轄の銀札場で木綿仕入金を調達していたことから、同役所とは少なからず縁があった。

勘兵衛は懇意であった勘定所役人の谷口利右衛門に内談した。谷口は、流通統制を主管している国益方役人の石田小平次（小平）を紹介し、石田への伝言と添状（紹介状）を書くことを引き受けた。

勘兵衛は谷口の添状を持って石田を訪れて越後屋の仕入の来歴を説明し、従来通りの直仕入を願い出た。石田は歎願内容に理解を示しながらも、既に流通統制を開始した段階であるため、越後屋が現状必要とする木綿を遠藤買座から調達してみて、損得を考えて釣合がとれないようなら改めて願い出るように回答した。勘兵衛がそれでは種々支障をきたすと述べると、石田はその理由を口上書にまとめて提出するよう指示した。勘兵衛はすぐさま歎願書を作成し石田に提出した。

(2)　越後屋の主張

勘兵衛が藩に要望したのは、領外商人の木綿直仕入禁止という状況にありながら、従来通りの仕入方法の継続許可であった。歎願書の中で勘兵衛は仕入開始の経緯、風合・丈尺の指導、機道具・筬の供与と技術指導、それらによる技術向上と生産量増大への貢献を述べた上で、次のように要望する。

〔史料一〕（「文政一件書」文政元年十二月十八日）

（前略）私手前へ年々仕入高纔三万反斗之儀ニ而其余者向口ニ寄余国より相仕入申候ニ付、何卒御仁恵之思召ヲ以右三万反斗之所、只今迄之通御免被仰附為下置候様奉願上候（後略）

越後屋の伯州木綿仕入量はわずか三万反程度であり、それ以外は他国で仕入れているのでこの三万反の仕入は従来通り許可してほしいというのである。この歎願書の写しをみた京本店重役の中には「三万反与限り候て者已来之指支ニ可在之儀ハ無之候哉」(11)と述べて仕入量自制を疑問視する者もおり、寛政から文化年間段階で越後屋の伯州木綿注文量は四万反前後であった(12)ことから、三万反という数値は概ね実際の仕入量に近い数字と思われる。

さらに勘兵衛は右の歎願書と同時に次の口上書も提出する。

〔史料二〕（「文政一件書」）

一誂口者相応之綿代貸附在之候
一佐兵衛ヲ始其外手先之者廿人斗古来より不時難渋之節者相応之年賦銀等も貸遣シ有之候
一買座ニて相調候而者口銭弐重ニ相成、誠ニ木綿者小間カキもの故厘毛ヲ争ひ申儀此段難渋ニ御座候、扨又譬理屈宜候迚も旧年相働呉候者ヲ捨、算当畳抱遠藤江乗かへ申儀も難仕候
一佐兵衛并和平其外手先廿人斗之者御趣向ニ付必至与難渋仕候

勘兵衛の主張は以下の通りである。①生産者（「誂口」）に相応の綿代を貸し付けている。②佐兵衛以下、手先の者にも多額の年賦銀を貸し付けている。③遠藤買座で仕入れた場合、買宿と遠藤買座との口銭二重払いになる。木綿は単価が低く販売価格は厘毛単位を争うため迷惑である。たとえ価格が良くても従来の取引先を見

捨てて遠藤に乗り換えるわけにはいかない。④佐兵衛を始め手先二〇人ほどが流通統制により難儀している。①と②で債権回収の必要性、③の前半で口銭二重払いによるコスト増、③の後半と④で買宿の保護を挙げている。特に③の前半は木綿の販売価格等に直接関係してくる仕入活動の重要問題であった。このように越後屋側の要望は、伯州木綿仕入量三万反について、遠藤買座を介さずに従来通り西紙屋で直仕入することだった。越後屋にとって遠藤買座での木綿仕入という選択肢はあり得なかったのである。

(3)　国益方の主張

国益方役人の石田は、右の①②③についてはもっともなので重役と相談し、④については取り合わないと回答した。国益方は越後屋という領外商人の特例措置を認めるか否かを論点にすえており、買宿西紙屋を含めた領内商人について一切の特例を認めない姿勢を明確にした。

歎願書提出の三日後（十二月二十一日）、出頭要請により勘兵衛が国益方を訪れると、流通統制を実行に移したばかりで特例を認めては政策の支障になるので、歎願は聞き届けられないという重役評議の結果を伝えられた。

国益方の姿勢は、遠藤買座での仕入（＝流通統制のルールを遵守した形での仕入）を拒否するのであれば越後屋の仕入は認めないというものだった。越後屋側の主張する西紙屋での直仕入は流通統制策に相反するものであり、国益方にとっては到底受け入れられないものだったのである。このように交渉開始時点での越後屋の主張（買宿西紙屋での木綿直仕入）と国益方の主張（遠藤買座での領内木綿集荷）とは相反するもので、この双方の基本姿勢は最終的に交渉決裂にいたるまで常に一貫していた。そのため、越後屋側はこれ以降自身の要求を通すために様々なアプローチを試みるのである。

3　御船手への歎願と国益方への取次

(1) 買宿の独自交渉

勘兵衛が勘定所に歎願活動を行っている間、買宿の西紙屋佐兵衛は独自に歎願書を作成し御船手役所管轄の赤碕番所に提出した。西紙屋は一七八七年（天明七）、領内で仕入れた木綿を出荷するため、毎年三〇〇目の運上銀上納と引き替えに木綿為替問屋格の特権を獲得していた。佐兵衛の要望は木綿仕入継続を主張しつつ、運上銀上納の継続願いを前面に出すものだった。

〔史料三〕（「文政一件書」文政元年十二月）

（前略）此度御役人様御出被成、弥御国益ニ相成候趣被仰附由ニ御座候、右等之趣ニ而御運上銀指上候手段無御座、何卒御慈悲之上以前之通被為仰附被為下候ハ、難有御運上銀調達可仕候

これは佐兵衛が御船手役人の佐東金左衛門にあてて提出した、木綿仕入継続の歎願書の一節である。前略部分で越後屋の木綿を仕入れ始めた経緯と木綿為登問屋格を命ぜられた経緯を述べている。そしてここでは、今回御船手役人より国益趣向を実施されたことが通達されたため（仕入ができなくなったため）運上銀上納手段がなくなったこと、従来通りの仕入を認めてもらえたら（＝問屋格へ復帰できたら）運上銀を上納することを主張する。越後屋の買宿として木綿仕入の継続を願い出ながらも、自らの問屋格復帰を押し出した歎願になっていることがみてとれる[13]。

この佐兵衛の歎願は越後屋の木綿仕入継続の要望として不適切だった。一八一九年（文政二）二月に、佐兵衛の請人である中屋忠次郎[14]と鳥取城下商人の平野屋甚五郎[15]が対談した際、甚五郎がこの佐兵衛の歎願について意見を述べている。彼は国益方役人と懇意にしていたことから、越後屋との交渉を逐一国益方役人から伝え聞いており、また勘兵衛や佐兵衛が藩当局に提出した嘆願書を内見して意見を求められていた。進行中である越

後屋・買宿と藩当局との交渉内容を甚五郎は全て把握していたのである。

〔史料四〕（「文政一件書」）

佐兵衛殿より赤碕御番所へ被差出候願書、文談余り理屈過、御役所へ応し不乱ニ相当り思惑不宜、纔三百目之運上且者三井を後立而、御役所をコマカス様之文談ニ在之、扨又佐兵衛難渋之歎甚無少、右等之所相考可申段被申之候

〔史料四〕で甚五郎は、佐兵衛の歎願書に対して、①佐兵衛から赤碕の船番所に提出した願書の文言ではあまりに理屈過ぎる。②御役所に対して不誠実（「不乱」）であり受けがよくない。③三〇〇目の運上というのも三井を後ろ盾に御役所をごまかすような文言である。④佐兵衛の難渋状況はたいしたことない、と指摘する。運上銀上納という藩への貢献度を強調しすぎているようにみえた甚五郎は歎願書の内容を再考すべきと提案しているのである。

(2)　越後屋側から御船手への歎願

ところが、佐兵衛の歎願に御船手役人と御船手大将（御船手の長）香川治郎右衛門は理解を示した。佐兵衛が御船手下役の益田重次郎から呼び出されると、勘兵衛も三万反の木綿仕入の容認を求めて歎願書を提出した。ここでも、伯州木綿生産における藩への貢献を列挙する。

〔史料五〕（「文政一件書」文政元年十二月）

（前略）向口地合丈幅等差図仕、既ニ機道具抔も持下り教へ候処、次第ニ手馴も宜、追々手広ク織出シ多数ニ相成申候（後略）

これは先行研究でも多く用いられてきた記事である。[16]越後屋が買方役や買宿を通じ、生産者に上方向けの生地風合や丈幅を指導したこと、特定の生産者に機道具を供与して技術指導したこと、次第に習熟し多様な製品

を多数生産できるようになったことに触れ、木綿生産技術の向上に貢献したことを述べる。

また、同じ歎願書の中で御船手の関知していない銀札場での木綿仕入金確保にも触れ、木綿仕入金を手形を引き替えに国元で銀札を受け取り、代金を大坂蔵屋敷に上納していることに言及する。藩への貢献として強調していないが、藩札を利用した領内での仕入は領内への藩札流通を促し、木綿の上方への販売を行い、大坂蔵屋敷には正金を上納するという点において、暗に藩への貢献度を主張しているといえよう。勘兵衛と佐兵衛は交渉に際して、藩への様々な貢献を背景に従来通りの仕入を要望し、特例措置を願い出たのである。

(3)　御船手の対応

十二月二十八日、勘兵衛は御船手役所の益田重次郎の呼び出しに応じ訪れたところ、歎願内容を御船手大将と元〆役（国益方の長）に相談しているので安心するように、年内はもう日もないので早春には返答するつもりだと伝えてきた。勘兵衛は、年が明けた正月十二日の初御用日に改めて益田のもとを訪れるが、国益方に照会中であるため近日中に回答するとの返事を得た。実は前日の十一日に、伯州では赤碕沖に朝鮮人が漂着し御船手役人は対処に追われていた[17]。勘兵衛はこの間も御船手への状況確認を続けていたが、同二十八日まで取り合ってもらえなかった。

他方、正月九日に京本店の岩井栄助から勘兵衛に書状が届き、京本店側の意見を伝えてきた。京本店は「御心付無之候得ハ、先々手前存心ニ御聞届在之間敷被察候[18]」として、心付（=賄賂）を送らなければ、おそらく越後屋側の希望を聞き届けることはないだろうと推察している[19]。そして、この状況が続くようであれば「一先御上京可然哉ニ奉存候[20]」と一時的な帰京を提案しつつ、「今暫之御逗留ニ而事済出来候様共思召候ハヽ、重畳之儀ニ候間、兎も角御斗ひ可被下候[21]」としてもう少し逗留して歎願すれば決着するとの考えは結構なことなので、上手く取りはからうようにとも指示している。京本店は、交渉の長期化を懸念しており、短期での決着に期待をかけつつも、越後屋の要求が入れられないならば一時的な撤収と態勢立て直しも視野に入れていたといえよう。ただし、京本店の書状はあくまでも命令ではなく提案であり、京本店は最終判断を交渉担当者である勘兵衛に一任していた。

二月五日、益田は勘兵衛と佐兵衛の名代として彦三郎を呼び出し、越後屋に対する遠藤買座での無口銭仕入を認める用意があること、西紙屋の問屋株は既に廃止しているので運上銀上納は以後不要であることを伝えた。御船手も国益方の回答と同様に、遠藤買座での木綿撰買を要望したのである。ただし、無口銭での仕入を認める姿勢に転換しており、譲歩の姿勢もみてとれる。

勘兵衛は、無口銭の撰買という便宜を得たとしても支障が出るとして、遠藤買座での仕入に応じられない理由を口上書にまとめて提出した（「文政一件書」文政二年二月）。そこでは、①越後屋はこれまで生産者に綿代を貸し付け、機道具が破損した際には取り替えに応じていた。買座での仕入に転換した場合、生産者に貸し付けた綿代と、越後屋の手先に貸し付けた年賦銀の取り立てが必要になるが、そうなったら越後屋側も貸付先の生産者・商人も難儀する。②大坂問屋での価格の方が安値の場合、大坂での撰買を行うこともあるが、伯州木綿の品質維持のためには毎年伯州に仕入に来なければならない、と主張して従来通りの仕入を希望した。

さらに口上書提出の際に口頭で、次のように述べている。

〔史料六〕（「文政一件書」）

（前略）御上より遠藤殿へ無口銭ニ而三井入用丈ケハ差遣し候様被仰候へ者、先方違変無之義者勿論ニ候へ共、凡三万端斗之木綿先方世話料なしニ地風撰買ニ仕候而者先方ニも被困、迚も永続仕間敷哉ニ奉存候、扨又買座買手之口銭相掛り候義勿論ニ奉存候、左様仕候時者是を佐兵衛方ニて買取候茂先御掛りもの同様ニ相あたり可申、且又旧年佐兵衛方ニて金銀取扱万端為致候義、右方へも世話料遣し不申候而者難相成、彼是諸掛り相嵩難渋ニ御座候勘兵衛の主張は、①藩から遠藤買座に越後屋だけ無口銭で便宜を図るように命じた場合、遠藤には何の差し支えもないようにみえるかもしれないが、三万反の木綿を世話料もなく、生地の風合を見て撰買までされては遠藤も困り、とてもこの「趣向」（＝流通統制）を永続することはできないのではないか。②遠藤買座が生産者から購入した木綿にかかる口銭は発生し、西紙屋に買わせるので無口銭とはいえない。③西紙屋に仕入金銀の取り扱いを委託しているので世話料を支払う必要がある。結局諸経費が嵩み難渋することになる、というものであった。

勘兵衛は、藩側の譲歩の姿勢を理解した上で、より具体的に遠藤買座での仕入不都合の理由を述べた。しかも、藩・越後屋双方にとって不利益であり、流通統制策の破綻は目に見えていると指摘している。多少譲歩してでも遠藤で仕入をさせたい藩側と、買宿での直仕入を継続したい越後屋側との主張は平行線を辿ったのである。

益田は勘兵衛の反論を受けて、結局口銭が嵩むことを承知し今回の「趣向」により多くの領内商人が難渋していると聞いているが領内商人の難渋ごときに頓着できないこと、佐兵衛の難渋は取り上げられないことを述べ、今回提出した口上書から買宿西紙屋とその手先の難渋の文言を外すように要求した。生産者へ貸し付けた綿代についてはいずれ国益方で対処するであろうという内意も付け加えている。御船手は越後屋の主張に一定の理解を示しつつ、国益方主導の既発の流通統制を優先し、それに齟齬しない形での越後屋の仕入を期待していたといえる。

勘兵衛は以上のような国益方・御船手との交渉結果を踏まえて、各部署の対応を以下のように評価している。

〔史料七〕（「文政一件書」）

（前略）御船手御役人方者、是迄佐兵衛殿より勤置被申候事故御取合宜候得共、国益方御役人者此方願之筋不請ニ在之候へ共、趣意相立候義故相応ニ御取合被成下候へ共、何分国益方御役人手前旧年仕来候様子御

呑込不宜（後略）

御船手役人はこれまで佐兵衛の運上銀上納の経緯から越後屋側の要望をよく取り合ってくれた。しかし国益方役人は越後屋側の要望を受け入れる意思はないにもかかわらず、要望の趣旨に説得力があるからそれなりに関心を持って聞いてくれたが、これまで越後屋の木綿仕入に関与していなかったため越後屋の従来の仕入方式がどのようなものであったか理解してもらえない。勘兵衛は、これまで関係を持っていなかった新設部署国益方の説得がいかに困難であるか、思い知らされたのであった。

4　寺方を介した国益方への再交渉と歎願棄却

(1)　連生院への仲介依頼

勘兵衛は御船手など藩の役所を介した歎願と別の方法で国益方への歎願方法を探っていた。「当御国風ニ而六ヶ敷公事抔者御寺方ヲ頼候而、極意を御役人方へ御取成頼事済出来候振合ニ在之」（「文政一件書」）とあるように、鳥取藩内では困難な訴訟は寺方に頼み、要望を役人に取りなしてもらって決着を図る方途があることに目を付け、寺方に協力を依頼して国益方に歎願しようと試みていたのである[22]。これには、買宿のネットワークが有効に機能した。因州青谷で仕入にあたっていた、角屋和平悴の治郎三郎は、鳥取城下の権現堂寺中の連生院[23]という寺方と懇意にしていた。治郎三郎の口添えで勘兵衛が連生院を訪れ、これまでの経緯を説明すると、連生院の受けも良く、上手く取りなすとの回答を得た。連生院は国益方重役の粕谷与十郎に越後屋の歎願を説明した。

勘兵衛は連生院と連携して対応することを決め、連生院に御船手との交渉経緯を説明した。連生院は国益方に改めて願書を提出するよう助言したため、勘兵衛は再度歎願書を作成し、国益方役人の石田小平・瀧川為蔵宛に提出した[24]。歎願内容はこれまでの経緯を踏襲した直仕入継続許可願いであった。

先述した御船手による勘兵衛らへの諮問、御船手との交渉、連生院との会談、歎願書提出は五日間のうちに一気に進行した。五日後（二月十日）、勘兵衛が国益方の瀧川為蔵を訪れたところ、瀧川は、越後屋はこれまでの藩への便宜もあり、仕入に支障が出ては済まされないので評議中であると説明し、近日中に瀧川より回答すると通達した。

勘兵衛は瀧川との会談内容を連生院に説明すると、連生院も近日中に結論が出るだろうと返答し、決定に日数を要する理由として御船手と国益方は役所違いで部署間の調整（「少々摺合」）も必要だという事情を説明した。

⑵　歎願棄却

二月十五日、勘兵衛は御船手からの呼び出しに応じて同所に出頭した。御船手方の益田重次郎は藩側の回答を伝えてきた。

〔史料八〕（「文政一件書」）

此度御趣向立一端御触流在之候義故当季之所ハ種々差支在之、如以前御免難相成、仍而当時是非入用も在之分者右買座ニ而撰買ニいたし候間ニ合せ呉候様、御厚意ニ被仰、若又当季之所是非入用与申ニ而も無之候ハヽ、一先引取可然哉ニ被仰候

益田は、①すでに流通統制（「趣向立」）を発令しているため今季の直仕入については種々支障もあり、従来通りの仕入を認められない。②どうしても必要ならば遠藤買座で撰買で間に合わせてほしい。この提案は藩の厚意である。③必要なければひとまず引き取るのが良いのではないかと伝えた。藩側は越後屋側の木綿直仕入要求を却下したのである。ただし、遠藤買座での撰買による必要量の確保と一時撤収を提示し、完全な手切れは避けようとしており、越後屋との縁切りを避けたい国益方の認識も垣間みられる。

勘兵衛は、直仕入できなくては様々な支障が生じる（「種々難渋御座候」）と答え、明朝までに改めて回答する旨伝えて退出し、買宿関係者の中屋忠次郎、角屋治郎右衛門と相談した。忠次郎・治郎右衛門は、越後屋側に同情して手を尽くしてくれていた御船手が歎願を却下するのではもはや仕方ないと述べ（「御船手段々御心配被下候上、右之御返答ニ候へ者、最早致方もなく」）歎願活動の中止を決断した。

(3)　寺方から伝えられた歎願棄却の経緯

勘兵衛と治郎右衛門は連生院を訪れ、右の経緯を説明し、国益方・御船手の考えの内聞を依頼した。連生院が御船手大将の香川治郎右衛門、国益方の粕谷与十郎に照会したところ、次のような事情を伝えてきた。

〔史料九〕（「文政一件書」）

（前略）三井願之義惣御評儀ニ相成候所、御郡代加藤主馬様被仰候ニ者三井義者格別之義なれ共、他国者也、然ニ御趣向ニ付御国内ニて人多ク難渋之趣ニ而此節数軒願出候へ共、難聞届、三井与者訳違ニ候得共一端御触流在之無間茂、三井者不苦与御免も難被成、此段格勘弁もの也と被仰候（後略）

ここから、三井（＝越後屋）の歎願が「総評議」にかけられていたことがわかる。そして、総評議の中での郡代[25]加藤主馬[26]の発言が取り上げられている。加藤は、①越後屋は格別だが他国者である。②「趣向」（流通統制）実施で国内難渋者が続出する中で領内商人数軒から歎願が出てきているが聞き届けられない。③越後屋は領内商人とは事情が異なるが、流通統制を発令して日も浅いので越後屋の直仕入を特例的に認めることはできない。④したがって直仕入却下は承服してもらわなければ困る、と述べたという。連生院によると、加藤は「至而六ヶ敷御気性ニて、一端言出し候事を跡へ者引ぬ御気性」だという。結局、加藤の発言により議論は「破談」となり、越後屋の従来通りの仕入継続は却下されたのである。

勘兵衛は連生院から評議の内容を聞き、「急ニ埒明不申姿」だと判断し、買宿の西紙屋佐兵衛らと相談のうえで、ひとまず伯州から引き取るように決めた。勘兵衛は、藩の関係各部署に暇乞いをして買宿西紙屋のある赤碕を訪れ、国益方の様子を聞き知り、買宿関係者と今後の対応を相談した上で帰京した。

(4) 買宿と鳥取城下商人の藩の決定に対する評価

この一件の終了後、先述した中屋忠次郎と平野屋甚五郎との面談が行われた。〔史料四〕もこの一節である。そこで忠次郎は越後屋の木綿仕入と今回の藩の判断について次のように漏らした。

〔史料一〇〕（「文政一件書」）

（前略）正銭ヲ以御産物之品買調候義、是御国益与申物ニ而候、此度之御取斗得其意不申候、万一憤り因伯木面辻三万端斗之所、雲州其外余国木面を以見合セ御国仕入止メニいたし候時者夫丈ケ御国之衰微与拝察候（後略）

忠次郎は、越後屋は実質的に正銭で産物を仕入れてくれるから、これこそ国益というものである。今回の処置はそのことを理解していない、と不満を吐き出した。そして、もし越後屋が憤って三万反の木綿を雲州などの他国で調達することにして伯州の仕入を中止してしまったら、それだけ我が国の衰微になると述べて、越後屋の伯州からの撤退を憂慮している。

これに対して、甚五郎ももっともだと答えた上で、自身の把握している藩内部の事情を次のように打ち明けた。

〔史料一一〕（「文政一件書」）

夫故於御役所種々御評議御座候而、元〆幷ニ国益方御役人者相談決着致御免被成候御積ニ候所、御郡代様思召在之、少々差支之筋ニ御座候

甚五郎によると、そのために（＝三井の撤退が国益を損なうことを承知しているので）国益方役所内での評議において、元締や国益方役人が相談して、三井の直仕入を認めることで決着したにもかかわらず、郡代の意向に

よって国益方の決定が覆されたのだという。国益方においても越後屋の木綿仕入の重要性を認識しており、一方で加藤の主張に代表される流通統制の貫徹も政策実行部署として曲げることのできない点であった。そのために越後屋の扱いに苦慮していたのである。遠藤買座での無口銭での木綿仕入という妥協案は、国益方が提案できる最大限の譲歩だった。「一先引取可然哉」という表現で手切れとしなかったのも伯州からの完全撤退を危惧しての判断だったといえよう。

(5)　流通統制に関する大坂問屋の評価

ところで、先に触れた京本店手代の岩井栄助から勘兵衛に送られた書状の中には、鳥取藩の流通統制に関する京・大坂の木綿問屋の風聞も綴られていた。

〔史料一二〕[27]

（前略）当地大坂問屋向風聞承り合候所ニてハ甚々気請悪敷、迚も永続出来候とハ被存不申、何分ニも不宜御趣向と申もの斗御座候

一当地大坂問屋方へ旧冬押詰三拾駄斗、伯州木綿荷物御地外商人より指為登候由承候、全右荷物ハ御企在之上ニ調入候木綿ニ候歟、又ハ遠藤方ニ而買入候儀と奉存候得共、尚又遠藤買方様子外商人様子とも承り度候（後略）

越後屋の記録した風聞であるため、これが木綿問屋の総意ととることはできないだろうが、流通統制に対する京・大坂問屋の受けは悪く、とても永続できるものではない、どうにも良くない趣向だという者ばかりであったという。また、文政元年冬時点で、三〇駄ほどの伯州木綿荷物が、伯州に入り込んでいる領外商人から京・大坂問屋のところに送られてきたが、流通統制にのっとって仕入れた木綿なのか、遠藤で仕入れた木綿なのか判断つかないというケースも出ていた。流通統制からもれた可能性のある木綿が流通統制の開始直後から

少なからず上方市場に流れていたのである。越後屋同様、京・大坂の木綿問屋の中にも鳥取藩の流通統制は好ましく思っていない者がいたこと、流通統制の実態が正確に伝えられておらず、統制がどのように行われているのか把握できていない様子がうかがえる。

５　小　括

以上のように、一八一八年（文政元）末から翌年二月までの交渉は、越後屋の直仕入を認めないという形で決着した。この段階の交渉からみえるポイントを整理しておきたい。

まず、越後屋側は、いきなり流通統制を専管する国益方に接触するのではなく、これまで関係を持っていた勘定所や御船手などの部署＝人脈を介して、そこから国益方にアクセスする方式で交渉を行った。越後屋の伯州における活動に理解を示している部署を通すことで、目的を達成しようとしているのである。逆に藩側も御船手を通じて歎願棄却を伝えることで越後屋の交捗継続を中止させている。双方ともに既存の関係を活用して、穏便な形で解決をはかっていたことがわかる。

また、懇意の寺方に仲介を依頼する伯州の訴訟慣行により、国益方重役に接触することにも成功している。ここには西紙屋と関係の深い中屋治郎三郎と連生院との私的な関係が活かされており、既存のチャンネルを活用した交渉を展開していることがわかる。買宿の果たす役割の一つとして難問に直面したときにおける人的ネットワークの活用を確認できる。

越後屋の歎願内容は買宿西紙屋を介して伯州木綿直仕入継続であり、他方の鳥取藩側の要請は遠藤買座での仕入であった。藩側は、三井による伯州木綿直仕入と上方での販売が藩財政に有用であることに理解を示す一方で、流通統制を実施し始めたばかりで特例を認められないという事情もあった。そのため、妥協点として遠藤買座での仕入を提案したのである。越後屋の木綿仕入・積登せ・上方での販売を鳥取藩の流通統制の枠内に組み込もうという思惑も感じられる。しかし越後屋はそれを容れられないとして一度引き取った。藩も越後屋も、双方ともに交捗決裂・断交という形を取らず、越後屋は穏便に要望を取り下げ、この段階の歎願活動を中止したのである。

ここで、藩側は西紙屋の難渋は取り合わないスタンスを取っている。越後屋は領外商人に特例を認めるか否かの問題であったが、西紙屋はあくまでも領内の問題であった。藩当局は、領内商人（おそらく西紙屋のような遠藤買座の傘下に入らない木綿問屋・仲買）が多く難渋している状況を知っていながら、流通統制を強行した。木綿流通統制による当面利益重視の姿勢をうかがうことができよう。

二　大坂蔵屋敷役人との交渉

1　大坂蔵屋敷役人の銀談

(1)　木綿仕入金先納要求

交渉の中断後、勘兵衛と買宿らは、国益方の担当役人が了承しても郡代と国益方元締（国益方の長）が承知しなくては藩上層部を巻き込んだ「御評定」に諮られることはないと判断していた（「元来郡代本〆役承知不被成候半而ハ御評定ニ難相成奉存候」[28]）。そのため、勘兵衛・買宿らは、元締に直接訴え出る機会を狙っていた。

国益方元締の平井金左衛門[29]は、文政二年正月以来大坂に逗留していた（「元印様先月中旬頃大坂迄御帰り被成候由（中略）今以彼表御逗留」[30]）。公務で江戸に向かう途中で体調を崩したため、帰国途中で大坂蔵屋敷[31]に寄り、以来滞在していたのである（「江戸御道中より少々御不快ニ而、漸々此節大坂迄御帰り可被遊候よし、彼地ニ而暫御逗留被遊候」[32]）。西紙屋佐兵衛の請人の中屋幸作は勘兵衛に対して、大坂に滞在中の平井への歎願を要請していた[33]。五月二十五日、勘兵衛は平井と直接交渉するために京より下坂し、二十九日に大坂蔵屋敷役人の福沢吉左衛門を訪れ平井への面会を希望した。

翌日（晦日）、福沢から勘兵衛に出頭要請があったため勘兵衛が出向いた。福沢は、元締は国元での越後屋の歎願活動をよく承知していること、家老衆の評議を経て実施している政策のため容易に仕入許可はできないが、「殿様御弁利之筋」を越後屋から願い出てくれればその功績をもって家老衆へ取りなすことを提示してきた。勘兵衛は、その功績の意味するところがわからないと福沢に尋ねると、福沢は次のように述べた。

〔史料一三〕（「文政一件書」）

近年殿様種々御物入ニ而御勝手六ツヶ敷、冬分金子操合セ手支ニ付何卒一ヶ年向之木綿買会見込例之為替之外ニ四五仙《千》両斗先納致呉候

福沢の要望は、近年藩主の手元金について種々物入りで、やりくりが難しい。冬には金子の繰り合わせに支障がでた。そのため、一ヶ年先の綿仕入見込の為替以外に四、五〇〇〇両ばかり先納してほしい、というものであった。すでに述べたように、これまで越後屋と蔵屋敷との間で行っていた為替取組のしくみは、越後屋買方役が伯州に手形を持参して、伯州の銀札場に提出し銀札をかわりに受け取る。藩は手形を大坂に持って行き、大坂蔵屋敷から大坂本店に提出することで、大坂本店から蔵屋敷に正金を納入するものであった。福沢は、木綿仕入金の為替取組による大坂蔵屋敷への上納のみならず、翌年分の仕入見込金までも要求してきた。伯州木綿直仕入の継続許可の見返りとして求めてきたのは巨額の献金だったのである。

(2)　越後屋側の銀談拒否

勘兵衛はその場を引き取り、大坂本店で重役連中（「老分中」）と相談したところ、一年先の木綿仕入を見込んで仕入金を先納することはとても承認できないという結論にいたった。勘兵衛は再度蔵屋敷を訪れ、越後屋

の難渋、特に江戸の店舗が火災で類焼して銀操が難しいことを理由に一ヶ年先の先納は断り、代替案を口上書にまとめて提示した。①例年、木綿仕入金として冬十月から十二月まで金一〇〇〇両、春正月から四月まで金二〇〇〇両、合計金三〇〇〇両を国元で銀札で下げ渡してもらい、代銀を大坂蔵屋敷に上納している。②しかし藩側の便益になるならば、冬に二〇〇〇両、春に一〇〇〇両としたい、というものであった。従来であれば春に多めに確保していた仕入金について、次年分は冬と春の金額を逆にして、先に多めに銀札を下げ渡してもらう（＝先に多めに代銀上納する）よう提案して、藩の期待に添おうとしたのである。

福沢は一度相談するので追って沙汰すると答え、翌日（六月一日）勘兵衛を出頭させて、この口上書の内容はたいしたことはない、功績として申し立てる程のことでもない、そのことを良く心得よと回答し、再度次年度分を先納するよう要請した。勘兵衛は、京にもどって重役と相談し返答すると答えつつ、先納をするなら引当が必要でそれがなければ相談に応じられないこと、せめて銀札でもいいから登せてほしいことを伝えた。福沢は、引当については取りはからうとし、京都でよろしく評議してほしいと答えた。

勘兵衛は書状で京本店に照会した。六月四日付の京本店支配役の丸山又右衛門・大芝金助から勘兵衛あての返信が残っている(34)。京本店側は直仕入ができるように願い出を続けること、直仕入の許可を引き出すまではこちらから先納を引き受けるとは言わないこと、従来の為替は実質的に銀札引替をするものなので、銀札は引当となるのでその条件には応じてよいことを述べる。そして「先納為替ニ銀札出不申儀ニ候ハヽ、決而取合難出来候間、自然左様之義ニ候ハヽ、味能御断可被成候」と述べ、引当に銀札すら提出しない場合体よく断るように回答している。京本店支配役の判断は、銀札との交換での代銀上納には応じられるというものだった。

六月九日、勘兵衛は帰京して改めて重役会議にかけるも、一ヶ年の仕入金を見込みでの先納は許容されず、木綿仕入金を冬に一〇〇〇両、春に二〇〇〇両のところ、冬に三〇〇〇両分一括して手形を納めて銀札を下げ渡してもらい、手形を大坂で受け取り次第、蔵屋敷に正銀三〇〇〇両を上納する修正案を再提出した。先納ではなく、銀札を担保として冬季の一括交換を提案したのである。

2　大坂蔵屋敷側の変化

(1)　限定的直仕入容認の譲歩案提示

大坂での銀談は、その後一ヶ月以上動きがなかった。七月二十三日になって勘兵衛は大坂の福沢から呼び出されるが、また銀談を持ちかけられては迷惑するとして病気と偽り、大坂本店支配役に書状を送り、代理人派遣を依頼し、大坂本店手代の嘉七を送りこんだ。すると、福沢は次のように述べた。

〔史料一四〕(「文政一件書」)

先達而より段々願之趣無如才致心配候得共、国表御家老始御評定之上御治定相成候事故容易願之通難聞届、仍而今年之処御仕法之通遠藤手先ニ而買取呉候ハ、明年ニ至り所々ニ而五ヶ村・十ヶ村丈者是迄之通ニ御聞済も可有之

福沢は、以前からの願い出についてとても心配している。流通統制は国元の家老衆の評定で決まったことで、歎願は容易に聞き届けられないが、今年遠藤手先から仕入れたら、来年は五ヶ村・一〇ヶ村だけは直仕入を認めると伝えてきた。

これに対して嘉七は、従来通りの仕入を認めてくれなければ、京本店から国元へ仕入に下向することはできないと回答すると、福沢は、それでは国元の都合が良くないので、「何分今年之所罷下り呉候」と今年の下向を要請してきた。これまでの仕入見込金先納に関する銀談の話が突如消え去り、越後屋の仕入を継続させる新しい提案として、来年以降特定の村・地域に限定して直仕入を認める案を示し、今年は仕入に来て遠藤買座から購入するよう提案してきたのである。

突然の提案に、勘兵衛から交渉の代行を任された大坂本店重役は混乱した。二十六日に大坂本店重役は勘兵

衛に書状を出しており、蔵屋敷からの提案内容が、勘兵衛から大坂本店に通知のあった従来の銀談内容と食い違っていると指摘し（「先頃御屋鋪より被仰聞候義ハ、此度御通達与ハ少々喰違候」）[35]、勘兵衛（「御地」＝京本店）の聞き取り違いは無いのか照会した（「御地御聞取違イも可有之哉ニ乍憚奉存候」）[36]。勘兵衛も突然の提案に困惑していた。八月二日に国元の吉田彦三郎、角屋治郎三郎宛に送った書状の中で、福沢の本心（「心服《腹》」）を図りかねていると述べている。福沢の提案が国元から来たものか、あるいは福沢の考えで越後屋側の意向を試しているのか、判断できないというのである（「此義御国元表より申参候義哉、又者福沢様思召ニ而此方了簡御試被成候義哉難分」）[37]。まったく予想していなかった提案に越後屋側は状況を飲み込めていなかったといえよう。

(2)　藩内の事情

蔵屋敷の対応変化には、木綿流通統制で発生した不祥事が関係していた。木綿取捌所を命じられた京商人の広野長兵衛が文政二年冬段階で大銀不納を引き起こしたのである（「文政一件書」）。長兵衛の不納は文政二年五月には発覚していた[38]。流通統制の一環として、伯州木綿を上方で一手に引き受ける予定であった長兵衛は、流通統制開始一年にして大量の売上銀未納状態に陥っていた。また、他にも文政二年六月段階で流通統制対象品である諸皮類の買取で「不埒」を働いており、鳥取藩内での長兵衛手先への諸皮売渡が禁止されていた[39]。同七月十九日には、長兵衛が村々に貸し付けている皮代の調査結果も出ており[40]、木綿をはじめとする国産品の積登せと上方での販売は、長兵衛による上方での売捌きの不発によって頓挫しかけていたのである。そして、病気で登坂できない国益方元締の名代として[41]勘定頭の内山甚蔵が登坂して実態調査にあたっていた。木綿売捌金の不納事件が蔵屋敷の姿勢に影響を与えたものと思われる。

また、二月段階で中屋幸作から勘兵衛に出された書状によると、買座を引き受けている遠藤吉太郎が今年限りで役を手放す可能性があること（「吉太郎義、当年限ニ役前も取放候ニ可為成」）、跡役について米子表で商売をしている一、二人が内々に鳥取の役所に申し出ているという風聞があること（「又々跡役米子表ニ而相勤者壱両人も内々鳥取御役所へ申出候風聞御座候」）を伝えている。[42] 遠藤買座での木綿集荷も二月段階で不調をきたし始めていたことがうかがえる。伯州木綿の流通統制は、伯州での木綿集荷と上方での木綿売捌きの両面において、開始一年経たないうちに難局を迎えていたのである。

(3)　蔵屋敷での交捗の顚末

九月二十九日、勘兵衛は福沢からの呼び出しで蔵屋敷を訪れ、越後屋の今年の仕入状況の問い合わせをうけた。

〔史料一五〕（「文政一件書」）

私義当春御国元江御願ニ罷下、其砌ハ御触出し無間も儀故御用赦も難成、秋ニも至り候ハヽ、御勘弁可被下様御国御役人様方より御利解御座候ニ付、其旨趣を以いまた余国木綿仕入工面者不仕候得共、当冬之処御免も無之候ハヽ、不得止事ヲ余国仕入可仕存心ニ御座候段申上候

これは勘兵衛の回答の一節である。秋になれば直仕入を容認するという国元の藩役人の理解を根拠にまだ他国での木綿仕入をしていないが、この冬に仕入を許可されなければ、他国仕入に切り替えるつもりであると伝えた。越後屋では例年十月頃には買方役を伯州に送り込んで木綿仕入を始める。[43] 伯州での準備を進めるか、代替地を選定するか決める時期に至っており、越後屋側に残された時間は少なかったのであろう。勘兵衛は蔵屋敷側の姿勢変化を捉え、他国仕入に切り替えるという、新たな切り口での交渉に出したのである。

勘兵衛は東は青谷から西は会見郡までを仕入場所と説明し、場所ごとに木綿の品質・価格は上下があり、村数を限っての仕入では価格比較もできず、仕入も不都合だと主張し、従来通りの主張を繰り返した。

後日、出頭した勘兵衛に対して、福沢は急便で国方へ駈け合っていることを伝え、従来通りの直仕入は流通統制策に抵触するが、鑑札を渡して直仕入の便宜をはかるので他国移転を待つよう要望した。ここにいたり、

勘兵衛は福沢から、遠藤買座を介さない限定的な直仕入の約束を取り付け、伯州に下向して最後の交渉を行うことになった。

3　国元での歎願活動

大坂で勘兵衛が蔵屋敷と交捗を進めている間、買宿らも国元で交渉進めていた。買宿側は、大坂のみでの歎願では問題を解決できず、結局国元で交渉する必要があるとみていた[44]。これに先立つ六月八日、買宿親類の吉田屋彦三郎は勘兵衛にあてて書状を出し、平井の帰国次第、国元での歎願を速やかに行いたいので、大坂の状況を逐一知らせてほしいと督促している。また、七月七日には、中屋幸作も勘兵衛にあてて書状を出しており、近々平井も帰国するだろうから、国元で協力して働く所存である旨を伝えている[45]。国益方元締の平井はすでに六月初旬には大坂を発ち、六月十二日に帰国していた（「平井様御義、去十二日御帰着被遊候」[46]）。買宿側が平井の動きを把握しておらず、勘兵衛の連絡不徹底の様子もうかがえるが、買宿の関係者は大坂での交渉を踏まえて、国元でも同時に交渉できるよう準備していたのである。

七月二十三日、彦三郎は勘兵衛に書状を出し、帰国した平井は体調不良で、かつ元締役として「至而大不評判」であることから出勤していないと伝えてきた[47]。また、彦三郎は新たに吉祥院[48]という寺方に協力を依頼しており、吉祥院が盆前より家中方々に掛け合っていること、郡代加藤にも掛け合っており、加藤を支える（「尻押」）家老衆に対して強い姿勢で臨んでいること、吉祥院の見立てでは大方解決できる見通しであることも伝えている。

勘兵衛は八月二日発の彦三郎と治郎三郎宛書状で、仕入に出向かなければ越後屋の木綿仕入計画に支障がでるが、直仕入を認められなければ下向しない方針を伝えている[49]。それでも、八月には、吉祥院と御船手大将の香川治郎左衛門が郡代加藤主馬と内談をすることになった。佐兵衛と治郎三郎は、勘兵衛の名前を借りて歎願書（「御袖扣書」）を作成し、吉祥院・香川を通じて加藤に提出した。ここでは、越後屋の仕入の経緯と、木綿生産への貢献度の強調、遠藤買座からの仕入では難渋するため直仕入を認めてほしいという従来の主張に加えて、新たに、他国で仕入れるには、越後屋向きの生地の風合や尺巾等の規格指導に数年はかかる、買宿らへの貸付の取立ても完了していない、他国で手先の者に先貸をする必要もあり仕入準備で前後難渋する、という内容を加えている（「余国江罷下地風尺巾等一両年も相懸り差教不仕候而者私向口ニ者相成り不申、且者貸附等も取立又其国江罷下り手先之もの夫々江先貸抔仕、殊之外前後難渋ニ御座候」（「文政一件書」））。国元の歎願書でも間接的に他国への移転を示唆しているのである。ただし、作成者が買宿の佐兵衛らであるためか、積極的な他国への切替に言及せず、他国移転における越後屋のリスクを強調して直仕入許可を求めており、勘兵衛の大坂での歎願内容と温度差があるといえよう。この歎願の結果は不明であるものの、勘兵衛ら越後屋手代の帰京後、国元では吉祥院から家老衆に対する説得を中心としつつ、独自の歎願活動を行い大坂との同時交渉によって要望を通そうとしていたのである。

4　小括

以上、大坂蔵屋敷を中心に展開した文政二年夏の交渉を検討した。この交渉は先行研究では論じられていない部分である。大坂藩屋敷では藩主の手元金不足状況において越後屋の木綿仕入代銀上納に期待していた。そして、一年先の仕入見込金の先納を願い出れば家老衆へ口添えするという提案をしてきた。越後屋はそのような提案を受け入れられるはずもなく、既存の為替取組の枠内で、冬・春の配分変更や、冬の一括上納等の仕様変更によって解決しようと試みるが、藩屋敷側は納得しなかった。この時点で、藩屋敷側に優位に話が展開していた。

ところが、広野長兵衛の「不埒」事件の発生で事態は急変する。長兵衛が上方での木綿売捌代銀上納を行わない状況を受けて、越後屋の木綿積登せと上方での売捌き、そしてそれに関連する仕入代銀上納が蔵屋敷にとって重要な存在になりつつあったものと思われる。蔵屋敷と勘定頭は、越後屋の他国への転出に危機感を募らせ始めたのではないだろうか。蔵屋敷側は仕入金の先納要求どころではなくなり、特定地域に限定した越後屋の直仕入の容認や、鑑札発行等の越後屋への便宜を提案し、流通統制と越後屋の仕入との妥協案を提示するようになる。この段階にいたり、大坂蔵屋敷の木綿仕入金先納要求は後退し、むしろ越後屋の他所転出を食い止めるように働きかけるようになる。ここで越後屋は藩側から譲歩を引き出したと判断したものと思われ、以降、蔵屋敷との交渉経緯を踏まえたかたちで、国元での交渉を再開するのである。

三　国元での最後の交渉

1　再歎願と歎願却下

十月二十五日、上原政次郎は上京していた角屋治郎三郎とともに伯州に下向した。今回は勘兵衛は下向せず、政次郎が交渉を担当した。政次郎は願書と口上書（袖扣）を作成した。願書は国益方の福田惣太夫に、口上書は福田惣太夫と石田小平あてに提出された。同時に、御船手大将の香川治郎左衛門にも願書一冊、寺方の吉祥院には願書と袖扣を提出して連携体制を取った。願書は、従来の歎願書と同様に直仕入を希望するもの、口上書は大坂蔵屋敷での福沢や内山とのやりとりをまとめたものであるが、願書は大坂での交渉内容を踏まえて次の文言が追加された。

〔史料一六〕（「文政一件書」）

御支配遠藤殿より買請候而者諸国へ直買ニ罷下候仕来ニ相背ケ候訳合も御座候（中略）余国へ仕入方振替

候而も前後混雑仕候得者何卒格段御憐愍を以宜御聞済被為成下、是迄之処直買被為仰付被成下候ハ、重々難有仕合奉存候

越後屋側は、遠藤買座からの仕入では利点がないことを強調した上で、他国への転換の可能性を示唆しながら、従来通りの仕入許可を要望しているのである。ここでも伯州からの撤退そのものを切り札に歎願を行っているのであり、大坂での銀談と、買宿らの交渉の総決算としての越後屋側の主張だったといえよう。

政次郎は、十一月五日、九日、十日、十二日と石田・福田を訪れるが回答を得られなかった。そして同十四日、石田と福田より要請があったため、政次郎は両者へ出頭した。二人は前日（十三日）の御用日に評議したが越後屋の願い出は聞き届けられない旨決定したと回答し、願書・袖扣を下げ置くので後日取りに来るように指示した。直仕入が認められないどころか、遠藤買座での仕入要請すら無く、越後屋の直仕入は禁止されたのである。

政次郎は「七八歩通ハ（中略）願書差出候得者成就可致」[50]と想定していただけに、この通達に驚いたが、石田・福田は政次郎をさらに驚かせる事情を伝えてきた。

〔史料一七〕[51]

此度其元罷下再願差出候義者先達而大坂表ニ而内山氏より談合候訳合を以又々願出候ト被察候、此義其砌内山氏より国元へ委細及通達候ニ付、右返答ニ内山方へ其儀不相成段申遣候、節角罷下候得共不相叶此旨相心得引取可申段被仰出候

今回越後屋が下向して再願したのは、大坂で内山より談合してきた内容を踏まえてのことと推察している。内山から国元に詳細に通達があった際、国益方では内山に不許可の旨を伝えていた。折角下向してきたのに願いが叶わないがそのことを理解して引き取るように、というのである。実は、国元では大坂での交渉内容を却下する決定を既に下していたにもかかわらず、内山は越後屋側にそれを伝えていなかったのである。

この結果に対し、政次郎はすぐさま吉祥院と香川を訪れ、いよいよ歎願が叶わなければ今すぐ京都へ飛脚を立てて報告すると述べると、吉祥院・香川の双方ともそれは暫く見合わせるように返答した。二人も歎願却下を予想外の結果と捉え、手を回した関係方面各所に対して事情を問い合わせるように手配した（「ヶ様之返答ハ無之筈、猶手を廻し置候方疾与聞糺極意ヲ尋可申ト被仰候」）。こうして文政二年冬の交渉は極めて短期間で終了し、しかも歎願の棄却という結果に終わった。これは越後屋側にとっても懇意の寺方・藩役人にとっても全く意外な結論だった。

歎願棄却から一五日後の十一月晦日、鳥取藩では木綿流通統制に関する次の通達を出している。

〔史料一八〕(52)

在々仕出之木綿御買取之御趣向、去冬被成御立候ニ付、村々自分買立上方為登、其外他国売御差留ニ付、御買取場より差出し候世話人之外、中買躰之者木綿商売不相成事ニ候所、猥之様子も有之様相聞候間、猶又厳重可被申渡候、此後不審之筋有之候得は、急度御取調被仰付候間、其旨可被申渡候（後略）

気多　河村　久米　八橋　汗入　会見

内容は、木綿の自分荷物での上方登せ、他国売の禁止、買座以外の仲買の木綿買取禁止の再通達である。すなわち、各地で生産する木綿の買取趣向（木綿流通統制）を文政元年冬より行っている。これにより村々での自分仕入による上方登せや他国売は禁止しており、買取場（買座）から派遣する世話人以外の仲買に木綿販売することは禁止しているが、統制が徹底していない様子も聞こえるので、改めて厳重に申渡す。以後統制違反の不正取引は徹底的に取り締まる、というものである。通達対象となっている気多郡・河村郡・久米郡・八橋郡・汗入郡・会見郡の六郡はもともと主要木綿生産地だが、大坂での銀談時点で勘兵衛が福沢に申告した「東は青谷から西は会見郡まで」という仕入地域と合致している。この通達は三井とその買宿への木綿販売禁止を生産地に対して暗に示したものとも理解できよう(53)。

2　藩側の事情

歎願却下直後から、吉祥院や買宿らは「早速ニ手ヲ廻し、昼夜共彼是役掛り相廻り考候」(54)とあるように昼夜を問わず藩役人と接触し、歎願却下の理由を問いただした。その結果、藩内部の事情が徐々に伝わってきた。まず、鳥取藩内部の役所間の不和、具体的には国益方と大坂蔵屋敷の連携不足があげられる。〔史料一七〕でも述べられているように、大坂での交捗時点で、越後屋への地域限定での直仕入は認めないと決定していたにもかかわらず、その結論が越後屋側に届いていなかった。

これはその時の担当者だった内山のみの問題でなく、国益方元締だった平井にも問題があった。

〔史料一九〕(55)

　当夏於大坂御願被成候趣、平井様より国益方へ一向無御沙汰、当秋内山様より国益方江言廻し被成候所、初而之事故、大ニ加藤様御立腹被成候、此役所へ者少も無相談、一了簡ニ而取捌抔与者不届之致方与申而御立腹被遊候

〔史料一九〕は彦三郎・治郎三郎から勘兵衛にあてた書状であり、吉祥院が関係各部署の役人に問い合わせた結果を伝えている一節である。これによると、勘兵衛が文政二年夏に大坂で歎願した内容は、元締の平井から国益方に一切連絡がなく、秋に内山が国益方に知らせてきたことで初めて国元で把握した。そのため郡代加藤は、国益方に少しも相談無く平井・内山の一了簡で処理しようとしたことは不届きのことだと立腹した、という。大坂での木綿直仕入に関する一連の交渉について、越後屋に対しては国元に照会中であると述べながらも、実際には国元の国益方や郡代加藤に相談することもなく、大坂蔵屋敷と平井・内山が独断で行っていたのである。

この不手際により、国益方・在方役所と大坂蔵屋敷間に亀裂が生じ、役所間の不和に発展していった。「此

頃ニ而者、諸役人一統之御評義相成、中ニ者役所と役所之モメ合も御座候而、善と悪と在之困入申候[56]」とあるように、文政二年冬段階において、関係方面各所の役人を集めて評議する際に、役所と役所の争い（「モメ合」）も起こるような状況で、役所間で善悪と言い出し困っているという状況になった。これは在方役所・国益方と大坂蔵屋敷との間で顕著であった。

〔史料二〇〕[57]

在手御役人様方、大坂御役人様取斗悪敷候様被仰、御立服ニ御座候而右躰之御返答（越後屋の歎願却下の回答―筆者注）在之候（中略）前文在手御役人と大坂御役人と忌合在之候

〔史料二〇〕は買方役として現地に派遣されている上原政次郎から勘兵衛にあてた書状であり、懇意の寺院である吉祥院が藩内の関係方面各所に問い合わせた結果を伝えたものである。在方役人側は大坂役人の対応を悪く言っており立腹しているので、越後屋の歎願は却下されたこと、在方役人と大坂蔵屋敷役人が嫌いあう（「忌合」）状況になっていることが伝えられている。在方役所・国益方側が大坂蔵屋敷側の単独行動に反発していたのである。

このような動きのなかで、国益方は越後屋の歎願棄却を決定した。吉祥院が今回の願書の返答があまりに早かったので、内々に聞きただしたところ、願書は家老衆まで通っておらず、在方役所（あるいは国益方）の頭役限りで差し戻されたという（「此度之願書余り早ク返答在之候故、内々致吟味候処、右願書御家老様迄通り不申、在頭役限ニ而差戻候[58]」）。藩上層部（家老衆）まで上げられて出た返答ではなく、国益方元締、あるいはその上位機関である在方役所の頭役[59]で止まっていた。今回の歎願は、文政元年春段階の歎願活動のような複数部署を横断する規模の評議（「惣評議」）にかけられたわけではなく、流通統制を専管する国益方・在御役所の判断で最終決定していたのである。

第3節で触れたように、懇意の寺方である吉祥院は、歎願活動における家老衆の重要性を指摘していた。歎

願活動の顚末をまとめた史料の一つに吉祥院の意見が出ており、そこでは「発端より御郡代加藤様御趣向方御同意之義故、六ヶ敷可有之候、何分吉祥院様思召之通御加老様方へ御内願被下候半而ハ都合出来申間敷」（「直買差留書類」）と述べている。吉祥院は、郡代加藤が当初から流通統制を主導しており、これを覆すのは困難であるとし、より上位の家老衆へ内願しなければ三井の歎願を通すのは難しいと主張しているのである。先述のように、夏以来吉祥院は家老衆を中心に説得をしていた。しかし、越後屋の歎願は国益方あるいは在方役所で処理されていた。越後屋の歎願が現場に近い役所で処理されたため、吉祥院の説得活動は結果的になんら効果を上げることはなかった。訴訟における寺方の協力は、藩上層部への働きかけにおいて最も効果を発揮するものだったのである。それでも吉祥院は藩の部署の動向や役人個人レベルの活動まで政次郎と買宿側に伝えているのであり、吉祥院の協力は交渉時に藩内の動向を探る情報源として重要な意味を持っていたといえよう。

3　歎願却下後の動向

十一月二十日、政次郎が福田のところへ訪れたところ、福田は願書を返却し、袖扣については大坂役人との談判の議事録なので預かっておくと述べた。そして、頭役（国益方元締ヵ）からの伝言として、遠藤買座での撰買を断った理由を問うた。政次郎は、断ったのはいろいろ複雑な事情があるためだ（「色々入組候義在之」）とあしらい、さらに大坂での銀談を踏まえて下向したのに手切れとなり困惑しており、今更の手切れでは他国への切替も困難である等の不満を漏らした。そして、既に雲州の生産者にも機道具を供与しているので、なるべく雲州で仕入れ、不足分を他国木綿で充当するとし、伯州から隣国雲州への移転を福田に通告した。

おそらく福田は驚いたのであろう。雲州でも因伯両国と同等の木綿が織れるのか質問してきた。政次郎は、雲州木綿は裾値（最低価格）の品質しかないが、越後屋からこれまでに機道具・筬等を下し木綿織を試行させていること、越後屋向けに技術指導してなるべく雲州で工面できるようにすることを回答した。福田は、そのことを頭役に報告するので雲州に出立する日取りが決まったら必ず知らせることを述べた。十二月二日、政次郎は帰国したばかりの内山甚蔵を訪れた。内山は現状では歎願が聞き入れられず気の毒であるが、仕入御免となればこれまで通り下向してくれるよう発言した。政次郎は、これより他国に下向すること、御免になればまた便宜を図ってほしいことを述べた。同七日には、在方役所と勘定所役人のところを御礼廻りし、これ以後雲州に引っ越すこと、雲州で必要量を調達することを述べた。同九日、政次郎は吉祥院と香川を訪れ、ひとまず伯州から撤退する旨を述べた。同日、吉祥院は京都にいる勘兵衛に対して書状を送っている。歎願の失敗について「貴公之不運か、又者愚僧不才ニ而不行届か、終ニ者破談ニ相成、赤面之至り心外無止事ニ御座候」と詫びつつ、越後屋の仕入が無くなっては佐兵衛と治郎三郎は「盲人之杖失」同様であるとして、彼らを見捨てないように依頼している。これに対して京本店からは、今までの懇意への感謝と買宿らへの対応について承知した旨の返書を出している。[60][61]政次郎は翌日に伯州を出立し十五日に帰京した。

越後屋はこの後、文政八年の木綿流通統制終了までの七年間、伯州木綿の直仕入を中止する。そして、藩役人に明言したとおり、雲州木綿の直仕入に重点を移していく。雲州木綿は寛政十二年（一八〇〇）より雲州平田の買宿である西台屋彦三郎のもとで直仕入を行っていた。文政二年十一月末、政次郎は雲州の良右衛門なる人物を呼び寄せ、この冬の木綿仕入代買をするよう言い含めていた。[62]万が一に備え、交渉失敗後速やかに雲州で仕入できるよう準備を進めていたのである。そして一八二〇年（文政三）正月二十五日、上原政次郎は買方役として雲州に出発し、雲州木綿の仕入に従事した。[63]第1表に雲伯木綿の仕入額と京本店の木綿仕入額を掲載した。文政二年に銀八六貫目余、同三年に銀八七貫目余だった雲州木綿仕入額は同四年に二〇八貫目余と大幅増加し、以前とは桁違いの仕入を行い、伯州木綿を完全に代替したのである。

このほか、伯州の大山寺領[64]が坂本御殿に上納する木綿の為替銀調達も請け負うことで伯州木綿の一部確保に成功した。[65]越後屋は寛政末年以来、大山領から坂本御殿[66]への上納金送金を引き受けていた。「伯州大山十輪院様より為替御頼ニ付於赤崎表ニ銀セシ〆(二十貫目)、取組参、御家来西村太平次様御上京、受取御出店ニ付、引替ニ相渡申候[67]」とある通り、大山領の十輪院から為替送金の依頼があり、伯州赤碕で銀二〇貫目の為替取組を行い、家来西村太平次が京本店に来店し、正銀を受け取ったという。交渉決裂後、越後屋では大山領から坂本御殿への為替送金も断った。しかし、半年後の文政三年六月に京駐在の大山領代官戸田彦之丞より「御殿御勝手悪敷ニ付、年貢米ヲ上納之替り木面織上相納候様可被仰渡由、依而右木面京着之上此方へ買受、当地ニ而代銀御渡申上候様取斗いたし呉間敷哉之御頼有之候[68]」との打診があった。坂本御殿に年貢米を上納するかわりに、領内で織られた木綿を納入する形をとるので、木綿が京に着き次第越後屋で買い受け、代銀を渡すよう取りはからえ

第１表　雲伯木綿買高と京本店木綿嶋買高　（単位　貫）

	雲伯木綿買銀高	内訳	
		伯州木綿買高	雲州木綿買高
寛政７年	138.182	138.182	0
寛政８年	261.977	261.977	0
寛政９年	399.755	399.755	0
寛政10年	460.891	460.891	0
寛政11年	286.219	286.219	0
寛政12年	383.566	383.566	0
享和元年	307.488	218.456	89.032
享和２年	364.793	305.852	58.940
享和３年	449.533	335.907	113.626
文化元年	445.007	308.862	136.146
文化２年	391.102	311.216	79.886
文化３年	405.753	307.933	97.820
文化４年	302.693	289.094	13.599
文化５年	297.975	263.426	34.548
文化６年	360.562	252.881	107.681
文化７年	446.566	277.595	168.971
文化８年	402.917	233.316	169.602
文化９年	371.568	224.505	147.063
文化10年	499.036	412.873	86.163
文化11年	402.975	325.462	77.513
文化12年	376.321	283.518	92.803
文化13年	448.167	363.947	84.220
文化14年	287.913	216.275	71.638
文政元年	338.088	261.336	76.752
文政２年	86.892	0	86.892
文政３年	87.971	0	87.971
文政４年	208.886	0	208.886
文政５年	268.999	0	268.999
文政６年	250.338	0	250.338
文政７年	376.407	0	376.407
文政８年	286.205	0	286.205
文政９年	408.775	86.298	322.478
文政10年	540.269	250.738	289.531
文政11年	550.565	286.527	264.039
文政12年	459.608	205.102	254.506
天保元年	540.747	193.554	347.193
天保２年	587.119	197.679	389.440

出所）「京本店目録吟味寄」「店々目録吟味寄」（三井文庫所蔵史料　別847〜別868）、「木綿方目録集」（三井文庫所蔵史料　本679・670）。

注）下向井紀彦「天明年間における三井越後屋の伯州木綿仕入活動」（『三井文庫論叢』46，2012年）で作成した表を一部抜き出した。

ないかというものであった。これに加えて戸田は、品質の悪い木綿の大山領への返品や、駄賃の大山領側での負担も提示してきた。

越後屋側は請書を作成し、木綿三〇〇〇疋（一五〇〇反）、銀にして四〇貫目から五〇貫目を引き受けることとなった[69]。駄賃の負担がどうなったのかはわからないが、荷物は伯州の規則に則って積み登せ、荷物が着き次第、京都で正銀を引き渡すことになった[70]。五〇貫目は文政元年の仕入額二六一貫目余の二割程度であり、全面撤退の打撃を緩和するものだったであろう。

このように伯州木綿の補塡は雲州木綿の直仕入と、直仕入ではないものの大山領からの荷物引受という形での伯州木綿仕入で行っていた（直仕入でないため、第1表にはあらわれない）。なお、京本店の木綿仕入全体をみると、文政二年は銀四七〇貫目余と前年の銀七一二貫目余から大きく下回っているが、翌年には銀六八〇貫目余に回復し、以後銀六〇〇貫目代以上を維持している。伯州木綿の直仕入中止により雲州木綿への切替を進める一方で、他の地域からの代替仕入を進め、充当していったものと思われる。文政八年の流通統制終了後に伯州木綿の直仕入を再開した後、伯州木綿の仕入量を回復させる一方で、雲州木綿も削減することなく仕入を続けている。文政十、十一年は京本店全体で銀一〇〇〇貫目を超える仕入を行っているのであり、流通統制を受けて、雲州木綿は越後屋京本店の仕入れる主力木綿の一つとなったのである。

4　小　括

以上、本節では文政二年冬段階における越後屋の交渉とその結果について検討した。この段階の動向についてもこれまで明らかにされてこなかった部分である。文政二年冬、越後屋側は最後の交渉を行う。上原政次郎が国益方に絞り込んで歎願書を提出し、同時に、懇意の吉祥院らが藩上層部の家老衆を説得して回るという二段構えの体勢で臨んだ。歎願の主張も、大坂での銀談結果を反映したものになっており、他所への移転も示唆しながら直仕入の許可を願い出るものであった。

もともと国益方は越後屋の希望する直仕入は認めておらず、流通統制に則った仕入に期待していた。しかし、遠藤買座での仕入は文政元年冬段階で越後屋側自身で否定していた。そのため、文政元年冬段階では「一先引取可然哉」と述べて当座の手切を避ける表現をして最終判断を次年度に持ち越していた。ところが、文政二年冬段階になると国益方は態度を硬化させていた。国益方は越後屋側の歎願を拒否し、越後屋の直仕入を認めない方針を採用し、越後屋の拒否した遠藤買座からの仕入は提案すらしていない。越後屋は伯州木綿の直仕入を完全に否定されたのである。これは、文政二年夏から秋に行われた大坂での交渉が影響していた。蔵屋敷側は越後屋と銀談を独断で行っており、地域を絞った直仕入容認の提案も国益方の許可をとったものではなかった。さらに国益方元締の平井金左衛門、勘定頭の内山甚蔵が国元に交渉の事実を報告せず、秋まで国元で把握していない状態だった。在方役所・国益方はこれに反発し、越後屋の歎願を、藩上層部まで上げずに在方役所・国益方内部で処理したのである。そのため吉祥院による家老衆への働きかけも効果を発揮しなかった。さらに、越後屋の木綿集荷地に対して買座以外への売り捌き禁止を通達することで暗に越後屋の直仕入禁止を生産地に周知した。越後屋の直仕入はここにいたり完全に禁止となったのである。越後屋は伯州木綿の代替として雲州木綿の直仕入を強化する。流通統制中止にともなう直仕入再開までの間、仕入額において雲州木綿が伯州木綿に取って代わるのである。

おわりに

以上、本章では鳥取藩の木綿流通統制によって発生した、伯州木綿仕入継続をめぐる越後屋と藩との交渉について、その経過の具体像を局面ごとに明らかにし、越後屋の交渉方法や、藩側の姿勢等について述べてきた。

以下、本章の内容を整理して、越後屋の交渉の特徴について指摘したい。

越後屋は一八一八年（文政元）の鳥取藩の木綿流通統制開始後、一貫して買宿を通した生産地からの木綿直仕入の継続を希望して藩当局と交拶に臨んだ。一方、流通統制を主管する国益方は越後屋に対して、直仕入は容認せず、遠藤買座からの木綿仕入を要請した。藩側は最初から仕入禁止を通知していたわけではなく、越後屋の仕入・積登せ・上方での販売の重要性を認識し、流通統制を遵守するかたちでの木綿仕入を期待していた。しかし、遠藤買座による領内商人編成と木綿集荷・積登せの一元化が優先され、「他国者」である越後屋は従来どおりの直仕入を認められなかった。

次に、越後屋は大坂で大坂蔵屋敷と交渉する。(71) 大坂蔵屋敷は越後屋の木綿仕入代銀の上納を重視しており、「殿様種々物入」を理由に木綿仕入金先納を要求するも、上方での木綿売捌金不納事件により一転して越後屋の伯州からの撤退を憂慮し、独自に譲歩案を提示する。(72) これをもって越後屋は国元での最後の歎願で巻き返しを図るが、大坂の交渉が国益方に知らせることなく進められたことで国益方は態度を硬化させ、最終的に越後屋の歎願は棄却され、直仕入を禁止されるにいたった。

本章で明らかにしたように、越後屋に残された史料を通して越後屋と鳥取藩の国益方・蔵屋敷との交渉過程をみると、先行研究でモデル化されるような、都市問屋の仕入地から問屋を全面排除して生産物を独占しようという意図を藩が一貫してもっていたとはいいがたく、国益方・蔵屋敷ともに越後屋の仕入・販売を軽視していなかったことがみてとれる。越後屋と藩とが妥協点を見いだせず、国益方の関知しえない越後屋の交拶活動の拡大と大坂蔵屋敷の独断を受けて、最終的に国益方は流通統制策の貫徹を優先し、越後屋の歎願を棄却したといえよう。

伯州から締め出された越後屋は、新たな仕入地として雲州木綿に活路を見出し、仕入関係を強化した。伯州からの全面排除という試練を、越後屋は仕入市場の拡大を中心に据えた経営努力によって克服していったのである。

越後屋は文政八年の流通統制中止以降、越後屋は直仕入を再開させる。また、流通統制中断のさなか、越後屋は買宿との不良債権の処理をめぐりやりとりをしている。直仕入中断時・再開以降の越後屋の状況や、買宿と越後屋との関係については、引き続き検討していきたい。

〔注〕

（1）越後屋の基本的な理解については、『三井事業史』（本篇第一巻、一九八〇年）、賀川隆行『近世三井経営史の研究』（吉川弘文館、一九八五年）などによる。

（2）下向井紀彦「天明年間における三井越後屋の伯州木綿仕入活動」（『三井文庫論叢』四六、二〇一二年）。この段落の越後屋に関する叙述は下向井論文二〇一二年による。

（3）『鳥取県史』（第三巻、近世政治、一九七九年、第三章第四節「藩政の動揺」山中寿夫執筆担当）。

（4）前掲『三井事業史』（四二九ページ）、賀川隆行「近世後期の京都における越後屋の営業組織」『三井文庫論叢』一一、一九七七年、八四・八五ページ。のち前掲賀川著書に所収、四一四ページ）。

（5）山中寿夫「化政期鳥取藩における木綿の流通統制について」（『鳥取大学学芸学部研究報告　人文・社会科学』一六、一九六六年、一九一ページ、二〇四ページ）。

（6）吉永昭『近世の専売制度』（吉川弘文館、一九七三年、一五五～一五七ページ）。

（7）前掲吉永著書、二二一～二二二ページ。

（8）「名代云送帳」文政元年十二月四日条（三井文庫所蔵史料　別一七六九）。

（9）「名代云送帳」文政元年十二月四日条（三井文庫所蔵史料　別一七六九）。

（10）「文政元寅冬伯州直買御差留ニ付願方一件書」（三井文庫所蔵史料　別一三二四）。以下、本章ではこの史料の記述を中心に使用するため、引用に際して本文中に「文政一件書」と略記し、史料番号も省略する。

（11）「《岩井栄助書状》」文政二年正月九日（三井文庫所蔵史料　本一四六八―四二）。

（12）下向井紀彦「寛政年間における三井越後屋の木綿仕入状況とその特質」（『三井文庫論叢』四七、二〇一三年、九ページ第4表など)。
(13) 鳥取藩の御船手の規則である「御船手御定」に、赤碕浦木綿諸運上として三〇〇目が記載されており、これが買宿西紙屋の運上銀と思われる(前田正治編『藩法集一〇　続鳥取藩』創文社、一九七二年、六〇六ページ)。これは文化十五年(文政元年)に「請負御免」となっており、流通統制の開始にあわせて運上銀上納は廃止されたものと思われる。なお、運上銀上納の経緯については下向井二〇一二年参照。
(14) 鳥取藩家老荒尾駿河の家臣三刀谷佐助と懇意にしていたところ、平野屋甚五郎も三刀谷に出入りしており、その関係で対談し意見を聞いたという。
(15) 因州国産役(国産品の集荷を担う商人)に就いている。国益方役人と懇意にしており、三井の歎願書について、それを内見の上で国益方役人から意見を求められている。
(16) 前掲『三井事業史』四二九ページなど。
(17) 「異国船説」(「《中屋幸作書状》」三井文庫所蔵史料　本一四六八—四〇)。
(18) 「《岩井栄助書状》」文政二年正月九日(三井文庫所蔵史料　本一四六八—四三)。
(19) 手紙の冒頭には、菓子三つ、白細五反などの進物を送付した旨が書かれている。また交渉期間中には見舞、歳暮、年頭挨拶、祝儀などとして金品を関係役人に送っており、進物を重視している様子がうかがえる(「文政元年寅十二月伯州木面殿様御趣向ニ付御買上ニ相成直買不相成旨国中御触流御座候ニ付中原勘兵衛罷下リ夫々御役人方へ御願申上候御役人方名前幷進物入用控」三井文庫所蔵史料　本一四九九—三六)。
(20) 「《岩井栄助書状》」文政二年正月九日(三井文庫所蔵史料　本一四六八—四三)。
(21) 「《岩井栄助書状》」文政二年正月九日(三井文庫所蔵史料　本一四六八—四三)。
(22) 訴訟において寺院が仲裁機能を持つ点については佐藤孝之『駆込寺と村社会』(吉川弘文館、二〇〇六年)に詳しい。
(23) 買宿角屋と懇意の寺方で、歎願活動中に名前がしばしば登場するものの、現時点でどのような寺院なのか不明。
(24) 「文政一件書」、「乍恐奉願上候口上覚」文政二年二月(「《伯州木綿直買差留関係書類》」三井文庫所蔵史料　別五八七—一。本史料も頻出であるため、以下「直買差留書類」と略記し、史料番号も省略する)。

(25) 郡代とは在方役所（鳥取藩の在方支配を管轄する部署）の長であり、在方支配の最高責任者である。文政年間の国産品の流通統制も国益方とその上位機関である在方役所が主導して行っていた。
(26) 郡代加藤は「御用人之筆頭」でもあるという（「文政一件書」）。御用人は家老に次いでもっとも勢力のある役人で、藩主に近づいて政務その他に参画し、時に藩主の相談にもあずかり、諫言も行うことがあるという（前掲『鳥取県史』一一四ページ、一一七～一一八ページ）。三井と懇意の寺方連生院は、遠藤吉太郎が加藤主馬に取り入っていると指摘している（「文政一件書」）。
(27) 「《岩井栄助書状》」文政二年正月九日（三井文庫所蔵史料　本一四六八―四三）。
(28) 「《吉田屋彦三郎書状》」文政二年六月八日（三井文庫所蔵史料　本一四六八―四二）。
(29) 国益方の中心人物で鉄の流通統制以来、一連の流通統制策の推進者。文政元年六月に勝手方長役を兼任し国益方と勘定所の両方の権限を掌握。銀札発行権を持つ銀札場を国益方と統合運用することで国産品買取資金を確保する施策も実施。文政二年十月に病没（前掲『鳥取県史』四二五～四二七ページ）。
(30) 「《中屋幸作書状》」文政二年二月七日（三井文庫所蔵史料　本一四六八―四〇）。
(31) 大坂蔵屋敷は中之島の宗是町にあった。なお、大坂蔵屋敷の成立経緯ついては森泰博「鳥取藩大坂蔵屋敷の成立」（『商学論究』三七、一九八九年）に詳しい。
(32) 「《吉田屋彦三郎書状》」文政二年六月八日（三井文庫所蔵史料　本一四六八―四二）。
(33) 「《中屋幸作書状》」文政二年二月七日（三井文庫所蔵史料　本一四六八―四〇）。
(34) 「《丸山又右衛門大芝金助書状》」（三井文庫所蔵史料　本一四七八―三九）。
(35) 「《飯田甚四郎等書状》」（三井文庫所蔵史料　本一四五八―一六）。
(36) 「《飯田甚四郎等書状》」（三井文庫所蔵史料　本一四五八―一六）。
(37) 「《中原勘兵衛書状下書》」文政二年八月二日（三井文庫所蔵史料　本一四五八―一四）。
(38) 前掲山中論文、一九一ページ。
(39) 「在方諸事控」（『鳥取県史』第一〇巻、近世資料、一九七九年、一二一七ページ）。
(40) 「在方諸事控」（前掲『鳥取県史』第一〇巻、一二三三ページ）。
(41) 勘定所の長として算用を司る役職。年貢米の受入・保管・蔵出の責任を持ち、廻米値段や借銀の差配なども行う「御勝手諸役所の大本」であった（前掲『鳥取県史』一二五ページ）。
(42)「《中屋幸作書状》」文政二年二月七日（三井文庫所蔵史料　本一四六八―四〇）。
(43) 前掲下向井論文二〇一二年、三六〜三七ページ。
(44)「《吉田屋彦三郎書状》」文政二年六月八日（三井文庫所蔵史料　本一四六八―四二）。
(45)「《中屋幸作書状》」文政二年七月七日（三井文庫所蔵史料　本一四六八―四〇）。
(46)「《角屋治郎三郎書状》」文政二年七月二十三日（三井文庫所蔵史料　本一四七七―一九―一）。
(47)「《角屋治郎三郎書状》」文政二年七月二十三日（三井文庫所蔵史料　本一四七七―一九―一）。
(48) 吉田彦三郎の懇意の寺方と思われるが、具体的にどの寺か現時点ではわからない。
(49)「《中原勘兵衛書状下書》」文政二年八月二日（三井文庫所蔵史料　本一四五八―一四）。
(50)「中原勘兵衛宛上原政次郎書状」文政二年霜月十二日（「直買差留書類」）。
(51)「文政一件書」、「上原政次郎書状」文政二年霜月二十三日（「直買差留書類」）。
(52)「在方諸事控」文政二年十一月晦日（前掲『鳥取県史』第一〇巻、一二七一ページ）。
(53) 三井の歎願棄却の翌日に国益方元締が交代しており、この通達は国益方元締の人事交代と連動するものと評価されてきた（前掲山中論文一九二ページ）。
(54)「別紙」中原勘兵衛宛上原政次郎書状、文政二年十一月二十二日（「直買差留書類」）。
(55)「中原勘兵衛宛彦三郎・治郎三郎書状」文政二年十一月二十二日（「《彦三郎外一名書状》」三井文庫所蔵史料　本一四七八―四〇）。
(56)「別紙」中原勘兵衛宛上原政次郎書状、文政二年十一月二十二日（「直買差留書類」）。
(57)「上原政次郎書状」文政二年十二月二日（「直買差留書類」）。
(58)「上原政次郎書状」文政二年十二月二日（「直買差留書類」）。
(59)「在頭役」が郡代のことを指すのか別の役職なのか、現時点では不明。
(60)「《吉祥院書状》」（三井文庫所蔵史料　本一四七七―一九―二）。
(61)「吉祥院宛書状」文政二年十二月十八日（「直買差留書類」）。
(62)「上原政次郎書状」文政二年霜月二十三日（「直買差留書類」）。

(63)「名代言送帳」文政三年正月二十五日条（三井文庫所蔵史料　別一七六九）。

(64) 鳥取の大山には古来から寺領があり、一六一〇年（慶長十五）に西楽院（僧正豪円）に三〇〇〇石が安堵されている。豪円以後、学頭は上野寛永寺の高僧が兼帯し常住しておらず、一六二六年（寛永三）以降、西楽院には留守居代官が入った。江戸中期までに西楽院を政庁とする学頭・留守居・代官・三学頭代という支配機構が成立した（「大川寺」「西楽院跡」『日本歴史地名大系』）。

(65) 大山領からの木綿仕入は前掲山中論文一九五ページでも触れられているが改めて確認しておく。

(66) 大山は宝永七年に日光准后御抱えとなり延暦寺坂本滋賀院留守居の支配下に置かれ、以後、学頭を滋賀院が勤め、留守居・代官は同院から任命・派遣された（「大川寺」『日本歴史地名大系』）。坂本の滋賀院が御殿（坂本御殿）と呼ばれたものと思われる。

(67)「名代云贈帳」寛政十三年十一月二十六日条（三井文庫所蔵史料　別一七六四）。

(68)「名代言送帳」文政三年六月二十五日条（三井文庫所蔵資料　別一七六九）。

(69)「用事留」文政三年六月（三井文庫所蔵資料　本七八三）。

(70)「用事留」文政三年六月（三井文庫所蔵資料　本七八三）。

(71) なお、大名貸をめぐる鳥取藩と両替商とのやりとりについて、近年大坂の両替商・銭屋佐兵衛を事例に明らかにされている（須賀博樹「銭佐と因州鳥取藩」『両替商銭屋佐兵衛2逸身家文書研究』東京大学出版会、二〇一四年）。

(72) 大坂蔵屋敷役人の独断や不十分な国許と大坂との意思疎通などの問題は、すでに松代藩を事例に指摘されている（荒武賢一朗「在坂役人の活動と蔵屋敷問題」『近世後期大名家の領政機構』岩田書院、二〇一一年）。

第3章　近世後期大坂商人の記録と情報
――鴻池市兵衛家の史料から――

荒武賢一朗

はじめに

本章では、近世後期に大坂で活躍した商家・鴻池（井上）市兵衛家に関する記録から、当時の商人たちが残した記録と情報収集について分析を試みたい。

近世日本における商人の研究は、戦前期から多くの秀逸な著作が積み重ねられてきた(1)。そのうち日本列島の経済都市として大きな役割を果たした大坂の商人についても、鴻池善右衛門家をはじめとする「豪商」の分析が進められている(2)。研究史の足跡からみれば、「豪商」研究から「中小規模」の商家へと議論が展開され、今日に至っていることが指摘できよう。

このような大坂商人研究において筆者は、かねてから幕末維新期の鴻池市兵衛家に注目し、市兵衛本人が遺した当時の日記から同家の実像、またそれを通してみる政治・社会動向について考察を深めてきた(3)。現在のところ、市兵衛家に関する経営史料は確認されておらず、唯一無二に等しい幕末維新期の日記によって分析を進めてきたが、今回初めて紹介する「井上淡水記録」および「井上淡水日記」で近世中期から後期にかけての状況を考察する機会に恵まれた。この試みは、一商家の内情を述べるにとどまらず、近世大坂の歴史的性格、また大坂商人たちの活動について事例を豊富化させる有益な成果になるだろう。

具体的には、①井上市兵衛家に関する基礎史料の整理、②市兵衛家と諸大名家の主従関係、③「井上淡水日記」にみる記述と情報、の三点を中心に議論を深め、これまで知られていなかった大坂商人たちの一面を解き明かすことにしたい。

一　鴻池市兵衛家の来歴

1　これまでの研究成果

鴻池市兵衛家は、大坂・尼崎町一丁目に店を構えた米方両替（浜方）である。[4] 近世中後期から幕末維新期には有力な商家として位置づけられ、大坂商業史のなかでも存在感を示してきたが、その前段階における商家の履歴としてこれまで確認できていたのは、以下の二点である。

①初見となる史料（宝暦年間〔一七五一～六四〕）…岡山池田家文庫[5]
「鴻池善右衛門上申書」
元来浜方幷市兵衛（鴻池市兵衛、御借入立用口入）を人と御覧被成候段大違ニ御座候、市兵衛なとハ素手代共ノ手代ノ方ニ居申候、手代ヨリ出候者ニ御座候、善右衛門身上いか様ニ成も少も不構分別之者其処ヨリ御屋敷之事ハ何とも不存、おのれか勝手ニ能キ事斗仕ものニて御座候、浜方之者西国筋引請我侭斗申もの共の事、身方ニ成ルトハ思召違（以下、略）

②大坂商人一覧における紹介[6]
鴻池屋市兵衛　※井上　一七七四年本両替、一八〇七年買米、一八一六・一八四三

年御用金、一八二二・一八三七年長者鑑掲載、一八七一年高知藩扶持人など最初の①の史料では、岡山池田家の出入商人をめぐる争いのなかで、大坂随一と称された鴻池善右衛門が池田家に文書を提出し、市兵衛についての批判を記したものである。善右衛門は、市兵衛が自らの「手代の手代」であって商人の「格」が異なることを強調し、御屋敷（池田家大坂蔵屋敷）の諸事について全く無知だと評する。また市兵衛を含む浜方商人たちは、西国筋の大名家に関する諸取引に参加するが、自分勝手で信用できないことを述べた。その真偽はともかく、市兵衛家の様子を伝える史料としてはこの文書が最も古いといえるだろう。

②は、大坂商人の概要を示す番付や諸文書で作成された一覧表で、安永三年（一七七四）にその存在が確認されている。本両替とは、金銀両替のほか、為替・預金・貸付・手形の発行をおこない、信用取引の仲介をする商人であった。市兵衛家は、この本両替に公認されたあと、公儀権力との関係が深まり、買米指定や御用金徴発に応じるなど、商人の「格」を上昇させていることが示唆される。

次にこれまでの調査で確認し、筆者を含めて諸研究でも活用されてきた市兵衛自身が作成した文書は以下の二種類である。

【市兵衛自身の作成文書】

①「井上市兵衛日記」（東北大学附属図書館狩野文庫所蔵）

→現存の期間　弘化三年（一八四六）一月～閏五月、文久三年（一八六三）十月～明治三年（一八七〇）十二月

③「御用留　一」～「御用留　五」（大阪市立中央図書館所蔵）

→『明治初年大阪西大組大年寄日記』（大阪市史史料第二二輯、一九八八年）として刊行

「日記」は、幕末維新期の鴻池市兵衛が日々の状況を書き記したもので、主として商売や家の備忘録、取引

相手である大名家の役人や他の商家との関係、あるいは市中の噂話など、いわば「私日記」の性格が強い。一方で、「御用留」は明治維新直後に設置された大阪西大組の大年寄に就任した市兵衛が、同職在任中に記録を付けた文書にあたる。これは商売や家の関係からは離れており、公務日誌の内容に相当するものである(7)。

この二種類の史料によって、幕末維新期の市兵衛について分析がなされてきたが、商人番付やその他の史料から商家の略歴もおおよそ明らかになっている。

【十八世紀後半~十九世紀後半　鴻池市兵衛家の略歴(8)】

安永三年（一七七四）　本両替
文化三年（一八〇六）　買米指定（一万石）
　四年（一八〇七）　同上
　十年（一八一三）　御用金御請
　十三年（一八一六）　同上
文政五年（一八二二）　長者鑑掲載
天保八年（一八三七）　同上
　十四年（一八四三）　御用金御請
嘉永七年（一八五四）　「大坂持丸長者鑑」に「金一万両　あまかさき一　鴻の池市兵衛」と最上段に記載
万延元年（一八六〇）　御用金を命ぜられる
慶応三年（一八六七）　兵庫・大坂開港につき商社取立を命ぜられ、商社世話役就任
　このとき、一代限り苗字（井上）許可
明治二年（一八六九）　大阪西大組大年寄に就任
　四年（一八七一）　高知藩扶持人

基本としては、近世中期に台頭する商家だったことが明瞭で、次第に経済力を身につけたことが理解できるだろう。たとえば嘉永七年の商人番付「大坂持丸長者鑑」で最上段に登場するなどは、当地における存在感が高まっていたと裏付けられる。

ここでは、井上市兵衛家の研究史的成果と、新出史料の概要を示した。これまで把握できていたのは主として幕末維新期であり、素材となる史料の性格から研究もその時期に限られてきた。来歴に関していえば、当主の代替わりや周囲を取り巻く人的諸関係すらよくわからなかった。とくに、都市大坂研究でも重要になってくる文化年間から天保年間（一八〇四～四四）については全く不明だったと言わざるを得ない。

２　井上淡水［四代市兵衛喜尚］の史料とその概要

その研究課題に相応の文書が次の史料で、「井上市兵衛日記」と同じく東北大学附属図書館狩野文庫に収蔵されていた下記の二種類である。

【近世後期の市兵衛による史料】
・東北大学附属図書館狩野文庫
①井上淡水記録（一帙七冊）＝以下「記録」と略記
②井上淡水日記（一帙四冊）＝以下「日記」と略記

どちらも墨書きではあるものの、「井上庫」と印刷された罫紙を使用しているので、明治時代に入ってから原史料をそのまま筆写したものと考えられる。(9)

〈①記録〉
「記録」に含まれる七冊の内訳は以下の通りである。

一　名字　二　鳥羽侯　三　岡山侯　四　安芸侯　五　長門侯　六　土佐侯　七　法事

第一巻の「名字」と最終巻の「法事」は、市兵衛家の歴代当主とその家族など一族の名前を列記したもの、そして先祖代々の法事・供養に関してまとめたものである。つまり、この二冊は家の記録に属す。そして、残りの五冊には鳥羽、岡山、安芸、長門、土佐の各大名家との関係をそれぞれに記している。この詳細については後述するが、いずれも市兵衛家と付き合いの深い、昵懇な間柄と類推できる大名家であったとの見通しを述べておこう。

「記録」では、これまで全く不明とされてきた歴代当主の名前と活動した時期が示されている。(10)

【市兵衛家の歴代当主】＊年代は家督（当主）にあった期間。名前の（　）には幼名および隠居名を入れている。

初代清武（七之助・重次・吉九郎）＝超翁居士
寛保元年（一七四一）～安永七年（一七七八）八月　父は井上清兵衛

二代喜澄（安次郎・安十郎）
安永七年八月～寛政六年（一七九四）六月

三代喜治（市太郎・市三郎・吉九郎）
寛政六年六月～文化十三年（一八一六）

四代喜尚（吉次郎・保十郎・市太郎）＝「記録」「日記」の筆者
文化十四年三月～〔天保八年・一八三七〕

五代喜厚（喜次郎・保十郎・喜厚）＝「井上市兵衛日記」「御用留」の筆者
〔天保八年〕～〔明治十一年・一八七八〕

市兵衛家の「創業者」は、初代市兵衛清武で超翁居士として淡水日記でもたびたび記述がみられる。その文面から子孫たちの初代への敬意がうかがえるが、冒頭で掲げたように安永三年に同家が本両替となった時期と初代の晩期が重なることから、初代の牽引により経営が軌道に乗ったと考えられよう。そして、本章の分析素材である「記録」と「日記」を遺した四代喜尚に、さらには幕末維新期の五代喜厚へと継承されていくのである。

〔②日記〕

「日記」の筆者は「記録」との照合から、四代喜尚であったことがわかる。この喜尚の号が淡水であり、この史料にも同じく井上淡水という表題が掲げてある。この四冊は年次別に以下の構成であった。

一　文化十四年（一八一七）九月～文政十二年（一八二九）十二月
二　文政十三年（一八三〇・天保元）正月～天保二年（一八三一）四月
三　天保二年五月～天保三年（一八三二）六月
四　天保三年七月～天保三年十二月

詳細については追って紹介をしていくが、基本的には家内の動きや商売に関する事柄、および日常的な社会の様子を書き記したもので、硬軟織り交ぜたさまざまな情報を含めている。

右に概略を示した「記録」と「日記」の発見によって、これまで幕末維新期に限定されてきた井上市兵衛家の動向が時期をさかのぼって把握できることになった。まず、初代から五代にかけての歴代当主の情報を概要だけでも確認できたことは大きい。そして、長州をはじめとして諸大名家との関係が徐々に増えてくる、あるいは親密な関係が浮き彫りになることも有益な新しい成果といえるだろう。

二　大名家からの扶持と合力米

1　諸大名家との足跡――主従関係の構築

市兵衛家の経営は、大名貸や米穀・特産物取引を通じた諸大名家との密接な関係によって成立している。大名貸は、大坂に限らず各地の商人や地域有力者たちが大名家に資金を融通することを意味するが、鴻池善右衛門家をはじめとする大坂の両替商などは数多くの大名家と関係を持っていた[11]。市兵衛家の記録をみる限り、このような大名家、具体的には留守居を筆頭にした在坂の家臣たちとさまざまな接点を有している一方で、「民間社会」との商業関係は希薄だった。その意味で、この商家の性格を分析するためにも大名家関連を中心に考察していきたい。

市兵衛家にとって長州・毛利家は、最上位といえる「得意先」だった[12]。近世大坂で多数の大名貸を手掛け、毛利家と厚い信用関係を持っていた加島屋（廣岡）久右衛門が作成した「長州諸用帳」によれば、文政八年（一八二五）から明治六年（一八七三）にかけて大坂の商人たちが長州に貸し付けていた銀高が判明する[13]。この融資を引き受けた商人を「大坂銀主」と呼んでいるが、銀主たちをおおよその貸付銀高順に並べると、加島屋久右衛門、鴻池善五郎、鴻池市兵衛、高池三郎兵衛、加島屋覚兵衛、加島屋七郎兵衛、加島屋万七の七軒、その下位で別席と位置付けられる塩屋市之助、加島屋十郎兵衛を含めた合計九軒の名前が登場した。そのなかで、文政十二年（一八二九）の長州「御撫育方御入用出銀」を例に挙げると、この九軒の大坂銀主全体で銀二五〇〇貫目（金一両＝銀六〇匁換算で金四万二〇〇〇両余り）を貸し付けたうち、市兵衛は四九〇貫目（同八二〇〇両余り）を出資している[14]。長州以外にもいわゆる「大藩」へ資金を融通していた加島屋久右衛門や鴻池善五郎に続き、全体の五分の一を出していた市兵衛は毛利家にとっても重要な「取引先」だったのみならず、ちょうど市兵衛が大坂のなかでも存在感を示し始めた時期にも重なっていたことにも注目しておきたい。

2　長門侯（毛利家）

市兵衛と諸大名家との間には、当然の如くさきにみたような金融貸借の関係が重要で、それによって米穀や特産物の取引が惹起される。経済市場からすれば、商人と大名家はともに同じ構成員として参加するわけだが、近世においては実質的に対等な両者を成り立たせるための仕掛けが必要である。それを研究史の言葉を拝借すれば「擬似主従関係」という(15)。つまりこれは、本来的に領主と領民の関係を持っておらず、主君と家来でもないのだが、形式的に主従の契約を結ぶことを意味する。果たして、彼らの結んだ契りは名目だけに過ぎなかったのか。そこでこの疑問を解きほぐすため「記録」に書かれてある、大名家から市兵衛および名代などに給付される「扶持」や「合力米(16)」に注目してみよう。

毛利家との関係は初代清武の時代からで、後述の高知や岡山とほぼ同時期であった。安永二年（一七七三）十月、清武は毛利家に対し江戸御作事御入用銀二〇〇貫目の差し出しを契機に、これまでもらっていた合力米二〇俵に加えて新たに一五俵、合計三五俵を支給されるようになった(17)。これを示す史料では、以前から御借銀などで出精し、とくに近年は御用立てに貢献していたことを述べているので、厳密には安永二年よりも前から毛利家への融資を担っていたと思われる。また、この銀二〇〇貫目の利足（利息）は毛利家側で決めてくれるよう願い出たので、財政への寄与が高評価を生み、右の合力米下付になったとしている。

続いて同六年（一七七七）九月には、合力米三五俵から扶持方一〇人（五〇俵）に加増となった(18)。その理由は、市兵衛がここ数年毛利家の大坂蔵屋敷に出入りし、貞実に御用を勤めたことが大義で、そしてこの前年に「御家質一件」で格別の働きをしたことによるものだと述べている。ここで注目すべきは、合力米から扶持に変更となり、これによって「外部の協力者」から「内部の家来」としての扱いを受けることになった。さらに清武が家督を譲り隠居した安永七年八月、清武個人に対して身柄一生五人扶持（二五俵）で生涯の給付が保障されている。[19]このとき市兵衛家は二代喜澄へ代替わりを果たすが、喜澄は長門侯より蔵元役を命じられて先代清武とは別に身柄一生一〇人扶持の給付を受けた。市兵衛家にとっては、合わせて一五人扶持となるわけで実質的な加増といえるだろう。

三代喜治は家督相続直後の寛政六年（一七九四）十一月に合力米二〇〇俵を約束されている。[20]再び扶持から合力米へと格下げになったように見受けられるが、喜治が蔵元役を勤めている間はこの二〇〇俵に五人扶持と銀六貫目を下されたとあるので、このときの代替わりでも市兵衛家は給付増の結果を残したといえよう。

記録の筆者である四代喜尚は、文政七年（一八二四）六月に合力米を三〇〇俵に加増されたほか、このときに隠退した市兵衛家の名代、友七（友七郎）に身柄一生一五俵、さらに家内の者たちにもそれぞれ合力米が与えられている。[21]その後、毛利家は財政改革に着手したため、大坂蔵屋敷出入りの商家への扶持・合力にも削減が命じられた。しかし、同十三年（一八三〇）二月には財政難に苦悩する毛利家へ実直な対応をした褒美に、市兵衛本人に米五〇俵、さきの友七には七俵、名代の孫兵衛へ五俵を下付するとし、彼らに改めて一統身柄一生を約束している。[22]

この流れから明白なように、市兵衛家は安永年間ごろから毛利家に給付を受ける主従関係を構築し、少しずつその給米高を増加させていたことがわかる。それには、毛利家が厳しい財政運営をしているなか、銀談と記述される金融貸借の依頼を快く引き受け、「主君」に貢献したことが大きいだろう。また、若干の変更はあるが、市兵衛自身や名代などに合力や扶持が約束されて、隠居した後にも支給があるという好条件が提示された意味も重要であろう。その結果、大名家の大坂蔵屋敷において強い影響力を持つ蔵元役に任命されている点も緊密な関係を物語っている。日記類を通覧すると、この出入商人たちの序列は極めて意識されており、貸付高とともに商人たちの席次の獲得がいかに意義があったのかを示唆しているだろう。

3　高知侯（山内家）

毛利家に続き、「高知侯（土佐・山内家）」も初代のころからの付き合いが確認できる。安永六年（一七七七）には参勤交代で大坂に立ち寄った「太守様（山内家九代・豊雍）」に御目見が許されたほか、この時期から山内家との関係が少しずつ親密度を上げていく[23]。しかし、この段階では扶持や合力米の支給はなかったようで、深まっていくのは三代喜治の時代であった。喜治は山内家大坂蔵屋敷の蔵元役に就任し、いったん職を離れるものの、享和元年（一八〇一）一一月に再度同役へと返り咲いた。この蔵元役に対する給付は財政改革が実施されたため、文化八年（一八一一）九月、江戸・京都・大坂の出入商人へ一切支給されなくなった。ただし、喜治が隠居をする文化十四年（一八一七）に、山内家は蔵元勤事の功労として毎年隠居料二〇俵を与えたとされる[24]。後継者となった四代喜治に関しては、先代のような接遇を得たのか明らかではないが、文政十二年（一八二九）八月、蔵屋敷の役人から市兵衛家に砂糖問屋を引き受けるよう依頼をされたものの、喜治は砂糖商売に不慣れであることを理由に「御断り」を伝えた[25]。また、翌年三月の記述によれば、八年間中絶していた土佐国から大坂へ運送される年貢米が久しぶりに蔵屋敷に入ったことにふれている。扶持の関係では天保二年（一八三一）六月に、蔵屋敷から商人たちに下付する米の五分の一を拠出（つまり二割を返納）するよう命じられた。

市兵衛家にとって山内家との関係は、決して良好とはいえないのが以上の事例で明らかであろう。ただし、再度の蔵元役就任や実現しなかった砂糖問屋指定の打診をみると、山内家から手腕を買われていることが看取できる。市兵衛家の三代から四代にかけての時期にちょうど財政改革が実施されたこともあり、扶持の給付については希薄な関係で、米穀をはじめとする大坂の商業取引に諸大名家の財政倹約策が影響をしていたことも示唆される。

4　岡山侯（池田家）

前節でも述べたように、「岡山侯（池田家）」との関係は宝暦年間（一七五一～六四）の鴻池善右衛門から出された口上書などもあって、しばらく途絶えていたものと思われる。その後、享和元年（一八〇一）七月、池田家の意向を受けた鴻池伊兵衛の伝言で市兵衛家は名代の新兵衛を池田家大坂蔵屋敷へ派遣した[26]。そこで蔵屋敷側は、市兵衛に御館入として蔵屋敷取引に参画するよう要請するが、ここではひとまずそれを断っている。しかし、翌月六日には池田家の意向にしたがい、受諾する返答を出した。この間の交渉について記録は残されていないが、おそらく他の大坂商人からの説得などがあり、引き受けざるを得ない状況になったのではないかと察する。

肝心の扶持は、文化三年（一八〇六）の文章において倹約中であるため扶持方の支給がなく、「御舘入並歳暮」を受領した[27]。「並」が付くので館入と同格を意味するが、続く同六年には御館入に就任し、扶持方一五人扶持（米七五俵）を下付されている。宝暦年間の緊張関係から徐々に改善され、この御館入就任までの期間も池田家の金融関係および蔵屋敷取引に関与するなど、多角的な関係構築に向かっていると理解できる。また、天保七年（一八三六）に池田家の役人から借金の申し込みがあった際にも「早速御請」として迅速な対応ぶりが目立っていた。以上のようなところから、市兵衛家と池田家大坂蔵屋敷の関係は極めて良好だったといえるだろう。

筆者をはじめ現代の我々は、多額の借入をしている大名家が本当に額面通りの給付をおこなっているのか、とついつい勘ぐりたくなる。実際に扶持や合力米の「渡し方」はどのようになっていたのか。天保三年（一八三二）正月に市兵衛が書き留めた芸州（広島浅野家）御合力米一件はその様子を教えてくれる[28]。「記録」には、長門侯などと同じく懇意の関係にある「安芸侯」からの合力米受領が記されており、文政四年（一八二一）十一月の段階で市兵衛家は合力米一五〇俵を得ていた。ただし浅野家では財政引き締め策として、同八年より一〇年間の計画で「御倹約」が施行されており、市兵衛たちが受け取る給付も何らかの影響を受けていたと思われる。それが天保二年に芸州侯の「御代替」（八代斉賢の死去後、九代斉粛が同年正月に家督相続）が起こったため、倹約年限が「御省略」になった[29]。おそらくこの通知によって、市兵衛の合力米も満額支給となったはずだが、天保三年正月には次のような「手違い」が生じている。

市兵衛が述べるには、「芸州御合力米旧冬《天保二年末》御渡方ノ為御知《おしらせ》」がなく、どうなっているのかと思いながらそのままにしていた。元旦に蔵屋敷へ年始の挨拶に出向いた際、役人に尋ねたところ、ほかの商人たちはいずれも受け取っているので「何カマチカイ《間違い》候事」だから取り調べをしてみると言われた。その後、正月十日にさきの役人が市兵衛の店方に訪れ、調べた結果によれば旧冬に留守居から市兵衛たちに合力米を受け取りに来るよう書状を出したが、これを屋敷の使番が間違えたとのことだった。いくつかのやりとりを経て、正月末に市兵衛はようやく「例之通請取候事」と書いているが、蔵屋敷の役人から念を押されたのは「此事（市兵衛への間違った対応）」が周囲に発覚するのは避けたいので、仲間の者にも他言を差し控えてほしいという話である。これを受けて市兵衛は内々に手続きを済ませたとしている。この一件で注目したいのは、最初に市兵衛がおかしいと感じながらも「そのままにしていた」こと、さらに蔵屋敷としては自らの失敗を他の商人たちに知られては困る、というところだ。多くの大名家から給付を受けているうえ、まして必ず受け取らないと生活が立ちゆかないわけでもない市兵衛にとっては大事ではなかったのだろうが、名目ではなくしっかり合力米を受け取っている点は確認できる。

ここまで扶持や合力米に注目し、諸大名家と市兵衛家の主従関係について事例を紹介してきた。史料の年代的制約にもよるが、初代清武の時代である安永年間から市兵衛家は事業を興したわけだが、それと期を同じくして、大坂蔵屋敷を持つ大名家との主従関係が成立することになった。主として給米を大名家から受領することで、主従関係の構築が進められた。大きな商業・金融取引を手掛ける商家からすれば、それほど高額な支給を得たわけではないものの、「家来」となることによって、自らの生業が潤滑に動き、また大坂商人内部における格付けの上昇にも非常に意味を持ったといえよう。土佐や岡山のように財政改革ないし倹約を実行している場合、無給になることも実証されたが、「役付け」を得ることでその主従が確立したことも指摘できる。これまで述べられてきた「擬似主従関係」という評価も見当違いではないが、立派な主従関係が形成されていたと結論付けておきたい。

三　井上淡水日記にみる情報

1　商人と蔵屋敷

先述したように、「日記」は文化十四年（一八一七）九月から天保三年（一八三二）十二月まで、四代喜尚が執筆した内容が含まれている。ここでは、日記に書かれた内容を紹介し、近世後期における大坂商人や、彼らと交流のあった諸大名家の様子について明らかにしたい。これより時代の下る幕末維新期については、平野屋武兵衛の記録をもとにした成果や、筆者がすでに紹介している井上市兵衛（五代喜厚）の分析から、その状況を知ることができる(30)。本章では、これよりも以前の様子を描くことに意味をもたせたい。「日記」の史料的性格を簡潔に言うならば、市兵衛家および周辺の商家が織りなす商業取引に関する情報、大坂蔵屋敷を有する諸大名家との関係、そして町内や商人たちを取り巻く社会の様子を物語っている。たとえば商業取引の場合、経営帳簿や商品の流通をおこなった際の証文などによって明らかになることがたくさんある。一方で、「日記」

ではそれらが当事者間で交渉していく過程、また実際には不成立になった案件も拾い上げることができる。つまり、断片的ではあるものの、数字では読み解けない裏側を探り出すことも可能となるわけである。そこで、いくつかの事例を紹介していこう。

文政二年（一八一九）六月、「芸州御留守居（広島浅野家・大坂蔵屋敷留守居）」の百々勘左衛門より「対州皮ノ一件」につき市兵衛のもとに問い合わせがあった[31]。ここで記載される対州皮とは日朝交易によって対馬宗家が入手していた朝鮮産牛皮のことを指す。田代和生の研究に詳しいが、近世における日朝間の貿易は公貿易と私貿易に分別され、とりわけ後者は朝鮮側で「開市」と呼ばれて毎月八回の割合で朝鮮商人が倭館に商品を持ち込み、対馬藩の役人や商人たちが相対取引をおこなうものである[32]。百々から市兵衛に連絡があったころの輸入品では牛皮が貿易高全体の半分を占め、私貿易の中心的商品だったことがわかっている。これも田代の指摘するところだが、大量の牛皮は、同じく朝鮮産の牛角・爪（加工して「朝鮮鼈甲」とする）などと合わせて大坂へ移送された。

懇意である百々からの質問に対し、市兵衛は対馬による朝鮮牛皮につき大坂で売支配を務める竹屋善右衛門に連絡したうえで、次のような返答を送っている。

・対州様（対馬宗家）御物朝鮮牛皮は毎年およそ三万枚が大坂に入り、竹屋善右衛門が売支配を務め、竹屋はこれを渡辺村の穢多たちに売却している。
・この渡辺村との取引は、①その都度値段を決める相対取引、②三年・五年・十年と期間を区切って定額で売買、の二通りである。
・ただし、渡辺村との取引は容易ではない。大坂に流入する皮類は渡辺村のみで取り扱うことになっており、たとえ代銀が未払いになったとしても、大坂三郷の火消人足役など公務を務めているので、大坂町奉行所も渡辺村に厳しい対応はしなかった。

・売方に困っていた竹屋は、二、三年前から火打村の穢多たちと取引をするようになり、渡辺村の取引と比べて良好であった。これに対し、渡辺村から売支配人を相手取り訴訟が起こされたが、大坂町奉行所の裁定は格別の由緒があるため対州様御産物に限り、どこに売り払ってもかまわない、という沙汰があった。

・一方で、薩州様（薩摩島津家）御産物のうち、牛皮については渡辺村に限り売却されている。

右のような内容の文面をまとめているが、そもそも浅野家はなぜこのような問い合わせをしたのだろうか。それには、当時同家が進めていた「国益政策」が関連しているものと推測できる。宝暦年間（一七五一～六四）から財政再建に着手し、それと同時に国産品自給を目標にした経済政策を実施していた広島では、文化・文政年間（一八〇四～三〇）には領内産品の他国販売を推進するようになった[33]。この国産奨励には、広島城下の商人たち四名が御用引受方になり、領内物産の買い占め、そして江戸や大坂への積みのぼせがおこなわれている。瀬戸内海沿岸部および中国山地の内陸部には多数の産品があり、米や塩といった基幹商品をはじめ、さまざまな生産物が増産されたといわれる。ここで対馬からの朝鮮牛皮について情報を必要とした理由を考えれば、山間部の鹿皮が大坂で販売されていることと、牛馬の生産・販売が盛んになっていたことが合致してくるだろう。この領内経済政策にかかる状況から、大坂における牛皮などの流通に関する仕組みや、他大名の動きについて市兵衛へ照会したものと想定できよう。

市兵衛と浅野家の関係は、管見の限り宝暦三年（一七五三）にさかのぼることができ、同年に浅野家が幕府の御手伝入用へ充てる借入金を大坂・京都の商家へ依頼した際、筆頭の鴻池善右衛門に続き、市兵衛の名前も確認される[34]。その後、幕末期にかけても市兵衛は広島領内産の鉄取引も手掛けていることから、大坂蔵屋敷との密接な関係によって、この牛皮の問い合わせは納得がいく。

市兵衛の関心は、蔵屋敷や武士たちだけに向けられるものではなかった。もちろん自分たちと同じ商いの仲間たちの情報も記載する。文政二年（一八一九）六月十四日付けの文章には、伊予国松山・松平家大坂蔵屋敷の一件に触れている[35]。この日「御役所」に張紙が掲示され、同屋敷の名代だった唐金屋助九郎、家守の松山屋五郎右衛門の二人が役儀を取り上げられ、その後任に備前屋権兵衛なる人物が登用された。このような蔵屋敷に出入りする商人たちの交代や、蔵屋敷が大坂の商人たちへどのような対応をしているのかは不明な点も多々あるものの、「日記」において短文ながらいくつか示唆される。

文政・天保年間（一八一八〜四四）ごろには、大名家の財政改革、それに伴う倹約令が多くみられる。天保三年（一八三二）正月二十七日、市兵衛は出入りをしている盛岡・南部家の大坂蔵屋敷に赴いた[36]。これは南部家の志賀覚太夫が国元へ帰国するため「御暇乞（別れの挨拶）」を申し上げるためで、市兵衛によると御暇乞に出勤した際には大坂に残る役人たちが負担して御馳走を振る舞い、その後も役人たちの支払いで「岩田ヤ」なる料亭に御供することが慣例となっていた。しかしながら、南部家でも御多分に漏れず前年より「御省略（倹約）」がおこなわれており、市兵衛は役人たちが飲食費の「引請（支払い）」をしてくれるのか、と内心考えていたようである。そうすると、当日も岩田ヤに連れられたものの、今回からは「御帰国ノ御方《（志賀覚太夫）》引請」ということであった。ただ料亭で出されたのは、御吸物一つ、刺身一鉢など簡素なもので、酒はもちろんのこと、宴会部屋で使用する蠟燭類まで志賀が負担したのである。そのため、市兵衛に酌をしてくれる侍衆も「盃ニ少々宛酌」をするなど「一笑ナリ」と語っている。

自身の御暇乞に続けて記した、市兵衛と同じく南部家と付き合いの深い津田（近江屋）休兵衛の話はさらなる示唆に富む。津田は南部家から毎年銀一〇貫目（金一両＝銀六〇匁換算では金一七〇両余り）を給付されているが、これは折々に役人たちと一緒に出掛ける「岩亭（さきの岩田ヤのことか）」の費用に充てられる。つまり、津田への給付銀は蔵屋敷の役人たちとの飲食費（接待費）になるというのだ。最近は銀一〇貫目でも賄いきれないので、津田から願い出て「御役人ト割合《（割り勘）》ニテ御供」をするようになったが、経費倹約のにつき一〇貫目の支給は停止になった。加えて津田の居宅は蔵屋敷から遠方にあるため、出勤の時には「御酒」「御飯」を下されていたが「是モヤマル《なくなる》」し、役人たちは御用以外の外出はせず、その他さまざまな倹約が実行されていたとある。この津田の事例では、扶持銀の使い道が役人たちの接待費になっていたこと、また倹約令施行時における大坂蔵屋敷の動きが看取できよう。

天保二年六月九日の記述では、薩摩島津家の対応ぶりに注目している。[37]その原文では「島津家ニテハ御紋服拝領ト云事至テ六ツケ《むつかしく》敷、高木氏ハ凡百年計ノ御舘入ナレトモ漸近年拝領、初テ在之」とある。先述したような大名家からの扶持や合力米の支給以外にも、西国大名においては参勤交代などで大坂や京都に立ち寄る際、蔵元や掛屋を務める商人たちの挨拶を受け、何らかの褒美を授けることが慣例になっていた。また、ここに表れるように家臣である証として紋服を下付されることも多い。島津家から紋服を拝領することが難しいというのは、一方で他家では功績が認められると比較的容易にもらえるという認識だろう。高木氏とは、鴻池などと同じく十人両替で大坂経済を担った平野屋五兵衛家を指し、百年ほどにわたって館入を任せられ、さらにこの当時、薩摩では調所広郷が主導する財政改革に平野屋の分家・高木善助が資金調達に奔走していた時期でもある。その平野屋でさえ、ようやく初めて紋服を拝領したことに市兵衛は驚きを隠せなかったのだろう。

2　商人の序列と格

これまで述べてきたように、市兵衛家は宝暦年間（一七五一～六四）以降に経営を拡大し、諸大名家の大坂蔵屋敷に出入りをすることになった。本章の冒頭で触れたように、大坂第一と称された鴻池善右衛門からは、商人としての「格の違い」を主張されたこともあったが、四代喜尚の時代には有力商家としての立場を獲得する。ただし、そこには時の勢いとは異なる序列が顕在化していたようである。その格付けや他家との並び方について、「日記」では以下のような記述がみられる。

文政元年（一八一八）九月八日に、「長州新米試米到来」との書き出しで、毛利家大坂蔵屋敷にかかる内容を記している。[38] これは文字通り、新米の試供をおこなうために大坂へ送られたサンプルを、入札に参加する商人が品定めをすることと察する。市兵衛の記述からすると毎年の恒例行事になっており、以前からこの試米は廣岡（加島屋）久右衛門、市兵衛、加島屋十郎兵衛の三名に届けられた。廣岡は後述のように毛利家との関係は濃密であるが、十郎兵衛がなぜここに含まれているのか。この疑問は市兵衛のみならず、蔵屋敷の差引方役人も気になっていて記録をひもとくなど調べてみたが全くわからない。そこで差引方やおそらく廣岡たちの相談によって、今年（文政元年）から館入の合計五軒に送ることになったと述べている。

文政十二年（一八二九）の年末に市兵衛は「長州ノ講」について筆を進めている。[39] これまでの長州講は、一年に正月、五月、九月、十二月に「臨時」と呼ばれる毛利家大坂蔵屋敷の留守居と三家の主人が会合を開くというものだった。この三家とは、毛利家への大名貸や商品取引で大きな存在であった鴻池善右衛門、上田三郎右衛門、廣岡久右衛門のことである。その後に開始された「小間講」という会合は、三家の支配人と蔵屋敷の差引方が集うものだった。小間講と名付けられたのは、大座敷ではなく小さい部屋でおこなわれたことにより、この三家支配人たちのみだった参加者は次第にそれ以外の「舘入（館入・立入）」商人を加えて、現在（文政十二年）に至っているとある。これによれば当初、大坂蔵屋敷に出入りする商家は、長州講を構成し、臨時と小間講を組織していたことが理解できる。しかし、三家以外の館入を含む小間講が重視されるようになったためか、臨時は「イツノ程ニカヤマル（いつの頃からか止まる）」ことになり、小間講が長州講を構成する商人たちの会合になった。時の流れに応じて、その頂点に位置する三家にも変化があり、まず鴻池善右衛門については鴻池善五郎家が分家成立する際、本家（善右衛門）より長州、筑州、阿州の蔵屋敷に出入りする権利が譲られ、とくに長州については鴻池善五郎が筆頭としての格を得ることになった。ただ、善五郎は「長州侯御勝手御六ケ敷《むつかしき》時節ニ手を引レ」ため、代わって上田が筆頭となった。

長州はこの財政危機について、撫育方なる部局を設けて「宝暦改革」を施行し、領内の産業育成に力を注ぐ。[40]

この改革に前向きな協力をしたのは、廣岡と市兵衛（二代喜澄）で、とくに廣岡の支配人だった程助（吉兵衛隠居）と市兵衛が相談のうえ、長州への貸付金に対する利息を年三朱に引き下げた、としている。これらの功績によって廣岡久右衛門は、長州侯から「御留守居格」を与えられ、上田を抜いて出入り筆頭の地位を得た。その詳しい経緯は、廣岡久右衛門の史料でも右の御留守居格への上昇が明らかになっている。(41) 一方の市兵衛も二代喜澄が蔵元役に就くなどの事実は第二節で紹介した通りで、廣岡の取次によって市兵衛家は「三家同様ノ格式」を仰せつけられたとする。これによって長州講では、市兵衛も三家同様の格上げを得て、周囲から一目を置かれたが、利下げは講に参加する商人たちから不興を買い、彼らからの評判は「アマリ宜シカラスヨシ（あまり宜しくない）」と記す。

前節では市兵衛家が大名家との主従関係を結ぶ経緯を説明してきたが、この文政一二年の条文を確認すると、同家のみならず大坂商人全体の格付けや、それぞれの大坂蔵屋敷における商人への接し方が垣間みえる。もちろん、そこには大名家の意向に対する姿勢や、商人が案件ごとに対応を判断する様相も含まれており、蔵屋敷に出入りする彼らの動きが格付けにも影響することが指摘できよう。

商人たちのなかで認識される序列や格付けは、本業以外においても有効に機能している。彼らは趣味や特技を磨くことも商人の素養と考えており、たとえば詩歌や絵画などあらゆる芸事に関心を持っていた。それぞれで寄合を持ち、サークル的活動をおこなっていることも多い。とりわけ重視されるのは、茶道である。茶事は単なる趣味というよりは、商人や蔵屋敷の役人たちとの接点を持つ場として、ひときわ注目できる。いわば、商業と密接に関わる儀礼と呼んでも良いだろう。そのひとつの例として、文政元年六月二十二日の記述を紹介しよう。(42)

当日の条文「瓦屋橋ニテ此節茶事御催之処」との書き出しから、市兵衛自身は出席していないが、これより少し前に大坂の瓦屋橋（現大阪市中央区）で茶会が開かれたことがわかる。後段の文面と合わせて考えると、この瓦屋橋には鴻池善右衛門の別邸があったので、善右衛門が主催するものだったと思われる。「山中氏（鴻池善右衛門）」は、阿波・蜂須賀家の留守居をはじめとする大坂蔵屋敷の五名を招いたが、そのうち小寺与左衛門という役人が急病のため不参加となった。そこへ天王寺屋源之助という商人が茶事に参加したいと押し掛けてきた。主人の山中氏は、これまで御茶を出したことがない人物のため源之助の参加を拒絶し、小寺以外の残り四名をもてなしている。断られた源之助は腹立たしく思い、「帰カケニ廓吉田屋」へ向かい、翌朝に帰宅したと市中では噂になっている。

この一件について市兵衛は、事前に「御留守居ヨリ山中氏へ御問合セ」がなかったことが無念だと感想を述べている。源之助は、かねてから「瓦屋橋御茶」に出席したいと思っていて、今回押し掛けたのは蜂須賀の蔵屋敷で名代を務める山本与三兵衛の計らいだった。つまり、鴻池善右衛門の茶事に参加することは、心得のある者にとって憧れ、逆にいえば簡単に立ち入れない「儀礼」だったのである。事前連絡なしの非礼はもちろんのこと、商人の世界における格付けも大きな意味を持っていた。

市兵衛自身がそうであるように、大名貸や商品取引を通じて商人たちは大名家と主従関係を結び、また知行を得ることもあった。これによって、いわゆる「近世身分制」においては、武士身分への上昇も成就することになる。しかし、町人として普段大坂で生活をする者には実感が湧かないし、家中の内幕もわからないだろう。市兵衛が日記で取り上げているのは、そのような「身上がり」の夢を見て実行に移した茨木屋安右衛門である。

茨木屋安右衛門は、市兵衛と同じく大名貸などを手掛ける商人で、姓を稲川（または猪名川）とし、大坂・平野町二丁目に屋敷を構えていた。享保十六年（一七三一）に買米指定を受け、延享四年（一七四七）には弘前・津軽家、豊前中津・奥平家などの蔵元・掛屋を務め、それ以降も大坂の有力商人の一角を占め、商人番付の「長者鑑」などにも掲載されている(43)。出入りをしていた大名家のひとつ、津軽家文書には茨木屋との関係を示すいくつかの史料が含まれている。近世後期と推定できる津軽家内部の文書「覚」によれば、当時家督を継承していた安五郎と隠居の安右衛門に関する情報がある[44]。

この史料は、借金を返済せずに新たな融通を申し入れる津軽家に対して、茨木屋が業を煮やし、蔵元役の辞任と新たな貸付の依頼を断ってきた経緯を語る。隠居安右衛門と古老の手代が強く津軽家との関係断絶を主張するなか、当主安五郎と手代の吉兵衛たちは態度を軟化し、金千五百両の新規貸付を引き受けた。しかしながら、隠居の安右衛門は自身の提案した津軽家の財政改革が進んでいないことを理由に厳しい態度をとっていたので、銀主（茨木屋など貸付をしている商人）たちへ翌年より米三百石ずつを渡すとの約束をせざるを得ず、さらに安右衛門には生涯十人扶持、安右衛門と津軽家の間を取り持つ仕事をした吉兵衛にはこれまでと合わせて五人扶持を下付する意見を出している。

その茨木屋安右衛門について、文政十三年（一八三〇）五月二日の「日記」では市兵衛が肥後熊本・細川家に関連して書き綴っている[45]。まずこの日の冒頭に出しているのは、細川家をめぐる大坂での噂話だった。細川侯は先年より財政難に陥っていて、市兵衛の周辺では「金気《かなけ》ノアル水ニハ細川越中守ト紙ニ書テ、水中ニ浮マセハ金気去ルト云シ程ナリ」と話題になっていたようである。大坂市中の水は、金気《鉄分》が多く含まれているので飲用水として利用できなかったが、それにかけて細川の名前を紙に書いて水に浮かべれば金気がなくなると言う。まさに言い得て妙なのだが、その細川家と昵懇の関係を持つのが茨木屋安右衛門だった[46]。市兵衛が記す安右衛門の足跡は以下の通りである。

安右衛門は、以前から「細川侯ノ蔵元」で、自分は侯の御家臣になったので、先祖代々浄土真宗だった宗旨を法華宗に改めるなど、家来の一員であることを誇りにしていた。自身の思いとしては、大坂蔵屋敷の蔵元は重職だから、こちらから願い出たならば「（細川）家中ニナラレタレハ御家老御用人席」に任命されるだろうと心得ていた。実際に御召し抱えを願ったところ了承され、「御国元（熊本）」に到着すると旅宿をあてがわれ、役人付き添いで御馳走を受けたが、その後「（細川の）家臣ニナリテハ御取アツカイ一通ナリ、猪名川安右衛門ニテ侍格末席ナリ」とある。つまり、安右衛門の思惑とは全く異なり、家臣のなかでも最下層に位置づけられたのだろう。蔵元とはいえ、組織外でしかも国元・江戸から離れた大坂に暮らす商人ならば、資金融通を目論みつつ丁重な接遇を受けていたのだが、実際に内部へと居場所を移した場合はこのような扱いになるのは当然かもしれない。いくら財政難で火の車になっているといっても、五四万石の「大藩」が領外商人を重職に据えることはあり得ない。

ただし、いったん受け入れた細川家も安右衛門を無碍にすることができず、それなりの処遇を考えた結果、ひとつの奇策が浮上する。ちょうど京都の公家・久我家との縁談があり、姫君が同家に嫁ぐことになった。[47]安右衛門は、この姫の付人を命じられ、一緒に京都へ赴いたとされる。彼を持てあましていた家中としては、渡りに船といった感があるものの、安右衛門は浄瑠璃を語ることから折々久我家においても重宝され、本人も「御気色ヨク奉公イタシ」とあるので、心地よく京都における生活を過ごしたのかもしれない。そうとはいえ、喜んでばかりはいられず、もともと町人でしかも大店の主人だった者にとって「高貴ノ勤仕ハイタシ苦シク」、久我家のなかでも安右衛門が大商家の隠居であることは内々知られていたので、資金や物品の融通を依頼された。物心両面で追い込まれる状況に安右衛門は我慢しきれなくなり、久我家には病気を理由に「御国へ引取」と願い出て大坂長町の別荘で保養することになった。

茨木屋そのものの史料の所在確認や、具体的な研究が進んでいないので、現在のところ「日記」が述べている内容の真偽は定かではない。多少の脚色や事実誤認などもあるだろうし、すべてが正確な情報とはいえないが、おおよその経緯は信じてよいだろう。そのような前提で、安右衛門の足跡を振り返ると、大坂でも有数の商家から、短期間とはいえ隠居後の生活を武家、公家のなかで過ごし、また大坂へ舞い戻ったことになる。「日記」は、武家や公家の奉公には「大ソウノ入用（たくさんの出費）」を支払ったので安右衛門は大変後悔していると結んだ。

　これまで縷々述べてきたように、「日記」では市兵衛家に関係する事柄のほか、大坂市中における噂話などを書き留めていた。そのなかで市兵衛は、他家の活動や、それぞれの家の由緒などについても触れている。天保二年九月九日には、大根屋（石田）小右衛門が取り組んでいる西本願寺の財政再建を紹介している[48]。ちなみにこの大根屋の詳細については、中川すがねの研究で明らかになっているほか、西本願寺の財政再建を引き受ける経緯を伝える史料も最近明らかになりつつある[49]。元に戻り、「日記」の文章を追っていくことにしよう。市兵衛によれば、最近始まった西本願寺の改革では、全国各地の門徒たちから「金・銀・米・薪或ハ小袖・琴・三味緑（線）・雛」などが寄付されて、西本願寺の御堂に集められている。そのなかには大金を寄進する者もあり、大坂・南浜町の「家屋敷一ヶ所代銀拾六貫弐百目（金一両＝銀六〇匁換算では金二七〇両）」を納める人物がおり、この財政改革の動きは社会に強い影響が出ていることを伝えている。これは「大根屋小右衛門仕組」によっておこなわれているが、同寺の借財は金六〇万両に及び、これはおそらく寺院の役人たちの私欲から始まった負債だとする。この改革に携わるのは誰もが及び腰になっている模様で、以前より勘定方を務めていた「廣岡（加島屋久右衛門）・殿村（米屋平右衛門）抔モ一旦勘定方」を断ったが、今回大根屋が両家などに挨拶にうかがい、「廣岡・殿村・辰巳や・茨木屋・雑喉屋」の大坂商家五軒が勘定方を再度務め、大根屋を支援することになった。

　この大根屋小右衛門は、天明四年（一七八四）に摂津国豊島郡東市場村（現大阪府池田市）の岸上家に生まれ、大坂天満にあった寒天仕入問屋「大根屋」の婿養子となった人物である。さらに大根屋が本業のほかに、大名貸しと呼ばれる領主向け金融業を営んでいたこともあり、諸大名家の財政再建請負人としての活動を展開していた。一方、文政十年（一八二七）に第二十世門主となった広如は、金六〇万両にものぼる借財の返済をおこなうべく外部から財政通の人材を招く方針を打ち出した。そこで熱心な門徒でもあった大根屋が候補として浮上し、広如は文政十三年十月に坊官の下間頼和を交渉人として大坂に派遣する。頑なに拒否をし続ける大根屋に対して、頼和は粘り強く説得を続け、結果それが功を奏し、翌月に大根屋は西本願寺で広如と対面し、財政改革を受諾することになる。そして就任から五年間で一五万両を返済し、宗派最大の危機を乗り切り、嘉永七年（一八五四）に隠居するまで西本願寺の家臣として財政方を担ったのである。

当時の大坂における世間の動向を観察するとともに、「日記」では商人たちの出自や由緒などにも言及する。たとえば、文政十三年五月十日の条文では、北浜一丁目に住む江口屋善右衛門という酒屋を取り上げている。[50]この江口屋の先祖は摂津国西成郡江口村（現大阪市東淀川区）の出身で、のちに大坂へ出てきた。いまの善右衛門の曾祖父の妻は廣岡久右衛門家から嫁入りしたので、両家は親戚である。廣岡は言うまでもなく「大家」だが、一方の江口屋もかつては大家で北浜においては旧家のひとつであった。しかし、「不仕合ニヨツテ板看板ノ酒店」をするのが現在の姿である。小さな酒店を経営する状況になったので「廣岡ト親類ノ付合ハ遠慮シテ、日々下男酒ノ荷廻リヲスル事ナリ」と述べる。江口屋に限らず、商家の経営には浮沈がつきものであり、そのような様子をこの箇条では触れているのである。

もうひとつ、西長堀に住む志方源兵衛の出自については町名の由来を含む内容を披露している。[51]志方は以前、「土州《土佐》御館入」を務めていたが、これには近世初頭における殿様の山内家にまつわる由緒があった。初代山内一豊は、関ヶ原の合戦で功を成し、徳川家康より土佐国一国を拝領した。一豊が旧地の遠江国掛川より土佐へ入部する際、当時浪人であった志方の先祖が「侯《一豊》ノ御目ニ留リ仕官」するよう声を掛けられた。この志方の先祖は、播磨国東部を領有した戦国大名の別所氏の家臣だったが、主君が織田信長の命を受けた羽柴秀吉に敗れ滅亡した後、浪人となっていたので、「士ヲウトンシ《疎んじ》町人ニナラントノ存念ノ由」を一豊に申し上げ、仕官を丁重に断ったようである。それに対し一豊は「土州ハ山国ニシテ材木ヲ切出シ大坂ヘ廻スヘキナレハ、材木ヲ大坂ニテ作配致スヘシトナリ」と告げ、近年まで志方源兵衛は山内家の館入を務めてきた。しかし「不如意ニテ断絶」することになったと市兵衛はまとめ、同姓の志方平兵衛なる材木屋は源兵衛の親戚であり、「同《山内家》御屋敷ノ白髪町ハ御国《土佐》ノ良材出ル山ノ名」から名付けたものだと追記している。

市兵衛の書き記す内容には、大坂市中とともに周辺地域や京都、あるいは江戸など遠隔地の情報が含まれている。もちろん、付き合いのある大名家の人事・冠婚葬祭もそつなく綴っている。一口に遠隔地の情報といっても多種多様だが、いくつか紹介しておきたい。

文政元年（一八一八）八月九日には、「江戸荒木ヨリ到来」した内容を日記の箇条に収めている(52)。ここで江戸から届けられたのは、徳川御三家と幕府老中の関係を示す逸話であった。ある日、老中の「若州侯（若狭国小浜、酒井若狭守忠進《ただゆき》）」は、江戸城の大手門付近で「水戸侯（徳川斉脩）」と行き合う。これを察知した忠進はすぐに駕籠から下乗し、「御控」になった。一方の斉脩は気付かぬまま通過した後で、控えていたのは誰かと近習に尋ねたところ、酒井忠進であると述べたため、「水戸侯大イニ（近習を）御叩ニテ」激怒した。なぜ斉脩が家来を叱りつけたのかといえば、幕府の老中とすれ違った場合は自分も下乗するのが当然で、忠進に対して大変無礼なことをしたと感じたからである。御三家か、はたまた老中か。序列としては将軍家の親族である御三家が上位にあるのだが、実際の力関係を考慮すると斉脩の意識は妥当かもしれない。また、忠進と斉脩は親子ほどの年齢差があり、熟練した政治家の忠進と、当主になったばかりの斉脩の「格差」を慮ったとも考えられる。

江戸城を行き交うなかでの単なる出来事と思われるような話だが、この結末はかなり重い。斉脩は、忠進への非礼について家来の処分をおこない、御供頭三名を切腹、先払三名には死罪、その他の供廻りには半知（禄高の半分召し上げ）を命じたとある。この厳罰を受けて当事者になってしまった忠進は、三日間の「御登城御遠慮」を申し出て、西の丸老中へ転出した。

以上、大坂商人の動静に主軸を据えながら、商人と蔵屋敷、商人たちの序列、また個別の商家に関する情報を述べてきた。本章ではいくつかの課題に合わせて条文を引用しているので、体系的な叙述の流れを伝え切れていないが、全体を通覧してこの「日記」の史料的性格は、市兵衛家の直接関与する事象を中心に当時の大坂をうまくとらえたものだと評価できる。また、商業やあるいは政治向きに内容を特化せず、時事、町の噂、知人からの持ち込まれた情報を書き込む形態がとられ、町人から蔵屋敷の役人、ひいては幕府や大名家の人事などに至る広範な内容を筆記していた。もちろん真偽不定の話もあり、すべてが真実だと言うには関連史料との整合や解析の深化を待つべきところだが、すべてにわたって市兵衛自身が知っていて損はしないという出来事の数々だったといえるだろう。

おわりに

本章では、「井上淡水記録」と「井上淡水日記」の二点を取り上げ、近世後期の大坂商人や、彼らを取り巻く大名家およびその大坂蔵屋敷との関係を中心に論じてきた。この「記録」と「日記」は、これまでの研究で活用されることはなく、第一義としては幕末維新期しかわからなかった鴻池市兵衛家の研究を近世後期にまで広げるという意義がある。近世中期に同家を興し、蔵屋敷商いを中核にした経営を軌道に乗せた初代から、この二点の執筆をおこなった四代まで、詳しい履歴を知ることができた。鴻池善右衛門家を筆頭に、大坂商人の研究は種々存在し、その成果を享受しながらもまだまだ不明な事柄が多く、また近世に活動した多数の商家についての実像は判然としていない。そのなかで、市兵衛家の概略を含む家としての歴史や、蔵屋敷の出入りから扶持・合力米の下付をはじめとする大名家との主従関係を考察できたことも重要だろう。

大名貸や大坂蔵屋敷の関連史料を目にすれば、当たり前のように出てくる「擬似主従関係」は、数万両を動かす大きな両替商がなにゆえ少禄の米を、しかも多額の借金を持つ大名家から得なければならないのか。このような疑問は絶えず研究者の頭をよぎり、諸説入り乱れつつも「模範解答」は得られていない。たとえば、士分の格を得たいとか、役人たちとの交遊に勤しむなど、さまざまな特典は生まれようが、少なくとも給付は取り、そして大名家に自身の存在を認めさせるという思惑も想定して良いだろう。本章で述べた扶持や合力米の変遷はその一端に過ぎないが、財政改革や人的諸関係によって左右されながら商人と大名の関係は持続的発展を遂げていくものである。その事情を細かく観察することで、新しい論点がみえてくるように感じた。

記録と情報については、近世大坂および商人に限らず、いろいろな分野において活発な議論が生まれている。情報という用語はいささか本章に似合わない気もするが、市兵衛が書き記す日々の文章には自らの生活や商売へとつながる内容が盛り込まれている。日記を付ける意義はここに力点があり、市兵衛自身も承知のうえで筆を進めたことだろう。また、当然のことかもしれないが、大坂に住み暮らすほかの商人たちの動静や、蔵屋敷の役人たちの日常にも強い関心を持ち、感想も交えながら叙述を深めている点も重要だ。実益と趣味の両輪を手にした感もあるが、市兵衛の観察眼は短文に注目できる事象を散りばめている。これら基礎的史実に基づきながら、肉付けをしていく作業も必要になってくる。

多くの先学から、現在意欲的に取り組む研究者まで、近世大坂の商業史研究は期待を膨らませつつ、新たな研究動向へと展開している(53)。本章をふまえて、そのような具体的な内容把握から都市大坂における経済史の論点を拡充させるべく、今後も引き続き分析を進めていきたい。

〔注〕

（１）本庄栄治郎、宮本又次などの一連の論考。代表的な論著は、本庄『三都の研究』（『本庄栄治郎著作集』七、清文堂出版、一九七三年）、宮本『大阪商人』弘文堂、一九五八年（のち講談社学術文庫、二〇一〇年で再刊）など。彼らの研究成果によって「商都大坂」や「天下の台所・大坂」という近世大坂の代名詞が定着する。

（２）宮本又次『鴻池善右衛門』吉川弘文館、一九五八年（のち新装版として一九八六年再刊）、同『大阪商人―

続大阪町人―』弘文堂、一九五八年（のち『大阪商人』講談社学術文庫、二〇一〇年として再刊）など、宮本が著した多くの作品が現在も指標とされる。中川すがね『大坂両替商の金融と社会』清文堂出版、二〇〇三年は、中小規模の商人に注目し、大坂商人研究の枠組みを広げた労作である。最近では、金融市場との関係で研究を進めた高槻泰郎「近世中後期大坂金融市場における「館入」商人の機能」（『日本史研究』六一九、二〇一四年）などの精緻な分析がある。

（3）荒武賢一朗「幕末期における大坂商人と西国諸藩―鴻池市兵衛と政治状況―」（『明治維新史学会報』四一、二〇〇二年）、同「幕末期における大坂の特質―御進発をめぐる社会状況―」（『日本史研究』六〇三、二〇一二年）。

（4）前掲（3）論文。

（5）宮本又次「大坂の岡山藩の蔵屋敷史料の紹介」（同編『大阪の研究』二、清文堂出版、一九六八年）より引用。

（6）前掲（2）中川著書収載の付表より引用。

（7）前掲（3）論文。

（8）小田康徳『維新開化と都市大阪』清文堂出版、二〇〇一年。前掲（2）中川著書の付表より引用。

（9）これは、幕末維新期の「井上市兵衛日記」も同じ用紙に書かれており、本章の「井上淡水日記」「井上淡水記録」と、現在東北大学附属図書館狩野文庫収蔵の三点が同時に写本となったものと推測する。

（10）「記録」一、および七を参照。

（11）森泰博『近世大名金融史論』大原新生社、一九七〇年。

（12）前掲（3）論文。

（13）山口県文書館毛利家文庫「長州諸用帳」。

（14）奈良本辰也『明治維新論』徳間書店、一九六八年。

（15）佐古慶三「広島藩と鴻池」（『広島商大論集』五―一、一九六四年）。

（16）一般的に扶持とは下級武士に与えられる給米で、合力米は庶民に下付される米を指す。

（17）「記録」五、安永二年十月一日条。

(18)「記録」五、安永六年九月条。
(19)「記録」五、安永七年八月条。
(20)「記録」五、寛政六年十一月条。
(21)「記録」五、文政七年六月二十日条。
(22)「記録」五、文政十三年二月十五日条。
(23)「記録」六、安永六年条。
(24)「記録」六、文化十四年二月条。
(25)「記録」六、文政十二年八月条。
(26)「記録」三、享和元年七月条。
(27)「記録」三、文化三年十二月三日条。
(28)「日記」三、天保三年正月二十七日条。
(29)「日記」三、天保二年六月二十四日条。
(30)脇田修・中川すがね編『幕末維新大坂町人記録』清文堂出版、一九九四年、脇田『平野屋武兵衛、幕末の大坂を走る―幕末の動乱期を生きた大坂町人―』角川書店、一九九五年、前掲(3)論文。
(31)「日記」一、文政二年六月十三日条。
(32)田代和生『日朝交易と対馬藩』創文社、二〇〇七年。
(33)土井作治『広島藩』吉川弘文館、二〇〇五年。
(34)前掲(15)論文。
(35)「日記」一、文政二年六月十四日条。
(36)「日記」三、天保三年正月二十七日条。
(37)「日記」三、天保二年六月九日条。
(38)「日記」一、文政元年九月八日条。
(39)「日記」一、文政十二年十二月二十五日条。
(40)小川國治『転換期長州藩の研究』思文閣出版、一九九六年、伊藤昭弘『藩財政再考―藩財政・領外銀主・地域経済―』清文堂出版、二〇一四年。

(41) 野高宏之「加島屋久右衛門と黄金茶碗」（『大阪の歴史』六八、二〇〇六年）。この論考には加島屋久右衛門の関係文書が翻刻・掲載されており、有益な史実が提供されている。

(42) 「日記」一、文政元年六月二十二日条。

(43) 前掲(2)中川著書「付表」。

(44) 国文学研究資料館所蔵津軽家文書六〇九「覚」。

(45) 「日記」二、文政十三年五月二日条。

(46) これよりやや時代はさかのぼるが、熊本藩の状況については、高槻泰郎「近世期市場経済の中の熊本藩―宝暦改革期を中心に―」（稲葉継陽・今村直樹編『日本近世の領国地域社会―熊本藩政の成立・改革・展開―』吉川弘文館、二〇一五年）が参考になる。

(47) 細川治年の娘・就姫が清華家・久我通明の室になるのは事実である。

(48) 「日記」三、天保二年九月九日条。

(49) 前掲(2)中川著書第一一章「大根屋改革について」、荒武賢一朗「下間家の歴史（近世後期・近代）」（長谷川伸三・荒武賢一朗・中村直人・堀裕編『蓮城寺の歴史と下間家文書目録―平城京紀寺と西本願寺坊官下間家―』大阪樟蔭女子大学蓮城寺（紀寺）総合学術調査団、二〇一五年）。

(50) 「日記」二、文政十三年五月十日条。

(51) 「日記」二、文政十三年五月十七日条。

(52) 「日記」一、文政元年八月九日条。

(53) たとえば、中川すがね「銭屋佐兵衛の本両替経営」、小林延人「幕末維新期における銭佐の経営」（ともに逸身喜一郎・吉田伸之編『両替商銭屋佐兵衛二　逸身家文書　研究』東京大学出版会、二〇一四年）などは、史料集の刊行と合わせて具体的な大坂の両替商を詳しく解析している。

〔付記〕　長らく近世・近代における経済史研究を牽引された藤田貞一郎氏が二〇一五年六月十三日に急逝された。多くの学恩に深謝を申し上げ、ご冥福をお祈りします。

第2部　文化と経済の内実——外来文化と地場産業

第4章　近世天草陶磁器の海外輸出

中山　圭

はじめに

天草諸島は、九州中央部の西岸に位地する諸島群であり、大小一二〇の島々から構成されている。諸島最大の面積を誇る天草下島は、東シナ海に面し、中世後期以降確立した我が国と東アジア各地を結ぶ主要航路沿いに位置した。それも近世唯一の海外交易港であった長崎港のすぐ南方であることから、東アジア方面から航海してきた海外船舶の多くが、この天草下島沿いを通過し、目的地である長崎港へ入港したものと推定される。このため、天草下島西岸には遠見番所が設置され、密貿易の監視や漂着船の処理を行った。この体制は、寛永年間の天草島原一揆以後、概ね天草が幕府直轄地として統治されてきたことに起因しており、島の最北部の富岡城跡に、統治拠点として天草代官所が設置され行政を主導している。近世天草は、時限的に私領になることもあったが、概して天領として統治され、対岸に相対する長崎代官所との関係も深かったといえよう。鎖国体制下唯一の国際港と近接し、海外交易船の航路の末端に位置していたことが、天草の地理的特性の重要なポイントであり、表題に掲げた陶磁器の海外輸出もその特性に裏打ちされた歴史であったと考えられる。

天草下島はまた、地質的にも貴重な特性を有しており、白亜紀に形成された姫浦層群、古第三紀に形成された坂瀬川層群という基盤層に、流紋岩（リソイダイト）が貫入する構造を有している。この流紋岩は褐色からオレンジ色の美しい縞目を呈する特徴的な岩石で、その流麗な模様が好まれ、現在、インテリアや石畳などの多方面に化粧石として利用されている。また、鉄製品を研磨する砥石としても古くから利用されており、天草砥石として一種のブランドを確立し、中世以降列島全域に広く流通していた。これは全国各地の中世遺跡の発掘調査において、マーブル模様の砥石が出土することから判明している。

砥石になるこの流紋岩脈のうち、一部が地下のマグマによる熱水作用を受け変質し、純白の岩石となっている。これが天草陶石であり、磁器原料の磁土となるものである。陶磁器原料としての天草陶石はその純白の度合いと器型作成に不可欠な適切な粘性から、国内最高品質とされ、現在では国内シェアの約八割を占める。この陶石の存在は、天草陶磁器の生産を促したのみならず、列島各地に運搬され、日本各地での磁器生産を軌道に乗せたといえる。

近世において、天草陶石のライバルは佐賀県有田町の泉山陶石であった。有田地方は、近世から現代に至るまで、日本の磁器生産地として最大拠点であり続け、その産品がいわゆる有田焼と呼ばれる磁器である。有田焼の隆盛は、江戸初期に発見された泉山磁石場の陶石とともにあった。良質な陶石の発見は、磁器生産を可能とし、九州内陸の一地方を巨大窯業地として発展させた。当時、この有田を抑えていた鍋島藩が、重要産業として丸抱えし、原料や技術の移動を制限した政策を進めたこともあり、磁器生産は長く有田周辺に限定された産業として留まった。一方、これに遅れて発見された天草陶石の場合は、最高品質を誇りながらも、その採掘地周辺を活発な窯業地に押し上げるまで至らず、主に有田以外の窯業地に、原料としての陶石そのものが輸送され利用されることで、有田以外の各地の窯業地の隆盛を後押しする形となった。第一次世界大戦後に至って、天草陶石は有田地方でも泉山陶石に替わって使用されるようになり、このことが現在の圧倒的なシェアに繋がっている〔下平尾　一九八八〕。

このような近世天草を取り巻いた地理的・地質的与条件の中にあって、不自然と思われるほどに、零細な規

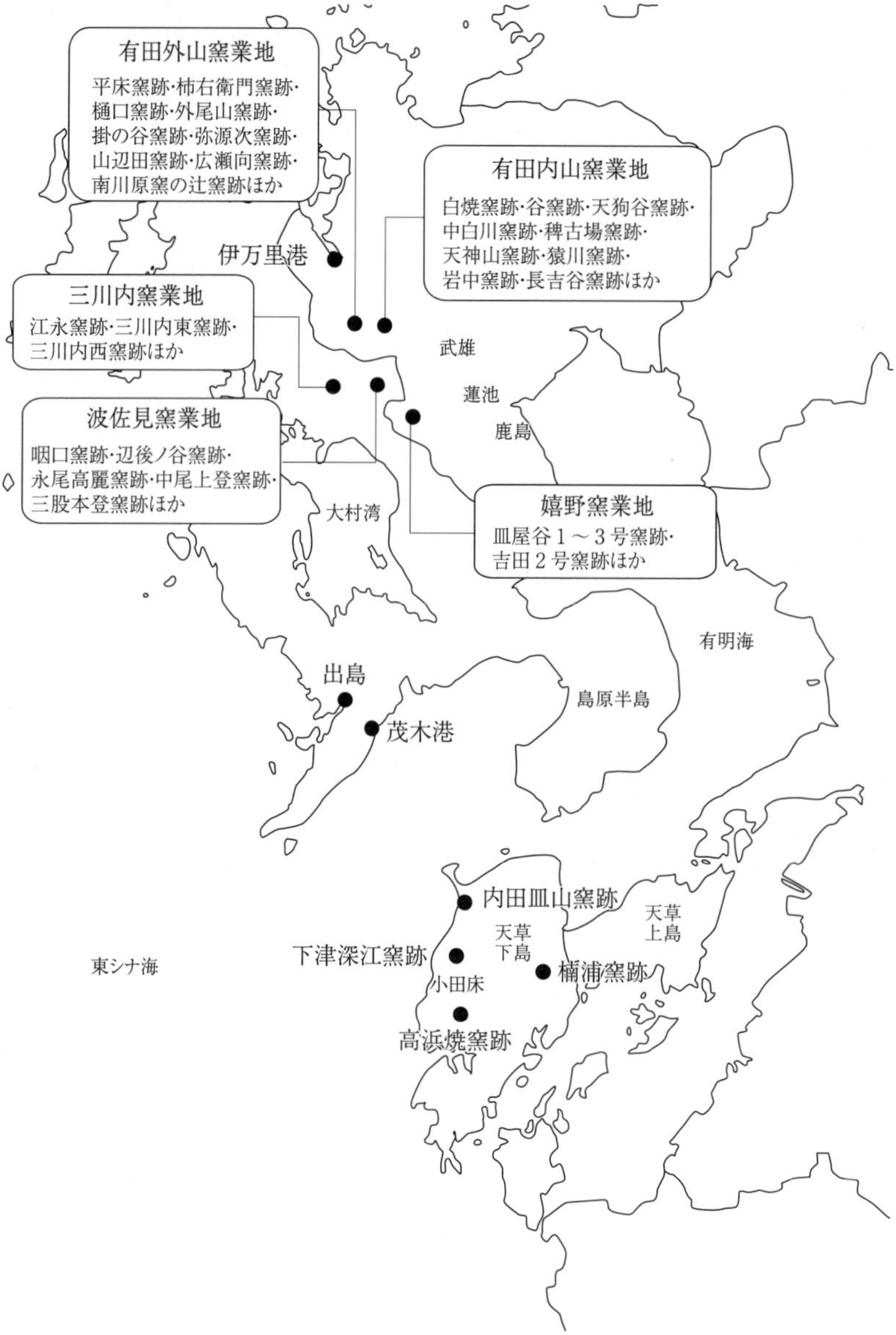
有田外山窯業地
平床窯跡·柿右衛門窯跡·
樋口窯跡·外尾山窯跡·
掛の谷窯跡·弥源次窯跡·
山辺田窯跡·広瀬向窯跡·
南川原窯の辻窯跡ほか
有田内山窯業地
白焼窯跡·谷窯跡·天狗谷窯跡·
中白川窯跡·稗古場窯跡·
天神山窯跡·猿川窯跡·
岩中窯跡·長吉谷窯跡ほか
伊万里港
三川内窯業地
江永窯跡·三川内東窯跡·
三川内西窯跡ほか
武雄
蓮池
鹿島
波佐見窯業地
咽口窯跡·辺後ノ谷窯跡·
永尾高麗窯跡·中尾上登窯跡·
三股本登窯跡ほか
大村湾
嬉野窯業地
皿屋谷１～３号窯跡·
吉田２号窯跡ほか
有明海
出島
茂木港
島原半島
内田皿山窯跡
天草
上島
天草
下島
東シナ海
下津深江窯跡
小田床
楠浦窯跡
高浜焼窯跡

図１　九州窯業地位置図

模で、天草での磁器生産が行われている。その生産力は寡少で、技術も相対的に拙劣であり、断続的であった。しかしながら、零細でありながらも、天草陶磁器は海外へ輸出される機会を獲得している。この歴史は天草陶磁器の生産史上で最大の特色であると筆者は考えている。本章では、近世天草陶磁器に関わる歴史資料、即ち、文献に残る記録と陶磁器そのものの製品資料（窯跡出土品・同採集品・伝世品）から、その海外輸出に至る道程及び展開、さらに磁器生産をリードした有田など肥前の窯業地との関係性を検討してみたい。

一　十七世紀中～後葉の輸出磁器

陶磁器の海外輸出に関する研究は、近世国産陶磁器の生産技術の発展を追う中で、次第に明らかになってきた分野である。

主に伝世品を中心とする美術史上の意匠・様式の検討に端を発する九州の国産陶磁器研究は、個々の源流を明瞭にすべく、有田・伊万里など肥前国域内に所在する古窯跡の考古学的発掘調査の実施へと展開し、各窯跡から種々の陶磁片が出土することが確かめられた。古窯跡の発掘調査では、窯跡遺構、即ち焼成室等の登り窯の規模・形態などの構造特性の把握と並行して、出土陶磁片の層位的出土状況による序列分析が重要視された。焼成の失敗により製品としての価値を持ちえなかった陶磁器が廃棄される「物原」の発掘では、相対的に上層の出土陶磁片が新しく、下層の陶磁片がより古い時代の所産として位置づけられ、層ごとに出土する陶磁片の特徴が捉えられていく。この作業を繰り返していく中で、年号が記された陶磁片など生産年代が確定できる資料が抽出、固定され、出土陶磁器の編年が生成されていった。ここに地域性などが加味され、現在ではほぼ九州における近世陶磁器の編年は確立し〔九近陶　二〇〇〇〕、小さな陶磁片であっても、概ねの生産地と生産年代を把握することが可能になった。

このような肥前国を中心とした古窯跡で生産された陶磁器は「肥前陶磁」と称され、古くからヨーロッパに輸出され「イマリ」の名称で宮殿等の装飾品として伝世されていることがよく知られている。鎖国体制下にあって許されていたオランダとの貿易において、長崎の出島から海外へと輸出されていたのである〔西田 一九七六〕。有田周辺では、アルファベットが記された瓶や日本人が利用しない器形の陶磁器が普遍的に出土し、海外からの発注に応じて様々な製品を焼成していたことを証明している。海外での肥前陶磁分布は、研究者間のグローバルな情報交換が進んだ結果、近年は伝世美術品のみならず諸都市の発掘調査で出土後、肥前陶磁片と認定された陶片も増加し、ヨーロッパ以外に中米のメキシコ・グァテマラ・キューバなどにも広がっていたことが明らかになっている〔野上 二〇一〇〕。

大海原の波濤を越え、遥か彼方の大陸で発見される一片の日本磁器は、限定されていた近世の海外流通が、予想外に複雑なネットワークと連動していたことを教えてくれる。しかし、それはモノの移動を証明しても、海外交渉構造そのものを細密に示すものではないといえる。このため、この時期の海外流通を示す記録との照合が重要であり、その最たるものは出島で海外輸出を司ったオランダ東インド会社の輸出記録である。山脇悌二郎氏の研究〔山脇 一九八八〕等により「いつ、なにが、どれだけ、どこに運ばれたか」という詳細が広く知られるようになった。「モノ」と「記録」がオーバーラップし、より鮮明な貿易構造の実態を掴み得ることが可能になったと言ってよいだろう。

さて、このような研究趨勢の中、「肥前陶磁」という言葉が物語るように、天草の位置づけは論じられることが少なかった。一六一〇年代に有田内山地区で産声を上げ、その周辺域に拡散した磁器生産は、「陶石の埋蔵」という地質条件に大きく制限を受けるため、容易には他地域へ伝播しなかったが、十七世紀中葉に至り、約二〇〇km南に隔たった天草諸島へ突如伝わり、はじめて肥前国以外で磁器生産が行われるようになった。その背景として、天草陶石の発見とともに、海外からの磁器需要が拡大し、生産量の増大が希求されたことが想定される。本節では、天草での磁器生産の開始と海外輸出へ至る道のりを、天草の磁器窯から発掘・採集された資料をもとに論及したい。

1　天草陶磁器に関する先行研究

天草陶磁器に関する研究は、宝暦十二年（一七六二）に開窯し、豊富に文献資料が残る高浜焼に関する研究から始まっている。高浜焼に関する研究史は次節に譲り、ここでは十七世紀後半の初期天草陶磁器に関する研究史を確認する。十七世紀代の天草陶磁器に関する記録は、ほぼ皆無であるので、畢竟、その研究は陶磁器そのものの分析が中心となる。

管見の限り、初期天草陶磁器に関する研究に先鞭をつけたのは、錦戸宏氏である。錦戸氏は、一九八二年の『日本やきもの集成12』において天草地域の陶磁史を執筆し、当時本渡市に所在した楠浦窯跡について言及している〔錦戸 一九八二〕。楠浦で採集される陶片について「実態の解明されていない」焼物とし、初期伊万里に酷似した小皿があることを指摘、開窯が江戸時代初期に遡るとした。開窯伝承として、四〇〇年前の漂着中国人による説と加藤清正が連行した朝鮮人陶工による説との二説を紹介している。また、天草町に所在した下津深江窯で「外側が鳳凰、内が荒磯くずし、または雲龍文」の碗が出土し、これを享保十七年（一七三二）の上田家文書に記録された下津深江村の窯と考えている。同種の焼物が苓北町内田窯、楠浦窯でも見られることも示しているが、享保頃の所産と想定したようである。同年、肥前陶磁の研究者、大橋康二氏は見込に荒磯文、外器面に雲龍・鳳凰を描いた碗に関して、佐賀県有田町の長吉谷窯跡の出土資料を中心に分析を行った〔大橋一九八二〕。長吉谷窯跡資料の荒磯文碗片に万治元年（一六六〇）銘を有する資料が確認されたことから、生産年代の基準を示し、東南アジアや貿易船の航路上に当たる鹿児島県吹上浜で出土していることも加味して、十七世紀中葉の中国景徳鎮窯の衰退と肥前磁器の好景気との関係に言及した。大橋氏の資料集成には天草の楠浦窯・内田窯の雲龍見込荒磯文碗が記されており、情報共有がなされていたことが窺える。大橋氏はその延長線上の研究として一九八五年、鹿児島県吹上浜から採集された荒磯文碗などの整理を行った〔大橋　一九八五〕。大量に採集される荒磯文碗片などは、南方向け商船が遭難し投荷したものと推定している。池田栄史氏は一九八七年、苓北町内田皿山窯において採集された資料を図化、検討した〔池田　一九八七〕。見込荒磯文の雲龍・龍鳳文碗に加え、芙蓉手皿という、縁辺部を八区画に分割し花や虫などの模様を間隙なく施した皿を確認している。大橋氏の研究成果を援用し、採集品の特徴を分析、内田皿山の操業期間を一六四〇～一六八〇年代と想定した。また、旧村庄屋文書の延宝四年（一六七六）新田検地帳に「皿山」の地名があり、この年には内田皿山窯が成立していたことも証明している。また、内田皿山窯の創業には、寛永十四年（一六三七）に有田で断行された八二〇人余りの陶工追放事件と、同年勃発した天草島原の乱に起因し寛永十九年（一六四二）以降に勧められた天草への近隣諸藩からの移民政策との関連が想定されることを指摘している。池田氏は引き続き、天草町下田の下津深江川沿いで採集された磁器片を図化提示した〔池田　一九八九〕。これが下津深江窯の採集品で、昭和五十四年の県道工事の際に発見されたものであるが、残念ながら工事に伴う発掘調査は実施されていない。下津深江窯跡の資料は、ほぼ雲龍見込荒磯文碗のみで構成され、その全てで荒磯文が略化し粗放な表現になっている。池田氏は資料から内田皿山と並び十七世後半の天草最古級の窯跡であると位置づけた。また、その生産契機を中国の明末清初の動乱を原因とした国外輸出用磁器需要の増加の余波として、肥前陶磁と連動した動きとしている。池田氏の一連の論考は、初期天草磁器の位置付けを定め、今日も研究の基盤となっている。

このような出土品や採集品を中心とした分析の進展と並行する一九八八年、先に紹介した山脇悌二郎氏により、肥前磁器の輸出記録をまとめた論考が発表された。一六四七年から一七五七年までの肥前磁器の輸出数量・輸出品種を丹念に拾い上げ、結果、江戸時代における国産磁器輸出総量は七二八万個にも及ぶことが判明した〔山脇 一九八八〕。山脇氏の成果の特質は、年次的な実数の網羅により、肥前陶磁器の輸出スキームを明らかにしたことにある。この実数の中に天草の陶磁器も含まれていると考えられる。一九九〇年、九州陶磁文化館は「海を渡った肥前のやきもの展」を開催、東南アジアで確認された肥前陶磁が一堂に会した。図録にはインドネシアのパサリカン遺跡、バンテン・ラーマ遺跡やタイのアユタヤ遺跡から発見された様々な磁器の破片資料が掲載され、荒磯文碗などが主として東南アジア向けに輸出、消費されていたことが実証されている〔九州陶磁文化館 一九九〇〕。

一九八九〜一九九一年にかけて、苓北町教育委員会により内田皿山窯跡の発掘調査が実施された。天草では今日まで唯一の正式な陶磁器窯の発掘調査であり、大きな進歩であったと言える。調査成果は一九九三年に苓北町教育委員会から発掘調査報告書として刊行され〔苓北町教委 一九九三〕、大量の荒磯文碗の生産や精緻な文様の芙蓉手皿の出土が公表された。調査では二基の窯跡が発掘され、1号窯は一六五〇〜一六八〇年代、2号窯は一六八〇〜一七五〇年代という操業期間が判明した。1号窯では荒磯文碗などの磁器が生産され、2号窯は陶器のみの生産に転換している。

その後、内田皿山窯跡の発掘調査を担当した髙谷和生氏は二〇〇〇年に、熊本県出土の陶磁器編年を整理した〔髙谷 二〇〇〇〕。また、二〇〇五年に鶴田文史氏が、二〇〇六年に福原透氏が、それぞれ初期天草陶磁器について再整理を行っている〔鶴田 二〇〇五〕〔福原 二〇〇六〕。鶴田氏は池田氏が指摘した寛永十四年の有田陶工追放とその後の天草移民を史料から整理している。福原氏は天草三古窯の実物資料の作風に言及したうえで、天草磁器窯開窯の背景を、海外輸出に関与する商社・商人が土地の富裕層と結びついた動きとして想定している。これは一六四〇〜一六八〇年代までの天草の公権力の頻繁な変化に対し、生産陶磁器には影響が見られないことによる。これらの研究を受けて、筆者は楠浦焼の採集資料の紹介を目的とした一文を作成している〔中山 二〇〇九〕。楠浦窯跡の採集品として、磁器である雲龍・龍鳳見込荒磯文碗（C群）とそれに遡る唐津系砂目陶器（A群）があり、さらに中間的な磁器装飾の技術を利用した呉須絵や辰砂の砂目陶器（B群）があることを示し、A～B群の時代変遷を試案として示した。A群からB群への変化には、有田窯場整理追放工人が天草移民により流入し関与したと推測した。数少ない採集資料に依拠しており再考すべき余地は多い。

天草の初期磁器生産については、以上のような研究の累積がある。大枠として、天草の磁器生産は、一六五〇～一六八〇年代の外面が雲龍（双龍）・龍鳳、見込が荒磯文という碗・鉢の採集により確認され、製品特性から、明清混乱期の中国磁器の輸出低迷により、代替品として需要が高まった肥前磁器の、急速増産という有田周辺の潮流に沿う形で始まっているという点は確実である。また、生産を行った初期窯跡として、天草下島東部の楠浦焼窯跡、西部の内田皿山窯跡、下津深江窯跡の三古窯があるが、発掘調査により操業期間が把握されているのは内田皿山窯跡のみであること、楠浦窯跡では染付磁器より確実に時代の古い砂目陶器が発見されていることも判明している。肥前から遠離した天草への製磁技術の伝播は、確実ではないものの、寛永十四年に有田で発生した陶工追放事件と寛永十九年以降に天草で行われた近隣諸藩からの移民割当の政策が連動した可能性が推定されており、これに天草陶石の発見が大きく作用しているのであろう。一部に限定された資料であるが、楠浦窯跡・内田皿山窯跡の荒磯文碗破片を化学分析した結果、チタン含有比率から両窯の磁器片は天草陶石を使用していることが明確になっている〔金澤編 二〇〇〇〕。

2　楠浦窯跡・内田皿山窯跡・下津深江窯跡の輸出用製品の特徴

図2は天草三古窯における製品を、輸出品を主として図示したものである。図2―1～6はかつて中山が紹介した楠浦窯跡の採集資料である〔中山 二〇〇九〕。図2―1、2―2は砂目陶器皿片。いずれも見込に三箇所の砂目痕跡がある。高台は露胎。口縁部の形状は不明。釉調は藁灰釉のような白緑色。図2―3、2―4も砂目を持つ陶器皿だが、砂目は高台脇に見られるようになる。全体的にシャープになり、釉は高台付近も施さ

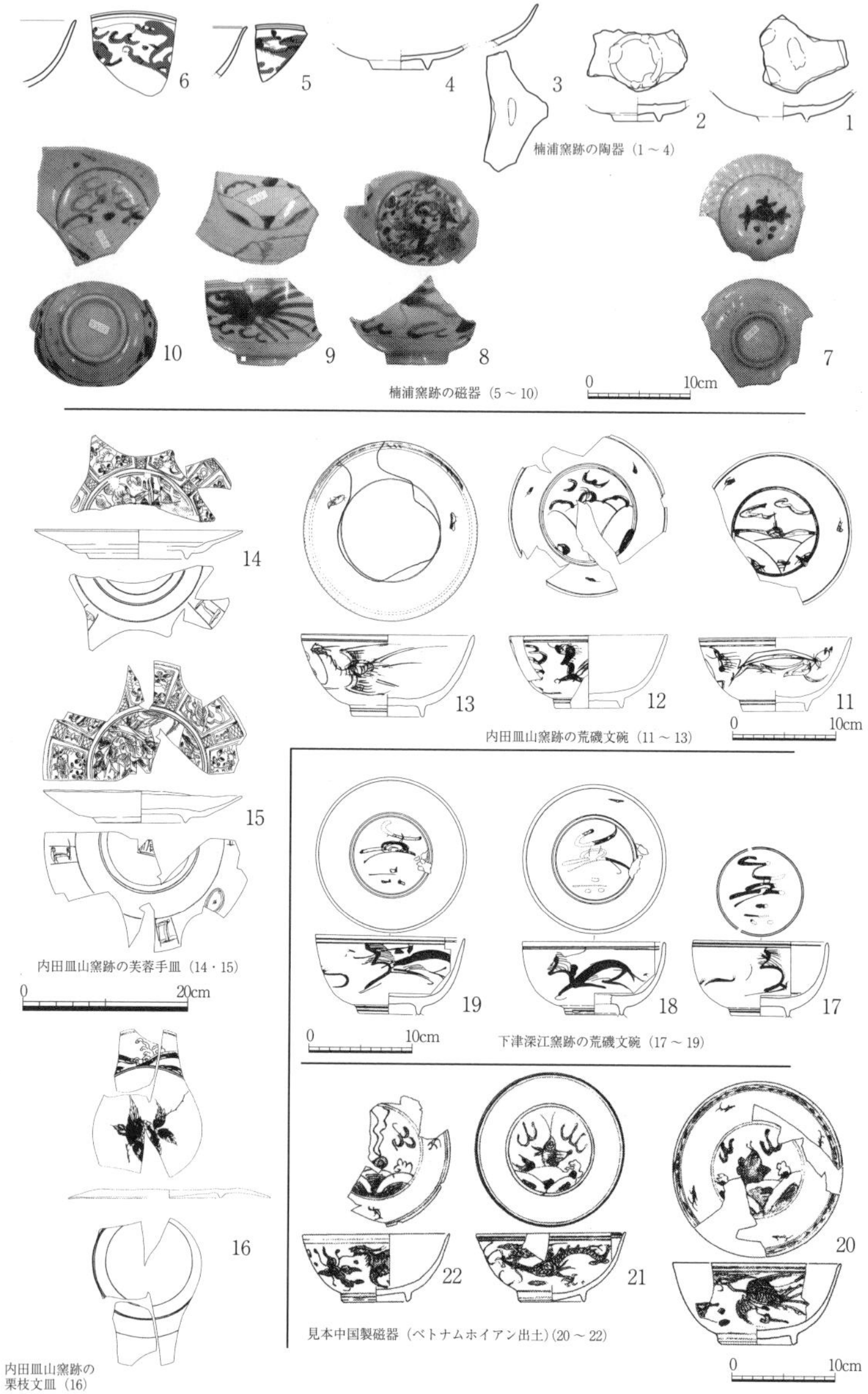

図２　天草の初期陶磁器・見本中国磁器

れ、畳付のみ掻き取る形式に変化する。全形を窺える資料を欠くが、他の破片から口縁は内弯するものと思われる。釉調は濃い緑が中心となる。この種の陶器には、呉須で萱葉文や辰砂で梅花を描いた小片も見られ、主に磁器生産で使用する装飾を用いている。図2―7～10も楠浦窯の資料であるが、かつて錦戸宏氏が紹介したもので現在は個人所有となっている〔錦戸　一九八二〕。筆者の以前の分析では、錦戸資料の存在を知らず、検討に含めていないため、この機会に主要なものを掲げておく。図2―7は、焼け歪んだ失敗品の型打ち染付皿であり、見込にダミで草花文が描かれる。この資料はかつて江浦久志氏が「初期手伊万里」と見まちがえる様な染付磁器片」と評した破片と思われる〔江浦　二〇〇六〕。この型打ち皿は、有田で一六二〇～一六四〇年代にかけて小物成窯跡・小樽2号窯跡・向ノ原窯跡などで生産された製品とよく似ている。これらの窯は磁陶併焼で、砂目積の唐津系陶器も一緒に焼成しており〔野上　二〇〇〇ａ〕、楠浦窯跡と等しく同じ状況を示している。そして、その多くが先から触れている寛永十四年の有田の陶工追放事件により整理された窯場であることは、やはり注目される。この事件は、鍋島勝茂が、日本人陶工による山の伐採が過剰で荒山になるとの理由から、日本人陶工八二六人の廃業と有田と伊万里の一一窯の廃窯、有田の窯場の再編成を命じたものであった〔大橋　一九八三〕。以後、有田では磁器専業生産体制が確立し、砂目陶器を焼成する窯は皆無となっている〔大橋　一九九三〕。追放された陶工たちが廃業までに培った技術とほぼ同じ製品が楠浦窯では焼成されていたことになる。楠浦村は天草下島の東側、現天草市中心部の南端に位置しており、天草下島西側の天草陶石鉱脈からはかなり隔たっている。天草島原一揆に住民が参加し、人口が急激に減少した村落は天草の有明海沿岸に集中しており、「西目筋」と呼ばれる西海岸側からはほとんど参加しておらず、移民数も多くはないと考えられる。楠浦村から一揆にどれだけ参加したかは定かでないが、西海岸諸村よりは移民が必要であった地理的環境にあった可能性は高い。

肥前を越えた地域で、このように砂目陶器と型打ち染付皿が共に採集される陶磁器窯は存在せず、その事実を踏まえた上で検討すると、楠浦窯の磁器焼成は有田を追放された陶工の関与による蓋然性が高いと思われる。
　図2—5、2—6、2—9、2—10は荒磯文碗であり、図2—8は見込文様が団龍の同タイプの碗である。外器面の文様は、龍を二頭配す雲龍文と龍と鳳凰を対称に配す龍鳳文があるが、楠浦窯跡の破片は総じて鳳凰部位の破片が多い。図2—6の雲龍はユーモラスな表情であるが、髭や前足は線画で明瞭に表現されている。図2—9の鳳凰は、非常に細密に描写され、頸部・羽の羽毛を一本一本明確に表現した上で、呉須によるダミ線で色付けを行っている。見込の荒磯文も、波濤中心の呉須塗り潰しが丁寧で、波濤の円弧も型崩れしていない。図2—8も団龍の胴部の鱗を精密に表現しており、この二点が楠浦窯の中で最も丁寧な文様表現がされている例である。これらは後述する内田皿山窯跡や下津深江窯跡の荒磯文碗より、相対的に古く位置づけられると考えられる。
　図2—11〜13は内田皿山窯跡出土の見込荒磯文碗である。雲龍文と龍鳳文がある。雲龍は、型式化が進み、頭部・胴部の描写が粗放になり、龍の表情などは判明し難くなっている。また、荒磯文も円弧部分の波濤中心のダミ塗りがかなり雑になっている。一方で、丁寧に描写されている作品もあり、図2—14、2—15は上質の芙蓉手皿である。区画窓枠にびっしりと模様が書き込まれ、中心部には花鳥文がやはり隙間なく描かれる。これも中国景徳鎮産青花をモデルに生産したコピーである。荒磯文碗より焼成窯は限定され、内田皿山以外では有田地区にほぼ限られている。東南アジアだけでなくオランダへも盛んに輸出されており、この時期の天草諸窯では唯一のヨーロッパ向け製品と評価できよう。内田皿山の芙蓉手皿は、鍔下に当たる外器面の模様が、格子内に「エ」字、円文は点入りであることが特徴である。この他、輸出向け製品ではないが、染付皿図2—16を掲げている。これまでの製品と同時期のものであるが、大変精緻に栗折枝文と波濤文を描く皿である。野上建紀氏によれば、一六五〇〜一六七〇年代は海外からの注文を別として、日本独自の意匠が増え、文様が和様化する時期とされる〔野上 二〇〇五〕。寛文七年（一六六七）の「新撰御ひいながた」の染色意匠を陶磁器のモ

チーフとして取り込む例が多くなるが、この皿の外周の波濤文も確かに「新撰御ひいながた」によく似た図案が見られる。上質芙蓉手皿と栗折枝文皿の存在は、内田皿山窯の絵付技術が高位にあったことを証明している。このように考えれば、荒磯文の「崩れ」は技術的な理由というより、選択されたものであると考えられる。そして、その理由は簡略化による生産加速化にあったのでないだろうか。内田皿山窯跡は、荒磯文を焼成した陶磁器窯で最も出島に近接する窯である。好景気で増産を迫られる輸出品を、迅速に調達しうる窯として存在意義を有していた可能性が高い。

図２―17～19は、下津深江窯跡の荒磯文碗である。器壁が厚く、腰部の張り出しが強い。このため、口縁は内弯気味となる。現在まで採集品のモチーフは雲龍のみであり、龍鳳文は見られない。雲龍もさらに略化、規格化が進んでおり、龍が流暢な線のように見える。荒磯文も形骸化が顕著で、波間を表す弧が省略され、波濤内のダミ塗りも点として名残をとどめるに過ぎない。本来、跳魚を描いている中心も周辺の波飛沫線と一体化し「Ω」のような表現になっている。生産器種・デザインの単純化と明らかに内田皿山窯跡の例より後出な様相を示している。器壁の厚みもロクロ成形の簡素化を意図したものであろう。一方、焼成は極めて良く、体部は天草陶石の白さが生き純白に近い。呉須も鮮やかな青色に発色し、焼成技術の向上を窺わせる。

海外輸出用の同タイプ製品を生産した三古窯と言っても、その製品の出来や特徴には少なからず差異があり、時期や操業の成因に相違があることを示している。

３　国産磁器海外輸出の開始と展開

肥前磁器の海外輸出に関する記録は、正保四年（一六四七）が最初とされ、長崎からカンボジアへ向かった中国船が「粗製の磁器一七四俵」を積載している〔山脇　一九八八〕。この頃、中国の内乱は激戦となっており、前年には景徳鎮を有する江西省が清軍に攻略されている。この運搬を皮切りに、一六五〇年代に入ると中国船・オランダ船がベトナムのトンキンなど東南アジア方面へ向けて活発に、国産磁器を輸出するようになる。その原因は中国内乱による中国磁器の出荷停止と、代替品として肥前陶磁に白羽の矢が立ったためであることは既に触れたが、肥前陶磁器の生産技術がこの頃、革新的に向上し、薄手でシャープな磁器が製造できるようになり、国際競争力を身に付けたことも重要である。技術力の向上には、景徳鎮の離散陶工による影響も想定されている〔大橋 二〇〇二〕。明暦二年（一六五六）、清は海禁令を発布した。抵抗を続ける明の遺臣、鄭成功一派の経済基盤である交易に打撃を与えるための施策で、中国本土海浜部の民間船の出航と鄭成功派との交易が禁じられた。これにより、中国大陸からの磁器輸出は全面的に停止することになる〔山脇 一九八八〕。長崎に来航する中国船は、鄭成功傘下の船舶が中心となり、これらとオランダ船により国産磁器が東南アジアに出回ることとなった。万治二年（一六五九）から、オランダ東インド会社による国産磁器輸出が急増する。それまで年四、五〇〇〇個程度だった輸出量がこの年に三万三九一〇個となり、タイワン・バタビア・モカ・スラッテ・コロマンデルの各商館とオランダ本国へ運ばれた。万治三年（一六六〇）には七万三二八四個、寛文元年（一六六一）は五万二八〇七個を数え、寛文二年（一六六二）の八万六三二九個は、江戸時代を通じて最大の数量であった〔山脇 一九八八〕。爆発的な受注の増加に応えるため、この時期、有田以外の地域でも陶磁器窯の開窯が相次いだと考えられる。東南アジア向けのみならず、ヨーロッパでも好まれた上質の芙蓉手を焼成した内田皿山窯の開窯がこの頃と考えられ、需要にダイレクトに連動した結果に思われる。出島との往来が容易な地理環境と、大量の荒磯文碗焼成、そして有田並の技術を証明する上質芙蓉手皿と折枝栗文皿の出土がそれを物語っていよう。大橋康二氏は「オランダ船の入港は主に八、九月であり、十、十一月に出港するのが普通」〔大橋 二〇〇二〕と発注から納品までの期間が極めて短いことを指摘しており、内田皿山窯の環境は、これに適合すると言ってよい。寛文元年（一六六一）、清は鄭氏の財源である交易をさらに徹底制限するため、海禁令を強化した遷海令を出した。これにより、大陸の沿岸住民は内陸に強制移住させられ、海浜部は無人となる。このため、鄭成功は拠点を台湾へ移し、抵抗を続けることになった。鄭氏政権が降伏する一六八三年まで遷海令は効力を発揮し、この期間は中国磁器の海外流通が停止している。

この結果、寛文三年（一六六三）以降も国産磁器は年間万単位の輸出量を誇っている。寛文十一年（一六七一）には八万五四九三個、延宝五年（一六七七）には五万〇四〇四個と輸出量の多い年は、年間五万個以上の陶磁器が東インド会社によって輸出されている。一六六三～一六八一年までの年平均輸出量は、三万八三六六個を誇る〔山脇 一九八八〕。この他にも中国船の輸出が想定されることから、それ以上の国産磁器が東南アジアを中心に流通したと考えられ、文字通り、国産磁器が世界を席巻した時代であった。

鄭氏政権降伏後の貞享元年（一六八四）、清が展海令を出し中国磁器の輸出も再開された。質が良く安価な中国磁器が大量に再流通し、肥前磁器が築いた東南アジア市場での優位も、奪還されることとなった。有田地区の窯は培った技術を生かし、搬出先を国内市場へと転換し、難を乗り切ったが、天草諸窯には困難であったようである。下津深江窯跡・楠浦窯跡は発掘調査が行われていないため、操業の終焉が不明であるが、いずれも次代に続く磁器の採集はほとんどされていない。また、研究史で述べたとおり、内田皿山窯跡は磁器を焼成した1号窯が廃れ、陶器のみを焼成する2号窯へと生産が移っていることが確かめられている。天草の磁器生産はこの段階で一度途絶を余儀なくされ、結果として十七世紀後半の磁器生産は記録に残らないまま埋もれていったものと考えられる。

4　肥前古窯出土例との比較検討

天草三古窯の荒磯文碗はそれぞれに特徴が異なることは前述した。各窯の特徴に近い肥前諸窯の類例を比較検討により抽出し、十七世紀中葉～後半の磁器生産の進展においてどのような位置づけができるか分析したい。

まず参考資料として、図2―20～22には写し文様の見本となった中国景徳鎮窯の荒磯文碗・鉢を図示した。

これらは昭和女子大学が中心となって実施されたベトナム、ホイアン市における発掘調査で出土したものである〔昭和女子大　一九九七〕。これらの碗では、雲龍・鳳凰いずれも細部に至るまで緻密に描きこまれている。雲龍は、頭部は厳粛な趣で、胴部の鱗や背びれも表現されている。鳳凰は尾の突起が入念に描きこまれている。見込の荒磯文は、波間に跳ねる魚、または二重円が明瞭に描写されている。その両脇には波飛沫が上がり、波濤の中心は広く塗りつぶされ表現される。全体的に、どの部位も一見してそれと把握できるほど、元来の見本の文様は識別しやすい丁寧さを有している。

明瞭な文様の景徳鎮磁器碗をオリジナルとして、海外輸出のためにコピーを重ねていく国産荒磯文碗は、新しくなるほどに簡略化し、表現が粗雑・不可解になっていく。野上建紀氏は、荒磯文碗の生産窯を四一基以上とし、その変遷を、一六五〇年代の中頃～後半に有田内山地区の一部窯で生産が始まり、一六五〇年代後半以降に外山地区を含めた有田諸窯でも生産、有田外雑器窯での量産は一六六〇年代に入ってからで、文様の崩れが著しいものは一六六〇年代後半になって増えると想定した〔野上　二〇〇〇ａ〕。天草三古窯をこの段階と比較するため、同じ製品を焼成した窯を、有田内山・有田外山・嬉野・波佐見・三川内と区分けし、それぞれの代表的な焼物を図3～6に図示した。

図3―1～18は有田内山地区の荒磯文碗である。図3―5の中白川窯跡の製品は、雲龍の描写が丁寧である。白焼窯跡の図3―4、天狗谷窯跡の図3―18などは、荒磯に跳ねる魚が明瞭に描かれており、その脇の飛沫も細かく表現してある。波濤中心の塗潰しも面積が大きい。これらは、見本を忠実にコピーすることに配慮している初期段階と言える。図3―11は、著名な長吉谷窯跡の万治三年銘（一六六〇）破片であり、年代決定の基準資料である。荒磯文の全容が分かり難いが、中心の円文脇の波濤は波線を呈し、図3―1、3―3などに類似性が認められる。同じ有田内山でも、岩中窯跡の図3―9、天神山窯跡の図3―10、天狗谷窯跡の図3―16等は荒磯文の波濤表現が粗雑になっていることから、後出するものであろうが、それでも荒磯文の各パーツ判

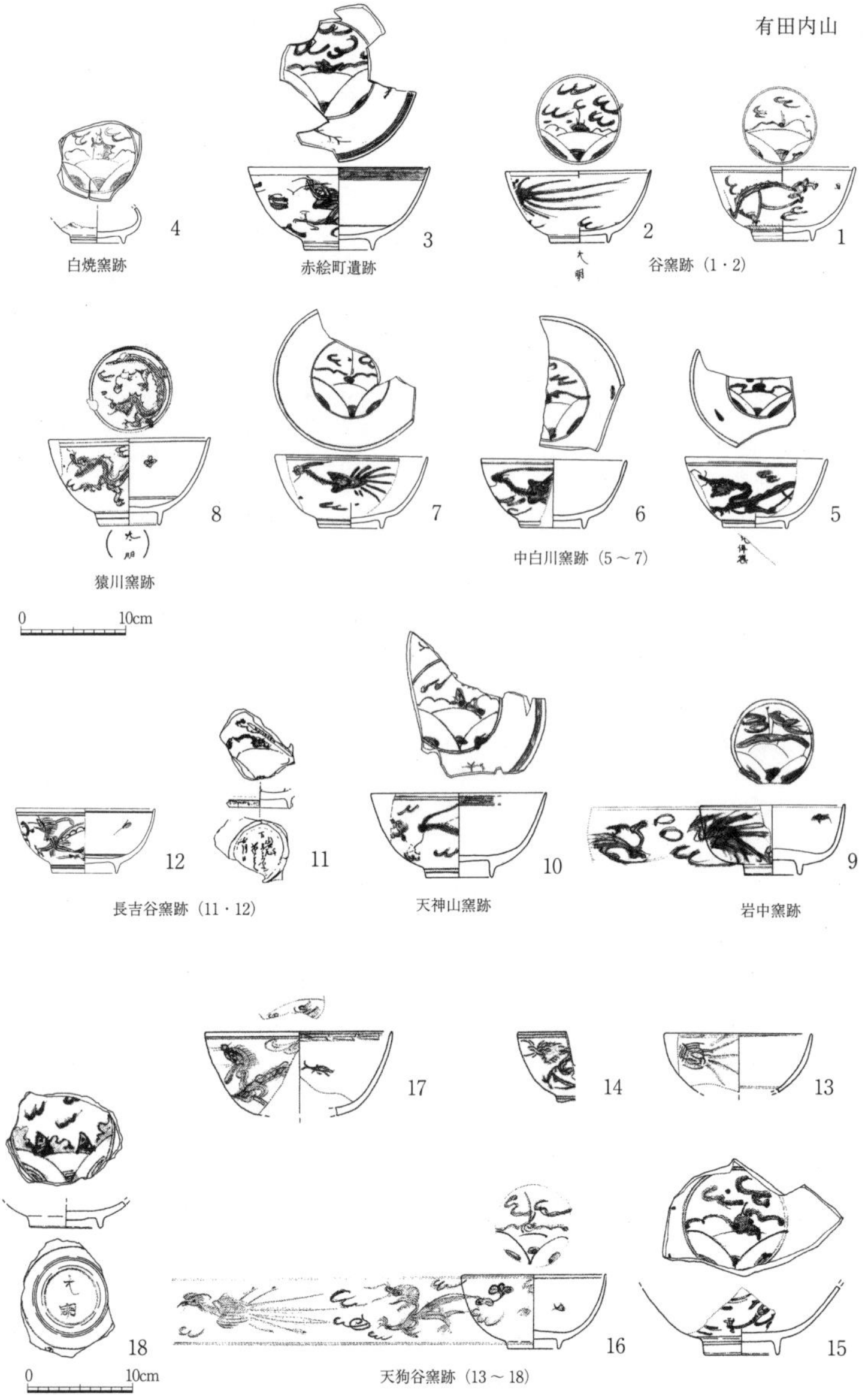

図３　肥前出土荒磯文碗（有田内山）

別は可能である。長吉谷窯跡や天狗谷窯跡では、様々なタイプの荒磯文碗が出土しており、同一窯場において製品が変遷していったことがわかる。有田内山地区では総じて、中国産磁器に文様が近い忠実な表現のものが多く、外面龍鳳文や見込団龍文あるいは高台内に銘款を入れたものなど、豊富なバリエーションが見られることが特徴で、輸出品の初動受注の様態を示しているものと思われる。

図4―1～10は、有田外山地区の荒磯文碗・鉢である。全体的に、有田内山地区に比べて波濤文の崩れが進行した資料が多く見られる。樋口3号窯跡出土の図4―1や弥源次窯跡の図4―3など中央の円文脇の波飛沫が、波線ではなく円弧線に変化している。文様の簡略化を示すものと認められよう。図4―2のように表現が比較的丁寧なものもあるが、多くの窯跡の製品で、文様が崩れ始めている傾向が認められる。それでも荒磯文のスタイルは留めているし、龍鳳文碗や見込団龍文碗など異なる種類の碗が見られる。南川原窯の辻窯跡の図4―10、弥源次窯跡の図4―4はいずれも見込団龍文であるが、龍の描写が、図3―8の猿川窯跡例や図2―8の楠浦窯跡例に比べ、デフォルメされ剽軽である。それでも龍のスタイルは維持されている。

寛文三年（一六六三）に長崎市内で発生した大火に伴う火災層が、長崎市栄町遺跡の調査で確認され、その焼土からまとまった量の荒磯文碗・団龍文碗が出土しており、一括性の高い資料である〔川口 二〇〇二〕。この遺物群の見込団龍は、図4―17のとおり、龍の胴体が切れ切れになり、表情も窺えなくなっている。これを基準とすると図4―4、4―10はいずれもそれに遡る可能性が高い。また、荒磯文は図示していないが、中心脇の波飛沫に波線と円弧線と両者が確認できる。生産窯の個性に依るところも大きいが、寛文三年段階における荒磯文・団龍文の簡略化進行状況を知ることのできる貴重な資料群である。

図4―11～16は、有田の東に隣接する嬉野地区の荒磯文である。資料は皿屋谷窯跡から出土したものが中心となる。有田両山では龍鳳文碗が存在したが、嬉野では雲龍文に単純化されていることが指摘できる。外面雲龍は、かなり規格化が進み、頭・胴・尾を流暢な一本の線画で表現するような状況に至っている。見込荒磯文

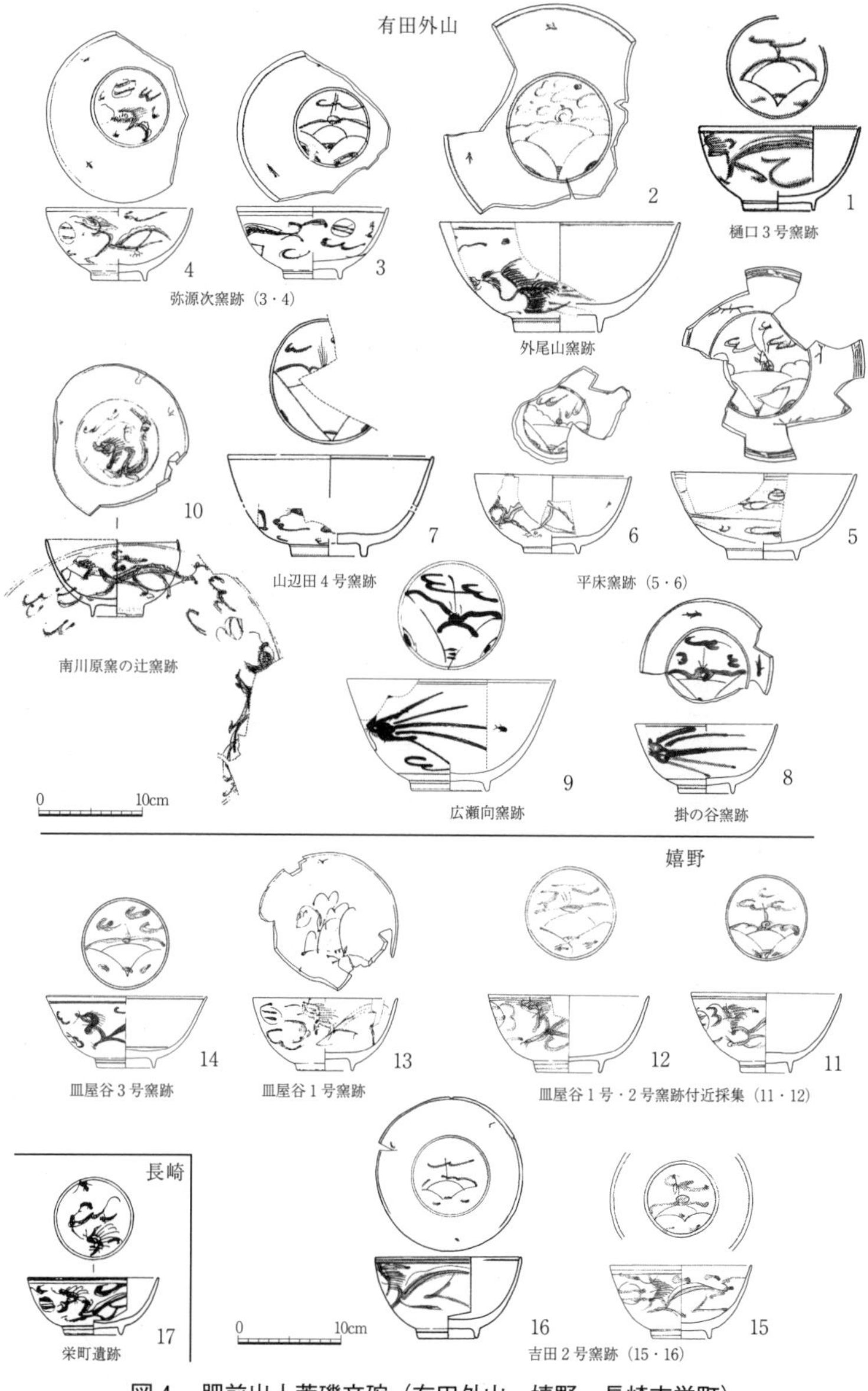

図４　肥前出土荒磯文碗（有田外山・嬉野・長崎市栄町）

は、形態を留めるものが多いが、皿屋谷3号窯の図4―14や吉田2号窯跡の図4―15、4―16では崩れから、波濤中心の塗り潰しが簡素化し、筆先端で点を落とすような絵付けとなっている。図4―13の団龍文は、団龍として認識できなくなっている。

図5―1～9は、有田に南接する長崎県波佐見町の窯跡である。寛文年間（一六六一～一六七三）を中心に新たな窯場が続々と開かれ、三股山や中尾山などの四皿山が成立、寛文六年には大村藩が皿山役所を設置し藩による管理も導入している〔中野 二〇〇〇〕〔中野 二〇〇八〕。波佐見焼の荒磯文碗は、荒磯の崩れが著しく、特に中心部にあった円文が脇の飛沫線と一体化してしまっているものが多い。また、嬉野諸窯同様に、雲龍荒磯文への単一化も進んでいる。相対的に、図5―1のように龍鳳文碗のバリエーションを持つ咽口窯跡や雲龍に背鰭がある図5―7の辺後ノ谷窯跡の荒磯文碗などが古手になりそうであるが、辺後ノ谷窯跡は寛文三年（一六六三）もしくは四年の開窯、永尾高麗窯跡は寛文六年が開窯の上限年代とされており〔中野 二〇〇〇〕、文様の変化と大きな矛盾は無いように思われる。

図5―10～15は長崎県佐世保市の三川内地区の製品である。ここでは三川内東窯跡・三川内西窯跡と江永窯跡の製品を図示したが、精粗の差が大きい。三川内西窯跡の図5―12は、相対的に荒磯文が整っており、波濤中心の塗潰しも明瞭、サイドの飛沫も波状を維持している。外底には、他に有田内山地区にしか見られない「大明」銘があり、雲龍もややユーモラスな表情ながら、胴・足の表現も細かい。有田内山地区と遜色ない荒磯文である。三川内東窯跡例は、同西窯と同様の精緻な碗も出土している一方、やや略化したタイプも見られ、図5―13では飛沫が円弧に成りつつある。波濤のバランスは保たれているように見受けられる。図5―15のとおり龍鳳文もあり、図5―14の雲龍も簡略化は進んでいるものの、所々に細かい表現を留めているといえよう。これらに対し、江永窯跡例はさらに略化が顕著である。図5―10は、荒磯文の波濤のバランスがとれておらず、波佐見地区のものと類似している。図5―11に至っては、荒磯文と認識できないほどに記号化している。いか

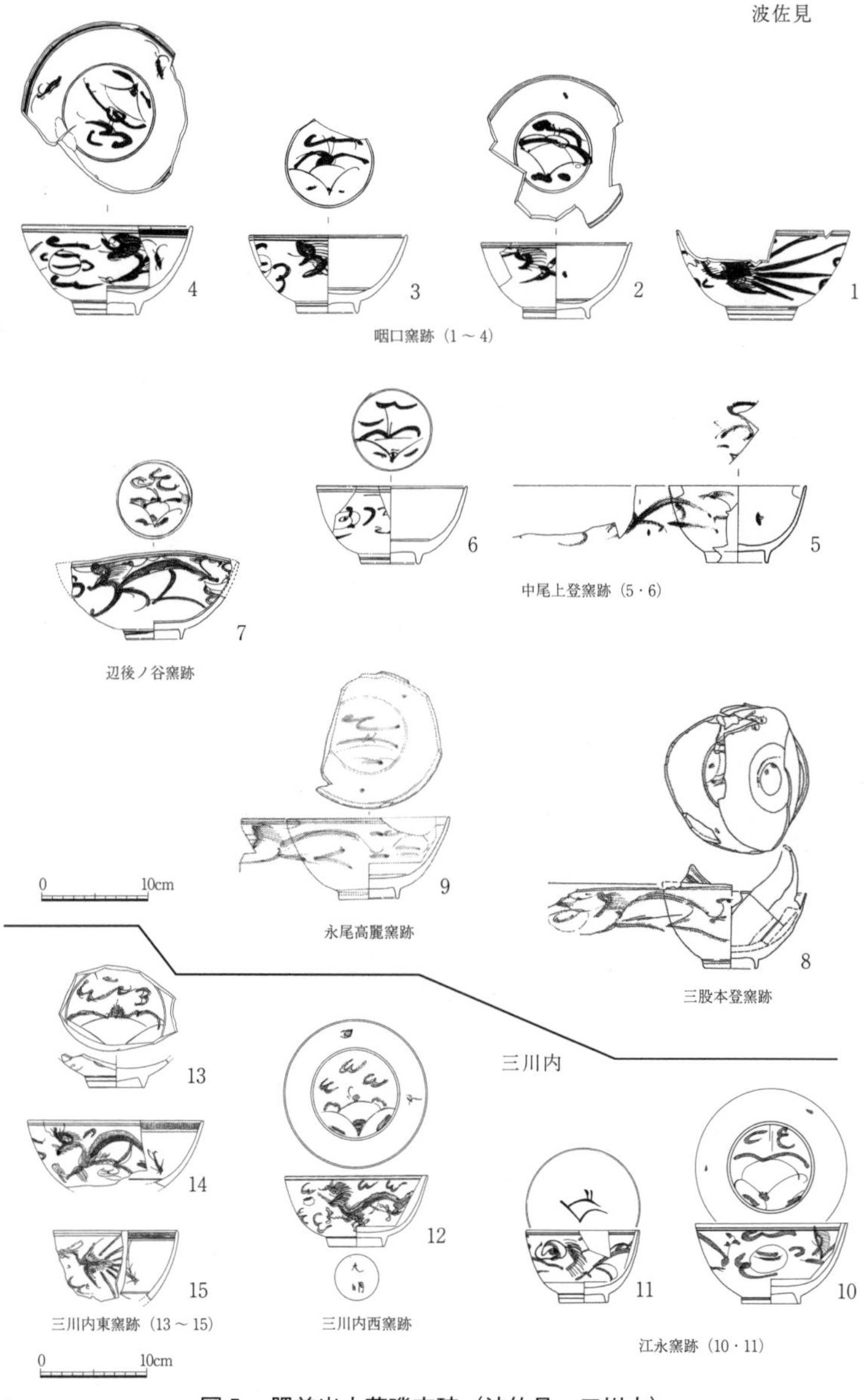

図５　肥前出土荒磯文碗（波佐見・三川内）

に「少ない筆致で済ませるか」という手間の省略に重点が置かれていると見做せる。江永窯は寛文十年（一六七〇）に、地蔵平窯から分窯して生産を開始したとされる〔久村 二〇〇二〕。江永窯と波佐見の永尾高麗窯は、荒磯文が荒磯と呼べない崩れ方となり、雲龍も目の表現が無く、逆「く」字状に開く口部や筆で描き流した胴など、極度の略化が図られる点で、下津深江窯跡の雲龍文碗と共通していることが指摘できる。なお、三川内焼は寛文二年（一六六二）に、天草陶石を発見し研究を重ね太白の逸品を製作したと沿革に伝えられており〔立平 二〇〇八〕、天草陶石の使用に関する最も古い時代の記録としても、平戸領と天草領との関連という意味でも注目される。

図6は、上質な芙蓉手皿を図示した。嬉野皿屋谷3号窯跡の図6—14を除き、有田地区での生産である。図6—9の赤絵町遺跡出土の大皿の精細さは群を抜いているが、それ以外の製品は、内田皿山窯跡の芙蓉手皿も含めて大きく絵付技術的に優劣は見られない。そもそも、上質の芙蓉手を生産していた窯は、一定以上の高い技術を有していたと考えられる。錣下の模様は、図6—8の中白川窯跡例では、円に装飾があり最もオリジナルに近い。図6—10では円が渦巻き状、図6—12は円内に二本線、図6—3は素円となる。これらは外面区画内は縦棒状の線画が見られる。これに対し、天狗谷窯跡出土の図6—1は「エ」字のような文様になっている。即断はできないが、内田皿山窯のものとの共通性として注目される。

このように肥前生産の類品の変遷から当てはめていくと、楠浦窯跡の雲龍見込荒磯文碗は、有田内山地区のものと比べても見劣らないほど、均整のとれた荒磯文が見られる。一六五〇年代の比較的早い段階で生産を開始していると見てよい。これは楠浦窯が前段階から磁器生産を行っていたためであるのは間違いないであろう。有田から遠く離れた天草の楠浦へ、波佐見などよりも早く海外輸出の情報と良好な見本が伝えられていたであろうことは、楠浦窯が有田方面との独自ルートを構築していたか、または出島で輸出に関与した商人等とのパイプを有していたか、のいずれかが想定される。想像の域は出ないが、前者ルートであれば、寛永の有田追放

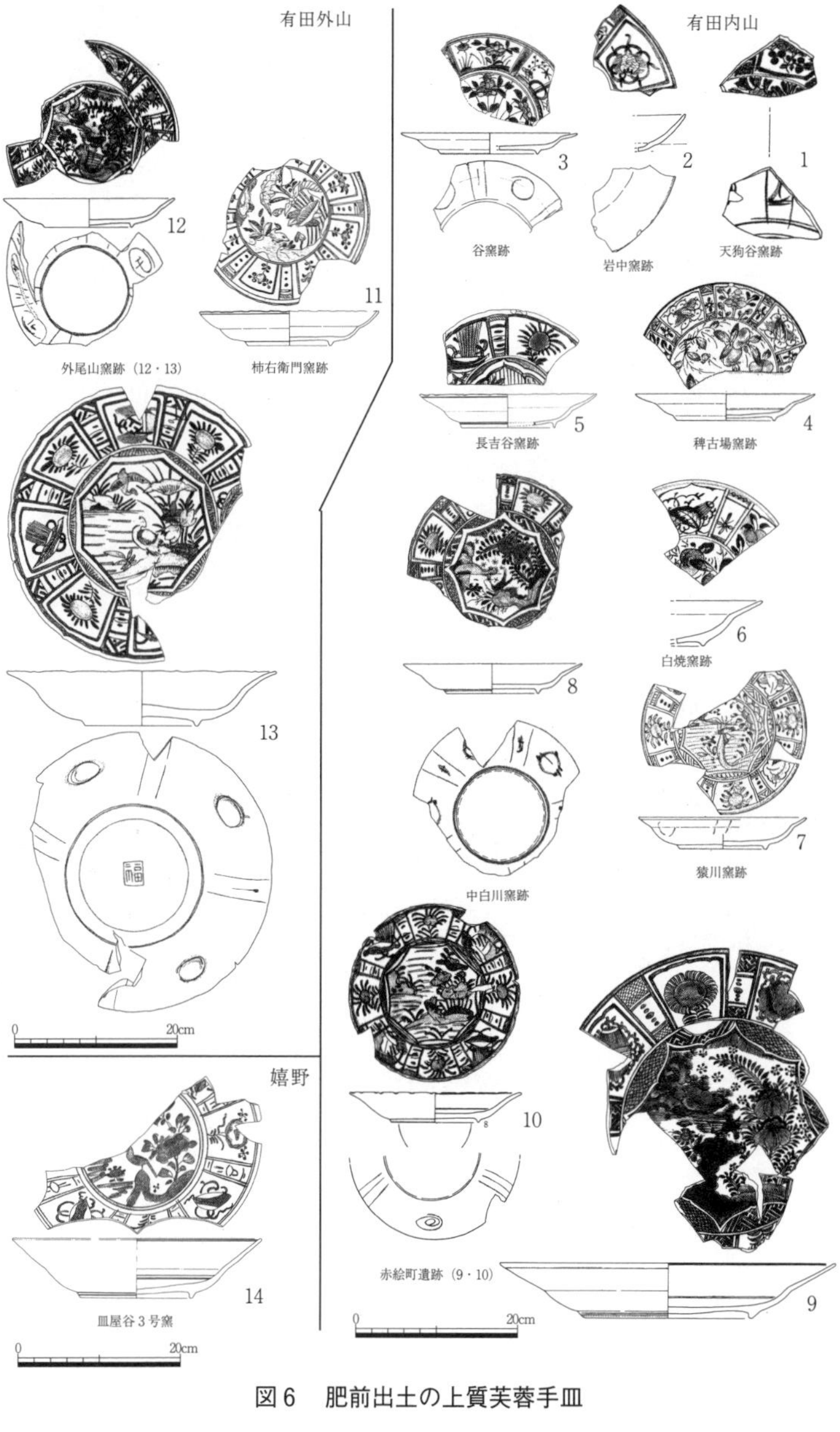

図６　肥前出土の上質芙蓉手皿

陶工と楠浦窯の磁器生産との関係の延長線上に当たることになる。

内田皿山窯跡は、上質芙蓉手皿と比較的精緻な模様の龍鳳文碗があることから、一六六〇年前後からの生産が考えられ、東インド会社の需要増による影響が想定される。雲龍荒磯文碗の図2—12などは、嬉野皿屋谷3窯跡の図4—14等に類似している段階のものと言えようか。

下津深江窯跡の荒磯文碗は肥前磁器の類例から見ても、最も荒磯文のデフォルメが顕著なものである。このため、その生産は明らかに一六六〇年代末から一六七〇年に入る頃に行われたと思われる。表面採集資料に依拠しており、その採集量も少ないため、確定的とは言えないが、基本的には崩れの顕著な雲龍荒磯文碗のみの単純生産と認められる。

寛文二年の三川内における天草陶石の使用は、楠浦窯の立地と内田皿山窯・下津深江窯の立地の変化に符合する年代感である。一六六〇年頃に、天草陶石の存在とその埋蔵分布が天草下島西部に偏在していることが確認された可能性が高い。

「肥前陶磁」という総称のため、一見、見過ごされがちであるが、その生産量から見れば天草三古窯の製品は、いずれも海外へと輸出され、実際の使用に供されていたことは確実である。さらにこれまで、天草の同製品を焼成する初期窯跡として一括りにされがちだった各窯も、製品の差から輸出製品の焼成開始時期にズレがあり、そのため担った役割も異なったであろうことが考えられる。特に内田皿山窯跡の製品群は、芙蓉手皿を中心にオランダ東インド会社によって買い付けられた可能性が高く、注目される。

東南アジア出土の荒磯文碗など肥前陶磁について、個別窯の同定作業は進んでいないため、天草三古窯産として確定したものはない。容易な作業ではないが、今後、内田皿山窯の芙蓉手の「エ」字状マークに見られるようなパーソナルな同定部位を特定した上で、資料に当たっていく作業が必要である。

二　十八世紀後半、高浜焼の海外輸出

これまで触れてきた見込荒磯文碗等の十七世紀後半における陶磁器海外輸出は、生産地（肥前）・中継地（長崎）・消費地（出島・東南アジア）各々において、共通の意匠・形状を有する陶磁器が出土している事実を基軸として析出されたものであった。

この間の天草陶磁器生産に関しては文献史料の類はほぼ皆無で、唯一の史料として、先に示した延宝四年「新田検地帳」における内田村「皿山」の地名があるのみであった。記録として、天草陶磁器の生産を明らかにする表現は、十八世紀に至ってから初めて見られる。

近世後期において、海外輸出品となった陶磁器が、天草下島西海岸の中央付近に位置する高浜村で焼成された高浜焼である。高浜焼は、宝暦十三年（一七六二）に村庄屋であった上田伝五右衛門武弼が創始した磁器であり、地方の一村庄屋がはじめた陶磁産業である点が特筆される。高浜焼の最大の強みは創始から衰退までの経営状況を物語る古文書が豊富に残されているところであろう。これが「上田家文書」と呼ばれる庄屋家文書で、そのうちの陶磁器窯の経営及び天草砥石の輸出関係の史料が「砥石陶山の部」として抽出され、二五六点が数えられている〔横尾 一九八〇〕。現在も上田家には上田家文書が保管収蔵されており、また同時に、高浜焼の生産品も伝世品が多数所蔵されており、私設資料館を運営するほどの質量を誇っている。一方で、窯跡の発掘調査は行われておらず、考古学的な陶磁器片の解明には及んでいないのが現状である。

本節では、先学による史料分析などの成果を援用して、近世後期高浜焼の海外輸出への展開を分析する。

1　高浜焼に関する研究史

高浜焼を創始した上田伝五右衛門武弼の実子、上田源太夫宜珍は、寛政から文化年間にかけて庄屋として村行政に卓越した手腕を発揮する一方、陶磁器窯の経営を行い、国学も修め『天草嶋鏡』という地域史や『宜珍日記』という詳細な日記を著述するなど多方面に活躍、近世天草を代表する傑物であった。高浜焼の歴史は、宜珍の事跡研究の副産物として始まっている。一九四〇年に角田政治氏が著した『上田宜珍伝』がその嚆矢となろう〔角田 一九四〇〕。角田氏は上田家文書を解読し、高浜焼盛衰の沿革を示した上で、上田宜珍が残した「陶山永続方定書」「陶山遺訓」や明和八年（一七七一）に平賀源内が天草陶石の品質の高さを説いた「陶器工夫書」等の文書を翻刻・提示した。

一九七七年、岩尾龍興氏は上田家文書の解読を行い高浜焼の通年的展開を示した〔岩尾 一九七七〕。岩尾氏の研究は、角田氏の著作で欠けていた高浜焼皿山経営の年次的把握を可能とした。その成果は、高浜焼を検討する上で極めて重要だが、地域誌掲載のため、広く周知されていない。一九八〇年、熊本県教育委員会による生産遺跡基本調査で高浜窯跡を担当した横尾泰宏氏、大仁田喜義氏により、上田家文書「砥石・陶山の部」の目録が作成された〔横尾 一九八〇〕。全二五六点のうち、特に高浜焼経営史上で重要となる二二点が翻刻され、原文の表現を確認することが可能となった。これは今日、上田家文書における陶磁器窯経営に関する基礎資料となっており、本章に掲載した上田家文書の記録もこれに依った。

天草在住の陶芸家である江浦久志氏は一九九一年に上田家文書中で未翻刻であった「近国焼物山大概書上帳」を翻刻、紹介した〔江浦 一九九二〕。この文書は寛政八年（一七九六）における西国の陶磁器窯データベースとも呼べるもので、有田諸窯をはじめ、各陶磁器窯の所属や規模、特性等が網羅されている。この江浦氏の成果により、寛政年間において既に天草陶石が各陶磁器窯へ搬出され、使用されていることが詳らかになった。

また、僻地の民窯である高浜焼を経営する上田家の情報収集能力の高さも浮き彫りになっている。江浦氏はこの他にも、高浜焼の色絵に関する検討〔江浦 一九九四〕、自身が採集した陶片と『上田宜珍日記』の生産に関する記述の対比による高浜焼の技術分析〔江浦 二〇〇六〕など、精力的に高浜焼の実態分析を進めている。

鶴田文史氏は二〇〇五年、『天草陶磁焼の歴史研究』で高浜焼について、詳細にまとめた〔鶴田 二〇〇五〕。これまでの研究史を含め、上田家文書の記録を多く引用し、高浜焼の通史を総括している。高浜焼開窯時に陶工として招聘された肥前長与の「山道喜右衛門」の出自について追跡を行っている。

近年は、八代市立博物館の福原透氏が高浜焼研究を牽引している。福原氏の研究は、それまで上田家文書の分析に終始してきた感のある高浜焼研究において、製品である陶磁器、とりわけ上田家伝世品に視点を据えた研究を進めた点で大きな意義がある。福原氏は二〇〇六年、高浜焼の沿革を詳しく再整理し、その歴史的推移と照合すると考えられる製品を提示した〔福原 二〇〇六〕。二〇〇八年には上田家文書の記録に基づき、高浜焼史の再提示をしているが、この中で明和四年（一七六七）の「近国焼物大概帳」を示し、寛政八年の「近国焼物山大概書上帳」との比較を行っている点が注目される〔福原 二〇〇八〕。その後、大橋康二氏・鈴田由紀夫氏らと合同で行った上田家伝世陶磁器の悉皆調査成果に基づいて伝世高浜焼の帰属年代や技法の割合を明らかにしている〔福原 二〇一一〕〔福原 二〇一二〕。それによると、上田家に伝世している陶磁器のうち、開窯期の高浜焼は少なく、五～六〇％が上田源太夫定行の頃に生産されたもの、即ち一八二〇～一八六〇年代に焼成されたものであるとされる。高浜焼がオランダ輸出用製品を作り、出島で販売した期間は安永七年（一七七七）から数年間のみと極めて短期間であるが、実際に伝世されて現存している輸出製品も少ないことが明らかにされた。福原氏は高浜焼の盛期として、開窯直後の輸出期に次いで、一八三〇年代頃の定行代を第二の盛期として提示している。これは天保四年（一八三三）に登窯が修築された記録から、生産量が向上した結果、現在の伝世品に当該期のものが多いことからの考察であり、上田家文書や宜珍日記によって、宜珍代が最盛期とする見解を、陶磁器の年代観から見直しを図ったといえる。

２　高浜焼海外輸出に至る歴史的展開

高浜焼の研究史は前述のとおり、上田家文書の解析を基軸として、近年になり伝世陶磁器の検討も進んできた。本章では、主に海外輸出について焦点を絞って検討を進めているため、高浜焼も海外輸出に至る視点から考えたい。そこで、従前の研究では踏み込まれていない、安永年間頃の陶磁器輸出の状況の把握を、競合相手となる肥前陶磁の輸出も含めた陶磁器輸出構造の枠組みの中で考えてみたい。そして高浜焼輸出製品の分析と同種の製品の比較検討を行い、高浜焼輸出の具体相を明らかにしたい。

まず、上田家文書の記録から、高浜焼の海外輸出への展開を示す。先学により多く提示されているところであるが、天草陶磁器の海外輸出を考察する上で、核とも言える要であるため、改めて追跡を行う必要があるといえよう。

高浜焼開窯より約三〇年前に、天草で陶磁器窯が開かれた記録が上田家文書に残っている。この窯は、下津深江村に開かれているが、享保十七年（一七三二）から二年間のみ操業されたようである。「肥前国大村領三ツ又焼物師共」が窯を造り、陶磁器生産を行ったものの、「渡世相成不申」として引き払った。錦戸宏氏が雲龍見込荒磯文を焼いた窯と比定したのは、この窯であった。窯は下津深江村（現天草市天草町下田）にあるが、前章で紹介した十七世後半の下津深江窯跡とは生産品の年代が合致せず、同じ下津深江川沿い下流で、十八世紀前半の製品が採集された「京ノ峰窯跡」に比定されている〔池田　一九八九〕。大村領三ツ又とは波佐見三股地区のことである。京ノ峰窯の経営は、直接的な高浜焼開窯との接点は見られず、また、十七世紀後半の下津深江窯とも時期的な隔絶がある。領外の陶工の関与、とりわけ大村領からの陶工の移動があったことは注目されよう。

高浜焼の開窯については、宝暦十二年（一七六二）正月、長崎銅座町与平次と大村領長与の焼物師が再三開窯を勧めたところに端を発している〔福原 二〇一一〕。同年十二月、上田伝五右衛門武弼らは、天草を統括する富岡代官所へ、陶磁器の試作を願い出た。最大の目的は、村人への助成としての「百姓作間之稼」であった。肥前大村領長与時津（現長崎県西彼杵郡長与町・同時津町）から陶工を雇用している。翌十三年九月には「試焼をしてみたところ、良い焼物は出来なかったが粗末ながらも皿や茶碗の類ができ、多少は作間稼ぎになりそうなので、来年から七年間、銀七匁で運上したい」と事業としての一定の目途が立っている。

明和三年（一七六六）春、幕府支配勘定岸本弥三郎と普請役佐久間甚八は天草来島の折、焼物窯を見分し「御料所稀之産物」と評価、オランダへの輸出品の生産を勧めた。これは明和四年の「奉願上候御事」〔史料一〕に記されるが、この文中では「江戸役人」となっている。岸本・佐久間の氏名は、享和二年（一八〇二）の「御料肥後国天草郡高浜村焼物山之儀ニ付申上候覚」という高浜焼の沿革が示された文書に示されている。これは、源太夫宜珍が記したものであろう。

〔史料一〕〔横尾 一九八〇〕

去春江戸御役人様御廻村被為遊候節、被仰渡候ハ、高浜村焼物之儀、随分出精焼出シ阿蘭陀人江相渡シ申候様致候ハバ、村方勝手ニ可相成、左候ハバ茶碗薬等之儀者、元直段ニ而可被仰付趣被仰渡奉承知候、依之段々手入出精仕焼試申候処、赤絵金入之類者、当時出来不仕候得共、青絵染付之類者、大概阿蘭陀渡ニ相成可申奉存候ニ付、此度手本ニ焼試候処、皿、猪口壱組、名座鉢五枚長崎表江差遣、阿蘭陀人江見せ申度奉存候得共、長崎表御役人様江取入候手掛リ茂無御座迷惑奉存候、依之近頃難申上儀奉存候得共、乍恐御上様御慈悲を以、長崎表江御掛合被成下、何とそ右書面之焼物阿蘭陀人見候様御計被下候ハバ、重々難有奉存候、幾重ニ茂御憐愍奉願候、以上

明和四年亥四月　　　　　　　　　高浜村庄屋　傳五右衛門

富岡御役所

右之通、申出候ニ付、再遂吟味仕候処、少茂相違無御座候間、奉願候通、被仰付被下度、奥書仕差上申候、以上

大江村大庄屋　四郎兵衛

明和四年（一七六七）の「奉願上候御事」ではいろいろと尽力し「赤絵金入」はうまくいかなかったが、「青絵染付」はオランダ輸出レベルへの品質向上に成功したことが示されている。「赤絵金入」は、色絵金襴手タイプの陶磁器のことで、器面の上に赤色系に発色する釉薬を絵付けし、さらに金彩を付加した製品であった。肥前の磁器窯の中でも、有田の中枢でしか焼成できないものである。「青絵染付」は、先の見込荒磯文のような、器素胎に直接絵付けを行った上で焼成する磁器で、顔料である呉須、即ちコバルトによる模様は、還元され青～紺色に発色する。染付模様は釉下になるのに対し、色絵と金彩は一度焼成し形成された釉層の上に絵付する釉上彩である。同時期の別文書には赤絵と同様の表現で「錦手金入」という表現もあるが、一般に青色染付の上に、色絵金彩を組み合わせる「染錦手」と呼ぶ製品のことで、多彩な色彩により非常に華美な製品となる。各地の窯で焼成された染付に対し、色絵金襴手は有田内山外山地区に生産が限定されているため、希少価値が高い上、華美な色彩がヨーロッパ人の嗜好に合致し、輸出用製品として需要が高かった。

さて、後半の文面には「染付の見本として試し焼きした皿と猪口一組、名座鉢五枚を長崎へ送って、オランダ人へ見せたいが長崎代官所とのツテが無いので、オランダ人にサンプルを見てもらえるように、長崎代官に掛け合ってもらえないか」と富岡の代官所に、願い出ていることがわかる。

これを受けて六月、長崎奉行石谷備後守は志筑孫兵衛に「高浜焼はどのようなものか、それぞれ書類により申し出ること」と問い合わせた。この志筑孫兵衛は、明和六年の文書に「長崎表阿蘭陀通詞志築孫兵衛儀、私親類ニ而御座候間」とあることから、オランダ通詞であり、また伝五右衛門の親族であり、上田家と長崎出島

を結ぶ重要な存在であったと考えられる。

この年十月、伝五右衛門は富岡代官所へ銀五〇貫目の融通を願い出た。その理由は、有田産陶磁器との品質の差が大きく、その差を埋めるために優れた陶工をスカウトする必要があったからである。

〔史料二〕〔横尾 一九八〇〕

高浜村焼物之儀、随分致出精、赤絵金入類等茂焼試、猶又青絵染付物茂此上能出来員数余計ニ焼出候様、毎々被仰渡委細奉存候、依之色々出精仕焼試申候処、青絵染付物者、大概紅毛渡ニ茂可相成申奉存候ニ付、先達而手本之焼物長崎表江差遣候得共、余程不細工ニ相見江申候、猶又赤絵金入之類者、肥前領有田山焼物師ゟ外焼出シ候者茂居茂不申候ニ付、色々世話仕候処、一躰有田焼物師者、他国江出シ不申由ニ御座候、然レ共給銀等余計ニ差遣手引を以相頼申候ハバ、罷越可申奉存候ニ付、此上青絵染付類茂能出来赤絵金入之類茂何卒焼試仕紅毛渡其外他国ニ売出シ申度奉存候得共、焼物山之儀者仕入等大分ニ入申候ニ付、自力ニ而者、何分ニ茂世話出来不仕候、依之乍恐銀五拾貫目、御慈悲を以拝借被為仰付被下置候ハバ、肥前領幷平戸領ゟ功者成ル焼物師を雇入、此上村方其日暮之者共江為仕習出精仕余計ニ焼出候仕度奉存候、惣躰小田床村、下津深江村ゟ肥前領伊万里幷塩田江差遣候焼物土之儀、此已後遣不申候様仕候ハバ、有田山焼物師之儀、自然と此方江罷越可申奉存候得共、右両村焼物土之儀者、其日暮之者共掘出シ助成仕候ニ付差留メ候儀相成不申候、御慈悲を以拝借被為仰付被下置候ハバ、右銀子を以、功者成ル焼物師を雇所之者江茂、段々為仕習余計ニ出来仕候節ニ至候ハバ、右両村江茂焼物山仕立、其日暮之者共江為仕習申候ハバ、焼物山他国江差遣不申候而茂、却而村方余程之助成ニ相成可申奉存候、高浜村、小田床村、下津深江村ニ者、焼物土、薪等茂有之焼物仕立候ニ者、水掛リ宜敷、其上焼物仕立候ニ弁利宜敷御座候ニ付、御願申上候而仕立申候ハバ、私義茂段々出精仕、仕入可申、猶又外村ニ而茂仕立申候ハバ、幾々者、肥前領有田山通リニ茂繁昌仕可申奉存候得共、

（後略）

明和四亥年十月

高浜村焼物山請負人
同村庄屋　傳五右衛門

（略）

富岡御役所

出来上がった見本に対する評価は「余程不細工」に見えるという大変厳しいものであった。色絵金襴手は有田の陶工しか製作できないが、有田の職人は制限によって他国へ出ない。しかし、給料をはずめば肥前領・平戸領の優秀な陶工を雇用でき、村人にも習わせることができると述べ、銀の拝借願いに及んだ。また、同じ下島西海岸で、高浜村より北側の小田床村・下津深江村からは肥前の伊万里や塩田（佐賀県嬉野市塩田）へ天草陶石を販売しているが、これを差し止めれば、有田の陶工が天草に流れてくる。この銀で優秀な陶工が雇えれば、両村でも焼物山が仕立てられ、天草が有田のように繁昌すると述べている。製品の技術に失格の烙印を押された伝五右衛門にとっては、有田の技術を獲得する必要に迫られていたと理解される。

翌明和五年、天草の統治は、島原藩預かりから日田郡代兼帯へと変更され、この銀拝借願も代官となった揖斐十太夫に引継ぎがなされた。しかし結果として、揖斐十太夫はこの願い出を却下している。この年以降、オランダ輸出が事業化するまでの詳細な状況は、傳五右衛門の文書が少なく、先に多少掲げた宜珍代の享和二年（一八〇二）「御料肥後国天草郡高浜村焼物山之儀ニ付申上候覚」に示されるので、〔史料三〕として掲載する。ただし、全編となると冗長すぎるため、該当部分のみの引用とした。

〔史料三〕〔横尾　一九八〇〕

御料国肥後国天草郡高浜村焼物山之儀ニ付申上候覚

（前略）

右之通委細御吟味之書付、子五月差上申候
一、同年九月、揖斐十太夫様当群御検見ニ御出被遊候節、富岡御役所ニ而被仰渡候者、焼物仕入銀拝借願之儀、未御運上銀至而少分之儀ニ候処、大造之拝借願御取次難被成、尤段々出精相稼候ハバ稼方相応之願者、御聞届可被下旨被仰渡、則御請書付御取被遊候、嶋原御預所之節被召出候而御願申上候事、相済不申残念至極ニ奉存候
一、明和六丑二月、長崎御奉行石谷備後守様ゟ去ル申年ゟ子年迄五ヶ年之間、天草郡高浜村焼物山江相用候茶碗薬、斤高幷代銀付差出候様被仰付書付差上申候、上中下三通リ直段付仕差出候様被仰付差上申候処、焼物代銀四拾三匁之処、焼物稼方出精宜敷出来候ニ付、競之為と被仰出、金壱両被下之難有頂載仕候
一、同年、右谷備後守様ゟ以御書付被仰出候者、天草郡高浜村ニ而焼出候焼物、手代共江申付取寄見候処、前方見候ゟ者格段宜敷出来、御料所稀之産物仕立出精之趣、一段之事ニ候、猶又茶碗絵薬、去ル、申年ゟ子年迄五ヶ年之間相用候、斤高幷代銀付見申候処、落札値段弐割増を以相調候而も勝手ニ相成可申、弥相望候ハバ是迄相用候絵薬五ヶ年平均壱ケ年ニ凡四拾斤余ニ候得共、相増壱ケ年五拾斤宛可被仰付、右体除之儀、他国江例無之候得共、庄屋傳五右衛門儀当所江身寄之者も有之由、右之者江代品物請取方代銀上約為致可申旨、被仰渡難有奉存御請書付差上申候事
一、右落札除被仰付候ニ付、茶碗絵薬請取方代銀上納之儀ハ、長崎阿蘭陀通詞志築孫兵衛ニ相頼申候而、壱ヶ年五拾斤宛買請候得共、焼物絵様入念仕立候得者、五拾斤宛ニ而ハ不足ニ御座候ニ付、御奉行新見加賀守様御在勤之節、御願申上百斤相増、都合百五拾斤宛、年々買請被仰付候
一、安永六酉年、長崎御奉行柘植長門守様ゟ阿蘭陀人江当村出来之焼物御見セ被遊相候ハバ、買調候様被仰付候由御座候処、阿蘭陀人共、委細奉畏御請申上、猶又為手本所持之広東焼形躰、其外手本焼物品々

差遣誂候ニ付焼調差遣候処、出来方宜敷由ニ而、弥買請仕候様御請申上候趣ニ御座候
一、翌戌年ゟ長崎出嶋店売御免被仰付、焼物仕立持参阿蘭陀人共江売渡申候、乍然初而之儀ニ付如何様成品相好候哉得と存付申候ニ付、青絵染付物計焼調、出嶋江新規ニ店掛ヶ商売仕候
一、右之節、岩原御屋鋪江傳五右衛門罷出候処、支配御勘定体井善八郎様被仰聞候者、御料所稀之焼物山仕立、段々出精当年ゟ阿蘭陀渡ニ相成候様出来、右ニ付出嶋店売御免被仰付、御国益ニ相成候産物仕立候段、石谷淡路守様甚御感心被上召候旨被仰遣柘植長門守様、久世丹後守様も御目前寄持と被思召候趣被仰出候、冥加ニ叶ひ仕合難有奉存候様被仰付候、猶又此上出精赤絵錦手等も出来仕候様、精々被仰渡候
一、赤絵錦手之儀、数年心掛居候処、大村領焼物師之内存居候者有之給銀多差出候上、傳授を請候節、余計礼銀差出前方ゟ習置候得共、何分ニも有田通之錦手来不仕、数ヶ年之間、過分物入致色々焼試漸色合宜敷様出来仕候ニ付、阿蘭陀売焼物ニ赤絵錦手付候而、長崎江持参仕申候
一、安永八亥四月、茶碗絵薬上品、近年唐人持参不申候ニ付、焼物絵色悪敷出来方不宜候ニ付、前々持渡候上絵薬唐人江持渡候様被仰付被下候様奉願候処、長崎御奉行久世丹後守様ゟ則上品絵薬其節帰帆之唐船江御誂被遣被下候由、被仰渡委細書付差上申候
一、上品茶碗絵薬ハ唐船江御誂被遣被下置候由、中品絵薬者此節持渡有之候間、傳五右衛門罷越見候上、弥相望候ハバ百五拾斤被仰渡候ニ付、書付を以御願申上候
一、右之通被仰付候ニ付、同年六月、傳五右衛門長崎江罷越五拾斤買請罷帰申候
一、右、中品絵薬五拾斤買請申候処、上品絵薬唐船持渡不申候ニ付、同年九月、又々長崎ニ而御願申上百斤買請被仰付候事
一、同年九月、阿蘭陀行焼物、青絵染付、赤絵錦手等迄品々焼調、長崎出嶋江店売仕候処、漸銀三四貫目

程売付申候、阿蘭陀人儀望候物有之候節者、余計ニも相申候由ニ候得共、拾貫目程之焼物仕入店売仕候とも、三四貫目又ハ五六貫目程ゟ余計買入不申候由、何連仕入方余計不仕候而ハ売込も少ク何分ニも引合不申候、余計仕入候義者、自力ニ而相叶不申、扨々残念千万奉存候、有田山ゟ三四人も前々ゟ仕入仕候者ハ、年々売残之焼物ニ焼次持参仕候付仕入高多阿蘭陀人共脇荷物多商売仕候節者、余計売払申候由、御座候得共、私共ハ一両年之事故、売残焼物も少、猶又余計仕入も出来不在候ニ付、出嶋店出候節之諸雑用失布ニ相成少も利潤無之、却而諸入用相弁候義ニ御座候

一、右申上候通、阿蘭陀売込之儀者、何連品数多焼出、銀高余計ニ仕入不候而者、商売も出来不申候ニ付、自力ニ而者余計仕入も難成候得共、出嶋店採之例無御座候処、天草焼物店採被仰付候義故相止候義難黙止、翌子年、成丈焼物仕入長崎江積越候覚悟仕候処、阿蘭陀船脇荷持渡少、漸滞留中諸雑費ニ相成候程之銀高、商売仕候由ニ付、右焼調置候焼物持越間敷旨、長崎ゟ申遣候ニ付囲置申候、翌丑年も脇荷物少候由ニ付、永々囲置候義も難成、無拠大坂表江少々積登見候得共、紅毛向焼物同所ニ而好不申候由ニ付殊之外下直ニ売払申候、依之残リ焼物を以囲置申候、此後阿蘭陀船脇荷物余計持渡候様子ニ御座候ハバ、何卒仕入方工面仕成丈余計焼出、又々店出支度奉存候

（後略）

右、後尋ニ付申上候、以上　戌八月

明和五年九月、揖斐十太夫による銀拝借却下の理由は「未だ運上銀も少なく、高額の銀拝借は公儀へ取り次ぎがたい」というものであった。これに対し、明和六年（一七六九）、長崎奉行石谷備後守は高浜焼を確認し「前方見候ゟ者格段宜敷出来、御料所稀之産物仕立出精之趣、一段之事ニ候」と高浜焼の技術向上を評価している。石谷としては、有田焼が佐賀藩の専売であるため、直轄地での輸出品生産という点で、一定以上の天草陶磁器への期待感を有していたように見える。

さて、「御料肥後国天草郡高浜村焼物山之儀ニ付申上候覚」の年賦は、突如、安永六年（一七七七）へと移り、八年間の推移の詳細が明らかでないが、この間に平賀源内による著名な「陶器工夫書」が提出されている。「右之土天下無双の上品に御座候」という書き出しで始まる明和八年（一七七一）五月の建白書によると、源内は高浜焼の実状に通じており、「高浜村傳五右衛門の焼物は、絵付細工人が良くないため、下品」と評している。また「新たな工夫ができず、唐物・南蛮物を傍らに見本として置いても、風流心がないので、自然と下品となる」と辛辣に評価している。「陶石の素材品質が素晴らしいだけに惜しい」という心境だったのだろう。自ら器のスタイルや図柄を指示し、讃岐で取り立てた器用な職人を使って輸出用の磁器製造をしたい旨も提言している。「回りくどいように思えるが、成就すれば長く国益となり、失敗しても自分一人の骨折り存で済むので、天草に行って磁器窯を造らせてほしい」と嘆願したが、揖斐十太夫はこれを認めず、実現しなかった。この間、高浜焼としては技術の向上に苦心していたものと推定されるが、有田焼という技術的に優れた製品が競合相手であり、そのレベルまで向上することは困難であったと見える。

安永六年、長崎奉行柘植長門守の計らいにより、オランダ人からは「広東焼形躰」他の見本が届いた。「広東焼」は、高台が高く、体部が直線的に開く「広東碗」のことと想定されている〔大橋　一九九三〕。個人所蔵の高浜焼に色絵の広東タイプが見られ〔八代市博　二〇〇六〕、同時期のものと考えられる。この見本を元に焼成し、送り返した製品が「出来方宜敷」、念願が叶い海外輸出が決まった。翌安永七年は、長崎出島に出店、高浜で焼物を仕立て、船で回漕したものと思われる。高浜からは、長崎港まで直接、船便で運搬するルートが積直し等の必要がなく便利であると思われる。ただし、野母崎半島を越え、一度東シナ海へ出る必要があるため、荒天の場合は大波の影響も大きい。これに対し、現在も利用されているが、長崎半島の東側に位置する茂木港へ荷揚げし、陸路で一山越えて長崎へ運搬する可能性も考えられる。この場合、荷駄の手配などが必要となるが、外海に接する時間が短く、波浪の影響を受けにくいためより安全な航海が見込まれる。茂木港は十八世紀前半頃に、武雄嬉野方面の陶器を積載した船舶が沈没した可能性があり中継港としての役割が指摘されており〔野上 二〇〇〇b〕、また、明和五年以降は長崎代官支配になり便宜も図りやすいと想像できることから、回漕ルートの一つとして想定しておきたい。

出島での販売初年は「初めてでオランダ人の好みがわからず」青絵染付を販売した。支配勘定体井善八郎、元長崎奉行の石谷備後、現長崎奉行柘植長門・久世丹後らから評価され「赤絵錦手もできるように」と発破をかけられている。赤絵錦手は先の「錦手金入」と同じものである。有田周辺でしか焼成できず、しかも技法を外に出さない重要な技術であった。数年前から大村領の焼物師に給銀をはずんで伝授を請い、高浜焼陶工に習わせているが「有田通」のものができず苦労していたが、色々な材料を仕入れ試行錯誤し、漸く良い色合いのものができ、出島へ運んだとしている。やはりオランダ人の好みとして、元禄以来の染錦手は欠かせないものだったと思われる。

安永八年（一七七九）には、染付も染錦も出島に揃え販売、銀二、四貫目程売ったが、オランダ人からの新たな要望品もあり、追加で焼くなどもした。結果、一〇貫目の仕入に対し、三、四〜五、六貫目の売り上げにしかならなかった。実績がない分、仕入を減らすと売込自体ができないというジレンマにあった。有田より以前から仕入れている者は、売れ残りを次回に持参しオランダ人の脇荷が多い時に、まとめて売りさばくことができるが、高浜焼はここ二年のことなので在庫も無く、仕入も増やせない。出島出店の諸雑費も多く利潤が無かったようである。オランダ人への商売は、多様な品ぞろえが必要でベースの資本が大きくないと難しいことがわかってきたようであるが、出島での新規出店は「天草焼物店」以外は例のない特例措置なので、中止したいと言えなかったようである。財政的支援は無かったものの、長崎奉行筋の期待感は少なからずあり、天草の輸出陶磁器販売は奉行筋の優遇措置の上で成り立っていたようである。この背景にはほぼ佐賀藩独占となっていた輸出陶磁器産業に、公儀直轄地の窯を参入させたい意図が垣間見られる。安永九年（一七八〇）、できる限りの焼物を長崎へ積み出すと「覚悟仕候」と切迫した状況が見える。しかし、最も重要なオランダ船の脇荷量が少なく、出島滞在中の雑費分しか売り上げられなかった。売れ残りは囲い置いたが、安永十年（一七八一）もオランダ船の脇荷少なく、ずっと囲って置くわけにもいかず、幾分かをやむを得ず大坂へ転売した。大坂ではオランダ向けは好まれず、「殊之外下直」とバーゲン価格で売り払うしかなかったようである。残った焼物は在庫として所有し、今後オランダ船脇荷が多い時を見計らって、仕入を工面してできる限りの焼物を仕立て再び出島出店をしたい意気込みも示されている。オランダ貿易の終末は、ここには明示されていないが、定行代の安政四年（一八五七）に、安永八年の状況を「同八亥年ニも出嶋店売仕候得共何分余慶之銀高ニ及候程之儀無御座其後休方に相成申候」としているため、間もなく出島出店が取りやめになったと考えられる。ただし、宜珍による〔史料三〕のとおり、安永九年までは確実に出島出店をしていたことがうかがえる。

安永七年からの数年間という極短期間ではあるが、高浜焼がオランダ輸出製品を販売し売り上げを上げていることは確実であり、少量ながらもヨーロッパで利用されたものと思われる。後発の地方窯であるが故に、資金力、技術力、販売ノウハウの欠如という弱みがあったのは確かながら、自前の工夫により短期間で輸出できるだけの製品を作り上げた行動力はより評価されるべきものであろう。

3　高浜焼のオランダ向け製品

これまで見てきたように、高浜焼は開窯から四年でオランダ向け陶磁器の生産を推奨され、一五年後に実際にオランダ人渡りとして、長崎出島に出店するに至った。極めて短期間で、海外輸出まで結びついた稀有な陶磁器窯であったといえよう。しかし、窯跡の発掘調査はまだ未実施であり、表面採集資料も多くない。このため、実際に海外向けに製作された製品がどのような磁器であったか、ということについては、上田家伝世品から判断せざるを得ない状況である。以下、海外向けに作られたと推定されている製品について言及したい。

図7に海外輸出用製品を示した。図7―1・7―2は大型壺である。二点は同文様で7―1には蓋が付くが、7―2は蓋が無い。本来は備えていたが、後に失ったものであろう。7―1は蓋付の高さが48㎝、壺の胴径は約28㎝、7―2は壺の高さ42㎝、胴径約32㎝と7―2の方が一回り大きなサイズである。胴部は大きな窓内に、呉須・緑釉・赤絵で牡丹文を描き、肩部は桐文を描く。呉須は輪郭が不鮮明で、霞んでいる。プロポーションや蓋・頸・肩・胴の区画等、有田焼の金襴手大壺を模倣している。同一の壺がもう一つ伝世しており三体一組となっている。図7―3は大型の染錦花生である。高さ約59㎝。壺と花生は同文様で、主文様である牡丹文や下部高台付近で方形に略化した蓮弁文が共通の意匠となり、セット関係にあると見られるが、花生は一本のみである。胴下部の張り出しや口縁部の反りが弱く、有田産の同タイプ花生（図7―8等）に比べ、ぎこちなさが感じられる。

大型有蓋壺と花生は、主に壺三体、花生二本を一つの組成単位とする調度品「ガーニチャー」として、ヨーロッパの富裕層に珍重されたことが広く知られている。容器を日用的に食器などとして使用するのではなく、室内装飾として陳列するものである。室内の暖炉・飾り棚の上に、整然と配置するこの陶磁器鑑賞は、十七世紀後半にオランダではじまり、ヨーロッパ各地へ広がった。王侯貴族による蒐集・誇示はさらに昇華し、プロイセンフリードリッヒ一世によってシャルロッテンブルグ城に設えられた「磁器の間」に代表される形で、絢爛の極地に達している。その空間に見合う陶磁器は、美術品としてふさわしい高度な装飾性が求められたのである。ヨーロッパ伝来の有田焼金襴手は、華やかで精巧であるのに対し、高浜焼は呉須がぼやけ、赤絵の色合いは沈んでおり鮮やかさに欠ける。またこの壺では金彩も見られないなど、相対的に有田焼に及ばない面が見られる。花生についても焼成時にひずみが生じ、傾いた焼き上がりになっている。壺二体の大きさに差異があり、花生は蓋付壺より高くなってしまっており、装飾品として不可欠であった斉一法量の点でも不揃いで粗さを感じる。このような出来上がりの理由から、輸出されずに手元に残ったものであろう。一方で、後掲〔史料

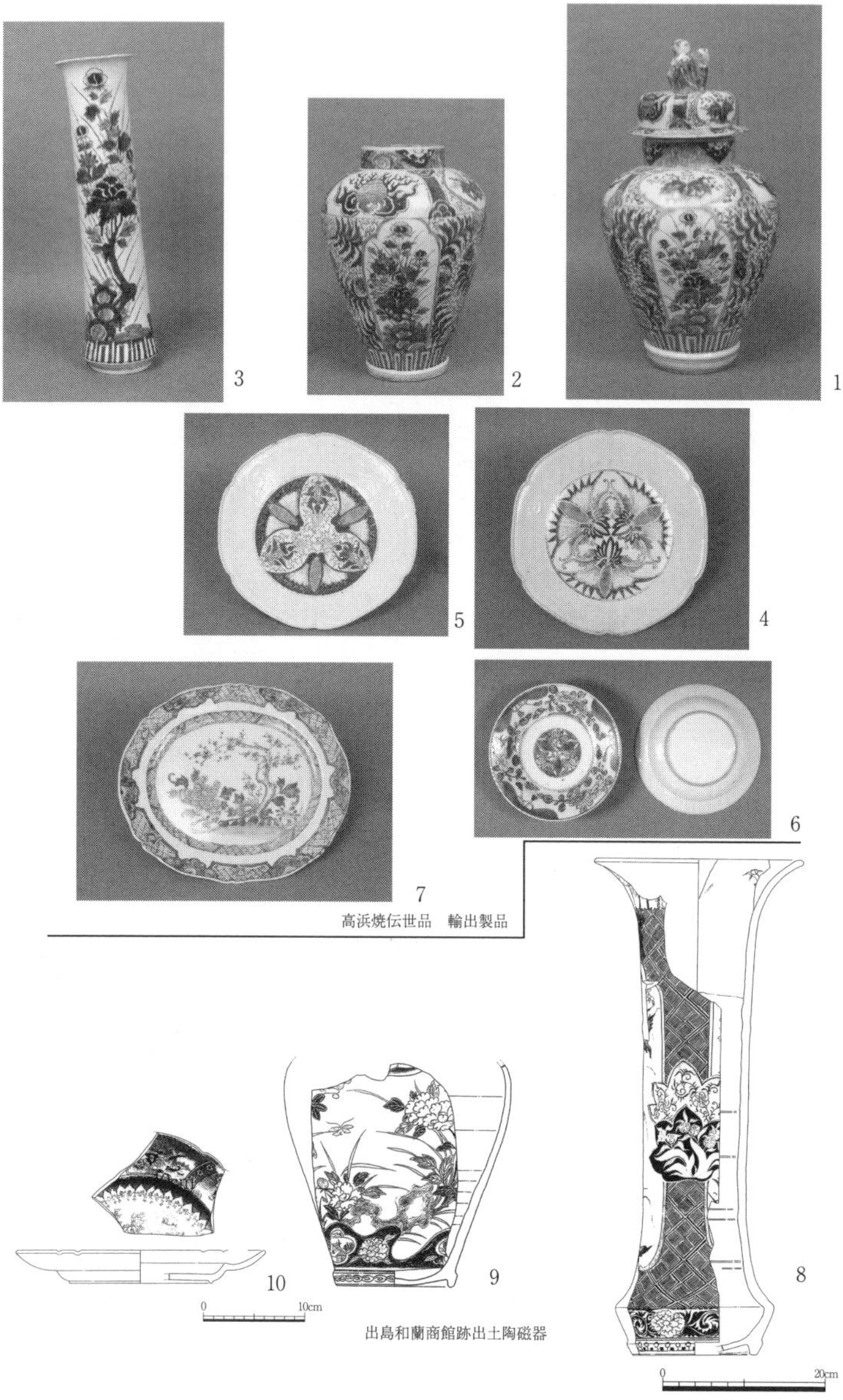

図７　高浜焼伝世品・出島和蘭商館出土陶磁器

五〕のように有田の細工師をヘッドハンティングした可能性もあり、様々な投資・工夫を行い〔史料三〕で見られるような「漸色合宜敷用出来」まで製品の質を高めることができたため、出島出店が叶った。このことから、実際の輸出品は伝世品より高い質を誇った可能性もある。

図7―4、7―5は同タイプの大皿で、いずれも口径約36㎝程度、外周を型打成形し稜花に作り、縁辺は蛸唐草文を浮き出させている。中央の文様は三ツ割の花で、二皿の意匠は異なるものの文様の先端が外周の稜を指向し、幾何学デザインとしている点など共通点も多い。芙蓉手に見られるような区画性を意識したデザインはヨーロッパ人の好みだったようである。図7―5には僅かに、金彩による線が見られるので、金襴手であったことがわかる。図7―6は、口径18㎝程度の色絵中型皿で、六枚一組となっている。大皿の三ツ割文を略化したような意匠であるが、呉須上の金彩がよく残っている。ただし、金彩もやや光沢に欠ける。

図7―7は、染付で牡丹や梅木を描いた皿である。近世日本製では珍しい長楕円形の形状で、オーバルプレートと言った方がよいかもしれない。図7―1～7―6までの染錦に見られた呉須の霞みもあまり見られず、模様は鮮明である。外周は六箇所に型打ちによる窪みがあり、図7―4などと通底する成形方法であろう。日用什器として、碗や小皿を優先する日本食器に比べ、オランダはじめ、ヨーロッパでは大小の皿を用いることが多く、オランダ人から提供された見本を忠実に模倣した製品と思われる。安永七年にオランダ人向けとして出島で店売りした「青絵染付物」の可能性も十分に考えられる。なお、国史跡出島和蘭商館跡における発掘調査では、多種多様な肥前磁器及びヨーロッパ陶磁器が出土しており、ガーニチャータイプの染錦金襴手花生（図7―8）や染錦壺（図7―9）、図7―7を彷彿とさせるようなイギリス陶器皿（図7―10）も見られる〔長崎市教委 二〇〇〇〕〔長崎市教委 二〇〇八〕。販売期間の短さから過度な期待はできないが、高浜焼も出島において出土する可能性は残している。

福原透氏の研究では、上田家伝世高浜焼約一〇〇〇点のほとんどが、源右衛門宜珍以降のもの、即ち十九世紀以降に製作されたもので、染付が主体であるとする〔福原 二〇一一〕。多大な努力を払って生産にこぎつけた色絵・金彩の製品はここで取り上げたものを含め、ごく僅かしか見られず、輸出用製品の製作販売期間が三、四年という短さであったことを裏付けているといえよう。

4　高浜焼輸出期の有田焼との関係

高浜焼の海外輸出が成功しなかった要因として「オランダ船の脇荷が少ない」ことが上田家文書にも見える。脇荷は周知のとおり、公的な貿易品ではなく船員や商館職員による私的貿易であり、個人的な土産物ということがいえる。とはいえ、その量は相当であり元禄九年（一六九六）には出島に「脇荷専用蔵」が二棟建てられているし、正徳元年（一七一二）には約一五万個の焼物が脇荷として輸出されている〔山脇 一九八八〕。元文年間以降の脇荷量は詳らかでなく、市場を中国製品に奪還され、またヨーロッパにおいてもドイツマイセンなどで磁器生産がはじまり、日本磁器輸出は斜陽化していく段階にあった。宝暦七年（一七五七）にはオランダ東インド会社は陶磁器の公式輸出を打ち切っている。ただし、山脇氏は「会社が磁器の買付、輸出を減らすとその減少分は脇荷貿易に受け継がれ移る」と分析しており、以後も少なからぬ脇荷量は保たれていたものであろう。しかし、減少していくキャパシティの中で、品質で劣る高浜焼の新規参入は容易ではなかった。有田焼の方でも品質のチェックは厳密になっており、明和七年の皿山代官日記「申渡帳」に以下のような史料がある。

〔史料四〕〔池田編 一九六六〕

一、近年有田皿山陶器唐阿蘭陀向不景気ニ付而、今般吟味之上、当年ゟハ右商人拾人相定、聊疎抹之陶器不相渡様稠敷申付儀候、自然此上ニ而も心得違之者有之、不出来物等差加相渡候通之儀有之様而ハ、全仕組不相立儀候条、於出嶋陶器改方之儀、其元被致心遣不審之焼物俵ハ時々切解、見撰可被申候、

（後略）

これにより、オランダ貿易が不景気のため、少しでも粗末な陶磁器を渡すことの無いように、一七七〇年以後一〇人の商人を目利きに付け、怪しい場合は俵を切り開いてチェックするように申し付けていることがわかる。明和年間には、本来、高い品質を誇る有田焼ですら、厳密な検品が必要とされるほど、輸出量が減少し、脇荷品は厳選されつつある状況であったといえる。雲龍文碗などの輸出盛行時、個々の品質よりも、発注後いかに迅速に大量の生産ができるかが重要であった十七世紀後半の状況と好対照である。この時代に、海外輸出に参入することになった高浜焼は、当初から高いハードルが課せられていたと推測される。

このハードルをクリアするため、有田に比肩する「赤絵金入」を製作する必要があり、上田伝五右衛門は「大村領焼物師」に技法伝授を受けるなど尽力したことはすでに触れたが、詳細に見ていくと大村領焼物師の伝授では「有田通之錦手出来不仕」、さらに数年「過分物入致色々焼試」してようやく良い色合いになったとしている。宜珍による年賦の安永七年（一七七八）である。同年十一月の有田「皿山代官日記」が〔史料五〕である。

〔史料五〕〔池田編 一九六六〕

一、皿山絵書細工人下働之者共、他所へ不罷出様兼而被仰付置候段、御領中へも相触置処、私領々々宜細工人、相忍、天草其外へ罷越候通共有之候而ハ、皿山為メニ不相成、只今迄、皿山細工人共私領々々罷越、其向々ゟ、天草其外へ罷越候哉も難計ニ付、向後之儀、皿山之者共留置、細工為被仕候私領釜焼へも相応之科銀被相懸度、尤、其通於被仰付ハ、其段蓮池・鹿嶋・武雄へも相達被置度旨、達書之趣美作殿御聞届之上、請役所御懸合相成候処、御当役処御聞届之上、私領々々へハ其筋々ゟ御手当相成候由、端書を以被相達候条、旁可被被得其意候、已上、

（後略）

焼物師ではなく「絵付細工人」と色絵を描く絵付師の下働きの者として対象を限定し、「天草其外」と流出

先も名指している点が注目される。このため、まず高浜焼を対象としていることに相違ない。佐賀藩は、武雄・鹿島・蓮池等の支藩がありこれらを「私領」としているが、私領の細工人が天草へ流出している。また有田の細工人も、有田にいるうちは管理できるが、私領へ行ってしまうと天草等の他所に移動することがわからなくなるので、留め置くように、と指示がでている。

有田または私領の絵付細工人のことを、宜珍が「大村領焼物師」としてカモフラージュしているのか、大村領焼物師の伝授によってもうまく色絵ができなかったため「数カ年之間、過分物入致」に有田系細工人のヘッドハンティングが言外に包含されているのかは、明断はできないものの、時期的な符合と「焼物師」「細工人」の区分がしっかりされていること等を勘案すれば後者の可能性が高いと思われる。限られた資本と情報の中で、様々な手法で有田並の技術を獲得しようとした高浜焼の動きがうかがえる。後、文化年間に上田宜珍は尾張瀬戸の加藤民吉に、色絵の技術を伝授し、東日本に色絵磁器が伝播する契機を作っている。民吉は技法を教わりに有田へ赴いたが秘伝は得られず、天草の上田家で技法を知ることになった。藩の管轄下で、泉山陶石と製陶に関する技法の領外流出を徹底的に予防した有田の陶磁産業と、天領として天草陶石を領外に出し全国製磁業の勃興を促進し、上絵技術も惜しげもなく領外へ伝えた天草の陶磁産業の差は、官藩の産業統制の在り方の一側面を示しているものと言える。

おわりに

冗長となったが、近世天草陶磁器の海外輸出の展開について検討を行った。天草陶磁器の輸出は、一六五〇～一六八〇年代の雲龍荒磯文碗を主力とする東南アジア向け輸出と一七七八～一七八一年の期間における大型瓶・花生をメインとするオランダ向け輸出の二度であった。両者の間には、約一〇〇年の隔絶が横たわっている。この空白の一〇〇年間、天草陶石という最良の原材料を有しながら、天草では海外輸出どころか、継続的な磁器生産がほとんど行われていなかった事実がある。一六八四年の清の展海令以降、国産磁器は再進出した中国磁器に駆逐され、輸出需要は激減、天草三古窯も含めて多くの新興窯が廃窯に追い込まれる結果となった。これに対し有田皿山は、製品を国内市場重視にシフト、海外に向けては装飾大壺など従来にない新製品を生み出すことで克服している。天草陶磁器は、継続した窯業生産体制を構築し得ず、国内販路も持たなかったため、十八世紀後半に新たに産声を上げた高浜焼も、全くノウハウの無い状況から開窯せねばならず大きな苦労を強いられたといえよう。

確固たる基盤が無くとも、二度もの海外輸出品を生産出荷することができたのは天草陶磁器の大きな特質である。それは、古代・中世より天草という列島の辺縁が培ってきた海外交渉力の上に、成立したものと評価できるのではないだろうか。

今回、分析において取り上げた天草諸窯のうち、発掘調査が実施され、生産状況が詳らかであるのは内田皿山窯跡のみである。残る楠浦窯跡・下津深江窯跡・高浜窯跡の発掘調査を通した正しい生産体制の把握が、近世天草陶磁を理解する上で、最大且つ喫緊の課題である。

〔挿図出典〕

図1：筆者作成　図2：1～6〔中山 二〇〇九〕、7～10筆者撮影、11～15〔苓北町教委 一九九三〕、16〔高谷 二〇〇〇〕、17～19〔池田 一九八九〕、20～22〔昭和女子大 一九九七〕　図3：1・2〔有田町教委 一九九二b〕、3〔有田町教委 一九九〇a〕、4〔有田町教委 二〇一一〕、5～7〔有田町教委 一九九〇b〕、8〔尾崎・大橋 一九八八〕、9〔有田町教委 二〇一二〕、10〔有田町教委 一九九一〕、11〔九州近世陶磁学会 二〇〇〇〕、12〔有田町教委 一九八一〕、13～18〔有田町教委 二〇一〇〕、図4：1〔尾崎・大橋 一九八八〕、2〔有田町教委 一九九二a〕、3・4〔九州近世陶磁学会 二〇〇〇〕、5・6〔有田町教委 一九九三〕、7〔尾

崎・大橋 一九八八〕、8〔有田町教委 二〇〇九〕、10〔駒大禅博編 二〇一〇〕、11・12〔嬉野町教委 一九九五〕、13〔九州近世陶磁学会 二〇〇九〕、14〔嬉野町教委 一九七九〕、15〔嬉野町教委 一九九五〕、16〔九州陶磁文化館 一九八九〕、17〔川口 二〇〇二〕 図5：1〜4〔波佐見町教委 一九九三〕、5〔波佐見町教委 二〇〇八〕、6・7〔波佐見町教委 一九九三〕、8〔波佐見町教委 二〇〇〇〕、9〔波佐見町教委 一九九三〕、10・11〔佐世保市教委 一九七五〕、12〜15〔佐世保史談会編 二〇〇二〕 図6：1〔有田町教委 二〇一〇〕、2〔有田町教委 二〇一二〕、3〔有田町教委 一九九二b〕、4〔尾崎・大橋 一九八八〕、5〔有田町教委 一九八一〕、6〔有田町教委 二〇一一〕、7〔尾崎・大橋 一九八八〕、8〔有田町教委 一九九〇b〕、9・10〔有田町教委 一九九〇a〕、11〔有田町教委 一九七九〕、12・13〔有田町教委 一九九二a〕、14〔嬉野町教委 一九七九〕 図7：1〜7八代市立博物館提供、8・9〔長崎市教委 二〇〇〇〕、10〔長崎市教委 二〇〇八〕

〔引用・参考文献〕

有田町教育委員会 一九七二『有田天狗谷古窯』
有田町教育委員会 一九七九『柿右衛門窯跡第3次発掘調査概報』
有田町教育委員会 一九八一『長吉谷窯』
有田町教育委員会 一九八九『窯の谷窯・多々良の元窯・丸尾窯・樋口窯』
有田町教育委員会 一九九〇a『赤絵町 —佐賀県西松浦郡有田町1604番地の調査—』
有田町教育委員会 一九九〇b『一本松窯・禅門谷窯・中白川窯・多々良2号窯』
有田町教育委員会 一九九一『向ノ原窯・天神山窯・ムクロ谷窯・黒牟田新窯』
有田町教育委員会 一九九二a『楠木谷窯・天神町窯・外尾山窯』
有田町教育委員会 一九九二b『谷窯跡の発掘調査』
有田町教育委員会 一九九三『小物成窯・平床窯・掛の谷窯』
有田町教育委員会 二〇〇九『広瀬向窯跡』
有田町教育委員会 二〇一〇『国史跡天狗谷窯跡 —史跡肥前磁器窯跡（天狗谷窯跡）保存整備事業報告書—』

有田町教育委員会 二〇一一『白焼窯跡』
有田町教育委員会 二〇一二『岩中窯跡』
有田町歴史民俗資料館 二〇一三『アジアが初めて出会った有田焼　―蒲生コレクションを中心に―』
池田史郎編 一九六六『皿山代官旧記覚書』金華堂
池田栄史 一九八七「天草近世磁器窯考　熊本県天草郡苓北町内田皿山窯編」『國學院大學考古学資料館紀要』3
池田栄史 一九八九「天草近世磁器窯考　熊本県天草郡天草町下津深江窯編」『國學院大學考古学資料館紀要』5
岩尾龍興 一九七七「天草の砥石・陶石の採掘並びに高浜皿山経営の年譜」『西海辺記』第1集　天草民俗研究会
嬉野町教育委員会 一九七九『不動山窯跡（皿屋谷3号窯跡）』
嬉野町教育委員会 一九九五『嬉野町内古窯跡分布調査・発掘調査報告書Ⅰ』
嬉野町教育委員会 一九九八『嬉野町の古陶磁器窯跡　近世肥前古陶磁窯跡発掘調査概要書』
江浦久志 一九九一「天草上田家文書「近国焼物山大概書上帳」について」『あまくさ雑記』創刊号　同人会まじみ
江浦久志 一九九四「「古高浜焼色絵」について」『あまくさ雑記』第4号　同人会まじみ
江浦久志 二〇〇六「江戸時代における天草磁器の歴史と技術　―高浜焼を中心として―」『肥後の磁器　―その歴史と系譜―』八代市立博物館未来の森ミュージアム
大橋康二 一九八二「伊万里染付見込荒磯文碗・鉢に関する若干の考察」『白水』№9
大橋康二 一九八三「伊万里磁器創成期における唐津焼との関連について　―窯詰技法よりみた―」『佐久間重男教授退休記念　中国史・陶磁史論集』燎原
大橋康二 一九八四「肥前陶磁の変遷と出土分布　―発掘資料を中心として―」『北海道から沖縄まで　国内出土の肥前陶磁』九州陶磁文化館
大橋康二 一九八五「鹿児島県吹上浜採集の陶磁器」『三上次男博士喜寿記念論文集』平凡社
大橋康二 一九九〇「東南アジアに輸出された肥前陶磁」『「海を渡った肥前のやきもの」展』九州陶磁文化館
大橋康二 一九九三『考古学ライブラリー55　肥前陶磁』ニュー・サイエンス社
大橋康二 二〇〇二「二　海外流通編」『伊万里市史　陶磁器編　古伊万里』伊万里市史編さん委員会編
大橋康二 二〇〇四『歴史文化ライブラリー177　海を渡った陶磁器』吉川弘文館

大橋康二 二〇一〇「世界に輸出された肥前陶磁」『世界に輸出された肥前陶磁 ―九州近世陶磁学会20周年記念―』九州近世陶磁学会
大橋康二・坂井隆 一九九四『アジアの海と伊万里』新人物往来社
尾崎葉子・大橋康二 一九八八『有田町史 古窯編』有田町史編纂委員会編
金澤一弘編 二〇〇〇『天草の陶磁器 過去・現在・未来』天草陶磁器振興協議会
川口洋平 二〇〇二「九州地方(2) ―佐賀・長崎―」『第12回九州近世陶磁学会資料 国内出土の肥前陶磁 ―西日本の流通をさぐる― 第2分冊』九州近世陶磁学会
九州近世陶磁学会 二〇〇〇『九州陶磁の編年 ―九州近世陶磁学会10周年記念―』
九州近世陶磁学会 二〇一〇『世界に輸出された肥前陶磁 ―九州近世陶磁学会20周年記念―』
九州陶磁文化館 一九八四『窯ノ辻・ダンバギリ・長吉谷 ―肥前地区古窯跡調査報告書―』
九州陶磁文化館 一九八九『嬉野町吉田2号窯跡』
九州陶磁文化館 一九九〇『「海を渡った肥前のやきもの」展』
九州陶磁文化館 一九九五『トプカプ宮殿の名品 ―スルタンの愛した陶磁器―』
九州陶磁文化館 二〇〇〇『古伊万里の道』佐賀県芸術文化育成基金
九州陶磁文化館・有田歴史民俗資料館 二〇〇八『欧州帰属を魅了した古伊万里 ―蒲原コレクション―』有田町教育委員会
駒澤大学禅文化歴史博物館編 二〇一〇『窯跡資料にみる有田焼の変遷 ―有田・南川原窯ノ辻窯跡出土の陶磁器―』
佐世保市教育委員会 一九七五『江永古窯跡発掘調査報告書』
佐世保史談会編 二〇〇二『平戸藩御用窯総合調査報告書』
昭和女子大国際文化研究所 一九九七『国際文化研究所紀要』vol. 4
下平尾勲 一九八八『有田町史 商業編Ⅱ』有田町史編纂委員会編
髙谷和生 二〇〇〇「熊本県の製品の編年」『九州陶磁の編年 ―九州近世陶磁学会10周年記念―』九州近世陶磁学会

立平進 二〇〇八「松浦鎮信（天祥公）と三川内焼」『長崎国際大学論叢』第8巻 長崎国際大学
角田政治 一九四〇『上田宜珍傳』
鶴田文史 二〇〇五『天草陶磁器の歴史研究 ―苓州白いダイヤの巧―』天草民報社
長崎県立美術博物館他編 一九九九『海を渡った陶磁器展 景徳鎮・伊万里・デルフト』毎日新聞社
長崎市教育委員会 二〇〇〇『国指定史跡 出島和蘭商館跡 ―西側建造物復元事業に伴う発掘調査―』
長崎市教育委員会 二〇〇八a『国指定史跡 出島和蘭商館跡 ―カピタン部屋跡他西側建造物群発掘調査報告書 ― 第1分冊（遺構・出土遺物編）』
長崎市教育委員会 二〇〇八b『国指定史跡 出島和蘭商館跡 ―カピタン部屋跡他西側建造物群発掘調査報告書 ― 第2分冊（考察編）』
長崎市教育委員会 二〇一〇『国指定史跡 出島和蘭商館跡 ―南側護岸石垣発掘調査・修復復元工事報告書― 第1分冊 南側護岸石垣発掘調査報告書』
中野雄二 二〇〇〇「波佐見」『九州陶磁の編年 ―九州近世陶磁学会10周年記念―』九州近世陶磁学会
中野雄二 二〇〇八「近世波佐見焼の歴史」『海路』第6号 「海路」編集委員会編 海鳥社
中山圭 二〇〇九「天草陶磁の嚆矢 楠浦焼について ～将来の調査研究に向けての予察～」『国際文化研究 特別記念論集』西南学院大学国際文化研究会
錦戸宏 一九八二「熊本のやきもの 天草」『日本やきもの集成12 九州Ⅱ 沖縄』平凡社
西田宏子 一九七六「概説古伊万里 絢爛たる磁器の世界」『日本陶磁全集23 古伊万里』中央公論社
日本経済新聞社編 二〇〇九『パリに咲いた古伊万里の華』
野上建紀 二〇〇〇a「磁器の編年（色絵以外） 1・碗・小坏・皿・紅皿・紅猪口」『九州陶磁の編年 ―九州近世陶磁学会10周年記念―』九州近世陶磁学会
野上建紀 二〇〇〇b「茂木港外遺跡確認調査報告 ―1998年8月7日～9日―」『金沢大学考古学紀要』第25号
野上建紀 二〇〇五「有田の文様 ―17世紀中頃～後半の窯場の様相と文様の変化―」『金大考古』第47号 金沢大学考古学研究室

野上建紀 二〇一〇「太平洋を渡った肥前磁器」『世界に輸出された肥前陶磁 ―九州近世陶磁学会20周年記念―』九州近世陶磁学会
波佐見町教育委員会 一九九三『波佐見町内古窯跡群調査報告書』
波佐見町教育委員会 二〇〇〇『三股本登窯跡』
波佐見町教育委員会 二〇〇八『中尾上登窯跡』
久村貞夫 二〇〇二「第1章 三川内窯業の概要」『平戸藩御用窯総合調査報告書』佐世保史談会編
福原透 二〇〇六「肥後磁器史概説」『肥後の磁器 ―その歴史と系譜―』八代市立博物館未来の森ミュージアム
福原透 二〇〇八「鄙の夢 ―天草郡高浜村庄屋上田家と磁器焼成―」『デアルテ』第24号 九州藝術学会
福原透 二〇一一「上田家伝来陶磁器を通して見た高浜焼（前編）」『崇城大学芸術学部研究紀要』第4号
福原透 二〇一二「上田家伝来陶磁器を通して見た高浜焼（後編）」『崇城大学芸術学部研究紀要』第5号
八代市立博物館未来の森ミュージアム 二〇〇六『肥後の磁器 ―その歴史と系譜―』
山脇悌二郎 一九八八『有田町史 商業編Ⅰ』有田町史編纂委員会編
横尾泰宏 一九八〇「第三章 二、高浜焼跡」『生産遺跡基本調査報告書Ⅱ』熊本県教育委員会・熊本県文化財保護協会
苓北町教育委員会 一九九三『内田皿山窯跡 ―熊本県天草郡苓北町所在の近世窯跡の調査―』

謝辞　本章をまとめるにあたり、共同プロジェクト研究者をはじめ、多くの方々からご教示、資料探索のご協力を賜った。芳名を記して謝意としたい。
〔協力者〕 川口洋平・野上建紀・田中光徳・歳川喜三生・福原透・石原浩・鐘ヶ江賢二・松本博幸・本多康二・八代市立博物館未来の森ミュージアム

第5章　内国勧業博覧会における出品者の意図

小林　延人

はじめに

日本の開港直前にあたる嘉永四年（一八五一）、世界初の国際博覧会であるロンドン万国博覧会が開催され、以後西洋諸国では博覧会がおおいに流行した。日本政府は明治維新後の明治六年（一八七三）に開催されたウィーン万国博覧会に七〇余名の派遣団を送り、その経験から国内にも博覧会を取り入れることとした。それは内国勧業博覧会（以下、内国博）という形で実現し、第一回が明治十年（一八七七）に東京で開催されたのち、第二回（明治十四年、東京）、第三回（明治二十三年、東京）、第四回（明治二十八年、京都）、第五回（明治三十六年、大阪）と、計五回開催されている。

清川雪彦氏は、博覧会の本質的機能として①出品物を審査・評価し、出品者間の競争を促して、品質向上や生産方法の改善を実現する「評価機能」と、②出品展示を通して技術情報を入場者や出品者相互に拡散し、共有化させることによって市場形成・拡大をはかる「公示効果」を挙げているが、内国博もこの二つの機能を果たすものと考えられている(1)。

また吉見俊哉氏の見解に典型的に表れているように、内国博を帝国主義のプロパガンダ装置と見る視角も一般化している(2)。

さらに近年では、國雄行氏による総括的把握もなされるなど[3]、内国博の基礎的研究は進展してきた[4]。これらの成果として、内国博総体の機能・効果および内国博を主催した側（政府・開催地の地方自治体）の意図は概ね検討されてきたと言える。

一方、出品者側（狭義の出品者・出品者を擁する地方自治体）の研究については立ち遅れているように感じる。出品者の意図としては、さきの「評価機能」「公示効果」を前提とすれば、出品物の宣伝あるいは情報交流のために出品したことになるのであろうが、こうした機能・効果を推し量ることは実証的に困難が伴うものであり[5]、それらに対する出品者の期待も自明ではない。また、出品物の性質によっても機能・効果の多寡は変わると想定されるが、仮にそこまで効果が見込めない出品物であれば、出品者の行動原理を別の側面から説明する必要があろう。

そこで本章では、内国博の果たした機能・効果を一律に論じるのではなく、個別の出品者を取り巻く国内の情報・流通網に留意しながら、内国博における出品者側の意図を検討したい。具体的事例としては、第四回内国博に清酒を出品した山口県の酒造家・國廣八助と、第五回内国博に佐渡鉱山の鉱石を出品した三菱合資会社を扱う。

一　第一回—第五回までの内国博の性格変化

第一回内国博から第五回内国博まで実に二六年の開きがあるが、その期間を通じて政府・地方自治体の開催目的が不変であったわけではない。本節では次節以降の議論の前提として、第一回から第五回までの内国博の性格変化を、先行研究と行政文書から再検討する。

まず最初に博覧会の主務部署となったのは、正院直轄の墺国博覧会事務局と明治六年（一八七三）十一月に設立された内務省である。前者は、明治四年（一八七一）十一月に参議・大隈重信、外務大輔・寺島宗則、大蔵大輔・井上馨が事務取扱に命じられて臨時に活動を開始し、明治八年（一八七五）三月三十日に博物館と改称されてからは内務省の所管となった(6)。内務省の中では、明治七年一月九日に農務・工務・商務・編纂の四課で発足した内務省勧業寮（のち内務省勧商局・同勧農局(7)）が、内国博事業の立ち上げを担っていくこととなる。

当初、勧業寮は明治九年（一八七六）のフィラデルフィア万博への参加事業に力を注いでいたが、これと並行して一国規模の博覧会を開催することを試みた。明治九年二月十日、内務省は太政大臣・三条実美に対して伺を出し、翌十年二月十五日に内国博を開催することの許可を得ようとしている。この伺に際しては、経費予算を計上する関係で大蔵省にも下問があった。大蔵省は、いまだ来年度の予算が立たないため内国博の経費を支出できるかどうか確答できないとしながらも、フィラデルフィア万博に出品する際の売上金を充当することはできるとした。同年四月十四日に太政官決裁が下り、内務省へは開催の許可は保留する旨と、大蔵省と予算協議をするよう申し渡された(8)。

ところが、フィラデルフィア万博はまだ開期中（同年五月十日―十一月十日）で、売上金の総額を確定することはできなかった。そこで内務省は大蔵省と協議を重ね、内務省勧業寮の予算内から内国博開催費用を捻出することに内決した。これをもって同年六月二十四日に改めて内国博開催に関する伺を提出し、正式に太政官の裁可を得ることとなった(9)。

明治九年七月十四日には、内務省は「内国勧業博覧会諸規則御制定之儀伺」を提出し、内国博開催にあたっての細則を決めている(10)。この規則の中で、第一回内国博を翌十年三月十五日から七月十五日まで東京の上野公園で開催すること、出品物に対して販売価格を記載するかどうかは出品者の自由であること、売買約定を交わした場合は閉会後に商品の受け渡しをすること、などが定められた。なお、後段の展示に関わる論点で言うと、「飾台・飾箱及ヒ右ニ属スル敷布等ハ出品主ノ自費タルヘシ」（第九条）として、装飾の費用は出品者の自弁と

表１　出品数・入場客数の推移

	期　　間	出品数(個)	入場者数(人)
第１回	明治10年８月21日～11月30日	84,352	454,168
第２回	明治14年３月１日～６月30日	331,169	822,395
第３回	明治23年４月１日～７月31日	167,066	1,023,693
第４回	明治28年４月１日～７月31日	169,098	1,136,695
第５回	明治36年３月１日～７月31日	276,719	5,305,209

出所）『第５回内国勧業博覧会事務報告』〈上巻〉８－９ページ、および各回『内国勧業博覧会事務報告』。

された。

　明治十年二月には西南戦争が起こったため、内国博は当初の予定を繰り下げて同年八月二十一日に開催された。優れた出品物を評価する賞牌制度を設置し、優良資源の発見、老農などの優良人材の発掘に効果があったとされる。また、「珍品奇物や古器旧物の出品は否定」したという内務省の立場から[11]、内国博は「見世物」的な集客を意図していなかったことがうかがえる。第一回内国博の入場者数は四五万人にのぼった（表1）。

　その頃の日本経済は、貿易収支の不均衡に伴い多額の正貨流出が続いていた[12]。貿易収支の改善につながる勧業政策を実行するため、明治十年十二月十五日、内務省は早くも第二回内国博の開催を検討し、伺を出している[13]。この伺では、将来にわたって四年に一度の割合で内国博を開催するよう提言するとともに、第二回内国博を明治十四年に開催する旨の布告案を提出している。これは、大臣・参議の決裁と天皇親裁を経て成立し、明治十年十二月二十八日に布告として出された。ところが、これまで参議兼内務卿として内務省行政を主導していた大久保利通が明治十一年（一八七八）五月に横死すると、内務省勧商局は大蔵省に移管された。勧農局はそのまま内務省に留め置かれたので、以後は両省が博覧会事業を分担した[14]。明治十二年（一八七九）三月十九日、大蔵卿・大隈重信と内務卿・伊藤博文の連名で提出された「明治十四年内国勧業博覧会之儀ニ付伺」は、同年四月二日に天皇の裁可を受け[15]、第二回内国博は再び東京上野にて開催されることとなった。

　その後の実務においては、臨時の内国勧業博覧会事務局が両省にまたがる博覧会行政を統轄した。事務局の役員には、事務総裁に北白川宮能久《よしひさ》親王、副総裁に内務卿・松方正義、大蔵卿・佐野常民が任命され（のちに農商務卿・河野敏鎌が加わる）[16]、諸省の利害を調整できる布陣となっていた。

第二回内国博ではさらなる出品数増加のため、自主的な出品を促すのみでなく、積極的な勧誘が行われた。たとえば東京府では、府内一五区六郡ごとに出品総理員と出品世話掛が置かれるなど[17]、地方自治体による出品収集の努力が重ねられた。本部である内国博事務局の局員も夏季休暇を返上して実務にあたったようである[18]。結果、第二回内国博では第一回と比較して出品数は約四倍に増加し、入場者も二倍弱にのぼった（前掲表1）。

続く第三回内国博も東京で開催された。今回は第二回に比し出品数が減少し、入場者数が増加したにもかかわらず、出品物が大量に売れ残るという問題が発生した。そのため、第四回からは博覧会主催者側による出品物の精選や出品拒否も見られるようになる[19]。

第四回内国博開催に際しては、堺・熊本・広島・大阪・京都・大津・神戸の各商業会議所および大阪府知事・大阪市会・京都市会などが関西における内国博開催を建議し[20]、東京以外の地での開催が検討された。そして明治二十五年（一八九二）八月、第四回内国博は明治二十九年（一八九六）に京都で、第五回は大阪で行うことが閣議において決定された。その後、明治二十八年（一八九五）は桓武天皇の平安遷都（延暦十三年、七九四年）から一一〇一年目に相当し、京都で祝祭（平安遷都千百年紀念祭）が執り行われるということで、これに合わせて内国博の開催が一年繰り上げられることとなった。急遽、閣議で明治二十六年度以降の農商務省予算が更正され[21]、第四議会が予算案を可決し、明治二十八年の開催が正式に決定した。

この開催時期繰り上げは、紀念祭と同時開催を希望する京都府知事・千田貞暁の要請によるものであった。ところが、初期議会で民党の熾烈な予算削減要求に向き合わなければいけない政府にとって、こうした突発的な予算増加は可能な限り避けたい事態であった。そこで政府は京都市に対して敷地の無償提供を打診したのであろう、京都市議・雨森菊太郎が、敷地を無償で提供しなければ京都での開催は困難であるとの主務省（農商務省）および内閣の意向を聞きつけるところとなり、この情報をもとに京都市会議員協議会において敷地無償提供が決定された[22]。すでに閣議において京都での内国博開催が内定していたにもかかわらず、その後も大阪商業会議所が第四回内国博の誘致運動を継続し、さらに東京商業会議所は開設地の移設反対を決議していた。誘致をめぐる都市間の競争が展開するなか、京都市会および京都商業会議所は、第四回内国博の開催を確実なものとするため、①紀念祭との共同開催とする、②開催経費を地方財源から支出し政府財源を圧迫しない、という戦略を採用したのであった。

ところが、この紀念祭と内国博の同時開催は新たな問題を惹起した。すなわち、観光客の増大・密集が感染症の流行につながることが予想されたのである。そこで、京都府警察部保安課・衛生課、および明治二十六年三月に京都市会に設置された遷都紀念祭委員会衛生部がその予防措置を講じることとなった。京都市はさらに臨時衛生委員・臨時市医をも設置している。京都府も、明治二十八年二月には、宿屋取締規則を改正し、宿泊施設の質と衛生を改善するとともに、木賃宿を強制的に移転させた[23]。

また、インフラ網整備の一環として、名勝地への道路整備も地方税支出によって賄われた。観光資源としての古社寺修繕事業も開始し、市の社寺保存費のほか、各社寺による独自支出、および有志者の寄付金によって修繕費を捻出した[24]。

このように第四回内国博の誘致に際して、主催する地方自治体は敷地の無償提供を行い、誘致成功後も大規模化する内国博に合わせて道路・宿泊施設などのインフラ整備や衛生対策を進めていった。こうした投資は、感染症の予防のみでなく、博覧会見物客の消費行為や、内国博に誘発される地域活性化を見越したためである。第四回内国博の出品者数・入場者数は前回の水準を保っており（前掲表1）、主催者側の期待は一定程度叶えられたと言える。また、より長期的な観点で見ると、内国博を契機として整備されたインフラ網の、その後の観光業発展に果たした意義も認められるべきであろう[25]。

次いで大阪で開催されることとなった第五回内国博では、内国博を拡大して万国貿易部（のちに参考館）を置く計画が立てられた。内国博事務局は各国に出品を依頼し、一四カ国一八地域から出品を募ることに成功した。明治三十三年（一九〇〇）のパリ万博の参加国は三七カ国、明治三十五年（一九〇二）のグラスゴー万博は一四カ国であったことを踏まえると、「小万国博とみなしても差し支えない」[26]という理解もあながち過大評価とは言えない。各国にとって西洋化が進む日本は自国製品を売り込む格好の市場であり、内国博は見本市としての役割を果たしたと考えられる。

一方で国内からの出品数も増加した。天候・農事繁忙・学校休暇などの季節的要因に左右されつつも、疫病が流行せず、余興（夜間イルミネーション・福引など）によって集客効果は著しく高まった。台湾館に訪れた来場者は、「文明国」日本が「野蛮」の地・台湾を制圧したという歴史認識を共有することとなった[27]。概して、第五回内国博は、日清戦後の第二次恐慌から立ち直っていない中でも、盛況を博したと言える。

明治十年代初期に内国博を主導した内務省の目的は、国内産業を振興して輸出増進・輸入防遏を達成することにあった。幕末開港直後は、生糸・茶・蚕種などの輸出が好調であったが、明治維新後に貿易収支は悪化し、正貨流出が続いた。これに対し政府は、明治六年にイギリスで外債（七分利付公債）を募集することで一時的に正貨を確保したものの、より根本的な解決としては貿易収支の改善が必要であった。折しも、第一回内国博の開催が建議された明治九年頃に構想された、大蔵卿・大隈重信の正貨主義に基づく国内貨幣制度は、正貨の確保を前提とするものであった[28]。大蔵省の政策目的に内国博開催は適合的であったがゆえに、内務省の予算交渉にも応じたと考えられる。

こうした政府の意図を反映して、第一回から第三回までの内国博においては、集客よりも産業振興に比重が置かれた展示構成となった。

第四回内国博は初めて東京以外の地で開かれ、開催地をめぐる都市間での競合が生まれるようになった。京都市および京都商業会議所は誘致のために敷地を無償提供し、誘致後も衛生事業や道路修繕などのインフラ整備に多くの費用を支払うこととなった。京都市側は、投下資本を回収するため観客動員数増加を目指し、観客動員が自己目的化する。そして、費用負担をそれなりに行った京都市側の意向が正当性を帯び、観客の嗜好に合わせる形で、いわゆる「見世物」的な余興が内国博に盛り込まれるようになったのである。

第五回内国博は大阪で開催されたが、ここでも開催地をめぐる誘致競争が生じ、「見世物」的な余興も増加した。明治十五年頃から改善されてきた貿易収支も、日清戦後の明治二十九年度には再び悪化するため、産業振興という政府の意図が破棄されたとは考えにくいが、費用を負担する開催地側の集客意図が展示構成に反映されるとともに、台湾館に見られるような「帝国意識」（帝国日本の国民としての自意識）の発露・啓蒙という方向性が新しい目的として内国博に付与されたことも読み取ることができる。

二　第四回内国勧業博覧会と國廣八助

1　内国博を通して國廣が取り入れた展示の様式

國廣八助（一八七三—一九六一）は、山口県都濃《つの》郡太華《たいか》村（現、周南市）の酒造家であり、村役人層の家柄である。のちに郡会議員や県会議員に当選し、太華村長を務めたこともあったが、晩年は家業と風流に長養したとされる(29)。國廣は二十二歳の頃、第四回内国博に清酒を出品しており、その参加日記が残されている（写真1）(30)。

日記は明治二十八年（一八九五）五月一日から始まる。

明治二十八年五月一日夜ヨリ上坂、本年ハ京都ニ於テ第四回内国勧業博覧会開設相成、当方ヨリ清酒出品シタルニ付、先便出品シタル壱打《ダース》之内壱本破損ニ付、更ニ壱打取換之為メ瓶詰壱打携帯上京ス、徳山八時半過発ノ気船大田川丸ニ乗タル、携帯之取換出品清酒壱打箱入乗船ニ積上リトシテ托ス、……

事前に清酒を一ダース送ったが、うち一本が破損していたため、追加分と合わせて瓶詰めの清酒一ダースを携帯して京都に向かったようである。「大田川丸」という汽船で徳山から大阪まで移動したことが知られる。

同月三日、大坂川口に到着し、同日中に京都へ移動した。翌四日は、「直ニ博覧会場行キ、工業館より初メ種々見物、農林館内清酒等出品アリ、」とあるように、博覧会会場を「見物」している。続く五・六日にも、「朝八時過き会場行キ、第壱ニ農林館行き酒造之縦覧ヲナス……中ニ清酒も多く有之候ニ付、本日広島県及兵庫県之内灘五郷相済ス、」（五日）、「農林館はかり見行キ調査ヲナス」（六日）として博覧会会場に赴いているが、単なる「見物」とは違い、農林館の酒造展示を見て「調査」をしていることがわかる。國廣が出品を開始したのは、同月十一日のことである。

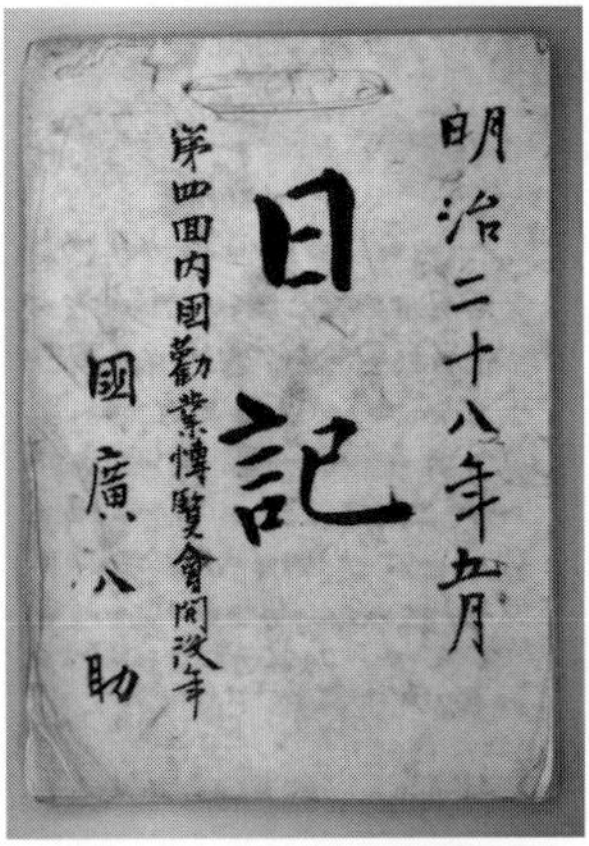

写真１　國廣八助日記表紙

こうした展示準備のみでなく、國廣は京都周辺の観光も積極的に行っている。既述の通り、第四回内国博は平安遷都一一〇〇年紀念祭と並行して行われたが、これに関連して大極殿を模した拝殿も造営され、明治二十八年三月、平安神宮として創建された。國廣はこの「大極殿」に参拝したほか（五日）、南禅寺（六日）、松尾神社・嵐山・御室御所（仁和寺）・北野天神・平野神社・大徳寺・本能寺（七日）、知恩院・八坂神社（九日）、住吉神社（十二日）に参拝している。

ただし、京都に長居はせず、同月十四日には帰路についた。

……三時発之列車ニテ大坂発、住吉ステーションより河野〔人物、不明〕ト分レ下車ス、……、夫レより下り六時トノ事ニ付神戸ニテ車ニテ出ス神戸ステーション前ニテ河野ト出合、神戸八時発夜行下り山陽ニテ下ル

写真２　第四回内国勧業博覧会農業館内

出所）桑田正三郎編『第四回内国勧業博覧会写真』（1895年）。

帰りは神戸まで列車を使い、さらに神戸からも山陽鉄道を用いたことがうかがえる。

以上二週間余りの非常に短い日記ではあるが、そこから読み取ることのできる情報は多岐にわたる。本章の主旨に引き付けると、次の二点が特に注目される。

まず第一点目は、國廣の内国博における展示・価格へのこだわりである。五月六日、國廣は「出品陳列棚調製方指物《さしもの》〔釘を用いずに組む技法〕」を山口県事務所に相談して依頼している。五月九日には、陳列棚の発注先と思われる平安商会が期日に仕上げなかったため出来上りを催促（「陳列棚之件ニ付平安商会へ未タ出来上ラサルニ付、色々催促ス」）している。

さらに八日には、農林館の他の出品物を見比べ、綿密に「調査」したうえで、自身の清酒の値段を訂正している（「出品清酒売価訂正之件願書ヲ出ス」）。十日、この改訂した値段を記載した用紙を、陳列箱の内側に添付するよう平安商会に依頼するが（「三条通りへ行キ紙ヲ買求メ右同家〔平安商会〕ニテ内部ニ貼付セシム」)、粗末な仕上がりであったため、別の業者に依頼することとなった（「麁末《粗末》ニテ迚も陳列用ニハ相成不申、小幡氏ニ相談セシ処善キ人ヲ撰ヒ書替為致申様之事ニ付、色々依頼ナシ置ク」)。陳列装飾に関わる費用は原則として出品者負担であった[31]。

また、國廣は樽ではなくあえて割れやすい瓶で清酒を輸送している。明治の新技術導入に対する積極的態度は、展示へのこだわりを反映したものと考えられる。参考までに、写真2として第四回内国博の農業館内を撮影したものを掲げた。大阪市と兵庫県の清酒区画のようだが、左列手前には樽酒が並び、その奥および右列にはガラス張りの陳列棚が50cmほどの小上がり（陳列台）の上に置かれ、その中に清酒の瓶が並んでいる様子がうかがえる。國廣の陳列棚もこのようなガラス張りであったと推定される。

こうした博覧会の展示方法と百貨店のそれはしばしば対比される。吉見氏は、世界最初の百貨店と言われるフランスのボン・マルシェ百貨店において、ショーケースによる商品展示、値札による定価販売、などの百貨店のシステムを考案したブシコーを評して、次のように述べている。

> ……百貨店が、同時代のブルジョア文化に対して強烈な影響力を及ぼしていくようになるためには、価格やサービス以上に、「架空の欲望を刺激し、抗いがたい衝動を引き起こさせ、新しい精神状態を創造することのできるような魔術」が必要とされていた。消費の創造とは、要するに誘惑術とショーマンシップの問題だったのであり、まさにこの点においてブシコーは天才的な能力を発揮し、来訪者たちを陶酔的なアウラで包んでいった。

そして、百貨店と博覧会の間には、消費を刺激するような展示の仕方で同型性が存在することを指摘した[32]。日本でも、第四回内国博が開催された明治二十八年に、三越が百貨店として初めて陳列販売方式を採用し、翌年には高島屋も京都店にガラス張りの陳列棚を導入している[33]。板ガラスは近代日本を特徴づける新技術であり[34]、國廣が試みた展示の様式は、①陳列棚を用いた点、②ガラス製の瓶を使用した点、③客側と店側との価格交渉を伴う座売りではなく最初から値札のついた商品を陳列するという点、で当時の先端的な様式であった。

ただし、百貨店と博覧会に同型性が見られるとしても、そこには博覧会展示の独自性を考慮しなければならない。一般に、博覧会展示の特徴として、①一定期間陳列、②限られた場内ケース内での陳列、③他と連合もしくは協同での陳列、④同業者との隣接、⑤その他主催者からの制限、といった点が挙げられる[35]。博覧会展示は、自店での陳列のような自由な行動は許されず、同時に競争的な配慮を必要としたのである。また、明治・大正期の博覧会会場は往々にして一時的建造物であり、基本的な構造は開期中の数カ月間さえ雨露を凌げればよいという程度のバラックであった[36]。そのため、会場の不備を補うためにも、十分な装飾が必要であった。

さて、博覧会の出品形式を大別すると、以下の五通り存在する[37]。

一、特設館建設による出品陳列…単独で敷地を占有し、自由に特設館を建設して出品する
二、館内無蓋特設建設物による出品形式…特定の館内に場所を得て、陳列と建設を行う
三、館内特設陳列戸棚による出品形式…備え付けの陳列ケースを借用せず、自らケースを作成して陳列を行う
四、陳列ケース借用による単独陳列…備え付けの陳列ケースを借用し、一つを単独使用する
五、陳列ケース共用による陳列…一つの陳列ケースを分割借用する

一の特設館型の展示では、そこまで自由な陳列を制限されないが、三、四、五などは限られた陳列領域で展示技法を駆使しなければ、入場者の興味を引くことはできなかった。この分類に基づけば、國廣は「三、館内特設陳列戸棚による出品形式」の方式で出品を試み、県事務所を通じて陳列棚を発注したことになる。すなわち、國廣は内国博の「公示効果」に期待しつつ、来場者の消費欲求を刺激し、自身の出品物を宣伝・販売する手段として、流行の展示の様式を採用したと言える。

第二点目は、山口県行政の役割である。國廣が京都内国博に出品するに際して、山口県事務所の県属「小幡氏」の世話になっており、毎日のように日記に名前が登場する。たとえば、國廣が来京した当日には、「小幡

氏之案内ニテ龍門前通り狸橋角光塩館ニ寝泊ス、」（五月三日）として小幡氏に宿泊所を案内され、陳列棚の調整（「調製」）に関しても「小幡氏ニ面会ス……小幡氏ニ陳列棚之件相談シ帰ル」（同月四日）と小幡氏に相談している。また、五日からは県事務所で宿泊していることがわかる。

すなわち、國廣の出展に際して、京都における宿泊所の案内から陳列棚の発注、そして値札の細かな調整に至るまで、山口県行政が全面的に協力しているのである。では「小幡氏」とは一体どのような人物なのだろうか、項を改めて論じたい。

2　山口県の勧業行政と瀬戸内海交通の変遷

『職員録』には、山口県内務部の属に「小幡剛」の名が見える。これが「小幡氏」と日記に記された人物である。小幡剛の出身は三重県士族で、簡単な経歴を示せば表２の通りとなる。

表の補足として、明治二十四年に一時的に官等が上がっている理由は以下の通りである。明治二十三年五月の勅令第七五号により、府県の収税属は判任官一等以下六等以上とされた。府県ではそれに合わせて、これまで一〇等が下限であった他の属の官位を引き上げる措置を取ったため、小幡の官等も五等に繰り上げられたのである。だが、翌年七月の勅令第一六〇号により廃止された(38)。

さて、小幡は元は山口農学校の教諭であった。その頃に、単利と複利の計算方法（「重利法算法」）を解説した『普通利息算』の校訂をしており、農学の専門的知識を備えるほか算術にも理解が深い人物であったことがうかがえる(39)。その後、山口県属として第一部第二課専任となり、明治二十四年からは内務部第五課に勤務、最終的には第五課長に昇進し、官員としてのキャリアを終えている。

第一部第二課および内務部第五課は、いずれも県内の勧業行政に関わる部局である。山口県の当該部局の変遷を見てみよう。

表２　山口県官員・小幡剛の経歴

年度（明治）	官　等	職　位	部　署	備　考	出　所
17	准判任	御用掛			『改正官員録』
18	准判任	御用掛			『改正官員録』
19	判任官９等	属	第一部第二課	兼、山口農学校助教諭	『山口県職員録』
20	判任官９等	属	第一部第二課		『職員録』
21	判任官９等	属	第一部第二課		『職員録』
22	判任官９等	属	第一部第二課		『職員録』
23	判任官９等	属	第一部第二課		『職員録』
24	判任官５等下	属	内務部第五課		『職員録』
25	判任官８等	属	内務部第五課		『職員録』
26	判任官８等	属	内務部第五課		『職員録』
27	判任官８等	属	内務部第五課		『職員録』
28	判任官７等	属	内務部第五課		『職員録』
29					
30	判任官６等	属	内務部第五課		『職員録』
31	判任官６等	属	内務部第五課		『山口県職員録』
32	判任官６等	属・第五課長	内務部第五課		『職員録』

出所）彦根正三編『改正官員録』（博公書院，1893）、山口県知事官房編『山口県職員録』（小原松千代，1898）、内閣官報局編『職員録』（印刷局，1912）各年。
注）明治29年および同33年以降は『職員録』等に小幡の名は見えない。

明治九年三月、山口県では勧業課が租税課から分離独立し、勧業行政の主務部署となった。勧業課には、勧業・物産・簿記の三掛が置かれた(40)。明治十四年、中央で農商務省が設置されると、山口県下の勧業部局も改変され、勧業課の中に調査・農務・商工務・駅逓・計算の五掛が設置されることとなった。次いで、明治十九年に制定された地方官官制により、府県庁の事務分掌は第一部・第二部・収税部・警察本部・地方出張所（郡役所など）に分かれ、山口県の場合、第一部には第一課（会務掛・地方費掛）・第二課（農工商務掛・授産掛・雑務掛）・第三課（庶務掛・内記掛・文書掛・戸籍掛・逓信掛・地理掛）、第二部には第一課（土木掛）・第二課（兵事掛）・第三課（学務掛・衛生掛）・第四課（庶務掛・監護掛）・第五課（出納掛・公債掛・用度掛）などが設置された。小幡が属した第一部第二課は、勧業部局である。

明治二十三年には、府県制が制定され、山

口県では第一部・第二部が統合されて内務部となった。内務部第五課には農務掛・商工掛が設置されており[41]、第一部第二課の後継部局であることがわかる。

すなわち、小幡剛は明治十年代より一貫して山口県の勧業行政に携わってきた官員で、國廣の内国博出展に際しては、小幡を含む山口県内務部の後援があったことが知られるのである。では、山口県は内国博の出品者に対して、どのような県政の方針から協力したのであろうか。

山口県は、明治十年の第一回内国博に際して、出品希望産物を村々から募っている[42]。県の積極的な出品奨励の結果、山口県下で計二四三名の出品が見られ、うち鳳紋賞八名・花紋賞一五名・褒状三九名を県内から輩出している。ほかにも、明治十一年のパリ万博では県下で麻・生糸・茶を出品した者がおり、麻を出品した玖珂郡の松金清三郎は鑓牌と褒状を受賞した[43]。この時点で、國廣は清酒を出品していない。

明治十五年四月、県は建坪一五八坪余り、建築費二六一一円余りをもって物産陳列場を建設する。この施設は、県内生産物を収集し、県勧業費によって買い上げ、見本として紹介・売却した。県の目的は、粗製濫造の弊害を矯正し、販路を拡大することにあった[44]。

明治十六年には、太政官布達第一三号に基づいて、県は勧業諮問会を設置している。これは、勧業事務上について県令―明治十九年の地方官官制により県知事―の諮問に応答する機関であった。会員は二七名で、県下各郡から選ばれた。山口県では、知事の交代があっても勧業諮問会はほぼ継続して開かれ、討議の結果が一定程度県の政策に反映されていた[45]。

明治二十一年の「第六回勧業諮問会日誌」には、勧業諮問会の理事兼書記として小幡剛の名が見える[46]。ここでの議題の一つは、「従来ノ殖産事業ヲシテ一層進歩セシムルノ方按及将来施設ヲ要スル緊急ノ事業」は何かという問題であったが、同会では、いたずらに新事業を起こすより、固有の物産を改良する方針がよいという結論に達している。さらに、「如何ニ物産ヲ改良スルモ販路開ケサルトキハ到底益ナシ、是レ会社ノ設立ヲ要スル所以ナリ」という意見も出ており[47]、販路の開拓とそのための会社設立が求められていたことがうかがえる。こうした山口県行政の販路拡大企図は、当時の流通網再編と関連付けて説明されるべきであろう。

県外移出を促進するような流通網の整備は、明治二十年代から三十年代にかけて進んでいた。鉄道網では、明治二十年一月、東海道線の神戸—姫路間を延長して馬関（現、山口県下関市）まで鉄道を敷設するよう兵庫県知事に指令がくだり[48]、これに応じて明治二十一年、山陽鉄道会社が設立されている。明治二十九年一月には、広島—三田尻間が着工され、明治三十年、山陽鉄道が徳山まで延長された[49]。山陽鉄道が全通するのは、明治三十四年五月のことである。

海運網では、依然として日本海および瀬戸内海海運が隆盛を見せていた。山口県域では、近世期には西廻り航路によって馬関をはじめとする諸港が繁栄し、明治維新以降も、和船・西洋形帆船のみでなく、汽船の就航によって活発な隔地間取引が展開された。都濃郡徳山港を基盤に瀬戸内海海運を行った船運会社に徳山共栄社があり、同社は明治二十年代には県内最大の海運会社に成長したとされる[50]。ほかに瀬戸内海の各地では汽船一・二艘を所持する群小汽船会社が族生し、大阪商船も瀬戸内海航路を就航していた[51]。大阪商船は、山陽鉄道が徳山まで延長されると、従来の尾道から門司までの航路に変えて、徳山から門司までの航路を新設し、陸運との接続を図ろうとしている[52]。

先の日記によると、國廣は往路は徳山から汽船に、帰りは神戸から山陽鉄道に乗車している。國廣が乗船した「大《〔太〕》田川丸」は大阪商船の汽船であろう[53]。國廣の居住地である太華村は徳山からやや内陸に入った地で、海路でも陸路でも徳山は結節点であった。徳山から大阪・京都に向かう経路は陸運・海運ともに複数の選択余地が存在し、それらの諸会社による競争的な市場が形成されていた。山口県は清酒の県外移出を試みる上で、こうした流通網の再編を販路拡大の契機と捉えたのではないだろうか。そして、他県に対する最大の宣伝の場である内国博において出品した國廣を、小幡と山口県内務部は後援したのである。

残念ながら國廣がその後、帰県してどのような事業展開をしたのか、詳細は不明である。ただ、郷土史には「今聖人國廣八助氏」と題された項目で、國廣は次のように紹介されている。

……或る時茶店の老婆が筆者に語つた事があるが、「この村では誰でも國廣さんの悪口など云ふ人はゐませんよ、若しゐたら云ふ人が悪いに決つてゐます。どんな悪人でも國廣さんの前に行けばすべて善人になります」との事であつた。以て國廣氏が徳の人たるを証し得て余りあるものと云へよう。家業は代々酒造に携つてゐるが、銘酒「和歌の浦」は、絶えず醸造法の改良に鋭意してゐるので、名酒の多い周南地方に於いても最も評判があり、……

人徳のみでなく、家業を引き継ぎながらも酒造改良を探求する國廣の人となりがうかがえる。そのような國廣だからこそ、県内務部の協力を引き出すことができたのかもしれない。

第四回内国博が開催された二年後にあたる明治三十年（一八九七）、『大阪毎日新聞』に「山口県下の重要産物」と題された記事が掲載された[54]。重要産物として綿織物・和紙・生糸・生蠟・煙草・セメントなどと並んで清酒も挙げられている。清酒の県下産額は一一万七二二〇石、売上高二一七万二〇八〇円、営業者四二二戸、職工一八七〇人（男）・三五人（女）であった。しかし、紙面には「販路は管内の費途に充つるのみ」とあり、県の特産物として認知されながらも県外への移出はほとんど見られなかったようである。山口県の販路拡大を目指す勧業政策は、いまだ端緒についたばかりであった[55]。

三　第五回内国勧業博覧会と三菱合資会社

本節では、三菱が内国博に出品した鉱山技術を検討するが、まず鉱山技術を扱う意味と鉱山技術の特殊性について述べておこう。

近世期、幕府は優良鉱山を擁する地域に代官所等を置き、幕府直轄地とした。維新後の明治政府はそれらの地域・施設を接収し、鉱山経営は官営事業として継続することとなる。殖産興業政策を主導した工部省が官営事業の二本柱としたのは鉄道と鉱山であり、特に鉱山経営は、西洋技術導入の模範を示すとともに、貨幣原料確保や鉱産物輸出による外貨獲得という点で特異な地位を占めていた[56]。

その後、明治十八年（一八八五）十二月に工部省が廃止され、明治二十年代後半に佐渡・生野などの官営諸鉱山が払下げの対象になったことは、この時期に官営から民営への西洋技術移転が本格化したことを意味している。したがって、当該期に開催された内国博も、単なる技術移転の場としてのみでなく、官営から民営への鉱山経営の転換を促すものとして理解する必要がある。この文脈において、官営鉱山から民営鉱山へと転換した佐渡鉱山の技術体系を検討する意義があろう。

ただし、鉱山（特に非鉄金属鉱山）経営においては、地質の相違や鉱石に含まれる金銀銅の含有比率に応じて最適な技術は変わってくる。佐渡鉱山は開山して数百年が経ち、地表に近い富鉱は採り尽くされていたため、深くて固い地質にある低品位の鉱石（貧鉱）を用いて、どのように採算の合う採掘・製錬を行うかが課題であった[57]。そのため、佐渡鉱山の技術体系と、他の諸鉱山、特に富鉱の多い新しい鉱山の技術体系がそのまま互換可能であったわけではない。博覧会の「評価機能」「公示効果」がそこまで見込めない当分野において、出品者が博覧会に何を求めたのかを問うことは、第五回内国博が盛況を博した理由を考えることにもつながる。

1　技術移転の前提となる法整備と専門誌

万国博覧会では外国政府および企業によってモノが売買される。ところが、日本の博覧会に外国政府・企業を招待する場合、①安政の五カ国条約に含まれる外国人の内地通商権否定条項に抵触する可能性があり、また②外国人の工業所有権（特許権、商標権、意匠権など）は日本国内で保護されないという問題もあった。この二つの問題が、内国博による技術移転を制約していたと考えられる。
万国博覧会における発明品・技術の展示については、それぞれの国内での特許制度整備のみならず、国家間の取り決めが必要となる。明治十六年（一八八三）、万国工業所有権保護同盟の会議でパリ条約が調印されたが、これは、特許が国外で盗用されることを防ぐ国際特許制度であった。当時、日本政府にも加盟の要請はあったものの、日本は加盟を拒否している。特許制度を敷かなければ欧州の技術を低コストで模倣できるため、井上毅などは特許制度に対する否定的見解を述べており[58]、後発国日本にとっては海外の特許制度を無視することによって生じる利得が大きかったと考えられる。

一方で国内の発明者はいち早く保護の対象とされた。明治十八年に専売特許条例が施行され、内国特許制度が成立した。パリ条約には加盟していないので、外国人が特許申請することは認められず、また日本人で外国の発明を輸入する者にも専売は認められなかった[59]。

状況を変化させたのは、明治二十七年（一八九四）の日英通商航海条約である。条約改正によって内地解放が実現し、外国人の内地通商権が認められるとともに、外国人に工業所有権を認めようとする機運が高まった。そうして、明治三十二年（一八九九）、日本はパリ条約に加盟し、ここにおいて外国人への特許付与が認められたのである。

上記の過程を、中山茂氏は、「明治一八年の内国特許と明治三二年のパリ条約加盟の間は、いわば外国製品を模造して日本国内の特許を取れた時期である。この時代に豊田佐吉の発明などの中間技術が育ち、日本は欧米の特許によって国内市場を席捲されることなく、欧米の模造によって急速な技術と産業の近代化をなしとげた」と評価している[60]。すなわち、国際特許制度に包摂されなかった明治三十二年以前の技術移転を積極的に意義付けているのである。

ただし、①外国人への内地解放と②パリ条約加盟が、海外からの技術移転を推し進める制度的基盤となり、

写真3　ウォーターライナー式削岩機

出所）廣田理太郎「「うおーたあ、れーなー」式鑿岩機ニ就テ」（『日本鉱業会誌』第209号、1902年）。

これによって第五回内国博で多数の海外諸国の参加が叶った事実も認めるべきであろう。

第五回内国博の前年にあたる明治三十五年（一九〇二）、鉱山業のさらなる進展をもたらした一つの機械が日本に導入されている。それは現在の削岩機の原型とも言われるウォーターライナー式削岩機（写真3）である。『明治工業史』は、

明治三十五年、本邦鑿岩機界に一新紀元を画したるは、即ち米国ライナー会社製ウォーターライナー鑿岩機の到来之なり。初め足尾銅山に輸入せらるるや、次いで轟・小坂・佐渡・別子等の諸鉱山亦盛に之を用ひ、在来のピストン式鑿岩機に代つて、重要なる地位を占むるに至れり。

と述べて[61]、足尾銅山に導入されたウォーターライナー式削岩機が佐渡をはじめとする他鉱山に伝播した事実を指摘している。では、輸入技術の情報はどのように他鉱山に伝播したのだろうか。続いて、技術の学術的裏付けと情報の伝播における専門誌の役割に注目する。

明治十八年二月、日本鉱業会が発足し、機関誌として『日本鉱業会誌』の発刊を開始した。同会の設立主

旨は、日本の鉱業の改良進歩を図るため、採鉱・冶金・地質・鉱物など鉱業に関するすべての事項を考究し、その摘要を会員に頒布し、質疑に応じることである。[62] 会長・副会長のほかに理事員（編集委員四名、主記二名、会計二名）と質疑応答委員を置き、採鉱冶金両科質疑応答委員には、渡辺渡・大島高任等が就いた。

足尾銅山にウォーターライナー式削岩機が導入された直後に、同誌上ではその紹介がなされている。[63]

……今茲ニ諸君ニ紹介セントスル新式ノ鑿岩機ハ米國「でんばー」市ノ「れーなあ」氏ノ發明ニ係リ、名ケテ「うおーたあ、れーなー」式鑿岩機ト云ヒ、本年二月鑛業会総會ニ於テ副會長渡邊〔渡〕工學博士ノ演説セラレタル如ク、既ニ足尾銅山、小阪鑛山、及轟鑛山ニ於テ購入セラレ、近頃實地運轉ノ運ニ至リタルニ、偶々「れーなあ」社ノ専門技師「ぐらんと」氏ノ来朝セルヲ以テ、前記各山ニ於テ鑿岩機ノ實地試験ヲ執行セラレ何レモ好結果ヲ得ラレタリト云フ、去レハ今此嶄新有益ナル機械ヲ諸君ニ紹介セントシテ聊カ其構造及動作ノ概略ヲ左ニ陳述セントス、……

右の文章の後には、ウォーターライナー式削岩機の構造等の概略が続くが、こうした専門的知見に基づく新技術の保証が、技術移転の前提条件であった。

いま一つ事例を挙げよう。第五回内国博で金属鉱業部門の審査主任を務めた渡辺渡は、内国博開催中に発行された『日本鉱業会誌』に論説を寄せている。[64] この記事で渡辺は、自身が佐渡鉱山の技師であった時代に実施・導入した技術改良の成果を、他鉱山でも取り入れるよう主張するとともに、青化製錬という新技術を紹介している。青化製錬はのちに三菱時代の佐渡鉱山でも取り入れられ、同鉱山の発展に寄与することとなる。[65]

以上のように、内国博で最新の技術・発明を展示するにあたり、起こり得る問題として技術・発明の盗用によって出品者の利益が損なわれる事態が想定された。これに対し、政府は明治十八年の専売特許条例により国内の出品者を保護し、のちに明治三十二年のパリ条約加盟によって国外の出品者も保護の対象とした。法整備が進展したことで、内国博は国内外の出品者にとってその後の商業展開が期待できる宣伝の場へと変化したのである。

加えて、専門誌による学術的裏付けと情報公開が、内国博による現物展示と関連付けられながら技術移転を促進したと考えられる。ただし、この仮説は、経済的事象に関わる内国博の「評価機能」「公示効果」が十分に認められた場合にのみ有効であり、それが認められない場合は、出品者の出品に対するインセンティブを別の要因から説明する必要がある。

2　佐渡鉱山の出品と『佐渡鉱山説明書』

明治維新後、佐渡には太政官官制における鉱山司の支庁が設置され、明治四年閏四月に工部省の所属となった。その後、明治十八年十二月内閣制度の成立とともに工部省が廃止されると、農商務省に移管された。さらに、明治十九年四月には大蔵省所管、明治二十二年四月には宮内省御料局所管となり、明治二十九年（一八九六）十一月には三菱合資会社に払い下げられる、という経緯を辿った。

第一回内国博は、出品物に応じた第一区（鉱業冶金術）、第二区（製造物）、第三区（美術）という区分と、出品者に応じた「官庁出品之部」と「人民出品之部」という分類があり、「官庁出品之部」では内務省や府県の出品が中心であった。大蔵・工部両省は第一区に出品しなかった[66]が、第二区においては工部省が積極的に出品を行っている。これは第一区に属する出品物に対しては、博覧会の「評価機能」「公示機能」が限定的だったためと考えられる。

工部省や大蔵省などの管轄下にあった官営時代（明治元—二十九年）の佐渡鉱山も内国博に出品した経験はなく、三菱への払下げ後、明治三十六年の第五回内国博で初めて出品することとなった。

三菱は第五回内国博で、第一七類「鉱物及土石」中「新潟県」の項で「金銀鉱」を出品している[67]。佐渡鉱山はこれに付して『佐渡鉱山説明書』（以下、『説明書』）を提出しており[68]、出品した特殊鉱石二塊に関する説明のみでなく、明治二十九―三十五年の佐渡鉱山全体の解説や現状及改良の諸点を記載している。したがって、出品物は鉱石であったが、鉱石自体の希少性等に関する評価を求めたわけではなかった。

さて、『説明書』は総説で地誌と地質を説明したあと、佐渡鉱山の部局である鉱場課・製鉱課・工作課の章立てで叙述している。

(1) 総説

第一節「地誌」では「位置及面積」「地勢」「気候」「市邑」「風俗」「交通」「金融」「歴史」、第二節「地質」では「一般地質」「鉱脈」の項目を立てているが、そのうち「歴史」の叙述に最も多くの紙幅を費やしている。天文十一年（一五四二）における鶴子山の鉱脈発見から始まり、文禄二年（一五九三）の西三川金山の開山、慶長六年（一六〇一）の道遊坑の開坑および幕府による公収と続く。さらに、佐渡奉行・大久保長安の着任や、寛永十一年（一六三四）の大切坑の開坑、天和元年（一六八一）の鳥越坑の開坑、元禄四年（一六九一）の南沢疎水道の開削、など佐渡鉱山の支配関係、主要な坑道・疎水道の整備、そのほか近世期の技術体系についても、概述している。

維新期以降は、ガワーやスコットなどのお雇い外国人の功績が取り上げられているほか、明治三年（一八七〇）八月に混須製錬用の機械をアメリカから購入したことなど、海外の技術を積極的に導入した点が強調されている。その後、官営時代にお雇い外国人の指導の下、大立竪坑の開坑や淘汰製煉の開始など様々な技術革新があったこと、そして、明治二十九年十一月に三菱合資会社に払い下げられるまでの経緯を説明している。払下げ後に「同盟罷工ノ不運ニ遭遇」したが、それを乗り越えた明治三十六年現在の状況を、『説明書』は「盛況」と評した。

(2) 鉱場課

鉱場課は、開抗・採鉱・選鉱・測量・製図・事務を請け負う課である。その業務は主に、地質学・鉱床学によって鉱脈の所在を明らかにし、断層の影響を考察して採鉱し、坑道の保安を務め排水の法を講じるとともに運搬の便を計り、選鉱を行って鉱種を区分するまでであった。

三菱移管後の改良点については、①明治三十三年二月、大立坑・高任坑の排水に関わるものとして、すでに据え付けられていたノールス式ポンプ、スペシャル式ポンプに加え、[69] コンパウント・ダイレクトポンプ（複式直動式ポンプ、製造元不明）を据え付けたこと、[70] ②明治三十五年七月、大型ポンプであるコルニッシュ式ポンプ四台を据え付けたこと、③明治三十四年、大立および大切両選鉱場において、旧式手選法を廃止し鉄製手選帯に改め、[71] ブレーキ式クラッシャー（破砕機）二台・円筒型五分目篩《ふるい》二個を据え付けたこと、を特記している。特に③により、大立竪坑では「二倍以上ノ仕事」、大切竪坑では「分砕等ノ労ヲ省キ得テ四倍以上ノ節減ヲ顕シタリ」というような作業効率の上昇が見られたという。

(3) 製鉱課

製鉱課は、製錬・分析・事務・電気を請け負う課である。特に中心を占めるのが製錬であるが、佐渡鉱山は鉱石の含有物の多寡に応じて様々な製錬方法（混澒・搗鉱・淘汰・沈澱・熔鉱）を組み合わせており、それぞれの製錬方法に技術改良が見られた。[72]

選鉱を経た鉱石は、上鉱・中鉱・下鉱と分けられ、各製錬過程をたどる。明治三十年代前半の製錬過程をおおまかに示すと図1のようになる。混澒製錬は上鉱・中鉱といった金含有量の高い鉱石を用いる製錬方法であり、沈澱製錬は各製錬過程で生じる鉱尾、すなわち金含有量の少ない余り物を用いる製錬方法であった。熔鉱製錬は上鉱・中鉱も多少用いるが、原料のほとんどは沈澱製錬の澱物と淘汰製錬の汰物《ゆりもの》（精錬過程で製造された金銀含有量の高い物質）であるといった特徴を持つ。

混澒（混淆）製錬法は、石英質含金銀鉱を粉砕し、第一塩化銅あるいは第二塩化銅と水銀及鉄の作用によって金銀を汞化する方法である。これによって生成された中間物質（アマルガム）を撹拌器にかけると、水銀と金銀が分離して金銀を抽出できる。残った僅かな水銀も淘汰の過程で排除される。明治三年にお雇い外国人・ガワーの指導により鍋混汞法用の製錬所が建設された[73]。

混澒製錬における改良点としては、まず砕鉱器の位置を変更した点が挙げられる。従来低い場所に設置されていた砕鉱器の位置を高め、その上に粗鉱倉を置き、排出口を砕鉱器につなげる改良を行った。これにより鉱夫三人を削減したという。また、水銀の脱流を防ぐため、搗鉱製錬に使用していたダンカン淘汰器を再利用し、混澒製錬の部署に設置した。これにより流出水銀を捕取するのみならず、多少の汞化作用を働かせることができた。

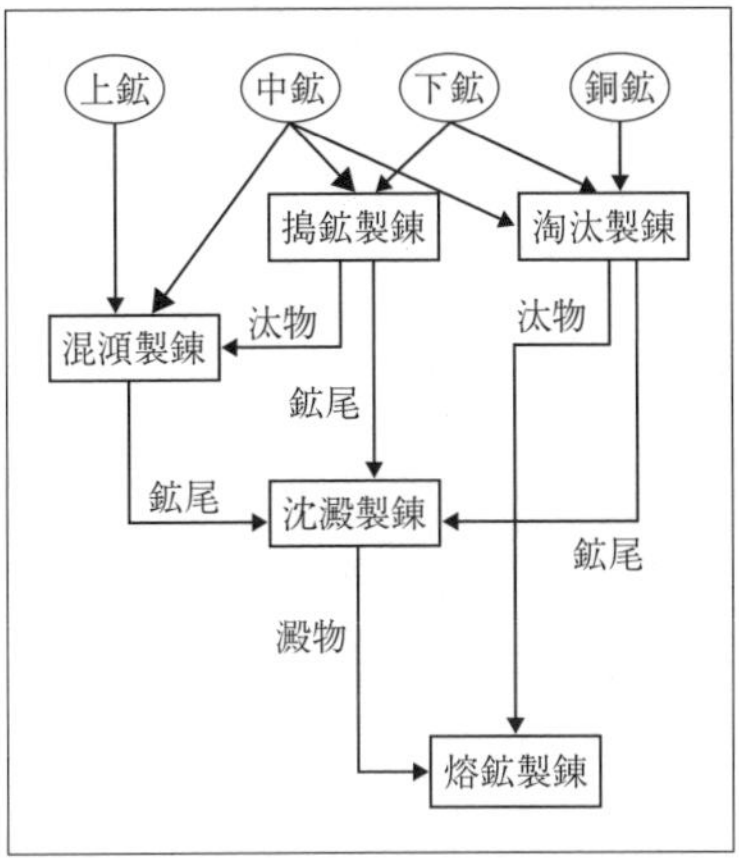

図１　明治30年代前半の佐渡鉱山製煉過程

搗鉱製錬法とは、金銀鉱を搗鉱碓（スタンプモーター）によって粉砕し、同時に水銀によって汞化作用を行い、アマルガムを作る方法である。貧鉱（下鉱）処理を目的にした製錬方法で、他の製錬法で不要とされた質の悪い鉱尾（尾鉱）を原鉱として利用することもあった。明治三十四年には第二搗鉱場が設立されており、改良は主にこの第二搗鉱場に関わるものである。

搗鉱碓に鉱石を供給する給鉱の分野では、従来より使われるチュロッホ式の給鉱器が改良された。底板（「走リ」）の前部を鉄鎖に釣り、後部に鉄製弾機を付して震動しやすくした。これは、一寸（約３㎝）以下の細鉱を分級するのに好都合であったという。

搗鉱碓自体は、ホームストライク式と呼ばれる搗鉱碓を用いていたが、これは排出口につながる碓幅が狭く、背板の傾斜が急であったため、アマルガムの付着が不十分であるという欠点があった。これを改善するため、排出口を広くし、背板の傾斜を緩めた。また碓高を減じ（＝震動が減り磨耗も少なくなる）、挿入口を広くして鉱石が停滞するのを防ぐなどの改良を施した。また、搗鉱碓は前銅板に連続し、鉱流が銅板面を流下するときにアマルガムが付着するわけだが、この銅板面を揺らしてアマルガムの付着量を増やすようにも改良がなされた。

淘汰製錬法は、主に鉱石の粉砕と鉱物の比重差を利用した淘汰によって鉱物を抽出する方法である。金銀鉱にも使えるが、搗鉱法の方が優れているため、専ら銅鉱に用いられる。そのため、明治三十三年以後佐渡では縮小したが、下記の二点で改良が見られた。

まず、含金銀貧銅鉱の汞化という作業を組み入れた。硫化銅ではなく、石英中に含まれる金銀を採取するため、ハンチントンミル（粉砕器）に水銀を挿入し、汞化作用を行う。一般に淘汰製錬法では水銀は用いないが、貧劣銅鉱に金銀が含まれる場合、この手法は有効であった。

淘汰の作業は水中の鉱物を比重によって選り分ける作業であったが、鉱物が気泡を生じると水中に沈まず、水上に「浮鉑」として表れることがあった。特に、輝銅鉱は選鉱の各過程を通過する際に、一度空気に接触したのちに水中に入ると、気泡を生じて沈まなくなる性質があった。こうなると、沈殿物として銅を淘汰できなくなるため、浮鉑を採取できる採集器を淘汰盤に取り付ける改良を行った。

沈澱製錬法は、明治二十五年にキッス氏収銀法として創立されたもので、他の製錬法によって金銀を抽収して放棄された鉱尾をさらに製錬する過程であった。鉱尾を乾燥させた後に塩化焙焼し、冷却して水に浸出し、鉱物を沈澱させ、「澱薬」を投入する手法を取る。

第二搗鉱場の新設に伴い、沈澱製錬も規模を拡大している。従来の二炉の焙焼から三炉の焙焼の操業とし、冷鉱所一一〇坪を拡張、浸出槽四個、沈澱槽二個を増設した。

乾鉱の過程においては、従来は職夫がシャベルを使い、六〇度の勾配がついた木枠鉄條の格子網に向って鉱砂を入れていた。これを水平に改設し、木枠を廃し鉄條の間を狭めたところ、小さい鉱塊をよく選別でき、また職夫の労力も減少したという。また、乾鉱炉内に斜架してある鉄板の間隔を空け、さらに背面に鉄骨を付すことで、鉱砂の乾燥滑落が円滑となり、鉄板の持久力も強まった。

塩化焙焼の過程では、炉内の温度を一定にし、均一に鉱砂を配布して食塩を混交しなければならない。従来は、第三床で食塩を混ぜ、その後第二床・第一床で攪拌・焙焼という方法を取っていたが、第二床での攪拌を廃止した。それでも成績は変わらなかったため、人件費削減に寄与したという。

金銀溶液に硫化石灰（＝澱薬）を加えて、金属硫化物を沈澱させるこの沈殿製錬法においては、澱薬の多寡が重要であった。金・銀を一〇〇％採取できる飽和量の澱薬を注入することが必ずしも利益につながるわけではない。試験を行い、飽和量の四分の一の量でも金九四％・銀九一％を採取することが可能であることが判明したので、澱薬の投下量を飽和量の三分の一から四分の一に調整し、原料費削減を実現させた。

澱薬の製造は石灰および硫黄を粉砕するモーターミルを使用していたが、この装置も改良が加えられた。モーターミルから製薬器（石灰と硫黄を調合し澱薬を製造する機械）に自由落下する装置を製造し、調合量も変更されている。

熔鉱製錬法は、銅鉱淘汰によって得られた汰物を焙焼し、鎔鉱炉で黒銅を得、さらに粗銅を製錬する方法、もしくは金銀富鉱を鉛とともに溶解して貴鉛を得、さらに分銀法によって地金を製錬する方法を総称して熔鉱製錬法と言う。改良点は少なく、従来一個しかなかった熔鉱炉鈹抜口を二個作成したのに加え、鈹《かわ》(74)を除去するのに必要な熔解剤の使用量を削減するために、鉛の投下量を調整した程度であった。

(4) 工作課

工作課は機械・営繕・事務の各係を管轄した。『説明書』の中で、当課の改良点は掲げられていない。輸入機械を継続的に利用するため、その修理や関連機械器具の製造を行う部署であった。該項では、工作課で用いられる旋盤やボール盤（「穿孔器」）などの輸入機械が製造元とともに紹介されている。

以上、三菱合資会社が提出した『説明書』によって、三菱移管後における佐渡鉱山各課の改良点を見てきた。第二搗鉱場の新設は規模の経済の実現という点で、佐渡鉱山の経営史上特筆すべきだが、技術革新を伴うものではなかった。砕鉱器の位置変更や沈澱製錬における澱薬量の変更なども、すでに導入してある技術のマイナーチェンジであった。そして、工作課で用いられる機械はすべて外国からの輸入品であることも判明している。幕末期以来の協定税率制の下、海外からの輸入機械に対する関税が低かったことも作用して(75)、佐渡鉱山も工作機械は全面的に輸入に依存していた(76)。したがって、これらの技術体系が内国博で評価に値するとは、三菱も期待していなかったのではないだろうか。

そもそも競争的市場が形成されにくく、鉱石の特性に応じて技術の互換性が制限される鉱山業という分野において、三菱が佐渡鉱山の技術に対する評価や、他鉱山との技術交流のみを求めて第五回内国博に出品したとは考えにくい。

『説明書』中、最も佐渡鉱山としての独自性が表れているのは「総説」中の歴史的説明かもしれない。そこからは、幕府と明治政府によって経営されてきた由緒ある佐渡鉱山とそこに投入されてきた資本・技術を、払下げという形で三菱が正当に継承した、という歴史的事実が浮かび上がってくる。佐渡鉱山の払下げに際しては、御料鉱山（天皇の鉱山）としての地位と経済的利益（下賜金など）を失うことに対して地域住民の反対運動が起こり、また、三菱が数百人規模で鉱夫・職工の解職を行ったことから同盟罷工（ストライキ）も発生していた。さらに、佐渡鉱山の廃坑の噂も立てられるという状況下で、[77] 当時の三菱は佐渡鉱山経営の内情を社会に報知する必要に迫られていたと考えられる。『説明書』の緒言には、「本社〔三菱合資会社〕鉱山部ニ於テ附属鉱山ノ説明書ヲ出品シ、本社ノ鉱業ニ尽瘁セルノ功果ヲ示サント欲シ」という同書編纂の目的が述べられているが、三菱が鉱業に全力で取り組んでいること（「尽瘁」）それ自体が功績であり、それを示すことが三菱の意図であったとも読み取れる。

では、こうした佐渡鉱山の歴史および技術体系は、内国博でどのように評価されたのだろうか。

3　『内国勧業博覧会審査報告書』の内容

明治十年に第一回内国博が開催されたとき、褒状を受け取った出品物に対しては一行から二行程度の簡単な評語が付された。たとえば、自費出品の部の「第一区鉱業及び冶金術―第二類冶金術上の製物」の分野において花紋を獲得した住友吉左衛門の出品物には、

花紋　銅各種　大阪鰻谷東町　住友吉左衛門
多年ノ製造ニシテ手工ノ熟練ト業ノ盛大ナルヲ観ル

という評語が付されている。[78] 第一回の内国博ではこうした出品物に対する評価のみで、鉱山の規模や製錬方法などの比較検討は行われなかった。このときの審査官部長は大鳥圭介と大島高任の両名である。

『内国勧業博覧会審査報告書』（以下、『報告書』）という形態で産業そのものの把握をなそうとする試みが始まったのは第二回内国博からである。鉱業の場合、出品物のみの評価ではなく、鉱山がどのような改良を施し、業績をあげたのかという点にも配慮して評価が下されている。同じく住友氏の別子銅山の例を出せば、『報告書』は同山の採掘法・熔化精錬法・沈澱場についてそれぞれ詳述したのち、新しく設置した熔鉱炉が旧式に対してどの程度差があるのかを独自に検証している。その技術的改良を認めた結果、「別子銅山ノ如キハ嶄然ト

シテ群ニ抜ケリ」と評価されるに至ったのである(79)。

このように内国勧業博覧会では、産業振興という政府の意図を反映して、出品物を含めた産業全体の評価と活性化が努められるようになり、特に工業製品については、その技術的な改良点が如何にあるかが評価の基準となっていった。

他方で、出品する側の対応はどうであっただろうか。先述した通り、第一回内国博では官民ともに鉱山部門での出品は芳しくなかった。石炭関係の出品数は第三回で増えたものの、第四回ではそれも落ち込んでいる。和田維四郎の分析によれば、それは三つの理由に依るものであった。すなわち、①日清開戦のため、石炭のような出品物はその需要に供されたこと、②鉱業の生産物は一定の時価があって販売上の競争が少なく、自ら博覧会場に出品して優劣を競うという動機付けが働かないこと、③みだりに用途のない鉱物を出品する者が減少したこと、である(80)。とりわけ、②は産地間競争の少ない鉱業の性質をよくあらわしており、佐渡鉱山が第四回内国博に至るまで出品しなかった原因を一面で説明している。

明治三十六年三月一日、大阪市の天王寺において第五回内国博が開場した。期間内の入場者数は約五三〇万人にのぼり、過去最高の人気を博した（前掲表１）。前回までと同様、優れた出品物に対しては賞牌授与・等級制定がなされ、その審査にあたって各専門家が報告書を作成している(81)。金属鉱業の部門では工学博士・渡辺渡が審査主任を担当し、ほかに工学博士の渡辺芳太郎と横堀治三郎が列座した。

前項でも触れた渡辺渡は、大学南校にて採鉱冶金学を学び、明治十九年三月帝国大学工科大学教授、同年七月農商務省四等技師を兼務して鉱山局に勤務していた人物である。明治二十年六月には佐渡鉱山に赴任し、明治二十二年四月に佐渡鉱山が宮内省御料局に移管されると、支庁長に就任しており、佐渡鉱山との関わりも深い。同二十三年には佐渡に鉱山学校を設立して校長を務め、第五回内国博開催時には官営八幡製鉄所へ転勤していた。

その渡辺は、『報告書』の冒頭で出品の概報および希望を述べたのち、今回の内国博では佐渡鉱山などから出品が見られたものの、生野・石見などの一部有力鉱山が出品していない現況を慨嘆して出品を促している(82)。とはいえ、佐渡鉱山が前項で述べたような『説明書』を出品したことは、『報告書』の内容や展示そのものに豊かさを増した。第五回内国博の『報告書』は、各鉱山の技術を比較検討し、出品していない鉱山も含めて全国的な把握に努めている。項目別に掲げると、以下の通りとなる。

(1) 開坑・鉱石運搬

この分野では、竪坑における汽力捲揚機設置が高く評価されている。佐渡鉱山は明治三年にイギリス人・ガワーを招聘し、西洋式の運搬法を倣ってまず縦横の坑道を開き、平坑道には軌道を敷設し、竪坑には捲揚の器械を据え付けた。明治十三年、これを応用して動力を蒸気機関に変えた捲揚汽機を大立竪坑に設置した。以後、新式の捲揚汽機が細倉、別子、院内、尾小屋、帯江、然別等の鉱山に伝播していったとされる。

(2) 削岩

佐渡では明治二十年に導入したインジャソール削岩機を明治三十六年現在も使用しており、この点については「インジャソール・ランド及シュラムノ如キ旧式ノ鑿岩機ニ在テハ其工程手穿発破法ニ二倍シ、新式ナルライナ鑿岩機ニ於テハ手穿ニ十倍ス」(五三ページ)と、新式のウォーターライナー式削岩機の利用が促されている。

(3) 採鉱

この分野では、官営時代に西洋の技術を導入し、階段法を取り入れた点が評価されている。鉱床の全部を採掘して、その後鉱物を含む鉱石と含まない捨石を選別し、捨石を用いて堀跡を塞ぐ階段法は、急斜面の鉱床を採掘するのに利便性の高い技術であった。具体的な鉱山名は挙げられていないが、以後主要な鉱山に普及するに至ったとされる。

(4)　**坑内普請**

坑内の保守にあっては、湿気の高い坑道を支える留木の防腐という点が重要であったが、「本官《〔渡辺渡〕》ハ明治二十二年佐渡鉱山ニ於テ初メテカーボリニゥム・アヴェナリウスト称スル防腐油ヲ澳国ヨリ輸入シ、当時ノ採鉱主任技師工学士神田禮治氏ヲシテ留木ノ最腐朽シ易キ部分ニ使用セシメタリ、……該油ノ効験アルコトヲ承認シ二十三年頃ヨリ生野鉱山及八幡製鉄所ニ之ヲ使用シ、近年槙峯鉱山ニ於テモ亦之ヲ採用セリ、」（六四ページ）として、渡辺自身が輸入した防腐油の効力を紹介し、他鉱山への普及を認めている。

(5)　**排水**

排水の分野では、明治十三年に設置されたコルニッシュ式ポンプが、細倉・尾小屋・阿仁・足尾等の鉱山にも採用されていったことがわかる。また、佐渡鉱山高任坑では、竪坑が深くまで掘られ、水量が多かったため、明治二十五年ノールス複式直動ポンプを採用し、「蒸気ノ消費」すなわち燃料の削減に寄与することとなった。

(6)　**選鉱**

優良な鉱石を目視して選り分ける手選鉱において、「無極選鉱帯《〔可動手選台の一種〕》ハ明治二十二年佐渡鉱山高任坑選場ヲ新設スルニ当リ本官《〔渡辺渡〕》初メテ之ヲ採用セリ、……一秒時間ニ〇・六封度《〔ポンド〕》ノ鉱石ヲ供給シ、帯面ニ二十五封度乃至五十封度ノ鉱石ヲ乗セ十六名ノ工女ヲシテ手選セシメタリ、」（九六ページ）と述べ、渡辺が可動式の選鉱台を採用したことを積極的に紹介している。

(7)　**砕鉱**

ブレーキ式噛《ごう》岩機を日本で始めて導入したのは佐渡鉱山であった。これはガワーの功績であり、また、カリフォルニア式鉄製搗鉱器も明治三年にガワーが採用したものであった。

(8)　**鉱粒篩別・鉱砂沈殿・淘汰**

『説明書』において、佐渡鉱山は混汞製煉における改良点として、搗鉱製錬所で用いられていたダンカン淘汰器を据え付けたことを提示したが、この点は『報告書』でも高く評価されている。「現今佐渡鉱山ニ於テハ混汞製煉所ヲダンカン淘汰器ニテ淘汰シ、而シテ得タル汰物中ノアマルガム及水銀ヲ分収スルニ立桶ヲ適用ス……混汞製煉法ヲ用フル他ノ金山ニ於テモ亦此方法ニ倣ハンコトヲ勧告スルモノナリ」（二一一ページ）とあるように、他の鉱山にその方法に倣うよう勧告している。

(9)　**冶金**

ここでもガワーの功績が記され、明治三年に佐渡鉱山に導入された鍋混汞法（混汞製錬の一種）が、院内鉱山に伝播し、以後の改良を経て技術的成熟を見せ（「正ニ完成ノ域ニ達シ」）ていることが指摘されている。一方、世界的な趨勢としては、搗鉱製錬による産金が主流で、佐渡鉱山でも明治二十三年以降搗鉱製錬の規模が拡大していることが紹介されている。

『説明書』が示したように、三菱合資会社は明治二十九年に佐渡鉱山を払い下げられてから、それぞれの工程で改良を重ね、効率化に努めてきた。当該期に技術革新と呼べるようなものは見られなかったが、佐渡鉱山そして各現場に適合するような改良は、「佐渡鉱山ノ黄金時代ト唱導セラレ天下ニ喧伝セラレタル明治二十五年度ヲ凌駕スル」ような生産量の増加を実現し、(83)加えて人件費や経費の削減をもたらして、佐渡鉱山に大きな利益を生み出した。しかし、そうした佐渡鉱山の特性に応じた改良は、必ずしも他鉱山への伝播に適した技術とは限らず、『説明書』で三菱が列挙した諸点について、『報告書』ではあまり評価の対象とならなかった。

混汞製煉においてダンカン淘汰器を導入したことなど、審査官から評価された三菱の改良点もあるが、ダンカン淘汰器は、あくまで搗鉱製錬で用いられていた機械の転用であり、いずれも既存の技術であった。

一方で『報告書』は、三菱移管前の官営時代に導入された佐渡鉱山のポンプや運搬改良法、および搗鉱製錬に高い評価を与えている。(84)これは何を意味するのであろうか。一つには、佐渡鉱山の技師であり御料局時代（明治二十二―二十九年）は佐渡支庁長として技術導入をすすめた渡辺渡の自負心に依るものと考えられるが、結果的に、出品物の有する歴史的価値を認める作業となったことは間違いないだろう。この作業により、三菱は官営時代の技術を継承する主体として人々に認知されるようになったのではないだろうか。

とはいえ、鉱山技術の中でも比較的汎用性の高い技術はあり、そうした技術を審査官たちが取り上げて、普及を図ったことも事実である。第五回内国博の時点で佐渡鉱山に導入されていなかった機械ではあるが、『報告書』がウォーターライナー式の削岩機を奨励している点は注目される。先に掲げた『明治工業史』の記述によれば、佐渡鉱山も後年ウォーターライナー式削岩機を導入しており、これを『報告書』の奨励効果と措定することは十分可能であろう。

おわりに

内国博を当初主導した内務省にとって、第一義的な目的は国内産業振興であった。貿易収支の不均衡に伴う多額の正貨流出という事態を改善するには、輸出拡大・輸入防遏を達成するような産業の育成が急務であり、内国博はその一つの手段となった。その意図は、展示物に「珍品奇物」「古器旧物」は含めないという展示構成にも表れている。

内国博は第一回から第三回まで東京で開かれたが、明治二十八年（一八九五）の第四回内国博以降、開催地をめぐる都市間での競合が発生した。競合する他都市との差別化をはかり開催地として選定されるために、京都市ならびに京都商業会議所は敷地の無償提供を行い、決定後も道路修繕・寺社修繕などに関わる費用を支出した。すると、主催する地方自治体にとっては、投下した資本を回収するために集客が自己目的化した。これが、内国博が余興的性格を強めていく契機となった。

こうして主催者側の意向が内国博の性格を変化させる中で、第四回・第五回内国博に出品した主体は何を目的としたのだろうか。本章は、出品物の性質や国内の情報・流通網に注目しながらその意図を明らかにしようと試みた。

第四回内国博で清酒を出品した國廣八助の事例からは、極めて多様な出品者側の意図が読み取れる。まず國廣本人の意図としては、①出品物販売による利益獲得があった。他の商品を「調査」して価格を改定しているのは、商品を可能な限り高く売り切るためであろう。そして、②他の出品物視察も重要な目的であった。國廣がどのような「調査」を行っていたかは推測を重ねるしかないが、単に価格を見ただけではなく、味や製造方法の調査を行った可能性もある。ほかに③京都観光が挙げられる。國廣は出品者であると同時に観光客でもあった。平安遷都一一〇〇年紀念祭に合わせて造営された平安神宮のみならず、京都の古社寺は魅力的な観光資源であり、國廣も短い滞在期間の中で多くの社寺を巡っている。

そして何よりも、④國廣は自身の清酒を宣伝するために内国博に出品した。その効果を発揮させるためには陳列・装飾の工夫が必要であった。同種の商品が数多く並立する博覧会展示という枠組みの中で、國廣は陳列棚を特注し、瓶で陳列するという形で人々の消費欲求を刺激しようとした。陳列棚の装飾や値札にもこだわりを見せたほか、他の出品物と比較して価格を改定している。商品の品質・価格のみでなく、商品の見せ方・売り方にこだわるショーマンシップは、余興化した第四回以降の内国博の主催者意図とも合致するものであった。

彼を後援した山口県行政の意図は、在来産業の振興と販路拡大にあった。明治二十年代から三十年代にかけて、瀬戸内海航路では地元汽船会社と大阪商船が競合し、陸路では山陽鉄道の全線開通に伴い阪神地方や沿線都市との直結が想定される中で、販路拡大を目指す山口県行政は第四回内国博を好機と捉えたのである。県内務部の小幡剛は、第四回内国博開催中は京都に赴いて県事務局に滞在し、國廣をはじめとする出品者への全面的支援を行ったと考えられる。

國廣および山口県がこのような出品意図を有していたのは、清酒という商品については、内国博の「評価機能」「公示効果」が働くと期待されたためであるが、その機能・評価の多寡は出品物の性質毎に異なる。なぜなら、①一定の時価があって競争原理が働きにくい鉱物などの生産物については、博覧会において出品者が評価を求めるインセンティブが弱く、②同じく鉱山業などの技術の互換性が相対的に乏しい業種においては、博覧会において技術交流を求めるインセンティブが弱い、と考えられるためである。

確かに、日本の内地解放と国際特許体制への包摂によって、技術移転の制約は減少し、第五回内国博は国内外の企業が商業展開可能な宣伝の場へと発展した。その結果、ウォーターライナー式削岩機など鉱山業の中でも比較的普遍性の高い技術は、『日本鉱業会誌』などの専門誌と内国博における展示および『審査報告』によって公示され、全国に伝播していった。一方で、地質の相違や鉱石に含まれる鉱物の構成比率に応じて最適化されるような技術については、必ずしも技術交流が有意に機能しない場合もある。地表に近い富鉱をほとんど掘り尽くした佐渡鉱山で使われる採掘・製錬技術は、大量採掘と貧鉱からも金銀を取り出す点に特化しており、これを富鉱の多い鉱山に転用してもコスト面で無駄が多い。三菱時代には、佐渡鉱山に合わせて既存の技術に改良が施されたが、そうした技術体系は内国博でほとんど評価されなかった。

では、内国博に「評価機能」「公示効果」が期待できないとすれば、いったいなぜ三菱は内国博に出品したのであろうか。この点について本章ではひとまず以下のように考えたい。近世以来、幕府によって直轄経営されてきた佐渡鉱山は、戊辰戦争後に明治政府により接収され、一貫して「官」の下で経営されてきた。貧鉱化が進んできたとはいえ、全国産金量に占める佐渡鉱山産金量の割合は一七％から三六％ほどあり（明治二十年代[85]）、依然として日本有数の金山であることに変わりはない。そうした実績と由緒を兼ね備えた鉱山の払下げを受けたのが三菱であった。払下げ前後に地域住民の反対や労働者の同盟罷工が起こり、さらには廃坑の噂も立つ中で、佐渡鉱山とそこに投入されてきた資本・技術を正当に継承し発展させている姿を社会に発信する手段として、三菱は内国博を利用したと考えられる。

これら國廣や三菱に見る出品意図の多様性こそが、出品物の多様性をもたらし、内国博の内実を豊かにするものであったと言えよう。

〔注〕

（1）清川雪彦「技術情報の普及伝播と市場の形成―博覧会・共進会の意義―」（同『日本の経済発展と技術普及』東洋経済新報社、一九九五年、初出は同「殖産興業政策としての博覧会・共進会の意義―その普及促進機能の評価―」『経済研究』三九巻四号、一九八八年十月）二四七―四八ページ。また國雄行氏は、清川氏の視角を引き継ぎつつ、内国博の効用として、①出品物から国内産業状態を把握し、その状態に応じた政策を立案することが可能となったこと、②この過程で優良資源を発見し、優良人材を発掘することが可能となったこと、③技術普及の場となったこと、等一九項目を挙げている（國雄行『博覧会の時代―明治政府の博覧会政策―』岩田書院、二〇〇五年、二七六ページ）。

（2）吉見俊哉『博覧会の政治学―まなざしの近代―』（講談社、二〇一〇年、初版は中央公論社より一九九二年）。この視角から内国博を検討したものとして、松田京子『帝国の視線―博覧会と異文化表象―』（吉川弘文館、二〇〇三年）がある。

（3）國雄行「内国勧業博覧会の歴史的意義」（明治維新史学会編『明治維新の経済過程』〈講座明治維新八〉有志舎、二〇一三年）。

（4）研究史整理は伊藤真実子「博覧会研究の動向について―博覧会研究の現在とその意義―」（『史学雑誌』第一一七編第一一号、二〇〇八年十一月）に詳しい。

（5）「内国博において万物を一場に集めることは、物産の比較を容易にして生産者たちの競争心の発起を促す効果があるが、この効果を目でみることや数値に表すことは難しい」（前掲國「内国勧業博覧会の歴史的意義」一七八ページ）。

（6）鈴木淳「「勧工」―民間工業奨励政策の生成―」（高村直助編『明治前期の日本経済』日本経済評論社、二〇〇四年）八五―八九ページ。

（7）同前八九―九二ページ。内務省は明治九年五月に勧商局を新設して商務を分離し、明治十年一月の官制改革によって勧農局が設置された。勧工部局は工部省工作局が管轄することとなったが、同局は旧工部省勧工寮や博覧会事務局から引き継がれた伝習事業を廃止していったとされる（同前九三ページ）。

（8）「内国勧業博覧会開設伺」（『公文録』明治九年・第百十三巻・明治九年四月・内務省伺四）。

（9）「内国勧業博覧会開設ノ儀再伺并布告ノ儀伺二条」（『公文録』明治九年・第百二十九巻・明治九年七月・内務省伺二）。太政官決裁は明治九年六月二十八日、内務省への指令は同年七月十日。

（10）「内国勧業博覧会規則伺」（『公文録』明治九年・第百三十三巻・明治九年八月・内務省伺二）。太政官決裁後、明治九年八月一日に達し。

(11) 前掲國『博覧会の時代』五四ページ。
(12) 明治二年から同八年、および明治十年から同十四年まで貿易赤字が継続し、これに応じて国内正貨（金貨・銀貨）も流出している（『大日本外国貿易年表』、『明治前期産業発達史資料』〈別冊（二七）—二〉所収、三〇二—三ページ）。
(13) 「内国勧業博覧会将来開設定期ノ布告伺」（『公文録』明治十年・第六十三巻・明治十年十二月・内務省伺(四)）。
(14) ただし、勧農局は内務省管轄でありながら、局長は大蔵大輔・松方正義が兼務しており、実態として大蔵省の支配下に置かれた。政治史的には、大久保没後の勧業行政をめぐる伊藤博文と大隈重信の対立という文脈で理解されよう。御厨貴「大久保没後体制—統治機構改革と財政転換—」（近代日本研究会編『幕末・維新の日本』〈年報・近代日本研究三〉山川出版社、一九八一年）二六八—六九ページ。
(15) 「第二内国勧業博覧会開設ノ件」（『公文録』明治十二年・第五十三巻・明治十二年四月・内務省一）。
(16) 「三品能久親王内国勧業博覧会総裁被命ノ件」「卿松方正義外一名内国勧業博覧会副総裁被命ノ件」（『公文録』明治十三年・第百二十巻・明治十三年一月—六月・官吏進退（内務省））、農商務省は明治十四年四月設立。
(17) 前掲國『博覧会の時代』八八ページ。
(18) 「内国勧業博覧会事務局当分ノ内暑中休暇ヲ止ム」（『太政類典』第五編・明治十四年・第五巻・官規・賞典恩典）。
(19) 前掲國『博覧会の時代』一〇四—一一六ページ。
(20) 「第四回内国勧業博覧会開設ヲ延期ス」「内国勧業博覧会々場地並第四回開設年期ヲ定ム」（『公文類聚』第十六編・明治二十五年・第三十四巻・産業三・漁業・博覧会共進会）。ほかに仙台商業会議所も東京以外の土地での開催を希望していた。
(21) 「第四回内国勧業博覧会開設年期ヲ更正ス」（『公文類聚』第十六編・明治二十五年・第三十四巻・産業三・漁業・博覧会共進会）。
(22) 前掲國『博覧会の時代』一三〇ページ。
(23) 小野芳朗「博覧会と衛生」（吉田光邦編『万国博覧会の研究』思文閣出版、一九八六年）二七〇—七五ペー

ジ、前掲國『博覧会の時代』一三七―一四三ページ。なお、地方行政のみでなく、中央行政でも内務省衛生局および臨時陸軍検疫部などが検疫・防疫事業にあたった。
(24) 前掲國『博覧会の時代』一四一―四二ページ。
(25) 同前一五三ページ。
(26) 同前一七一―二ページ。
(27) 前掲松田『帝国の視線』七八ページ。
(28) 中村尚美『大隈財政の研究』(校倉書房、一九六八年)一四六ページ。
(29) 吉田理『徳山地方の人物を語る』(春風荘書房、一九三九年)一五四―一五六ページ。
(30) 「國廣八助日記」(個人蔵)。下向井紀彦氏が古本屋にて購入。
(31) 第四回内国博では、農林館の場合、陳列台のみが博覧会事務局によって用意された(『第四回内国勧業博覧会事務報告』第四回内国勧業博覧会事務局、一八九六年、二三三ページ)。ただし、出品者負担といっても実際は地方庁事務局が補助することが多く、そのため第五回内国博では、博覧会事務局も各地方庁へ陳列棚(陳列箱)および陳列台の製造費を補助している(『第五回内国勧業博覧会事務報告』〈上巻〉農商務省、一九〇四年、三三五ページ)。
(32) 前掲吉見『博覧会の政治学』九四―九五・九九ページ。
(33) 藤岡里圭「高島屋草創期における博覧会の役割」(『経営研究』第五〇巻第一・二号、一九九九年七月)二五九ページ。高島屋は明治二十九年に初めてガラス張りの陳列棚を配置している。
(34) 鈴木淳『新技術の社会誌』(中央公論新社、一九九九年)一三六―一三七ページ。
(35) 濱田増治「出品陳列装飾の概念並びに博覧会装飾の要諦」(アトリエ社編『出品陳列装飾集』〈現代商業美術全集第一一巻〉アルス、一九二九年)。ただし、④同業者の隣接、に関しては、博覧会に限らず問屋街などの形で都市の従来型常設店舗においても見られる。
(36) 廣瀬尋常「博覧会特設館の設計及び工作上の問題」(同前一九ページ)。
(37) 濱田氏はそれぞれにおいて連合出品があるとして、より分類を細目化しているが(前掲濱田「出品陳列装飾の概念並びに博覧会装飾の要諦」六ページ)、ここでは単純化した。

(38)『法令全書』〈明治二十三年〉一九五―六ページ、同書〈明治二十四年〉二五〇ページ。
(39)服部一二著・小幡剛校『普通利息算』（文満堂、一八八七年）。
(40)「山口県勧業事務沿革（第一回年報）」明治期政府布達類四〇二（『山口県史』〈史料編近代四〉六五―七一ページ、所収）。
(41)山口県知事官房編『山口県職員録』（小原松千代、一八九八）。
(42)「山口県各郡物産解説」（『山口県史』〈史料編近代四〉五―六ページ）。
(43)前掲「山口県勧業事務沿革（第一回年報）」。
(44)物産陳列場の目的は「製品ヲ一場ニ列シ其優劣ヲ較ヘ以テ濫製粗造ノ弊ヲ矯《た》メ、且ツ辺境僻地ノ物品ヲシテ販路ヲ広ムル媒介ヲ為スコト」であった（同前）。
(45)『山口県史』〈史料編近代四〉八―一一ページ。
(46)『山口県史』〈史料編近代四〉三四―五〇ページ。
(47)『山口県史』〈史料編近代四〉三四―五〇ページ。
(48)「兵庫県平民小西新右衛門外十五名神戸姫路間鉄道布設ヲ稟請ス批シテ線路延長馬関ニ達ス……」（『公文類聚』第十一編・明治二十年・第三十四巻・運輸門四・河渠・橋道一）。
(49)『山口県史』〈史料編近代四〉九四九ページ。
(50)『山口県史』〈史料編近代四〉九四八ページ。その後明治三十年土佐郵船会社に吸収合併された。
(51)「徳山海運史の回顧談」（『山口県史』〈史料編近代四〉一〇一九―二〇ページ）。
(52)『大阪毎日新聞』明治三十年二十七日。
(53)日本経営史研究所編『創業百年史〈本編〉』（大阪商船三井船舶株式会社総務部社史編纂室、一九八五年）三〇ページ。
(54)『大阪毎日新聞』明治三十年八月九日。
(55)吉見俊哉氏は、第五回内国博を境として、生産奨励の博覧会から販路拡大の博覧会への転換が起こったとする同時代の証言を援用しているが（前掲吉見『博覧会の政治学』一七二ページ）、地域のレヴェルではより早期にそうした転換が起こっていたものと思われる。

(56) 高村直助「鉱山官営政策とお雇い外国人―ゴットフレイらの役割―」(同編『明治前期の日本経済―資本主義への道―』日本経済評論社、二〇〇四年)一〇五ページ。
(57) 内藤隆夫「明治期佐渡鉱山の製錬部門における技術導入」(『経済学研究』〈北海道大〉六二―三、二〇一三年二月)九五―九六ページ。
(58) 中山茂「博覧会と特許」(吉田光邦編『万国博覧会の研究』思文閣出版、一九八六年)一八四ページ。なお、この井上の意見書は明治十七年七月に作成されたものと推定されている(当時、井上は制度取調局御用掛)。
(59) 同前一八五ページ。
(60) 同前一九四―五ページ。
(61) 日本工学会編『明治工業史』〈鉱業篇〉(啓明会、一九三〇年)一七一―二ページ。
(62)『日本鉱業会誌』(第一号、一八八五年)六ページ。
(63) 廣田理太郎「「うおーたあ、れーなー」式鑿岩機ニ就テ」(『日本鉱業会誌』第二〇九号、一九〇二年)。
(64) 渡辺渡「本邦鑛業進歩ノ概況」(『日本鉱業会誌』第二二〇号、一九〇三年六月)。渡辺は日本鉱業会会長も兼務していた(佐々木享「渡辺渡の生涯と日本鉱業会」『日本鉱業会誌』第九〇号、一九七四年七月、七ページ)。
(65) 前掲内藤「明治期佐渡鉱山の製錬部門における技術導入」一〇四―一〇六ページ。
(66)『内国勧業博覧会出品目録』各回(『明治前期産業発達史資料』所収のものを利用)。
(67)『第五回内国勧業博覧会出品目録　第四部採鉱及冶金』(『明治前期産業発達史資料』勧業博覧会資料一二一)。第十八類「冶金製品」、第十九類「採鑛及冶金ノ方法」での出品は見られない。
(68)『佐渡鉱山説明書並附録』(三菱史料館所蔵史料、MM―〇〇〇四二)。なお、同史料を用いて佐渡鉱山の製錬方法を詳述した「選鉱・製錬関連資料」(グリーンシグマ編『旧佐渡鉱山近代化遺産建造物群調査報告書』佐渡市教育委員会、二〇〇八年)もある。
(69) スペシャル式ポンプ(直動式)は、コルニッシュ式より効率が悪かったものの、はるかに小型で、設置の手間も少なく、捲揚器より安価に入手できたとされる。三池炭鉱や高島炭鉱では、明治十二年頃から使用されていた(鈴木淳『明治の機械工業』ミネルヴァ書房、一九九六年、一一七ページ)。
(70) コンパウンド・ダイレクトポンプは、明治ゼロ年代に高任坑の開削に際して導入されたことが明らかにされており（内藤隆夫「佐渡鉱山実習報告（報文）の検討」『受託研究「近代佐渡金銀山の歴史的価値に関する研究」二〇一一年度調査報告書』二四ページ）、ここでは同種のポンプを新たに設置したものと考えている。

(71) 選鉱とは、採鉱によって得られた鉱石を、適切な大きさに破砕し、粗鉱の大きさや品位に応じて選別する過程を言う。鉄製手選帯の詳細な機構は不明であるが、おそらく鉱石を運ぶ鉄製のベルトコンベアの導入を意味すると推測される。

(72) 各製錬方法の詳細については、前掲内藤「明治期佐渡鉱山の製錬部門における技術導入」、拙稿「佐渡鉱山の内国勧業博覧会への出品とその技術的評価」（小風秀雅編『受託研究「佐渡金銀山の歴史的価値に関する歴史学的・史料学的研究」二〇一〇年度調査報告書』二〇一一年）参照。

(73) 内藤隆夫「近代佐渡鉱山の技術的進歩」（前掲『二〇一〇年度調査報告書』）二九ページ。

(74) 鈹とは、銅などの重金属を含む硫化鉱を精錬するときに硫黄と鉛が結合してできる中間生成物で、溶鉱炉で融解すると底に沈む不純な硫化物を指す。

(75) 内田星美「技術移転」（西川俊作・阿部武司編『産業化の時代　上』〈日本経済史4〉岩波書店、一九九〇年）二八四ページ。

(76) これは当時機械工業の分野全般において国産化の見通しが立っていなかったことを意味しない。明治二十年代においても、炭砿用の機械類（＝汽罐・ポンプ・捲揚器・鋳鉄管）の全て、および旋盤などの工作機械の一部を製作するような総合的機械工場が存在し、外国製品に対する価格競争力も十分に有していた（前掲鈴木『明治の機械工業』一二三―一二四ページ）。佐渡鉱山が使用していたポンプや汽罐の製造元を体系だてて整理する用意はないが、長崎の三菱造船所が一部を供給していた可能性はある。

(77) 「佐渡金山の改革と工夫の不穏」（『読売新聞』一八九八年七月三十日朝刊）、「佐渡鉱山廃坑の噂」（『読売新聞』一八九八年十月十日朝刊）。

(78) 『第一回内国勧業博覧会審査評語』一（『明治前期産業発達史資料』勧業博覧会資料一九一）二二ページ。

(79) 『第二回内国勧業博覧会審査報告書　第一区、第二区―一』（『明治前期産業発達史資料』勧業博覧会資料一五四）五三ページ。

(80) 『第四回内国勧業博覧会審査報告書　第六部鉱業冶金術』（『明治前期産業発達史資料』勧業博覧会資料八三）

一ページ。

(81)『第五回内国勧業博覧会審査報告　第四部』(『明治前期産業発達史資料』勧業博覧会資料四八)。

(82)同前、以下断りのない限り本書からの引用による。

(83)前掲『佐渡鉱山説明書並附録』。

(84)これらの技術は、すでに『日本鉱業会誌』が紹介しているものでもあった。神田礼治「佐渡鑛山ノ堀下唧筒」(『日本鉱業会誌』第四六号、一八八八年)、渡辺渡「佐渡鑛山運搬改良法」(『日本鉱業会誌』第五八号・五九号、一八八九・九〇年)、中村啓次郎「佐渡鑛山搗鑛製錬法ニ係ル研究」(『日本鉱業会誌』第一五八・一六一号、一八九八年)。

(85)前掲『明治工業史』〈鉱業篇〉一三四ページ。『日本鉱業誌』〈第五　諸表〉(『明治前期産業発達史資料』別冊(68)―4所収)。

〔付記〕「國廣八助日記」は下向井紀彦氏のご好意により閲覧および研究利用を許された。記してお礼申し上げる。

なお本章は、お茶の水女子大学が新潟県教育庁から受託した「佐渡金銀山の歴史的価値に関する歴史学的・史料学的研究」(研究代表者：小風秀雅)と成果を共有している。

第3部　「国際交流の現場」を明らかにする——外交の実態

第6章　近世日朝知識人の文化交流
──『鶏林唱和集』を中心に──

鄭　英實

はじめに

朝鮮通信使の研究は、韓国・日本を中心に数多くの専門家が分析を進めている。いわば、近世東アジアをまたぐ核心的課題のひとつといえ、さまざまな視角から通信使の記録を考察し、豊富な歴史事実が抽出されてきた。本章は、そのなかから通信使来日によって編纂される「筆談唱和集」に注目したい。

一七一一年の辛卯・正徳通信使の派遣による関連記録は大きく三つに分けられる。まず、朝鮮の記録に当たる使行録は、正使趙泰億の『東槎録』、副使任守幹の『東槎日記』、押物通事金顯門の『東槎録』、軍官韓範錫の『日本使臣日記』[1]、合計四点が確認され、多様かつ有益な史料として通信使研究に活用されてきた。しかし、これらの文献はもっぱら朝鮮側の立場により記録、編集されたものであるため、日朝交流の相互作用という点においてはいくぶんか偏っているとみるべきだろう。

実際、趙泰億と新井白石の筆談記録である『江関筆談』を例にあげると、朝鮮側と日本側の記録では大きく異なっている。文字の異同はもちろん、それぞれ添削が加えられ、同じ作品であるはずものが違った形に変化しているという矛盾が存在する[2]。このような問題点を補うためには使行録を通じて朝鮮側の視線を取り込む一方、日本側の記録に対する接近が必要となろう。

次に、日本では新井白石や雨森芳洲など対朝鮮外交において多大な影響を与えた人物に研究が集中している(3)。白石は辛卯・正徳通信使の際、通信使の聘礼改変を要求するなど、朝鮮との対等な外交関係を結ぶために強力な改革と実践を主導した人物としてよく知られている。しかし、これは一時的な現象に留まり、新井白石の失脚とともに彼の政策もすべて廃止されたという限界を持っている。

雨森芳洲は対馬藩を代表する儒官として朝鮮外交の実務を担当し、交隣誠信の精神を後世に伝えるため数多くの著作を残しているが、地方官の身分を超えた幕府政策の実現にまで影響力を持つことはできなかった。これらの先行研究は大いに参考とすべきだが、筆者の関心は日本社会における通信使への眼差しや、朝鮮観を明らかにすることにある。

その課題に最も有益な文献は、本章が取り上げる筆談唱和集である。これは朝鮮通信使と日本の文人が唱和した詩文や文章のみをまとめた日朝共同の創作物であり、現在まで約四〇〇種が確認されるほど盛んに作られた(4)。朝鮮側の立場で記録および編集されている使行録、または特定の個人の見解をまとめた文献と比べ、筆談唱和集は日本の立場や当時の環境を反映しているため、より具体的な日朝交流の現場がみえてくる。

最近、韓国ではこの筆談唱和集に関する研究が盛んになり、その代表的な研究者として許敬震と具智賢を取り上げておこう。特に許敬震氏は「朝鮮後期の通信使筆談唱酬集の収集・翻訳及びデータベースの構築」という研究課題を定め、韓国漢文学の領域拡大を目指す一方、筆談唱和集に対する多角的接近を試みている(5)。また具智賢氏も朝鮮後期の筆談唱和集研究叢書シリーズを通じて、筆談唱和から見る日朝知識人の接触及びその実態を明らかにしている(6)。とりわけこの分析結果により、韓国の通信使研究における使行録から筆談唱和集への移動がよく理解でき、大変興味深い。しかし、両氏の視角は朝鮮人の立場からみる日朝知識人の交流を描いているため、一方通行的な関係論に陥る恐れがある。日朝双方の視角を反映させるのは難しい作業であるが、日本の立場を論点にすることは通信使研究をもっと立体化するために欠かせない。

一方、日本における状況はどうだろうか。高橋昌彦氏の研究によると[7]、辛卯・正徳通信使の際に編まれた筆談唱和集のうち、最も代表的なものは『鶏林唱和集』[8]が挙げられる。これが注目されるのは、対馬から江戸まで通信使がたどった道程、つまり一三州一九か所でおこなわれた唱和の記録を最も豊富に収録しているからである。さらに幕臣、藩士、漢学者、本草学者、俳人、画家、書家、神職、製墨者、医者、僧侶など日本側の一二一名が登場する。ちなみに書名で使われている「鶏林」という言葉は、新羅王京（鶏州）の地名から由来し、転じて、朝鮮の別名として使われる[9]。

『鶏林唱和集』では一般的な漢詩の唱和以外にも、朝鮮の官制、科挙制度、薬草・漢方の知識、動植物の分類や名称、日本の書法、音楽、中国の書物、日朝両国の風俗・宗教、日本の対中国貿易など、分野を問わない多様な話題が日朝の文人の間で論じられていることが分かる。日本における筆談唱和集の出版と伝播から考えてみると、『鶏林唱和集』の編纂は日朝交流の領域に対する範囲を想定するとともに、通信使の派遣における東アジアの情報の移動に関するより具体的な推移の分析が可能になる。

なお、移動の経路や日程に重点を置く使行録に比べて、両国の文士が交えた唱和・唱酬[10]から、当時の具体的な状況がみられるという点も唱和集が持つ大きな特徴である。たとえば、辛卯・正徳通信使の際、使行録が伝える林家の記述は極めて少なく、事実関係においても遺漏が多い。これに対して『鶏林唱和集』には、大学頭を含む林家、林家の門人の作品、さらに林家の唱和に対する通信使の贈答詩が豊富に収録され、林家と朝鮮通信使の接触やそのなかでみられる相互認識など、使行録では明らかにならない史料が確保できる。

本章では、この良質な素材である『鶏林唱和集』を取り上げ、その成立および構成上の特徴を考察することにより日朝交流の具体像を解明する。さらに、ここでみられる林家関係の記述に分析を加え、使行録では確認できない通信使と林家の交流についてその実状を明らかにしたい。

一 『鶏林唱和集』の編纂目的と編纂経緯

まず、『鶏林唱和集』の識語と序文を通じ、筆談唱和集の編纂目的を究明しながら、筆談唱和集が編纂されるまでの経緯について考えてみよう。

1 編纂関係者

『鶏林唱和集』は一七一二年（正徳二）五月、出雲寺和泉掾、瀬尾源兵衛、唐本屋清兵衛の合刻により、一六巻（一六冊）で刊行された。来日した辛卯・正徳通信使の帰国日が同年二月十八日で、そこからたった三か月間という短いうちに大作が出版されたのである。ここで登場する出雲寺和泉掾と唐本屋清兵衛は、『慶長以来書賈集覧』にも御書物所として取り上げられている由緒ある本屋であり、[11] 出雲寺和泉掾は林羅山の一族とも伝えられている。[12] 代々幕府御用を務めるほど権威のある書舗の存在こそ、『鶏林唱和集』という大作が刊行される大事な要因になったと思われる。

(1) 瀬尾用拙斎（一六九一～一七二八）

瀬尾用拙斎（維賢）[13] は『鶏林唱和集』の編集者である。家業は京都の書肆「丸屋」であるが、伊藤仁斎（一六二七～一七〇五）と入江若水（一六七一～一七二九）に学び、儒者・漢詩人でもあった。そのため『鶏林唱和集』には一四首の漢詩をはじめ、東郭（李礥、製述官）、龍湖（嚴漢重、書記）、泛叟（南聖重、書記）、鏡湖（洪舜衍、書記）に贈った文章などが収録されている。

用拙斎はこのほかにも『鶏林唱和集』の続編にあたる『七家唱和集』（一七一二年、一〇巻（一〇冊））、一七一九年の己亥・享保通信使来日時の『桑韓唱和塤篪集』（一七二〇年）など、通信使関係の唱和集の代表的大作を出版している。筆談唱和集はあくまでも商業目的により出版されるのが一般的であるが、このような大作の出版は自ら文人でもあった用拙斎が編集者だったので可能な作業になった。

まず、用拙斎が『鶏林唱和集』の見返しに記した編纂の識語を見てみよう。

時は光る朝廷にあたり、四海が維新の教化を仰慕し、徳化が遠い地域まで広がって、三韓が善隣の儀礼を結んだ。今、書は文字を同じくするから翻訳する必要もない。そもそも詩は志を言うため、すぐれた人才はすべて見られる。軽くて白い絹のような三都の文章を誇り、金玉がきれいに鳴り響くよう両国の音を操る。ここに、ずば抜けた詩文を集めて刊行した。急いで編録を得たので順序には先後がないが後世の美談として提供し、永遠に文林の遺芳として残すことにしたい(14)。

朝廷の徳を称賛することから始まり、漢字という共通文字を媒体に詩文による文化交流をおこなう日朝の状況を述べている。美しい絹や金玉の清雅な響きは日朝文人の優れた文章を表す言葉として、通信使との唱和を重んじる用拙斎の知識人としての誇りとともに、この筆談唱和に対する期待が感じられる。数多い作品のなかから、とくに優れた文章を選び集めた『鶏林唱和集』の編纂は、日本の文壇においても両国の交流を記憶・伝承させるための意義深い仕事だと、その主旨を明らかにしている。当時、この唱和は単純な文化交流の段階を超え、東アジアの先進文化を享有する交流の場で、唱和集の刊行という過程を経て、日本の文人がそれぞれの実力を日本全国に披露する契機となった。

(2) 松崎蘭谷（一六七四〜一七三五）

序文を書いた松崎祐之多助(15)は松崎祐之、つまり松崎蘭谷のことである。江戸時代前半の儒者であり、草書、隷書をよくした書家でもある蘭谷は、伊藤仁斎に学び、その推挙で丹波国篠山藩につかえる。

辛卯・正徳通信使の際には、東郭（製述官）と二回にわたって朝鮮の官制、諺文、風俗（女性の再婚）のような朝鮮社会像はもちろん、鳥類、植物など、さまざまな分野にかけた筆談をおこなっている一方、九首の唱和詩も『鶏林唱和集』に収録されている。瀬尾用拙斎と同門であることにより、この序文を手掛けたのだろう。

序文は次のようである。

昔、外国が本朝と礼をとり結ぶことはその種類が一つではなかった。そして、つながったり切れたりして朝廷に至るのが一定していなかった。ただ三韓との交遊だけは最も長い間切れることがなかった。それゆえ、感慨を詩や文章にくり広げた作品は、時おり残簡や残本に伝わってはいるが、しかしそれらはみな貴族、官僚から出たことであり、士庶には及ばなかった。世が次々と移り変わり、今ではそれらを徴するのは容易ではない。そうであれば、何として教化の美しさが広く事物に及ぶことを見られようか。去年朝鮮の聘使趙泰億等が文武官員を導いて訪ね、国家の友好を厚くした。対馬州を経由し、海に沿って東に向かい、難波に至り、京師を経て、駅づたいに江戸に到着した。往来はもう十数か月かかっている。通り過ぎた都・府・州・邦では、公的には接待し、私的には面会し、すぐれた人才が星や雲のように集まってきた。そして、かの国の文人たちとともに、筆墨輝かせ、詩を競いあった。まことに盛大なことではないか。それが閭巷に伝わったのはおよそ数百編、好事家である洛人奎文書舗〔瀬尾用拙斎〕があまねく探し求めて刊行した。その後さらに若干篇を得て続編を作った。ああ、天下が大きいため人才は千万人どころではないが、この集まりに一緒にした人々はやっとその十分の一である。会えば必ず詩の唱酬があるが、本を編む人の手に落ちるのはまたその十分の一である。その多士済々さはこのようである。まことに称えるに値しよう。まさに今、諸侯が徳を承る日に、廟堂〔幕府〕で文を崇尚するのみならず、民家に至るまでまろやかな気運がお互いに応じあい、あり余る感応が海外まで及んでいる。その結果、声教があまねく広がり、雅頌が盛大であり、燦然と今に見ることができ、厳然と後世に徴験することができる。かりに理想の世であってもまたこれに加えることがあろうか。これが、お互いに一緒に喜びながら踊り、太平御代における道の顕現の美しさをたたえる理由である[16]。

蘭谷の序文でまず目立つのは、「しかしそれらはみな貴族、みな官僚から出たことであり、士庶には及ばなかった」という語である。前文を参考にすれば、長く続いてきた日朝交流の歴史においては、いわば唱和ともいえる接触がかろうじてあった。しかし、そのような活動は、主に貴族や官僚中心のものであり、その記録もまとまった文献になっていないため、一般の庶民はこのような先進文化を享有することができなかった。結局、唱和集の編纂目的は庶民にもそれが浸透する一つの機会を与えることにあるのだ。

続いて、通信使の路程を簡略に説明した蘭谷は、唱和集編纂の経緯について述べている。通信使が江戸へ着くまで、各沿路ではさまざまな唱和会が設けられる。参加を求める人材は星と雲のように集まり、自分の実力を広げて見せる機会を得る。そして唱和会で作られた作品数百篇が民間に出回り、またその一部のみが収集されて編纂される。結局、唱和集に載せられた作品は、日朝交流詩の精粋であることを強調しているわけである。蘭谷において世の中の文人が通信使との唱和を求めて全国から集まってくるのは、諸大名の徳（文を尊ぶこと）が庶民へまで至った証拠であり、太平盛時を意味するのである。蘭谷において『鶏林唱和集』の編纂は、庶民との先進文化共有、そのものであると言える。

以上、『鶏林唱和集』の編纂者と編纂の経緯について考察した。この大作が編纂できた背景には、御書物所を務めるほど規模を備えた由緒ある本屋の存在、そして京都出身の儒者でもある書舗の存在、先進文化を庶民とともに享受しようとする愛民の精神が挙げられる。実際、見返しの識語および序文には自国文化に対する強い自負心とともに、両国の文人が直接会って詩文を交える貴重な経験を楽しみ、またそれを一般の民にまで広げようと考える志向を看取できた。そして、日朝文人の厚い交友から平和を求める日本の知識人が存在感を示している。

2　唱和集の編纂過程

前項では、唱和集の編纂目的について考察したが、本項では唱和会の成立過程を検討し、それが唱和集の編纂にどのような効果をもたらしたのかを考えたい。

(1)　唱和の規定

通信使との公式な唱和会が成り立つためには二つの方法が存在する。一つ目は、許可無しには宿所から離れられない通信使一行に日本人が直接訪ねて、仲介役である対馬藩士を通じて名前を伝達、唱和を要請する方法である。いかに地位が高くても日本人が通信使と勝手に接触するのは幕府により厳しく禁じられており、すべてのことは対馬藩の指示に従う。しかし、この方法は唱和会参加者に対する事前検討ができないし、何よりも参加人数の調節に支障をきたし、唱和会の水準低下の原因になった。

二つ目は、対馬藩が事前に各地の大名に文士の派遣を要請し、その選ばれた文士らが訪問して唱和をおこなう方法である(17)。これは、優れた人物を選抜することにより、唱和会の水準を高めるための対策であり、幕府より奨励される方法であったが、どちらとも形式上、対馬藩の規定に従う必要があった。

なお、唱和の内容においても順守しなければならない規定が存在し、それはさまざまな文献から確認できる。そのような規定は、日本人だけではなく通信使一行にも対馬藩から伝達される。ここでは一六八二年（天和二）の壬戌・天和通信使来日で、対馬藩から朝鮮側に伝えられた要請の内容をみてみよう。

休息之間ニ三使中含候趣真文ニ調之、年寄共三使休所ニ持参候而、上々官へ渡之、和文左ニ記之〔和文（略）〕三使幷学士等、詩文御作り候時分、日本ニ御嫌之字文ハ不挨拶之儀抔御書載無之様ニ與存候、只今之御執権方茂、学文御好候故、事ニより前代より有来候儀與而も御改被成候事も有之儀ニ候、今度御作意

之詩文何茂書記公儀へ差上申事ニ候条、差合候儀、無之様ニ可被成候、以上。

休息の間に三使臣へ申し含める内容は漢文で書き、年寄たちは三使臣が休憩している所へ持って行なって、上々官へそれを渡す。和文は次のように記す。〔和文は一部省略〕三使臣および学士等が詩文を作る時には、日本が忌避する文字や礼儀を失する内容などは書かないようにすること。ただし、今の執権〔幕府大老、堀田正俊〕も学問が好きであるため、場合によって前代からある規定を変える可能性もある。今回作られた詩文も記録して、公儀〔幕府、つまりは林家〕に提出するので、間違いのないように。以上。[18]

対馬藩の要求は日本人が嫌がる記述や礼儀に背く行動を避けてほしいというものであった。その具体的な内容については明らかではないが、使行録によく見られる日朝の摩擦から推測してみると、①文禄・慶長の役による敵対感を表現しないこと、②日本を野蛮の国として描写しないこと、③日本の文化や景色を貶さないこと、などが想定できる。

実例として、前回の一六五五年〔明暦元〕の乙未・明暦通信使来日では、富士山の詩をめぐる日朝の衝突が起こった。日本が誇りに思う富士山を通信使一行があざ笑ったことから始まったのだが、このような日朝知識人の衝突は、両国双方とも利益にならない単なる消耗戦に過ぎなかった。

さらに対馬藩は、唱和の記録がすべて幕府に提出されるものだと注意を促している。このような規定は通信使にとっても相手を配慮し、礼儀を備える一つの仕掛けになっただろう。善隣友好の確認という通信使派遣の目的から考えてみても不必要な摩擦は事前に防止すべしというわけである。筆談・唱酬をなるべく制限しようとしたのは対馬藩独自の方針ではなく、幕府の通信使来聘に関する責任者であった信使御用人水野右衛門大夫の考えによるものであった。つまり、筆談・唱酬は内容を記録し、その記録を幕府に提出するようにしたのが一六五五年に設けられた方式なのである。[19]

以上の方針はこの後も維持され、一七六三年（宝暦十三）癸未・明和通信使の際にも同様の規定があった。

> 朝鮮人へ詩作を贈答幷ニ筆談ニ罷出候者、一通之対話之主意相認候義、曽古来ゟ二義両説之疑敷所を談シ、或ハ風雅を以贈答仕候様成事者不苦候得共、一分之学力を自負之為異国を詰り、或ハ彼国之事を尊之候とて我国をあざけり候様成筆談等、第一国体を不弁筋違候様相見へ候、林大学頭方ニ而ハ、天和以来弟子共差出し候節、詩作贈答斗ニ而筆談等ハ決而仕間敷段堅申付来り候、依之此度出席之者共も右ニ准シ、詩作之唱和ハ格別、国体を心得違候様成無用之雑事筆談不仕様可相心得候、尤筆談幷ニ詩作之唱和之度々役人其座ニ立会不洩様取集、林大学頭方へ不残差出シ候筈ニ候、且又筆談之義相願候者之外給仕等ニ罷出、又ハ相雑罷出候者共ハ、筆談出席之者抔へ相願候て詩文贈答仕来候者も有之様ニ相聞候、此義猶又如何成事ニ候間、相願候人数之外ハ詩作贈答堅仕間敷事ニ候、右之通可被相触候。[20]

朝鮮通信使の人々へ詩作を贈答したり、筆談にやって来た者は、おおよその対話の主旨を書いておき、かねて古来より存在する両説について議論をしたり、風雅を以て贈答することは結構なことだが、ちょっとした学力を自慢するために異国をけなしたり、かの国を尊ぶため我が国をあざけったりして筆談することなどは、最も重要な国体をわきまえず、筋違いのように見える。林大学頭家では、天和年間（一六八二年、壬戌・天和通信使の時）以来、弟子を差し出す場合、詩作贈答だけしかおこなわせず、筆談などは決して行なわないよう堅く命令してきた。これによって今回出席する者たちもこれまでの規則に従い、詩作の唱和は特別なものだが、国体を勘違いするような無用の雑事筆談はしないように心得るべきである。なお筆談および詩作の唱和のたびに役人がその場に立ち会って、漏れることなく記録し、林大学頭にすべて報告することになっている。かつまた、筆談を願う者以外は給仕（食事係、世話係）などとして出席し、または雑用などで出てくる者たちは、筆談に出席する者などに願みこんで詩文の贈答を行なったりすることもあると聞いているが、このような行為はやってはいけないので、筆談出席者以外は詩作贈答を固く禁止する。右のとおりに皆〔関係者〕に伝えておくべきである。

以上の記録からわかるように、唱和の規定は通信使だけではなく、唱和会に参加を希望する者、通信使が通過する沿路に位置する諸藩なども各種の留意事項として詳しく知っておく必要があった。

日本側にとって最も重要なのは、「国体」〔幕府の政治体制〕を守ることである。そのため、幕府は二つの点を禁じている。第一は、ささいな知識を自慢するために朝鮮を批判することだった。第二は、朝鮮を尊ぶため日本をあざけることがそれである。したがって、詩文の唱酬は別として、筆談はできるだけおこなわないものとし、また、最初に出席を許可した以外の者が詩文の唱和に加わることを堅く禁じている。

そして唱和会で紹介した作品はすべて林家へ提出されることも周知させる。実際、提出された唱和文に対して林家がどのような措置をしたのかは不明だが、その提出は確かに実践されていることが、いくつかの文献から確認できるのである。

林家への提出は、幕府による検閲を意味し、通信使だけではなく唱和を求める日本人にも大きい負担になったものと考えられる。この規定により何らかの事件が起こり、あるいは幕府から直接的な制裁が与えられたという記録は見あたらないが、公儀の統制という面で象徴的な意味を持たせているのだろう。

(2)　資料の収集

このように日朝双方による筆談はすべて幕府・林家へ提出される。そのため各藩は唱和会に儒官を参加させ、すべての内容を筆写した。またこの際筆写された情報は唱和集制作にも利用されている。

一七一一年（正徳元）辛卯・正徳通信使の際、貝原益軒が竹田春庵に送った書簡をみてみよう。

京都茨木多左衛門状下候、韓客京都江戸筆訳唱和、於京都刊行既成候、此地へ有之唱和早く上せ候者、可然由申越候、貴朋御存被成候書林刊行可仕由、申越候と見へ申候、早々遣候而可然候[21]。

京都の茨木多左衛門から書状が届いた。韓客の京都と江戸での筆訳と唱和は京都で既に刊行されている。この地域〔福岡藩藍島〕にある唱和文も早く京都へ送ることができるのかを茨木多左衛門は尋ねてきた。貴朋〔あなた、竹田春庵〕も御存じのように、書林で刊行したいという話だろうと思う。早々に藍島の唱和文を京都の茨木へ遣わすのが良いだろう。

福岡藩儒を退き著述業に専念していた貝原益軒（一六三〇～一七一四）は、竹田春庵（一六六一～一七四五）に手紙を送り、藍島で作られた唱和詩をすぐに京都へ転送するよう述べている。春庵は益軒に師事し、その推薦で福岡藩の儒官となった人物であり、朝鮮通信使応接役をつとめるため藍島に派遣されていた。益軒の手紙は、幕府に提出するため唱和詩を筆写しているという前提があったからこそ可能な提案だった。

手紙に登場するもう一人は京都の茨木多左衛門である[22]。茨木多左衛門は京都で開業していた書籍出版・販売業者であり、貝原益軒の著作や水戸家の蔵板書の出版で有名な人物であった[23]。茨木多左衛門は『鶏林唱和集』の刊行者としては明記されていないが、詩文収集には加わっていたようである。『鶏林唱和集』の刊行場所が京都であること、またそれとは別に貝原益軒の著作を出版していることから、瀬尾用拙斎の唱和集編纂に協力したのではないかと思われる。

なお、貝原益軒および竹田春庵も京都へ遊学し、木下門下など京都の諸門下と交わった経験があるため、用拙斎についてもある程度の情報を持っていただろう。結局、用拙斎は茨木多左衛門と貝原益軒の交誼を利用し、竹田春庵から福岡藩の資料を容易に収集することができた。

以上で考察したように、唱和集の編纂者たちは、各藩の朝鮮通信使応接役との交渉を近しい出版関係者を通して効率的に収集していたと想定できよう。『鶏林唱和集』という大作が通信使帰国後、わずか三か月ほどで刊行できた理由には、既に膨大な量の唱和文が幕府に提出するためにまとめられており、それらが全国に広がっている儒者と出版関係者のネットワークによって入手できたと指摘しておきたい。

二 『鶏林唱和集』の構成及び特徴

『鶏林唱和集』の首巻は、序文と一七一一年（正徳元）辛卯・正徳通信使一行の名簿、唱和に参加した日本側の文人一覧で構成されている。そこで両方の姓名録を分析することにより、日朝間に存在する認識の違いや、朝鮮通信使派遣による文化交流の諸特徴について考察したい。

1 韓使官職姓名

「韓使官職姓名」は、通信使の姓名・官職・出身地など、彼らの基本情報を記録したものである。総勢四九七名のうち四八名からなるこの一覧は、朝鮮側の通信使名簿に比べ、記録順序において明確な相違がみられる。

（朝鮮側名簿[24]）三使臣―子弟軍官―軍官―製述官―書記―堂上訳官―通事―医院―写字官―典楽―理馬……馬上才……。

（韓使官職姓名）三使臣―堂上訳官―製述官―通事―医院―写字官―軍官―書記―馬上才―理馬―典楽。

名簿の先頭に三使臣が位置するのは両方とも同じであるが、それ以後の順番には大きな違いがみられる。これは身分に対する両国の認識差が反映された結果であろう。まず朝鮮側からみると、朝鮮の名簿は先頭から両班、中人[25]、平民、賤民の順に並べている。そのため、堂上訳官であっても中人層にすぎない訳官は記録上、書記の次に位置している。さらに、軍官に対しても三使臣の親戚で構成される子弟軍官は、通信使としてはいかなる職役も持たないにも関わらず、武官である軍官の前に置かれている。結局、使臣としての貢献度より、朝鮮の身分制による位置づけに従っており、通信使名簿の順序は朝鮮社会の縮図としてみることができる。

これに比べ、「韓使官職姓名」は身分よりも通信使における重要度、つまり職責の軽重による並べ方になっている。その結果、三使臣の次に挙げられるのは、外交の現場では欠かすことができない通訳で、文化交流の前面に立って日本の文人の相手になる製述官である。堂上訳官とはいえ、身分制では中人に過ぎない訳官が両班の前におかれるようになったのである。これは、単なる認識の違いにみえるかもしれないが、このような相違は現実でも表れ、それが使行の一時中止にまで発展したこともあった。

辛卯・正徳通信使のとき、対馬藩から対馬府中で催される宴会の日程を聞いた通信使一行は、訳官が軍官より先に入場することに気付き、一七一一年七月二十五日に宴礼式の変更を要求する事件が起こった[26]。通信使派遣において訳官の役割は確かに大事なものとしても、あくまでも中人階層である彼らを軍官より先に置くことは受け入れられなかったため、軍官がまず入場するよう要請したのである。結局、翌日には朝鮮側の主張通り、軍官が先に入場することで決着がつき宴会が開かれるようになったが、対馬藩による訳官優待の姿勢に端を発したこの一件は、訳官に対する通信使内部の感情にかなり否定的な影響を与える契機になった[27]。

一方、通信使の身分に対する誤解による日本側の抗議もあった。一六三六年（寛永十三）丙子・寛永通信使の時に、通信使応接役に任命された林羅山は通信使内部に存在する官職の矛盾に対して疑問を持ち、朝鮮側に強く抗議するとともにその説明を求める。当時三使臣の官位をみると、正使任絖と副使金世濂は正三品堂上の通政大夫、従事官黄戻は正三品堂下の通訓大夫に任命されている。しかし、堂上通事である洪喜男は三使臣より高い従二品嘉善大夫であった。羅山は、従者に過ぎない訳官が三使臣より高い官位を受けていることに気づき、朝鮮側に抗議するため直接宿所を訪ねている。羅山は、朝鮮が日本を無視して三使臣を訳官より低い官位から任命しているのではないかと疑ったのである[28]。羅山は現職と名誉職を併記する朝鮮側の独特な官制システムが理解できずにいた。朝鮮の身分関係において、文官である三使臣はたとえ通事より官位が低くても、雑職とは比較にならないのであった[29]。

表１

号	姓　名	官　職	作品数
謙斎・平泉	趙泰億	正使	17首
靖菴	任守幹	副使	13首
南岡	李邦彦	従事官	16首
東郭	李礥	製述官	196首
龍湖	嚴漢重	書記	94首
泛叟	南聖重	書記	83首
鏡湖	洪舜衍	書記	97首
定谷（貞谷）	李爾芳	写字官	筆談のみ
昌周	鄭昌周	上通事	対話文のみ
亀岩	鄭纉述	軍官	１首
嘗百軒・斗文	奇斗文	良医	１首
黙斎	崔公	不明	１首
輔寛	不明	不明	１首
滄浪	洪老先生	不明	１首
			合計521首

以上、「韓使官職姓名」は通信使の職分に関する日本側の視角が表現されたものであり、日朝の社会認識にズレがあることを示唆する。続いて、韓使官職姓名に掲載された四八人のうち、実際の唱和に参加したとされる一四人を考察してみよう（表1参照）。

この表からも理解できるように、当時朝鮮側の文化交流の担い手は製述官を含む書記、いわゆる四文士が中心になっている。彼らが作った詩文は朝鮮側の約九割を占め、そのなかでも製述官は際立って多くの作品を残した。このような点からすると、日本との唱和においては製述官と書記三人が朝鮮の力量を見定める尺度になったといえるだろう。

２　鶏林唱和集編目

(1)　参加者の身分

「鶏林唱和集編目」は、通信使と唱和をおこなった一二一名[30]の日本文士を地域別に区分し、簡略な個人情報を記したものである。彼らの身分・職種をみると、幕臣、藩士、漢学者、本草学者、俳人、画家、書家、神職、製墨者、医者、僧侶など、さまざまな階層から参加していることがわかる。通信使がこのように多様な階層の日本人と唱和をしていたことは、使行録ではなかなかみえてこない情報である。

辛卯・正徳通信使では、新井白石による通信使諸聘礼改変が実施され、両国の間に深刻な外交論争が生じた。さらに、白石は代々の通信使との学術交流を担当してきた林家の代わりに、全国から人材を集め「七家」(31)を構成、通信使との交流に対応させた(32)。この七家は、朝鮮との交流において林家が日本の国体を守れないとし、朱子学の名分論に立脚してそれを是正しようとする白石の意図から始まった(33)。こうして、木下順庵の門下が中心になる新進文士の積極的な参与が目立つようになる。『鶏林唱和集』に見られる諸階層の幅広い参加もこのような社会的雰囲気の反映によると思われる。

白石は七家という集団を組織して、朝鮮通信使の応対に投入するとともに、異学派および官職のない文人が通信使と面会することを厳しく制限した(34)。朱子学以外の異学を蔑視する朝鮮の風土をよく知っていた白石なりの決断である。その結果、まだ形成初期であった徂徠学派には制限があり、極めて少ない人数だけが参加した。

朴昌基氏の研究によると、徂徠学派は少人数ながら、赤間関で山縣周南が、大坂では入江若水と藤其香が、そして江戸では安藤東野と秋本須渓が通信使と接している(35)。そのなかでも周南は五回にわたる通信使との面会を通じて文才を認められ、最後には正使にも接見した。正使が官職もない二十五歳の若者と会うのは非常に珍しい。しかし、『鶏林唱和集』の編目には、山縣周南ただ一人だけが挙げられているところで、実際の詩文はまったく収録されていない。編纂上のミス、または版本による違いかもしれないが、編目に名が挙げられているにも関わらず、詩文が省略されているのは周南が唯一の例である。結局『鶏林唱和集』には、徂徠学派の作品は一首も言及されていない。

このような徂徠学派の「排除」は、上述した白石の方針が唱和集の編纂にも影響を与えた結果ではないだろうか。徂徠学派の参加は規定を逸脱するもので、彼らの詩文が掲載されなかったのは、万一発生するかもしれない諸問題を事前に防ぐための編集者の意図が反映されている。

(2) 地域的特徴

『鶏林唱和集』は、東武（江戸）・京師（京都）・浪華（大坂）、そして諸州（一三州・一九か所）[36]など、唱和がおこなわれた地域ごとに分類されている。唱和の参加者はもちろん地元の人々が中心であるが、実際には会津（現福島県西部と新潟県の一部）、松山（現愛媛県松山市）、関宿（現千葉県野田市）、福井など、通信使の沿路より離れたところからの参加も確認できる。十七世紀以降、文化交流が活性化するのにともない、沿路上に位置しない地域でも文士と儒官を派遣して交流を奨励した。当時、儒学と漢文学、医学などでは朝鮮の優位が認められるため、各藩から通信使行員との交流を通じて積極的に教わろうとし、朝鮮の文化に対する憧れにその理由を探す見解[37]もある。

一方、日本の文人の間では、通信使との唱和を「文戦」に比喩する傾向も表われてきた。筆談唱和を表わす用語として「文戦」という単語が初めて使われたのは、最初の筆談唱和集ともいえる石川丈山（一五八三～一六八二）の『朝鮮筆談集』（一六三六年（寛永十三）刊）からだった[38]。なお、己亥・享保通信使の唱和集である『航海唱酬』の序文を作った荻生徂徠も通信使との唱和および唱和集を、戦争と戦利品に比喩している[39]。

通信使との唱和が外交の定例として本格的な軌道に乗るとともに、このような認識もみられるようになるが、これは日本の知識人の学問に対する自負心と考えられる。総じて、通信使との唱和を求めて各地から人材が集まるのは、通信使に対する憧れとともに、唱和をきっかけに自分の実力を披露し、その評価を得るためだった。

『鶏林唱和集』が述べるもう一つの地域的特徴は、大垣（現岐阜県大垣市）の文人の活躍であった。同書には約五六〇首の漢詩が収録されているが、そのなかで大垣では一二名の地元文士が参加し、約一一〇首に至る膨大な量の唱和詩を残している。これは『鶏林唱和集』の唱和詩の五分の一を占めた。これに対する朝鮮の贈答詩も六八首にのぼる相当の分量であり、彼らの詩文は巻一一から一三に載せられている。

使行録にもとづいて通信使の大垣滞在期間を調査してみると、往路の際には十月四日の夜到着して翌日の朝出発、帰路の際にも十二月一日の夜到着して翌日の朝出発している。他の地域と比べて特に長期間滞在したわけでもないにも関わらず、相当の分量の作品が収録されていることがわかる。

なお、大垣での唱和をめぐるもう一つの特異点は、対馬藩儒と大垣文人の唱和である。前述したように「鶏林唱和集編目」には対馬藩儒芳洲・鳳洲・春洲の三人の名が漏れている。しかし、実際の作品はきちんと収録され、しかも唱和を交えた相手は大垣の文士であった。芳洲・鳳洲・春洲はそれぞれ五首、二首、一首の交友詩を書き、大垣の文人へ親しみを表わしている。通信使の沿路とはいえ、一二名に至る参加者の規模、そして『鶏林唱和集』に収録されている日本側の詩文のうち五分の一を占めるほどの大量の詩文は、大垣の地域文化や、そこに暮らす知識人の高水準を示唆しているだろう。

地方の有名な文人であっても、対馬の仲介なしに通信使と接触することはできない。言いかえれば、状況は対馬藩との関係によりいくらでも変わる。山縣周南が正使に会えたのも彼の文才を高く評価した雨森芳洲の存在からこそ可能なことであった。結局、大垣が他の地域より通信使との活発な交流ができた理由は、このような対馬藩との親交によるものと思われる。

以上、本項では『鶏林唱和集』の編目に見られる日朝交流の諸特徴について分析を加えた。朝鮮側は製述官を含む書記たちがその中心になっているのに対して、日本側は一二一名にのぼる多様な階層の文人が実力を披露するため全国各地から参加している。林家の代わりに七家が設けられる一方、異学派や官職のない文人の通信使接見が禁じられているため、特に徂徠学派の唱和詩はすべて外されていた。しかし、一地域に過ぎない大垣の文人は対馬藩との親密な関係をもとに活発な交流をおこなっていた。結局、通信使と日本文人の唱和会はさまざまな利害関係から成り立っているのである。

表２

「班荊集」	二巻	木下菊潭（1667-1743、木下順庵の次男） 附児島景范（木下順庵の門人）
「正徳和韓集」	二巻	高玄岱（深見玄岱1648-1722） 附高但賢（長男）・高倫庸（次男）
「支機間談」	一巻	三宅観瀾（1674-1718、木下順庵の門人）
「朝鮮客館詩文稿」	一巻	室鳩巣（1658-1734、木下順庵の門人）
「桑韓唱酬集」	一巻	服部寛斎（1675-1721、木下順庵の門人）
「桑韓唱和集」	一巻	土肥霞洲（1693-1757、新井白石を師事）
「賓館縞紵集」	二巻	祇園南海（1676-1751、木下順庵の門人）

３　『鶏林唱和集』からみた林家と朝鮮通信使の交流

新井白石は「林家」の代わりに「七家」を構成して通信使との文学交流に対応させるつもりであった。しかし、大学頭であり、釋奠を主宰する林家は日本儒学界の象徴的存在であるため、白石も彼らを完全に除外することはできなかった。そうであるがゆえに、七家と林家の双方に通信使の応対をまかせるものとしている[40]。もっぱら七家の唱和文で構成されているのが『七家唱和集』である。本書は、『鶏林唱和集』と同様、出雲寺和泉掾、瀬尾源兵衛、唐本屋清兵衛の合刻により、一〇巻（一〇冊）で刊行された。その主題をみてみよう[41]。

この主題一覧からもわかるように、七家の大部分は木下順庵の門人で占められた。「正徳和韓集」の著者である高玄岱は、その師を明らかにしがたいが、白石の推挙によって江戸に出て室鳩巣・三宅観瀾とともに幕府の儒官として仕えた人物であったという点から、木下順庵門人との深い関わりが推測できる。結局、七家は白石の同門が中心になったのである。これは儒学による価値判断が一般的である朝鮮側との交流には、それに応対できる豊かな儒学的教養をそなえた文人が必要であると考えた白石の戦略であったと考えられる。

なお、林家が大学頭に任命されることにより剃髪を中止するなど儒学者としての面貌を備えているとしても前回の一六八二年壬戌・天和通信使の際はまだ学僧であったため儒学者としての林家はやはり生硬な風景であり、白石にとってもこれは重要な判断基準になったと思われる[42]。

一方、林家に関する唱和集は『鶏林唱和集』のほか、『韓客贈答別集』、『辛卯韓客贈答』が現存する。(43)『鶏林唱和集』には鳳岡・榴岡・確軒の三父子と通信使の唱和詩が巻一に収録され、林家門人の唱和集は巻二から一五にかけて各巻に載せられている。

七家の場合は単独の唱和集が刊行されているのに比べ、林家は『鶏林唱和集』の一部として取り扱われている。大学頭として日本儒学を代表する地位には就いていたものの、羅山死後、十八世紀の文壇において凋落した林家の位置づけが窺える。かたや、『韓客贈答別集』と『辛卯韓客贈答』は林家の唱和文のみで構成されているが、筆写本であるため刊行本ほどの伝播はなかった。

表3は『鶏林唱和集』に収録されている林家と通信使の唱和詩の数を整理したものである。林羅山の場合三使臣、読祝官など通信使の核心的人物と接しているのに対して、羅山死後の林家は製述官や書記、書画人など、通信使では中間階層に属する人々と交流するようになった。そのような傾向は唱和集にもみられ、通信使の最高責任者である三使臣〔正使、副使・従事官〕が林家三父子にそれぞれ七言律詩一首のみを贈り、林家側は送別詩を含め二首の詩を残した。これに対して製述官を始め書記たちとは、お互いにより活発な唱和をしていたことが確認できる。とくに東郭李礥は合計一一首の詩を作り、製述官としての任務を忠実に遂行していた。詩文の内容は両国の友好と相手の才能を褒めたたえるなど、外交の現場でよくみられる典型的な交流詩となっている。これは、両国人の文学会が儀礼的な性格が強いことに起因する。(44)

さらに、詩文唱和は同宗、同門の文士が集まってお互いに詩文を誇る場であったため、朝鮮文士が日本文士を褒めるのも日本の詩文に対する外交辞令程度に過ぎなかった。その結果、帰国後に書かれた使行録には、日本の儒学を指導する立場からアドバイスをするのか、日本の詩文が稚拙であると評価して日本の学問をけなすのが一つの定型だった。(45)

辛卯・正徳通信使の使行録における林家関係記事は、任守幹の十月二十七日の記事が唯一である。朴昌基の

表3

（単位：首）

通信使＼林家	林鳳岡（整宇）	林榴岡（快堂）	林確軒（退省）	合計（通信使）
正使・趙泰億（謙斎・平泉）	1＼2	1＼2	1＼2	3
副使・任守幹（靖菴）	1＼2	1＼2	1＼2	3
従事官・李邦彦（南岡）	1＼2	1＼2	1＼2	3
製述官・李礥（東郭）	4＼5	4＼4	3＼5	11
書記・嚴漢重（龍湖）	2＼4	2＼4	1＼3	5
書記・南聖重（泛叟）	3＼5	1＼3	1＼2	5
書記・洪舜衍（鏡湖）	2＼3	1＼3	1＼3	4
合　　計（林家）	23	20	19	

研究(46)によると、林家と通信使は十月二十七日および十一月八日の二回にかけて唱和会を開いている。しかし、後者についてはまったく言及していない。そもそも使行録に通信使が接触したすべての日本人に言及するのは物理的に不可能であるとはいえ、林家の位置づけから考えればその漏れは異常であった。

『鶏林唱和集』においては、林家と通信使の交流がもっぱら詩文によるものであったと考えられる。壬戌・天和通信使以来、林家およびその文人は、詩作はよいが筆談についてはこれを禁じることになっていたからであろう(47)。林家の唱和文が儀礼的な性格が強いのもそのような辞令による制限があったからと推測される。

それでは規定はきちんと遵守されたのか、書記南聖重と鳳谷の詩文から考察してみよう。南聖重は筆談ではないが、林鳳谷に送る詩文に短い序文をつけることで詳細な気持ちを伝達している。次に示すのはその序文である。

在昔。乙未使行時。羅山公曁春斎先公二難與我先君。有酬唱諸篇。作帖珍藏矣。今不佞遠渉鯨海。忝登龍門。並與令胤雙璧。周施於文酒之場。此實平替之所未期。而人世之奇遇也。故於前日和章略及是意。而坐於悤卒。未攄所蘊。迨今茹恨。茲敢次當時酬唱中両絶韵。忘拙録奉。且以途中志感一律幷此。仰呈伏乞斤正。仍賜和教以爲他日寶玩之具。千萬幸甚。(48) 泛叟

昔、乙未使行〔一六五五年、明暦元〕の時、羅山公および春斎公〔林鵞峯、鳳岡の父〕の二人と私の先考〔南龍翼（製述官）、南聖重の父〕が酬唱した文章が諸篇あり、帖に作って大事に保管してきた。今私は遠く鯨海〔東海、日本海〕を渉って、かたじけなくも龍門に登り、また、令息二人〔鳳谷と鳳池〕とともに、文酒〔唱和会〕の場で互いにやりとりを交わした。これは実に平素思いもよらなかったことであり、人の世の奇遇である。そこで先日、唱和文において大略そのことに触れたが、怱卒の間に作ったため、熟慮に欠け、今も残念に思っている。ここに当時の絶句二首を並べ、拙なさを忘れて再録し、あわせて途中の感慨を記した律詩一首を付する。献上申し上げるので、ご批判と教示を賜るとともに、今後の貴重な記念として頂きたい。 泛叟。

南聖重の父は、乙未・明暦通信使の製述官南龍翼であり、羅山との積極的な書信交換を求めた人物であった。(49)南聖重は、亡父と羅山・鵞峰との唱和詩に言及し、父に続いて林家と唱和をする喜びを述べながら、人生の奇遇であると感嘆している。それで、かつて先考の詩文から次韻して漢詩を作り、また新しく一首を加えて鳳岡の批評を求めている。先考たちの詩を次韻することにより代を継いた交友の特別さがもっと強調されるようになったと思う。

これに対して鳳谷は次のように述べている。

一會之後無由通問。正想謁之際。見贈瓊章。大慰心情。況足下和予父祖之詩者。可謂蓄思至矣。予再三巻舒。不覺涙之下也。令先人壺谷公之所作。今尚藏之矣。昔吾年幼空陪交筵。而不及酬唱大爲惋惜焉。今敢次示韻以償前債耳。茲謄寫令先人詩章以贈之。聊應來諭乞須留之。(50) 整宇

一度会った後、音沙汰がなかったため、正に謁見したいと思っていたところ、美しい文章を贈って頂

き、大変心が慰んだ。まして、足下が私の父祖の詩に和した作は、思いの積もったものいえる。私は再三これをくり返し読み、思わず涙が流れた。足下の先人である壺谷公〔南龍翼〕の作品は、今でもなお保管している。昔、幼かった時、私は交流の場に陪席したが、酬唱することができなかったことがたいへん残りとなっている。今あえて次韻の詩を示すことで以前の責務を償いたい。またここに足下の先人の詩章を謄寫してそれを贈り、いささか願いに対したい。どうかこれを大切にされることを。整宇。

通信使から祖父や南龍翼のことを聞いた鳳谷は、彼らの詩文をめぐって深い感懐にふけり、涙を流している。鳳谷の涙は先祖をしのぶ子孫の心でもあるが、南聖重の手紙と詩は、鳳谷において先祖の業績を称えつつもう一度林家としての自負心を想い起こすきっかけになったと思う。鳳谷は幼かった時（一六五五年〔明暦元〕、当時十一歳）、唱和に参加できなかった記憶を思い出し、代わりに詩へ贈答することでその時の気持ちを伝えた。

このように林家は、筆談は禁じられてはいたものの、詩文唱和に小序をつける形をとって交流を交えている。さらに、『通航一覧』(51) 巻百十「朝鮮国部八十六筆談唱和等天和度・正徳度」には、林家と通信使の間で行なわれた筆談の一部が紹介されている。ここで鳳岡・榴岡父子は製述官李礥とともに檀君・箕子朝鮮説・高麗後孫の現存・日本で科挙が実施されない理由・朝鮮王朝の服式など、多様な話題を論じている。結局、筆談の禁止という規定はあるものの、すべての筆談を統制することはできなかった。そのため、林家もさまざまな制約の中でも林家なりの通信使との交流を続いていくことが可能であった。

おわりに

『鶏林唱和集』の刊行は、規模を備えた由緒ある本屋の存在、書舗の人脈、そして先進的文化の享有を求める文化意識など、進歩していく十八世紀日本の諸環境が反映された結果であり、朝鮮に対する憧れおよび日本文人の自国の文化に対する自負心が表現された。

唱和に参加する朝鮮側の文人には日本が忌避する文字や礼儀を失する内容は書かないこと、日本側の文人には朝鮮をけなし、朝鮮を尊ぶため日本をあざけらないことが要求される。そして、すべての唱和文は幕府（林家）に提出されるため、唱和は一定程度コントロールされるようにみられる。さらに、その過程で整理された唱和文は唱和集の編集にも活用される。

辛卯・正徳通信使の際に編まれた『鶏林唱和集』に収録された朝鮮側の詩文は、製述官を含む書記たちの記録が圧倒的な割合を占めている。それに対して日本側は、全国の文人一二一人の名が列挙され、幅広い参与が目立つ。しかし、新井白石による通信使接見規則により、徂徠学派の唱和詩はすべて外されていた。これに比べて、大垣の文人は対馬藩との親密な関係をとり結ぶことにより活発な交流をおこなっている。

一方、林家の場合は新しく設けられた七家の存在により、通信使に深い印象を残すことができなかった。その結果、この時の使行録には林家関係の記事がただ一件しか見られなくなる。なお、『鶏林唱和集』の方にも、通信使との筆談が禁じられているためなのか、もっぱら詩文のみが収録されている。

十八世紀、羅山死後の林家は通信使にとってその存在感が薄くなっており、日本国内でも新進文壇に追い抜かれていく。このような傾向は、使行録だけではなく、日本側の記録である唱和集からにも明確に現われている。これは、日本の文教・外交文書を担う集団であった林家が当初の力量と権威を失い、地位を後退させていくその状況を色濃く反映したものであったといえよう。

〔注〕

（１）韓範錫の『日本使臣日記』は、拙稿「병사공 한범석의 대일본 의식（兵使公韓範錫の対日本認識）」（『南冥

学研究』四三輯、二〇一四年）により初めてその存在を紹介した。韓範錫は通信使として日本へ派遣される直前、燕行使を随行するため北京を往来し、その際の経験を二件の報告書にまとめている。朝鮮時代において異国へ渡航する機会は限られており、さらに中国と日本を両方とも体験して記録物まで残しているのは極めて珍しい。とりわけ、『日本使臣日記』には江戸と北京を比べた記述もあり、当時朝鮮の知識人がみた東アジア像がうかがえる貴重な文献である。なお、この発見により正徳元年（一七一一）の辛卯・正徳通信使は、既存の正使・副使・通事の記録に加え、より多様な視覚から通信使を考察することが可能になった。これによって、通信使内部に存在する諸関係を究明することも重要であろう。以下、韓国語文献の引用には著者名、論著名は韓国語表記のあとに日本語訳、出典に日本語訳を付けている。

（2）이일재「『강관필담』에 대한 일고찰」（李一宰「『江關筆談』に対する一考察」『アジア文化』一九輯、二〇〇三年）。

（3）代表的なものとして、宮崎道生による新井白石の重厚な成果がある。たとえば、宮崎道生『新井白石の研究』吉川弘文館、一九五八年。雨森芳洲については、上垣外憲一『雨森芳洲―元禄享保の国際人―』中公新書、一九八九年など。

（4）高橋昌彦「朝鮮通信使唱和集目録稿（一）」（『福岡大学研究部論集A人文科学編』六―八、二〇〇七年）、同「朝鮮通信使唱和集目録稿（二）」（『福岡大学研究部論集A人文科学編』九―一、二〇〇九年）。「唱和」とは、一方の人物が作った詩歌に答えて、他方が詩歌を作ることである。

（5）허경진『통신사 필담 창화집의 문학연구』（許敬震『通信使筆談唱和集の文学研究』ボゴザ、二〇一一年）。

（6）구지현「통신사를 통한 한일 문학교류의 전개 양상」（具智賢「通信使を通じる韓日文学交流の展開の様子」『韓国漢文学研究』四一、二〇〇八年）、구지현「1763년 필담자료를 통해 본 에도에서의 문사 교류―『경개집』서문에 보이는 인식을 중심으로―」（具智賢「一七六三年の筆談史料を通じて見る江戸での文士交流―『傾蓋集』の序文から見える認識を中心に―」『東方学志』一五三、二〇一一年）。

（7）前掲注（4）高橋論文。

（8）『国書総目録』によると、『鶏林唱和集』は写本、正徳元年版本、正徳二年版本が存在する。本章では、大阪府立中之島図書館所蔵の正徳二年版本を使用している。

(9)『広辞苑』岩波書店、一九九八年、八二六ページ「鶏林」の項を参照。

(10)かつての専門的研究では、唱和・唱酬以外にも酬唱・酬和・唱酢などがほぼ同一概念として用いられている。とくに、唱和と唱酬が一般的に使われている状況である。これに関して前掲注(5)許敬震著書は、十七世紀から十九世紀に日本で刊行された筆談唱和集の表題において「唱和」が最も多く使われていることから、唱和への用語統一を主張している。しかし、唱和と唱酬には使用頻度以外にも顧慮されるべき違いが存在する。拙稿「朝鮮通信使と林家」(『東アジア文化交渉研究』六、二〇一三年)で検討したように、近世日朝文人の交流初期に一方的な贈呈に過ぎなかった詩文唱和は、時間の経過によりお互いに通感できる唱酬へ次第に変貌していくことがわかる。それゆえ、日朝文人の交流について巨視的な指摘が必要な場合は唱和を用いるのも可能であるが、両者間に存在する相互作用に注目するには唱酬がより適切であることを指摘しておきたい。

(11)大庭脩『江戸時代の日中秘話』東方書店、一九八〇年（のちに増補版『日中交流史話』燃焼社、二〇〇三年）、一〇二ページ。

(12)宗政五十緒『近世京都出版文化の研究』同朋社、一九八二年。「林姓。松柏堂と号す。林羅山の縁者と伝えるが未詳。出雲寺の家名は創業時の地名に拠るという。京都今出川に開業した初代元真（生年不詳〜一六三一）は和泉掾の官名を許され、以後代々これを継ぐ。時元のとき、江戸日本橋一丁目に出店。御書物師を命ぜられ、代々幕府御用を務める。」とある。

(13)『国書人名辞典』第三巻、岩波書店、一九九三年、一四ページ「瀬尾用拙斎」の項を参照。

(14)『鶏林唱和集』に掲載された「見返しの識語」は次の通りである。

時丁熙朝。四海仰維新之化。徳播殊域。三韓脩善隣之儀。今書同文。何假象胥。惟詩言志。畢見鳳毛。霧穀氷紈。誇三都之杼柚。鏘金戛玉。操両邦之声。爰擴詞英。以附繍梓。随得編録。序無後先。尚供来葉之美談。永貽文林之遺芳。瀬尾維賢謹誌。

(15)『国書人名辞典』第四巻、岩波書店、一九九三年、三九〇ページ「松崎蘭谷」の項を参照。

(16)『鶏林唱和集』の「序文」は以下の通りである。

古昔。外国脩禮皇朝者。其種非一。而或通或歇。来廷不常。唯至三韓交聘。最為久遠不絶。故其発舒餘裕於詞章文字之間。雖間亦有存於缺簡折冊之遺。而事皆出搢紳。不及士庶。世序遷華。不易徴於今。則何以得歓風化之美徧物耶。去歳辛卯。朝鮮聘使趙泰億等。率文武員官。入敦国家之好。道由對馬州。沿海而東。抵難波。逮京師。駅傳以達江戸。往来已渉十餘月。其所経都府州邦。公而待。私而遇。才俊髦士。星列雲集。與彼文人。筆墨相𢷤。詩顕相雄。吁亦盛矣。其傳播閭巷者。凡数百篇。好事者。洛人奎文書舗。備求書梓。後又得若干篇。以續其編。嗚呼。天下之大。人才不翅千万。而與斯会者。僅十之一。会必有倡酬。而落梓人之手者。亦十之一。其済々尚如此。可勝稱哉。方今。六服承徳之日。不唯廟堂崇文。乃至編籍之家。無不順気相応。而餘感延曁海外。則声教之徧。雅頌之盛。燦然可観於今。儼然可徴於後者。雖上世又何加焉乎。是所以相共歓抃鼓舞而楽言。昭代道化之懿也。

(17) 箕輪吉次「임술（壬戌）1682년 사행과 후지산시（壬戌一六八二年の使行と富士山詩）」（『東方学志』一五三、二〇一一年）、七一ページを参考。

(18) 同右から原文を再引用する一方、翻訳文は多数の誤訳が含まれているため修正して引用する。原典は『天和貮壬戌年、天和信使記録、信使對府在留中毎日記』。

(19) 前掲注(17)箕輪論文、九八ページ。

(20) 『新修大阪市史資料編』六（近世一・政治一）、大阪市、二〇〇七年。

(21) 高橋昌彦「후쿠오카번과 통신사（福岡藩と通信使）」（『東方学志』一五三、二〇一一年）から再引用した。原典は『九州史料叢書　益軒資料五』九州史料刊行会、一九五九年所収、「竹田春庵宛貝原益軒書簡」。

(22) 茨木多左衛門も『桑韓星槎答響』という唱和集を編纂している。しかし、これは享保四年（一七一九）の己亥・享保通信使の際であり、正徳元年（一七一一）の詩文収集はあくまでも瀬尾用拙斎に協力するためである。

(23) 思文閣の美術人名検索（http://www.shibunkaku.co.jp/biography/）から引用。

(24) 辛卯・正徳通信使の副使任守幹『東槎日記』の記録に依拠する。

(25) 中人は朝鮮時代の社会身分で、両班と平民の中間に位置した。朝鮮前期の身分制度は良人（ソンビ〔科挙に合格しても役人にならない高潔な人物〕、技術者、平民）と賤民（奴婢）に分けられていたが、十六世紀の朝鮮後期に士林が支配層になり、良人の中で技術職に従事する者や訳官、医官、庶子などの身分を下げて中人とした。ここには科挙試験の雑科に合格した技術官や各官庁の下級役人、両班の庶子などが含まれる。これらの職業は大部分が世襲され、独特な身分集団を作りあげた。彼らのなかには自分の職業や技術を活用して両班に劣らない権力と富を享受した人もいた。『東医宝鑑』を書いた許浚や、清との通訳を介して大金を受け取った通訳官も中人だった。彼らは能力に比べて低い身分に不満を募らせていたが、英祖や正祖は蕩平策の一環として彼らを起用した。十六世紀以降における朝鮮の身分制度は、両班、中人、常民、奴婢の四身分制だった。『韓国歴史用語辞典』、明石書店、二〇一一年、一三八ページ「中人」の項が参考になる。

(26) 任守幹『東槎日記』「七月二十五日/壬子」の条に「島主使奉行起居因言明當設宴禮。考壬戌之例則軍官行禮最後於員譯輩。事體不宜如是。堂譯入拜楹内。後軍官即當行禮。製述官上通事以下當次第拜禮。使譯輩争之。倭人不聽」とある。

(27) 拙稿「辛卯・正徳の朝鮮通信使使行録とその性格」(『千里山文学論集』八四、二〇一〇年)。

(28) 任絖『丙子日本日記』「初九日己卯」。晴。留本誓寺。四更行大行王妃小祥望哭禮。朝義成及兩僧入謁。關白問使臣職秩。玄召以五等職名對。道春乃言曰「島主之欺罔。朝鮮之薄待。到此益現矣。今此通政通訓。與前使臣職秩。少無異同。且洪喜男以嘉善爲其從官。亦怪事也。吾當往詰焉」。與其弟永喜。到右京等伺候之處。招洪喜男等。而喜男已因義成密通。知其事情。卽爲出見。則道春等辭氣勃勃。傍若無人。喜男力辭而痛折之。道春等既還。義成兩僧。仍留來見曰「道春兄弟。與大炊同心。每事生梗如此。極可悶也」云。

(29) 前掲注(10)拙稿。

(30) 「鶏林唱和集編目」には一一八人しか挙げられていないが、内容を精査したところ、対馬藩の藩儒三人(芳洲・鳳洲・春洲)が漏れていたため、一二一人としている。

(31) 七家とは、木下菊潭、高玄岱(深見玄岱)、三宅観瀾、室鳩巣、服部寛斎、土肥霞洲、祇園南海である。

(32) 박창기「조선시대 통신사와 일본 荻生徂徠門의 문학교류」(朴昌基「朝鮮時代の通信使と日本荻生徂徠門下の文学交流」『日本学報』二七、一九九一年)。

(33) 同右、三二七ページ。

(34) 同右、三一一ページ。

(35) 박창기「조선시대 통신사와 일본의 문단」(朴昌基「朝鮮時代の通信使と日本の文壇」『日本学報』二三、一九八九年)、前掲注(32)朴昌基論文。

(36) 具体的には、江州（大津、膳所、森山、彦根）、遠州（浜松）、参州（赤坂、吉田）、駿州（富士、清見寺）、城州（淀）、對州、筑前州（藍島）、長州（赤間関）、濃州（大垣、今須）、播州（室津）、尾州（起邑）、防州（岩国）、豆州（三島）である。

(37) 하우봉「신묘통신사（1711년）의 문화교류─加賀藩 문사 伊藤薪野를 중심으로─」（河宇鳳「辛卯通信使（一七一一年）の文化交流─加賀藩の文士伊藤薪野を中心に─」『韓国実学研究』二二、二〇一一年、一〇ページ）。

(38) 前掲注(6)具智賢、二〇一一年論文、三ページ。唱和を文章による戦争として認識する傾向は、宝暦十三年（一七六三）癸未・明和通信使の筆談唱和集である『南宮先生講餘獨覧』の跋文、『和韓双鳴集』と『鶏壇嚶鳴』の序文にも強くみられる。

(39) この件については、이효원「1719년 필담창화집『航海唱酬』에 나타난 일본 지식인의 조선관─水足屛山과 荻生徂徠의 대비적 시선에 착안하여─」（リ・ヒョウォン「一七一九年の筆談唱和集『航海唱酬』に見られる日本知識人の朝鮮観─水足屛山と荻生徂徠の対比的視線に着眼して─」『古典文学研究』四一、二〇一二年）が詳しく考察している。

(40) 前掲注(35)朴昌基、一九八九年論文。

(41) 前掲注(4)高橋昌彦「(二)」、二四ページより作成。

(42) 日本史広辞典編集委員会編『日本史広辞典』（山川出版社、一九九七年、一二八〇ページ。大学頭というのは、江戸幕府の官名の一つであり、律令制下の大学寮長官の名称にちなむ。元禄四年（一六九一）、江戸湯島の聖堂が竣工した際に林家の当主林鳳岡が任じられてから、代々の林家当主に与えられた。林羅山以来、幕府の儒者の仕官形態は僧形・僧位であり、大学頭への叙任は剃髪の中止とともに儒者の社会的地位向上の一環と意義づけられる。

(43) 前掲注(21)高橋論文、二六～二七ページ。『韓客贈答別集』写本一冊、国立公文書館（内閣文庫）。林信篤・信充・信智、門下の官儒一三人および学生七人（実際は合計二二人）。十一月二日・五日・六日・八日、詩の贈答が中心で朝鮮側は李東郭・巖龍湖・南泛叟の名前がある。『辛卯韓客贈答』写本一冊、国会図書館。辛卯（正徳元年）十月二十七日、江戸における一回目の面会があり、林信篤・林信充・林信智と、李東郭など三書記との唱酬があった。
(44) 前掲注(35)朴昌基、一九八九年論文。
(45) 정장식「임술사행과 조일관계」(鄭章植「壬戌使行と朝日関係」『日本学報』四七、二〇〇一年、五六一ページ)。
(46) 前掲注(35)朴昌基、一九八九年論文。
(47) 仲尾宏『朝鮮通信使と江戸時代の三都』明石書店、一九九三年、一三四ページ。
(48)『鶏林唱和集』巻一、「敬呈林祭酒老詞伯案下幷小序」。
(49) 前掲注(10)拙稿。
(50)『鶏林唱和集』巻一、「答朝鮮南記室」。
(51)『国史大辞典』九、吉川弘文館、一九八八年、七〇二ページ「通航一覧」の項を参照。『通航一覧』は、幕末期江戸幕府によって編集された対外交渉関係の史料集成である。嘉永三年(一八五〇)に林大学頭健(壮軒)・林式部少輔韑(復斎)らが主宰した。広範な引用史料と客観的で正確な記述による、日本近世の対外関係の基本史料として知られている。

第7章　対馬宗家の対幕府交渉
――正徳度信使費用拝借をめぐって――

古川　祐貴

はじめに

一六四四年（明：崇禎十七年、日本：正保元年）の李自成の乱に端を発する東アジア世界の動乱、いわゆる「明清交替」は、清朝が、南明政権（一六四五～六一年）、三藩の乱（一六七三～八一年）、台湾の鄭氏政権（一六六一～八三年）を制圧したことで収束を迎えていた(1)。これによって十七世紀末以降、日本を含めた東アジア世界の「安定」がもたらされたことは周知の事実である(2)。そうした中で、江戸幕府が異国に対する関心を低下させていたことがこれまで指摘されている(3)。その最たる例として挙げられるのが、琉球（薩摩島津家）に対する幕府の対応であろう(4)。

琉球は江戸時代を通じて幕府に琉球使節（慶賀使《けいがし》・謝恩使《しゃおんし》）を派遣してきた。しかし、宝永元年（一七〇四）と同六年（一七〇九）の二度に亙《わた》り、島津家が使節の派遣を願い出たのに対し、幕府はそれを「無用」と斥《しりぞ》けた。その背景には、「異国」としての琉球の意義が形骸化していたとも、比較的安定していた琉清関係に配慮したためとも言われている。こうした事態に対して島津家では、①琉球が中国に朝貢する国々の中で朝鮮に次ぐ第二の席次にあること、②使節の派遣は徳川将軍の威光をいや増すのに役立つことの二点を、間部詮房

（「幕府側用人」）に力説し、改めて幕府の中に琉球使節を意義付けた。その結果、使節の派遣が認められるとともに、派遣に伴う島津家当主の官位昇進の慣行が成立したことはよく知られている。

　このように島津家は、琉球使節の派遣拒否といった事態を逆手に取り、自己の要求を最大限に満たすことに成功したが、一方で朝鮮通信使を来聘《らいへい》させる対馬宗家に拒否がなされたということは聞かない。島津家が琉球使節を派遣した翌年（一七一一年）には、正徳度信使を来聘させているし、このとき新井白石（徳川家宣侍講）が、国王号への復号や聘礼《へいれい》改革を断行したことに鑑みれば、幕府の異国に対する関心の低下は、殊に朝鮮（対馬宗家）には及んでいなかったかのような印象さえ受けてしまう。

　しかし、史料をつぶさに見ていくと、必ずしもそうではなかった事情が浮かび上がる。対馬宗家は正徳度を境に幕府から来聘費用を獲得（拝領・拝借）[5]するようになるが[6]、本論でも指摘するように、費用の獲得に当たっては、幕府が特に必要としたわけではなかったにも拘らず、対馬宗家の「特殊性」「重要性」を訴える文書をわざわざ提出しているのである。このことは単に来聘費用を願うというだけではなく、改めて対馬宗家の「特殊性」「重要性」を訴えなければならなかった社会状況が存在していたことを窺わせる。琉球使節のように使節の派遣自体が拒否されることはなかったものの、自己の要求を実現するために対馬宗家も、島津家と同じような動きをとらざるを得なかったことが想像されるのである。

　ところで、対馬宗家と幕府との交渉に関する研究はすでにいくつか存在する[7]。しかし、その過程で繰り返し展開される論理が、どのような事情から生じたものなのかについてまで言及するものはほとんど見られない[8]。また正徳度信使に係る研究は、史料の残存状況もさることながら[9]、白石の復号問題や聘礼改革（＝幕府側の視点）ばかりを対象にしてきた[10]。本章では、以上のような状況を踏まえつつ、費用獲得の過程を具体的に明らかにするとともに、それが対馬宗家にとってどのような意義を持ったのかについても検討するつもりである。

一　対馬宗家と幕府役人

1　人参代往古銀の鋳造願い

まずは十八世紀初頭に至る対馬宗家と朝鮮貿易の状況について概観しておこう。

全島のほぼ九〇％を山地で占め、農業生産に乏しい対馬宗家は、藩財政の大部分を朝鮮貿易に依存してきた。貿易の形態は、①進上（のち封進《ふうしん》）、②公貿易、③私貿易、の三つであり、特に③私貿易は、取引品目や数量に制限がなかったことから、莫大な利益を上げることができた。また、貞享期（一六八四～八七年）には、金銀の海外流出を憂えた幕府が、定高仕法《さだめだかしほう》を実施し、それは朝鮮貿易にまで及んだ。定高仕法によって朝鮮貿易は初めて制限を受けることになったが（貿易限度額：無制限↓金一万八〇〇〇両）、その影響はほとんど見られず、むしろ私貿易の利潤はこののちピークを迎える。(11)

ところが、元禄八年（一六九五）以降、幕府が度々《たびたび》貨幣改鋳を行うようになると、朝鮮貿易は危機的状況に直面する。(12)対馬宗家は幕府に請願を行い、①貿易限度額の増額（金一万八〇〇〇両↓金三万両）、②朝鮮人参貿易資金として金三万両の拝借を認めてもらうが、それでも事態を打開することができなかったようで、ついに人参代往古銀(13)の鋳造を幕府に請願するのである。宝永初年に開始された請願は、同七年（一七一〇）には本格化し、幕府との交渉を任されていた杉村三郎左衛門（対馬藩江戸家老）は、荻原重秀（幕府勘定奉行）宅を日参する有様であった。最終的には土屋政直（幕府老中兼朝鮮御用老中(14)）へ願い出ることとなり、幕閣・将軍へと判断が委ねられたようである。審議の結果は、宝永七年（一七一〇）九月二十七日、土屋を介して杉村へ伝えられ、人参代往古銀の鋳造と、国内通用銀との無歩引替（品位差分を幕府が補塡）が認められた。(15)

人参代往古銀が許可されたのと同じ頃、上方には国元家老らが派遣されていた[16]。それは翌年＝正徳元年（一七一一）に迫った信使来聘を実現すべく、費用を調達する必要があったためである。しかし、上方での調達は一向に目途が立たなかったようで、幕府より拝借することに決し、江戸の杉村は再び荻原（幕府勘定奉行）に相談することになる（宝永七年十二月上旬）。

2　荻原重秀との関係

山田藤右衛門（荻原御用人）と対面した杉村は、人参代往古銀以来の間もない相談であり、荻原にとっても「迷惑千万」であるとの認識を示しつつ、次のように話を切り出した。すなわち、「（これまで対馬宗家は）何度も信使を来聘させ、大層物入りでございましたが、一度たりとも幕府から援助を受けたことはありませんでした。しかし近年は、朝鮮貿易の利潤もなく、（江戸での）類焼被害や、国元・飛び地＝田代《たしろ》領（現・佐賀県鳥栖《とす》市域）の損毛被害も相俟《ま》って、大変困窮しております。（信使来聘は）外国への外聞にも関わり、（来聘が実現できないことによる）幕府（日本）の御恥辱は決して看過することができませんので、幕府へ歎願するほかありません（「度々信使同道仕、大分物入ニ御座候得共、終ニ　上之御助力を承り相務候事茂無御座候得共、近年朝鮮交易利潤茂無之、毎度類焼、国元并肥前領分折々損毛仕候故、甚勝手差支至極及難儀候、……外国江之外聞ニ候得者、畢竟御恥辱ニ罷成候段難黙止候故、　上江御歎キ申上候外無之候間、……」）」といったものである。杉村がここで言わんとしているのは、信使来聘が必ずしも対馬宗家だけの問題ではない、ということであろう。費用を賄《まかな》えない理由として、朝鮮貿易の不振や、類焼・損毛被害について言及するものの、実際の真意はそこにはない。「外国江之外聞」や「御恥辱」といった言葉にも表れているように、信使来聘が幕府と直接関わるということを改めて認識させ、援助を受ける正当性を暗に主張したものと言うことができるだろう。

山田（荻原御用人）は、上記の内容を荻原へ取り次ぎ、十二月十日、その返答を杉村へ伝えている。荻原の返答は、「対馬宗家の財政状況が芳《かんば》しくなく、来聘費用を賄えない旨は以前から承知している。間部詮房殿(=幕府側用人)にはこちらからすでによろしく伝えているので、早速、土屋政直殿(朝鮮御用老中)まで願い出るように」といったものであった。予《あらかじ》め荻原が間部に話を通しておいたのは、家宣政権下における間部の〝位置〟と関係があろう。この点について深井雅海氏は、琉球使節の派遣拒否に遭いながらも、従来の慣行を復活させた薩摩島津家の例を取り上げ、①幕府に申し立てする際は間部の指示を受ける必要があったこと、②先例のない新規の事柄については間部が取り扱うことになっていたこと、を明らかにしている。(17)これらを今回の事例に当てはめれば、来聘費用拝借という新規の事柄であったからこそ、間部に話を通しておく必要があったし、その間部から内諾を得たがゆえに、荻原も土屋へ願い出るよう杉村を促《うなが》すことができた、ということになろう。荻原のお陰で杉村は、改めて間部に願い出る必要がなかったのである。

以上から読み取れるのは、少なからず対馬宗家に有利な取り計らいをしてくれようとする荻原の姿であろう。荻原はこのほか土屋へ願い出る際のアドヴァイスを杉村に施《ほどこ》したり、(18)幕府内で正徳度信使に係る寄合がなされたときには、専ら物入りを嫌う幕府役人を押し退け、「(信使は)上様にとって御一代御一度の御珍客なのだから、物入りを嫌って粗末に扱うようなことがあっては(せっかくの)接待も意味をなさない。異国への御外聞にも関わることなのだから、倹約は常のこと、今回のこと(=信使)は(特別なこととして)倹約の御評議には及ばない(「上様御一代御一度之御珍客之事ニ候故、御物入を御厭被成、御あしらい卒末ニ有之候而者、畢竟御馳走之専も無之、異国江之御外聞ニ候故、御勘略者常之事ニ候、此節之義御勘略之御評議ニ不及事」)」といった発言をしたりしている。これらが対馬宗家の〝後押し〟となったことは想像に難くない。こうした荻原との関係がいかなる事情から生まれたものかは定かでないが、杉村自身も土屋(朝鮮御用老中)ではなく、まずは荻原に相談に行ったというところに、彼の幕府内における絶大なポジションを認め、有利な取り計らいをしてくれるであろうことを見込んだものと理解することができる。(19)

３　小笠原隼之助との関係

さて、荻原との相談を終えた杉村は、十二月十一日、小笠原隼之助（土屋御用人）を訪ねている。その目的は、土屋に提出する「願書」を内見してもらうとともに、土屋へ正式に願い出る際の取り次ぎを依頼するためである。しかし小笠原からは、「今回の請願も私が取り次いでは、主人の土屋から怪しまれる可能性があります。その上、何度も対馬守様よりの重大な請願ばかりを私が取り次ぐことで、密かに賄賂をもらっているのではないかと中老や同役たちからも噂されかねず、それが土屋の耳に入りでもしたならば、きっと私の身も危うくなるでしょう」との返答があり、もう一人の大久保清左衛門（土屋御用人）へ依頼するよう促された。対馬宗家は前回の請願（人参代往古銀の鋳造願い）も小笠原に取り次ぎを依頼していたようであり、小笠原も度重なる重大な請願に関わり続けることで、身を亡ぼす可能性があった。そこで杉村は、「大久保清左衛門殿はあなた様と比べて心安い関係にはありませんで、このような重大な請願を打ち明けにくい状況にあります。しかしながら、あなた様がおっしゃることも尤もだと思いますので、今回はあなた様と大久保殿、お二人で（この依頼を）お引き受けいただき、実際に取り次ぐ際は、大久保殿を中心として、それに付き添うかたちをとってはいかがでしょうか」と提案した。つまり不審の対象となる取り次ぎ行為自体を大久保に任せることで、小笠原の関与を相対的に小さく見せようというのである。小笠原は杉村の提案に賛同し、もし大久保が言い間違えたり、言い忘れたりした際は、自身が助言する旨を約束してくれた。

杉村がそこまでして小笠原に依頼したかったのは、偏《ひとえ》に心安い関係にあったためであろう。今回も小笠原は、「特に近年は幕府の財政状況も芳しくなく、諸大名様は勿論、御旗本らの拝借願いも大抵のことでは取り次がぬよう御老中様から言い含められております。（そのため）拝借願いがあっても大抵のことでは取り次いでおりませんが、対馬守様は信使を来聘させており、他様とは異なっています。もし来聘が叶わなければ日本の御外聞にも関わりますので、やむを得ず幕府に歎願しているものと理解しております（「殊近年者　上之御差支ニ付、諸大名様方ハ勿論、御籏本・諸士共拝借願者大躰之事ニ而者御取次不被成様ニ与、諸役人様方へ被仰含、御老中様方被仰含、拝借願之義被申出候方有之候共、大躰之義ニ而者、決而御取上不被成筈ニ……候茂、此方様之儀者朝鮮人御同道ニ付、外様与者格別之事ニ候、御支度不罷成時者、日本之御外聞ニ罷成、不被得止　上江御歎被成候御筋ニ候」）」といった認識を示している。ここから小笠原が、荻原同様、対馬宗家を特別視していたことが窺える。このような関係が何を契機としたものかは明らかでないが、すでに土屋が朝鮮御用老中に選出される以前から交流があったということだけは指摘しておきたい[20]。

4　土屋政直という存在

しかしながら、対馬宗家にとって土屋（朝鮮御用老中）が欠かすことのできない重要な存在であったことも事実である。杉村は国元家老衆に宛てて、「土屋様が（願いを）取り上げてくださることが何よりも重要と考えている。土屋様の印象一つで御老中様らの御評議にも及び、上聞に達した上で、（初めて）荻原様へ諮問がなされると思われるからである。とにかくこの願いが土屋様に取り上げられないことにはどうにもならない（「〔土屋〕相州様御取合不被成候而者、大切千万奉存候間、彼方様御受方壱つニ而、御仲間御評議ニも及、達　上聞候上ニ而、〔荻原〕江州様江被仰渡候趣ニ罷成候様ニ与奉存候、兎角此御願者是非ともに〔土屋〕相州様御取上不被成候而者、首尾不仕事ニ候間、……」）」と、願いの実現に土屋が大きな影響力を持っている現状を説明している。しかし基本的には、朝鮮御用老中は以上のような存在であったと考えられ、何も土屋だけがこうした影響力を行使していたわけではないだろう。朝鮮御用老中はもともと対馬宗家の朝鮮通交（外交・貿易）に係る相談を受け付けるために設けられたものであり（注（14））、幕府老中らの審議にかけたりする行為は、いわば職務の一環と捉えることができるからである。

だが、そうした事情を差し措《お》いても土屋が特殊と考えられていたのは、当時知れ渡っていたその性格にあったろう（「〔土屋〕相州様御気質之義ハ各御存知之別ニ候」）。それは土屋御用人である小笠原ですら懸念するほどであり、立て続けに「重キ御願事」を行うことで、「不遠慮成義なと、御はね付ケ」られる可能性があった。このことはいくら荻原や小笠原が対馬宗家に有利な取り計らいをしてくれようとも、土屋が取り上げてくれないことには、請願が成就しようもなかったことを示している。そのため対馬宗家は、土屋を攻略するための方策を次に考え出さなければならなくなるのである。

二　土屋政直の攻略

1　攻略の方策①

前節で述べたように、杉村三郎左衛門（江戸家老）は、十二月十一日に小笠原隼之助（土屋御用人）を訪れ、「願書」の内見を依頼していた。しかし同じ日の朝には、山田藤右衛門（荻原御用人）を介して、荻原重秀（幕府勘定奉行）にも内見を依頼していたようであり、その結果が翌十二日に杉村へ伝えられている。荻原は依頼された「願書」に対して、「一段宜思食候」と述べ、加えて藩財政が差し支え、来聘費用を賄えない旨を記した「御誓文状」、あるいは「御誓旨」を、「願書」とともに土屋政直（朝鮮御用老中）へ提出するよう杉村に指示した（「兎角勝手至極被差問、信使御同道之御償決而難成与之義、御誓文状被差越候与歟、御誓旨被差越候与申程ニ、屹与〔土屋〕相模守殿江被仰上度事ニ候」）。これは先に見た荻原のアドヴァイス（注(18)）を、「御誓文状」「御誓旨」といったかたちで具体化するものであり、「願書」の内容をより重く見せる効果を持ったと考えられる。

荻原の指示を受けた杉村は、早速、「御誓文状」「御誓旨」の作成を了承し、しかもそれを「願書」とともに国元家老衆の一人に江戸まで持参させることを計画した。杉村がこのようなことを考えたのには、二つの理由を想定することができる。一つは土屋の印象を良くするためである。家老職にある者がわざわざ国元（対馬）から願い出に来たとなれば、江戸家老である杉村自身が願い出るよりも「各別重ク相聞」え、「御手支之訳、（土屋）相州様御聞通りニも、扨者夫程之義ニ及候歟」と思わせることができる。杉村の念頭にあったのは、少しでも土屋の印象を良くすることであり、ために国元家老衆にも土屋の重要性や性格などを説明し（第一節）、パフォーマンスすることの必要性を説いたのであろう。

理由の二つ目は、幕府から「御不審」を蒙《こうむ》らないようにするためである。正徳度信使を迎えるに当たって幕府は、加藤明英（幕府若年寄）を「信使御用掛」、新井白石（家宣侍講）・深見玄岱《げんたい》（幕府儒者）等を「御内役」に任命するなど、「先年（天和度信使）ゟ者別而被入御念」る状況であった。それは「はじめに」でも述べたように、今回の信使において国王号への復号や聘礼改革の断行が予定されていたためである。それに引き替え対馬宗家は、財政難という理由で前回（天和度信使の際）二人いた江戸家老を、杉村ただ一人とし（「此度者御勝手被差支候付、御物入を御厭被成、最初ゟ私（杉村三郎左衛門）一人被差置候」）、残り六人の家老は、一人が来聘費用調達のため上方にいる以外は、全て国元に詰めている有様であった。信使を来聘させることが「外国江之御美目」となるからこそ、幕府も以前より役人を増して対応しているにも拘らず、それを役務として担うべき対馬宗家がこのような状態であっては、幕府から「御役おろそか」とも捉えられかねない。そうならないためにも江戸に参上する「御使者」は国元家老の一人とし、土屋への請願を終えたのちも引き続き江戸に滞在することで、「公義向御首尾・外見共ニ宜、御用弁方も差支不申、旁宜有御座」るようにしたい。とかく現況は、「先年（天和度信使）之格」とは異なっているので、ぜひとも国元家老の派遣を要請する次第である、と杉村は国元家老衆に説明している。杉村としては、ただでさえ実現するか分からない請願をこれから実行しようとする中で、こうした、いわば請願とは直接関係のないところで、幕府の不興を買うような事態を避けたかったのであろう。ここから杉村が並々ならぬ神経を幕府に遣っていたことが窺える。

2　攻略の方策②

一方、杉村から家老派遣の要請を受けた国元では、平田直右衛門（国元家老）を出府させることに決定した。平田はこの当時、対馬宗家内で話題となっていた〝官位昇進願い〟や〝武備に関する要求〟を、間部詮房（「幕府側用人」）や新井白石（家宣侍講）に願い出るべく、もともと江戸に参上する予定であった。しかし、国元家老衆は杉村の要請を受け容れ、「（来聘費用の）拝借願いが実現することが最も重要である。重大な請願を何度も行っては、最も重要な拝借願いの妨げになるかもしれない。よく知られているように、幕府役人は一人へ願い出ている最中に、さらに（別の役人にも）願い出ていることが明らかになっては、甚だ憤慨され、却って（自家の）ためにもならず、（願いを）はね付けられるかもしれない。そのため〝武備に関する要求〟の願書を提出することは（しばらく）延期することにし、また〝官位昇進願い〟も、費用の拝借と〝武備に関する要求〟が実現したのち、願い出ることにしよう（「御拝借御願相叶候様被仰上候義専要ニ候、重キ御願度々被仰込候而者、肝要之御拝借御願之妨ニも可罷成候哉、……御存之如く江戸衆者壱人へ打掛ヶ頼候上ニ、外へ又々申込候義相知候而者、甚憤り被申、却而御為ニ不被成様ニはね付ヶ候様も間々有之義故、武備之義御直之御願書を以被仰込候義御延引被成度候、且又御官位之義も御拝借等相叶、万一武備之御願等済寄候上ニて被仰上候義可然候」）」との判断を下し、費用の拝借が実現するまで、この願い一本で行く方針（シングル・イシュー）を杉村に提示した。[21]

ちなみに国元家老衆の言う幕府役人（「江戸衆」）とは、「甚憤り被申」「はね付ヶ」といった文言から、土屋（朝鮮御用老中）を指していることは明らかであろう。現に対馬宗家は、人参代往古銀（前回の請願）を実現する際、土屋から荻原との関係を指摘され、必死に弁解したという経緯があった。[22]土屋としては、対馬宗家が相談したり、願い出たりすべきは、朝鮮御用老中である自分自身であり、他にそのようなことをすべきではないという認識を持っていた可能性がある。だからこそ対馬宗家は、こうした事情を汲み取り、当面は費用拝借にのみ集中することにした。相変わらず荻原や小笠原に根回しを行ってはいたものの、それは土屋に露顕せぬよう慎重を期したものだったと推測される。また先に見たように、国元家老衆も杉村の言を容れ、土屋に細心の注意を払っていた。このように対馬宗家では、江戸と国元、双方が一体となって費用拝借を志向していたということができるだろう。

3　土屋政直への請願

正徳元年（一七一一）正月二十八日、国元を出立した平田直右衛門（国元家老）は、二月十八日に江戸に到着した。着府以降の具体的な動きは分からないものの、二十二日に土屋御用人（小笠原・大久保）と連絡を取り、翌二十三日には杉村を伴って土屋宅に参上している[23]。土屋御用人と対面した平田らは、藩主の言葉として「然ハ私（宗義方《よしみち》）願之義ニ付以使札申上候、委細之儀使者（平田直右衛門）口上ニ申含候得共、事長儀候故、口上書ニ相認差上之候」と挨拶を述べ、「御状一通、御口上書幷金高五万両御願之御書付、一包ニ」した「願書」一式を提出した[24]。「御状一通」及び「金高五万両御願之御書付」は、いわゆる「願書」であるが、「御口上書」は幕府役人が特に指示した形跡がないことから、対馬宗家独自の判断で提出されたものと考えることができる。この点については節を改めて検討しよう。

請願から四日後の二十七日、平田は土屋から呼び出しを受け、来聘費用として金五万両の拝借が認められた。そのとき発給された老中奉書は次の通りである[25]。

御状令披見候、今度朝鮮之信使同道、参府用意之儀、近年朝鮮之交易不順、其上段々不勝手ニ而差支候付、拝借之願以使者（平田直右衛門）被申越候、紙面之趣各遂一覧候、拝借願等之儀当時公義御物入多有之節候故、従何方茂願之儀難為調事候得共、無拠段委細書中ニ被申聞候付而、達

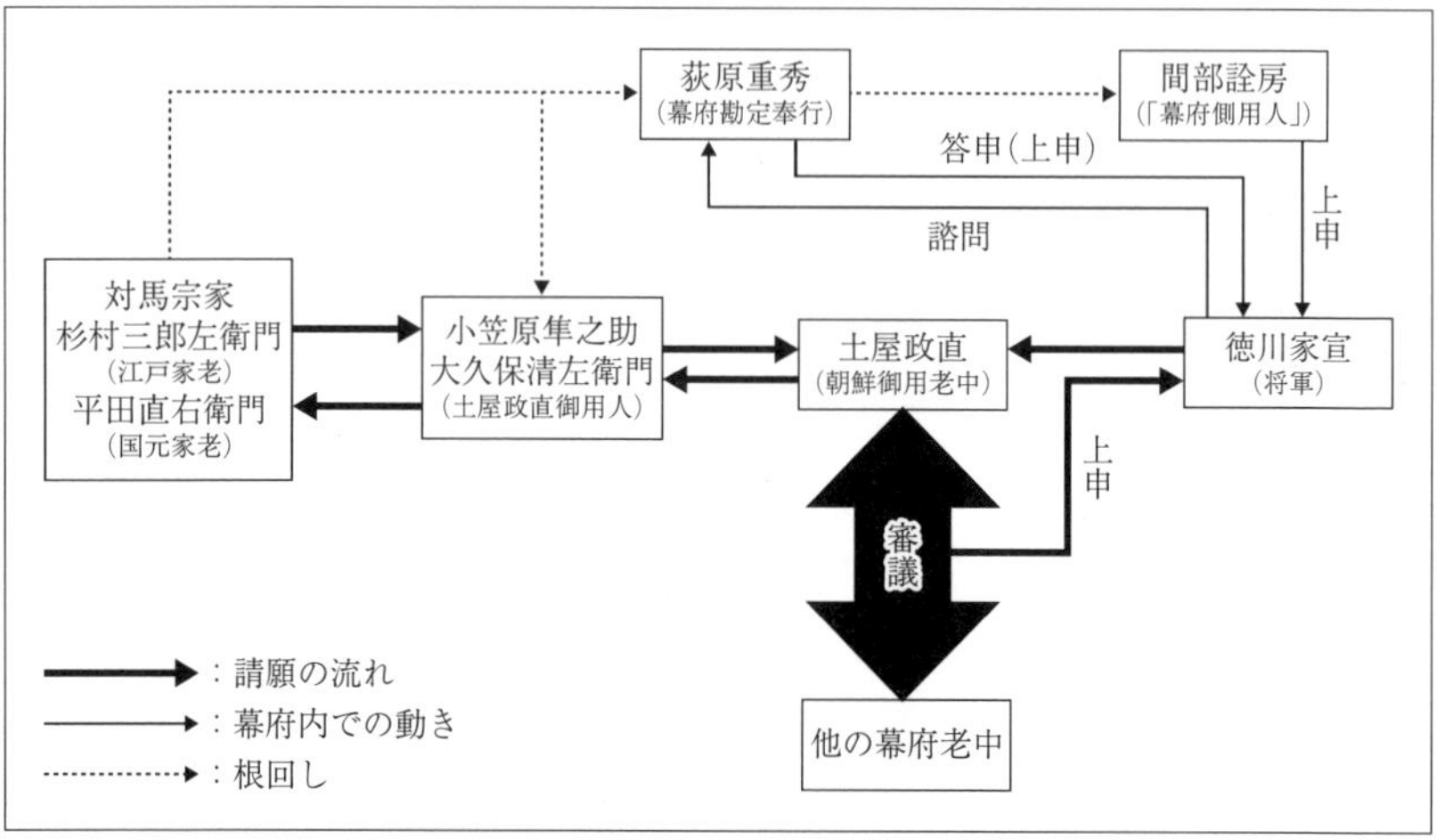

図　正徳度信使費用拝借に係る対馬宗家の請願

高聴候処、朝鮮人来聘之用意各別之儀ニ被
思召候、尤先例茂無之候得共、拝借被　仰付之候、早速
願之通被　仰出、一段之御仕合候、恐々謹言
（正徳元年）二月廿七日　　（朝鮮御用老中）土屋相模守
政直（花押）
宗（義方）対馬守殿

幕府も「御物入多」く、大名家の願い出を断っている中に、対馬宗家の請願が将軍の耳に達し、先例はないけれども、特別に許可された旨が記されている。この部分は、先に示した小笠原（土屋御用人）の認識（「殊近年者　上之御差支ニ付、諸大名様方ハ勿論、御籏本・諸士共拝借願者大躰之事ニ而者御取次不被成様ニ与、諸役人様方へ被仰含、御老中様方被仰含、拝借願之義被申出候方有之候共、大躰之義ニ而者、決而御取上不被成筈ニ」）とも合致しており、今回の拝借が特例であることを強調している。また、「無拠段委細書中ニ……」の「書」とは、「願書」のことであり、これによって請願が聞き届けられたかたちになっている。同時に提出した「御誓文状」「御誓旨」は勿論、「口上書」の存在についても、この文面からは窺うことができない。

以上のように対馬宗家は、（単に「願書」を提出するだけではなく）「御誓文状」「御誓旨」と「口上書」の作成、国元家老による出府、請願を一つに絞るというシングル・イシューを駆使することで、人参代往古銀の実現以来、間もないという逆境を押し退け、御三家ですら前例のない巨額（金五万両）の拝借に成功したのである。当然、この裏には、荻原や小笠原、そして間部の〝後押し〟があったことは言うまでもないだろう（「図　正徳度信使費用拝借に係る対馬宗家の請願」参照）。

三　「願書」と「口上書」

土屋政直（朝鮮御用老中）へ提出された「願書」「口上書」は、正文はおろか、控・写すら伝わっていない状況である。しかしこれらに関しては、杉村三郎左衛門（江戸家老）が、吟味にかける目的で国元へ送った案文（下書き）が対馬宗家文書内に残されており、ここからおおよその内容を窺うことができる。本節では現存する「願書（案）」「口上書（案）」を取り上げ、土屋へどのような内容の文書が提出されていたのかについて明らかにする。

1　杉村三郎左衛門作成の「願書（案）」

杉村が「願書（案）」を国元に送ったのは、宝永七年（一七一〇）十二月十七日付国元家老衆宛て書状においてである。[26]この「願書（案）」は、荻原重秀（幕府勘定奉行）と小笠原隼之助（土屋御用人）の内見を経たものであり（第一・二節）、貼付される付箋や掛紙から、内見の結果を窺うことができる。[27]国元への到着日時は分からないが、江戸―対馬間を道中八日、船中一〇日で計算した事例があることから、[28]正徳元年（一七一一）正月上旬には国元に到着したものと考えられる。

その「願書（案）」は、「口上覚」と「覚」の二つからなり、後者には拝借希望額のみ記される。

口上覚

来年朝鮮人来聘之儀被　仰出、同道之用意仕候、①急度近年不勝手ニ罷成候上、交易幷人参ゟ出方相滞、其
御地(江戸)私屋敷普請茂先年類焼、以後于今建揃不申、家中之者共宛行茂半知程ニ申付置候処、先頃御用番迄申
上候通、②当夏対州大風雨ニ而田畑損亡、私居所信使宿通筋破損、殊信使用之関船之内大船二艘、朝鮮帰帆
之荷物積候大船二艘、又候先月於壱州(壱岐)関船之内大船一艘破船仕候、彼是ニ付侘借之才覚仕候得共、相調り
不申、難儀至極之仕合御座候、尤先祖ゟ信使同道之物入毎度過分之義御座候得共、拝借之儀不奉願、仮成
ニ茂勤来候処、至此度者右之訳を以差支、決而引繕候方便無御座候、畢竟異国江之御外聞難黙止奉存候付、
不顧憚別紙書付之通拝借奉願候、願之通被仰付被下候ハヽ、誠以難有次第可奉存候、[以上

［(掛紙) 上納之儀者御差図之上何分ニ茂可仕候、以上

御名(宗義方)

月日

土屋相模守様(政直・朝鮮御用老中)

覚(「別紙書付」)

金子三万六、七千両(29)

以上

「口上覚」の内容は、近年、財政難に陥り、朝鮮貿易も行き詰まっていることから、類焼した屋敷の普請もままならず、「家中之者共」の宛行《あてがい》も半知ほどになっていること（傍線①）、また当夏の「対州大風雨」によって田畑等に被害が出ており、来聘費用の調達もうまくいっていない現状（傍線②）が述べられている。これまで何とか信使来聘を実現してきたが、この度は以上のような理由によって費用を賄うことができない。しかし、「畢竟異国江之御外聞難黙止奉存候」ゆえ、憚りを顧みず、拝借を願う次第である、といった内容になってい

る。費用を賄えない理由を様々述べているが、第一節でも指摘したように、結局のところ「異国江之御外聞」に求めており、信使来聘が対馬宗家一家だけの問題ではないことを強調している(30)。

この点は、実際に拝借が許可された際に、平田直右衛門（国元家老）が、「信使来聘は対馬守の役義でありますので、幕府に拝借を願い出ることは大変心苦しいことではございますが、異国人を来聘させており、それは結局のところ幕府の御美目になるものと考えますので、やむを得ず拝借を願い出た次第です（「信使同道者対馬守役義ニ御座候処、ヶ様之御歎申上候段、心外千万奉存候得共、異国人同道仕候事ニ御座候得者、畢竟　上之御美目与奉存、不得已拝借奉願候処、……」）」と述べていることでさらに明瞭となる。信使来聘は対馬宗家の「役義」であるものの、その影響や効果は詰まるところ幕府の「御美目」となるものであって、二つは分けて考えるべきではない、ということである。対馬島を安堵されることの反対給付（「役義」）として信使来聘が捉えられていた当時の状況を思えば、対馬宗家の「役義」という側面と、幕府の「御美目」という側面が切り離されて考えられていたのであろう。そのため対馬宗家では、二つを関連させながら来聘の意義を改めて幕府に訴えねばならず、それによって費用拝借の正当性を得ようとしたと考えられるのである。

2　杉村三郎左衛門作成の「口上書（案）」

「願書（案）」送付から遅れること半月余り、杉村は、正徳元年（一七一一）正月五日に「口上書（案）」を国元へ送っている。当文書は、国元へ下る吉野五郎七（江戸仮勘定役）に託されたものであり、国元家老衆へ伝達すべき事項を記した、吉野宛て杉村書状（指示書）などとともに合綴《がってつ》されている(31)。この吉野宛て杉村書状（指示書）が興味深いので、まずはそれを引用しておこう。

覚

一、当年（正徳元年）信使来聘之儀ニ付、①内々土屋相模守（政直・朝鮮御用老中）様迄被仰上置度覚書二通之下書、今度貴殿（吉野五郎七）江相渡、御国江差越候間、平田直右衛門（国元家老）殿迄可被相届候、今度御拝借銀之儀被仰上候御使者被差越候節、右之二通御認被成、御拝借金之御願書同前ニ相模守（土屋政直）様迄被差出置之可然候付□□（欠損）奉存候、弥此段於御同意者、②右之□□（欠損）爰元（江戸）へ御使者被差越候節、先荻原近江守（重秀・幕府勘定奉行）様被入御内見、彼方之思召入之程、少茂無御遠慮御差図被成候様ニ以御書御頼被遣、其上ニ而相模守（土屋政直）様江被差出候様ニ在之度御事ニ候事

一、相模守（土屋政直）様御事先書（十二月十七日帳面書状）ニ段々申越候ことく、人参代銀（人参代往古銀）之位相済、間茂無之内之御事ニ候故、不図御怒出、御はね付被成候而ハ難取直、至而大切成御事ニ付、重畳無心元義ニ奉存候間、③朝鮮筋緊用之御事とも此度之信使ニ託し被仰上、上之御心入ニ茂被為成候様ニ被遊、又ハ④近年朝鮮渡之銀高段々被減候ニ付、御勝手御続不被成、至極御難義ニ而信使茂御務難被成ニ付、何とそ御拝借被　仰付被下候様ニと御家老を以被仰上候与趣意を御立被成、肝入而御歎被遊度御事奉存候、左候得ハ、先達而も申入候通、殊外重ク相聞候故、相州様（土屋政直）ニ至而も御はね付難被成、御首尾茂宜方ニ可有之哉と奉存候、何之道ニ茂相州様（土屋政直）御請付不被成候而ハ、上ニ通し可申様無御座候、江州様（荻原重秀）何程ニ思召候而茂、首尾難仕可有御座候間、此訳得与御了簡被成、御使者柄弥重ク被遊度御事歟と奉存候事

（三条目省略）

右之外口上ニ茂委曲申含候通ニ候間、随分微細ニ可被申達候、以上

正月五日（正徳元年）　　杉村三郎左衛門（江戸家老）

吉野五郎七（江戸仮勘定役）殿

一条目には、土屋へ「願書」とともに「内々」に提出する予定の「覚書二通之下書」を、平田直右衛門（国元家老）まで届けること（傍線①）、そしてそれを吟味したものを、江戸参上の「御使者」に託し、荻原の内見を経た上で、土屋に提出する予定であること（傍線②）が記されている。「覚書二通之下書」のうち、一通は

「口上書（案）」であることが明らかだが、もう一通については何を指しているのか分からない[32]。また、これらが「内々」に提出される性質のものであることを考えれば、「口上書」（の作成）はやはり幕府の指示に基づくものではなかったことが分かる。とにかく杉村としては、「願書（案）」同様、国元の吟味・荻原の内見を経た上で、土屋への請願に臨みたかった、ということであろう[33]。ちなみに杉村は、この時点で平田が江戸参上の「御使者」となることは知らない。

続く二条目には、第二節で確認した土屋攻略の方策が簡潔に述べられている。今回の請願は、人参代往古銀以来の間もないものであったから、土屋が「不図御怒出」し、請願を「御はね付」る事態になっては取り返しがつかない。そのため、朝鮮筋が重要であるということも信使に託して願い上げ、幕府の「御心」に適《かな》うようにするとともに（傍線③）、朝鮮貿易が振るわず、来聘費用が賄えない旨を国元家老でもって一途に請願させることにしたい（傍線④）。そうすれば土屋も「御はね付難被成」、（対馬宗家の）信使を迎える態勢にも不審を蒙ることはないと考える。とにかく土屋に請願を取り上げてもらうことが何よりも重要なので、このことをとくと了簡されたい、と国元家老衆に理解を促す内容となっている。傍線③④は、それぞれすでに明らかにした「口上書」の作成と国元家老の江戸参上に相当すると考えられ、特に傍線③からは、「朝鮮筋緊用之御事」を盛り込んだ内容の「口上書（案）」が作成されていた事実を窺うことができる。杉村は「重畳無心元」との思いから、信使に「朝鮮筋緊用之御事」を託した「口上書（案）」を作り上げていたのである[34]。

実際に杉村が作成した「口上書（案）」は、①朝鮮通交（外交・貿易）が、古来より政治・外交上重要、かつ農業生産に乏しい対馬島（「外国藩屏之地」・「米穀甚乏キ国土」）を安堵される代わりに、「東照君様（徳川家康）」によって「所領同前」に認められたものであること（＝「特殊性」）、②朝鮮貿易の不振による「武備」の衰退や、それに伴う「外国（北京・朝鮮）」に対する「聞へ（外聞）」への影響は、対馬宗家一家だけの問題ではなく、幕府（日本）の問題でもあること（＝「重要性」）、を至るところで強調する文面となっている。冒頭の一文に「対州之儀古来ゟ朝鮮国与申通、隣交之御役相務候付、其訳兼々申上置度、左之通御披見茂如何奉存候へ共申上候」（傍点は筆者）とあることを考えれば、対馬宗家が以前からこうした論理を幕府に説明したいと思っていた事情が読み取れる。また、信使について触れた部分を見てみると、「既此度信使之義蒙　仰、物入大分之義御座候故、借銀之才覚仕せ候へ共、只今迄少茂相調不申、此分ニ而ハ信使之御用可相勤段千万無心元義ニ奉存候」と、「私義先祖ゟ朝鮮御役相勤、殊至　御当代折々之信使天和年迄都而七度誘引仕候、小身ニ御座候処、毎度物入大分ニ付身体難続、此節相繕候仕合無御座、難義至極奉存候」だけであり、「特殊性」「重要性」の論理を執拗に繰り返すのに対し、こちらは極めて限定的な記述にとどまっている。これが杉村の言う「信使ニ託し」て「朝鮮筋緊用之御事」を願い出る、ということなのだろう。ここから「口上書（案）」は「願書（案）」とも性格が異なり、対馬宗家の「特殊性」「重要性」を幕府に認識させる目的を持って作成されたということができる。

　さて、項の冒頭でも述べたように、吉野五郎七（江戸仮勘定役）は、正徳元年（一七一一）正月五日に吉野宛て杉村書状（指示書）や「口上書（案）」などを携え、国元に下った。吉野は道中八日、船中一〇日で帰国する予定であったが[35]、上方での所用が長引いたせいか、到着予定の正月二十四日を迎えても帰国できていなかった。彼が到着したのは、そこから一ヶ月余りも過ぎた二月二十二日のことである。すでに国元では、請願の「御使者」として平田直右衛門（国元家老）が、江戸に向けて出発していた（正月二十八日）。杉村は、江戸参上の「御使者」に国元での吟味を経た「口上書」を持参させようとしていたにも拘らず、吉野の遅延によってそれが叶っていなかったのである。吉野到着後、国元では早速、持参された文書の写を作成し、オリジナルを江戸に滞在する平田へ送ったようだが[36]、実際の請願（二月二十三日）に間に合わなかったことは言うまでもない（すでに吉野の国元到着時点で、江戸では土屋への請願が終了していた）。結局、杉村が作成した「口上書（案）」は、国元での吟味を経ることなく、江戸で清書され、土屋に提出されていたのである[37]。

おわりに

以上のようにして対馬宗家は、幕府から費用を獲得し、正徳度信使を来聘させることができた。費用の獲得に当たっては、荻原重秀（幕府勘定奉行）や小笠原隼之助（土屋御用人）、そして間部詮房（「幕府側用人」）といった幕府役人に周到な根回しを行っていたし（第一節）、土屋政直（朝鮮御用老中）へ提出された「願書」には、「御誓文状」「御誓旨」のほか「口上書」が添えられ、平田直右衛門（国元家老）がわざわざ対馬から持参したかのような演出がなされた（第二節）。当時の対馬宗家には〝官位昇進願い〟や〝武備に関する要求〟といった別の請願も存在したが、これらは信使費用拝借のため、一旦は留め置かれたのである（シングル・イシュー）[38]。

この中で特に注目されるのが、「願書」「口上書」であろう。「願書」には来聘費用を賄えない旨（理由）が記されていたが、対馬宗家が一貫して意図していたのは、信使来聘の意義を改めて幕府に訴えることであった。幕初以来、信使は徳川将軍の威光を高めるものと位置付けられ[39]、その来聘業務は、対馬島を安堵されることの反対給付（「役義」）として、対馬宗家が担うべきものと認識されていた。幕府の「御美目」となるにも拘らず、それを「役義」として担わなければならない〝矛盾〟は、朝鮮貿易が比較的好調であった十七世紀においては特に問題とならなかったが、貨幣改鋳の煽《あお》りを受け、貿易が危機的状況に直面したことで、大きな負担となって立ち現れたのである。そのため対馬宗家では、信使来聘の意義を改めて幕府に訴え、費用拝借の正当性を得ようと努めた。このような動きは、琉球使節が徳川将軍の威光をいや増すのに役立つと謳《うた》った、島津家の論理とも通じるところがあり、両家が同時期に同じような論理を使って幕府を説得した点は注目される[40]。

また「口上書」は、対馬宗家（杉村三郎左衛門）の独自の判断によって土屋へ提出された文書である。杉村は幕府役人との相談を繰り返す中で、荻原から「御勝手至極被差問、信使御同道之御償決而難成」旨を記した「御誓文状」「御誓旨」の提出を求められたが、「口上書」については、幕府役人の指示によるものではなかった。そのことを象徴するかのように、「口上書（案）」には、対馬宗家の「特殊性」「重要性」の論理が繰り返し強調されており、信使に関する記述は極めて限定的なものとなっていた。杉村がこのような「口上書（案）」を作成したのは、偏に土屋を攻略するためであったろう。確かに対馬宗家は、幕府内で絶対的なポジションに就いていた荻原から特別視されてはいたものの、請願が土屋に取り上げられないことには、その荻原も〝後押し〟の仕様がなかったことを正確に理解していた（「何之道ニ茂〔土屋〕相州様御請付不被成候而ハ　上ニ通し可申様無御座候、〔荻原〕江州様何程ニ思召候而茂、首尾難仕可有御座候間、……」）[41]。だからこそ杉村は、土屋へ「願書」を提出するよう荻原から促されても、すぐにはそれに従わず、小笠原に根回しを行ったり、国元家老に「願書」一式を持参させるような演出を考え出したりしたのである。今回の請願が実現するか否かは、土屋の攻略一点にかかっていたと言っても過言ではないだろう。

　ところで、「口上書（案）」の国元への送付が、「願書（案）」よりも半月以上遅れていたことについては注（34）で指摘したが、それでもあの「口上書（案）」を短期間で作成できたことは注目に値する[42]。恐らく対馬宗家は、自己の「特殊性」「重要性」を強調する論理をこれ以前から持っていたと推測され、杉村もそれを文章化することで、「口上書（案）」を書き上げることができたと考えられる。

　しかし、ここで問題となるのは、そうした論理がどのような事情から生じていたのかということであろう。この点については、宝永元年（一七〇四）に幕府の対馬宗家に対する対応を述べた国元家老衆の発言が参考になる。すなわち、「（以前）命じられた格式と異なり、軽々しく、思ってもいないことである。このような格式であれば、自家も他家と差別がなく、朝鮮御役があるという方便も差して意味をなさない。以前と異なり、朝鮮御役が思いのほか軽々しくなり、気の毒なことである（「被蒙　仰候御格式之違《ママ、与か》、軽々敷御事ニ而存之外なる儀ニ候、此格ニ候得者、此方も他方与差別無之、朝鮮御役有之与申訳も差而立不申、以前与違、朝鮮御役殊外軽々敷様ニ罷成、気之毒なる御事ニ候」）」、「以後のために良くないので、たとえ幕府より軽々しく命じられたとしても、こちらから朝鮮御用については重く見せた方がよい（「以後之御為万端不宜儀ニ候間、縦令従　上軽々敷被仰出候而茂、此方ゟ者朝鮮御用之儀者重く有之様ニ被遊候方可然」）」といったものである。(43) ともに幕府の対馬宗家に対する扱いが軽くなっている現状が述べられているが、(44) 特に後者では、対馬宗家の方から「朝鮮御用」を「重く」見せようとしていた事実が窺える。対馬宗家は幕府の扱いに対して、朝鮮通交（外交・貿易）を「重く」見せるような働きかけを自ら行っていたのである。

こういった動きが、自己の「特殊性」「重要性」を訴える論理を醸成していったであろうことは想像に難くない。この時期の対馬宗家の課題は、単に現実的な要求（人参代往古銀の鋳造、信使費用の拝借など）を実現するだけでなく、幕府の異国に対する関心の低下といった事態にも対処しなければならなかった。杉村が「口上書（案）」に「特殊性」「重要性」を高らかに謳い上げた論理を用いたのは、まさに、国王号への復号や聘礼改革に沸く（正徳度）信使にかこつけて、対馬宗家の「特殊性」「重要性」を改めて認識させようとしたからにほかならない（「朝鮮筋緊用之御事とも此度之信使ニ託し被仰上、　上之御心入ニ茂被為成候様ニ被遊」）(45)。対馬宗家の真意は、自己の「特殊性」「重要性」を幕府に認めてもらうことだったのであり、それさえ認めてもらえれば、現実的な要求も叶いやすくなる、といった観測を持っていたのではないだろうか。信使費用の拝借に次ぐ〝官位昇進願い〟や〝武備に関する要求〟を実現していくためにも、幕府の異国に対する関心の低下は払拭しておかなければならなかったのである。

さて、これまで対馬宗家の「特殊性」「重要性」の論理について言及してきたが、最後に触れておかなければならないのは、「朝鮮押えの役」についてであろう。同役（同用語）は、対馬宗家から幕府へ提出された文書（願書など）に用いられ、すでに鶴田啓氏によって、「対馬藩が自己の存在意義や役割を問う中で到達した表現の一つであり、対馬藩の「自己意識」あるいは「由緒」ととらえ」るべきことが提唱されている(46)。氏が分析対象としたのは、あくまで十八世紀後期の事例だが、筆者は同役(同用語)の使用が、十八世紀初期まで遡ることを確認しており、今後、本章で明らかにした「特殊性」「重要性」の論理との関連から考えていく必要があると思っている。紙幅も尽きたので、この点については別の機会に検討することとしたい。

〔注〕

（1） 岸本美緒・宮嶋博史「華夷変態」（同『世界の歴史一二　明清と李朝の時代』中央公論社、一九九八年）。

（2） 高埜利彦「平和と安定」（同『日本の歴史一三　元禄・享保の時代』集英社、一九九二年）、同「一八世紀前半の日本―泰平のなかの転換―」（『岩波講座　日本通史　第一三　近世三』岩波書店、一九九四年）、村井章介・荒野泰典「地球的世界の成立」（荒野泰典・石井正敏・村井章介編『日本の対外関係五　地球的世界の成立』吉川弘文館、二〇一三年）。

（3） 幕府の異国に対する関心の低下は、このののち本論にも掲げるように、専ら琉球を事例としたものが多い（紙屋敦之「江戸上り」〔『新琉球史―近世編（下）―』琉球新報社、一九九〇年〕、同「幕藩体制下における琉球の位置―幕・薩・琉三者の権力関係―」〔同『幕藩制国家の琉球支配』校倉書房、一九九〇年〕、同「琉球使節の江戸上り」〔同『大君外交と東アジア』吉川弘文館、一九九七年〕）。しかし近年、『華夷変態』の編綴《へんてつ》状況を分析した紙屋敦之氏が、元禄十五年（一七〇二）を境として、同書に省略等が多く見られる事実を見出し、「中国情報の収集という『華夷変態』の本来の目的が中国情勢の安定にともなって喪失してきたということを表わしている」と指摘している（同「琉球の中国への進貢と対日関係の隠蔽」〔同『東アジアのなかの琉球と薩摩藩』校倉書房、二〇一三年〕、二八七ページ）。また木村直也氏は、十八世紀以降、幕府が「武威」や日本型華夷秩序を意識しなくなるという傾向を鑑《かんが》みて、「対外意識の希薄化」、「対外関係への関心の薄さ」と表現する（同「近世中・後期の国家と対外関係」〔曽根勇二・木村直也編『新しい近世史二　国家と対外関係』新人物往来社、一九九六年〕、同「近世対外関係史研究の現在」〔『歴史評論』六五四、二〇〇四年〕）。

（4） 以下、横山學「琉球国使節の展開」（同『琉球国使節渡来の研究』吉川弘文館、一九八七年）、紙屋前掲「江

戸上り」、同「幕藩体制下における琉球の位置」、同「琉球使節の江戸上り」を参照した。

(5) 拝領とは幕府からの下賜金《かし》であり、返済の必要はなかったが、拝借は定められた期限内に返済しなければならなかった(ただし、利息はない)。しかし対馬宗家は、拝借しても何度も返済期限を延長したことから、実質的には拝領に近かったことが指摘されている(田代和生「人参の国内販売」〔同『近世日朝通交貿易史の研究』創文社、一九八一年〕、三九五〜三九七ページ)。

(6) 対馬宗家は、江戸時代全十二回の朝鮮通信使のうち、正徳度(第八回)・享保度(第九回)・延享度(第十回)・宝暦度(第十一回)において拝借、最後の文化度(第十二回)のみ拝領・拝借ともに行っている(荒野泰典「幕藩制国家と外交―対馬藩を素材として―」〔『歴史学研究　別冊特集　世界認識における民族と国家』、一九七八年〕)。ここから正徳度以降、費用の獲得が常態化していた事実が窺えよう。

(7) 鶴田啓「一八世紀後半の幕府・対馬藩関係―近世日朝関係への一視角―」(『朝鮮史研究会論文集』二三、一九八六年)、山本博文『対馬藩江戸家老―近世日朝外交をささえた人びと―』(講談社、一九九五年)、田代和生「白石・芳洲論争と対馬藩」(『史学』六九―三・四、二〇〇〇年)のち「対馬藩経済思想の確立」(同『日朝交易と対馬藩』創文社、二〇〇七年)。

(8) 山本博文氏は、朝鮮貿易＝「所領同前《然》」という論理が、享保期(一七一六〜三五年)に出現したことを指摘しているが(山本前掲『対馬藩江戸家老』、一三六ページ)、これは田代前掲「対馬藩経済思想の確立」で引用された、享保期以前の史料の存在によって事実上、否定される。

(9) 正徳度信使費用獲得に係る一件記録(編纂史料)は、管見の限り存在しない。恐らくこのことがこれまで研究がなされてこなかった事情とも関連すると思われるが、本章では対馬宗家文書内に残された断片的な史料から、正徳度信使費用拝借の過程を復元する。

(10) 白石が行った〝改革〟については、戦前から多くの蓄積があるが、ここでは差し当たり、宮崎道生「朝鮮使節の応対」(同『新井白石の研究(増訂版)』吉川弘文館、一九六九年)、同「日本国王号の復行」(同)、中村栄孝「江戸時代の日鮮関係」(同『日鮮関係史の研究　下』吉川弘文館、一九六九年)、三宅英利「朝鮮官人の白石像」(宮崎道生編『新井白石の現代的考察』吉川弘文館、一九八五年)のち「新井白石の制度改変と通信使」(同『近世日朝関係史の研究』文献出版、一九八六年)を挙げておきたい。

(11) 田代和生「貿易帳簿からみた私貿易の数量的考察」（田代前掲『近世日朝通交貿易史の研究』）。

(12) 貨幣改鋳以前、朝鮮貿易資銀として用いられたのは、国内通用銀でもあった慶長銀（品位八〇％）である。これが元禄八年（一六九五）に元禄銀（品位六四％）へと改鋳され、対馬宗家は一・二七％を加給することで、朝鮮側から貿易資銀として認められていた。しかしその後、宝永銀（品位五〇％）が鋳造されると、朝鮮側から受け取りを拒否されるようになり、朝鮮貿易は危機的状況に直面する。このあたりの事情については、田代和生「輸出銀をめぐる諸問題」（田代前掲『近世日朝通交貿易史の研究』）に詳しい。

(13) 人参代往古銀とは、宝永七年（一七一〇）～正徳四年（一七一四）までの間、朝鮮人参の輸入を容易ならしめる目的で、幕府が銀座に命じて鋳造させた丁銀のことである（特鋳銀とも）。慶長銀（品位八〇％）と同位であり、正徳銀（品位八〇％）へと改鋳されるに及び廃止された。しかし、元文元年（一七三六）に元文銀（品位四六％）が鋳造されると、再び人参代往古銀が朝鮮貿易で使用されるようになる（田谷博吉「対州渡し人参代往古銀」〔同『近世銀座の研究』吉川弘文館、一九六三年〕）。なお、対馬宗家の請願は、当初から人参代往古銀の鋳造を目的としたものではなかったことを付言しておきたい。

(14) 朝鮮御用老中は、天和二年（一六八二）、江戸城にて天和度信使の引見を終えた堀田正俊（「幕府大老」）が、徳川綱吉から「朝鮮御用」に与《あずか》るよう上意を受けたことに始まる。宗義真《よしざね》（対馬藩主）には、「〔堀田へ〕無遠慮用事申入、相勤候様ニ可致候」との上意がなされ、このとき以来、朝鮮通交（外交・貿易）に係る相談を正式に堀田へ行うようになった（「堀田筑前守殿・阿部豊後守殿幷此度本多伯耆守殿へ朝鮮御用被蒙仰候覚書」〔大韓民国国史編纂委員会「對馬島宗家文書」記録類三六〇九・MF〇〇〇〇六二〇〕）。堀田刺殺（一六八四年）後は、阿部正武（幕府老中）→本多正永（同）→土屋政直（同）へと引き継がれ、土屋の幕府老中退役（享保三年）をもって一時断絶した。

(15) 田代前掲「輸出銀をめぐる諸問題」。

(16) 以下、特に断らない限り「十二月十七日　帳面書状」（長崎県立対馬歴史民俗資料館「宗家文庫史料」一紙物一一〇五-九九-一二）による。当史料は、宝永七年（一七一〇）十二月十七日付国元家老衆宛て杉村三郎左衛門書状である。

(17) 深井雅海「元禄～正徳期における「側用人政治」―柳沢吉保と間部詮房の伝達・取り次ぎ機能を中心に―」

（同『徳川将軍政治権力の研究』吉川弘文館、一九九一年）。

(18)　荻原は「一筋ニ御不勝手ニ而、明年之御用御勤兼被成候趣を、随分（土屋）相模守殿江御願被仰上」と、財政状況が厳しく、信使来聘が実現できない旨をただひたすら土屋へ訴えるべきと杉村へ助言している。

(19)　この当時荻原は、自身で「（請願が土屋を介して）御老中らの御審議にかけられ、上聞に達すれば、必ず御願書が自分のところへ回って来て、検討するよう（上様から）命令が下るはずなので、そのとき自分は、『信使は異国への御外聞にも関わることですので、（対馬宗家の）願い通り拝借を許可していただきたいと思います』と言上するつもりでいる。そうすれば願いが叶わないことはないだろう（「御老中及御沙汰候上ニ而、達上聞候ハヽ、定而御願書拙子（荻原重秀）江御渡シ、吟味仕候様ニ与可有御座候間、其節拙者（荻原重秀）可申上ハヽ、……畢竟異国江之御外聞ニ候間、願之通拝借御免被成度御事与奉存候旨申上候了簡ニ候、左候ハヽ、御願之筋相滞申間鋪与存候」）」と言い切ってしまうほど、幕府内で絶対的なポジションに就いていた。

(20)　「朝鮮御用御奉り御老中阿部豊後守様御卒去ニ付、御跡朝鮮御用幷公儀向御用共ニ本多伯耆守様被相伺候様ニ被仰出候次第記録」（大韓民国国史編纂委員会「對馬島宗家文書」記録類五二八九・ＭＦ〇〇〇〇八五六）。なお、大名家にとっての幕府老中御用人の重要性については、すでに千葉一大「「取次」・「後見」・「御頼」・「懇意」―盛岡南部家の事例から―」（『弘前大学国史研究』一〇八、二〇〇〇年）で指摘されている。

(21)　正徳元年（一七一一）正月十九日付杉村三郎左衛門宛て国元家老衆書状案（長崎県立対馬歴史民俗資料館「宗家文庫史料」一紙物五五三‐二一‐一‐一二）。

(22)　「朝鮮渡銀位御願之通往古銀御免被蒙仰候記録　壱」（国立国会図書館「宗家記録」八二三‐合二九‐四〇、国立国会図書館デジタルコレクション http://dl.ndl.go.jp/参照）。事の発端は、土屋が「対馬宗家は人参代往古銀に関して荻原殿に相談などしていないだろうか」と質問したのに対し、小笠原隼之助（土屋御用人）が「相談は勿論、人参代往古銀は重大な請願ですので、願書も（荻原様に）提出するものと聞いております」と返答したことによる。これを聞いた杉村は、すぐさま小笠原に「荻原様へ願書を提出することはなく、単に国元の指示通り、土屋様と相談した内容を（荻原様に）お知らせしているに過ぎません」と土屋に弁解するよう求めている。なぜ小笠原が上記のような返答をしたのかは分からないが、土屋が荻原との関係を気にしていたことは確かであろう。

(23) 以上、「江戸日帳」（長崎県立対馬歴史民俗資料館「宗家文庫史料」日記類Ba-八一）、正徳元年二月十五日・十八日・廿二日・廿三日条による。

(24) ここに荻原が指示した「御誓文状」「御誓旨」が見えないが、「願書」一式を提出した様子を記した史料には、「就夫拝借金之儀御三家を初、何レより之御願ニ茂是程之員数ニ及候義無之間、御誓旨之上之義ニハ候得共、……」や、「対馬守奉願候者、誓言状を以申上候儀ニ候得者、……」（以上、傍線は筆者）といった記述があり（前掲「江戸日帳」、正徳元年二月廿三日条）、「御誓文状」「御誓旨」が提出されたことは確実である。「御誓文状」「御誓旨」は、あくまで「願書」に箔を付けるためのものであったから、特にここには記されなかったと考えたい。

(25) 「老中奉書」（九州国立博物館「対馬宗家文書」P一一二七、対馬宗家文書データベース http://www.kyu-haku-db.jp/souke/参照）。

(26) 「御願書之案詞」（長崎県立対馬歴史民俗資料館「宗家文庫史料」一紙物一一〇五-九九-三）。当史料は、前掲「十二月十七日　帳面書状」と包紙で一括されている。

(27) 付箋には、「此御願書者〔荻原〕近江守様へ入御内見候案詞ニ而御座候、年明候而御使者可被差越候間、先頃・当夏・先月与申文句、其御心得ニ而御認可被成候」とあり、「御使者」＝国元家老の江戸参上に合わせて文言を変更するよう注意を促している。また、掛紙は後掲する「口上覚」の書止文言（「以上」）に重ねて貼付されたものであり、「上納之儀者御差図之上何分ニ茂可仕候、以上」とするか否かで、荻原と小笠原の意見が一致していなかったことが注記される（「右之通書入可然旨〔小笠原〕隼之介（ママ、助）被申聞候付、〔荻原〕近江守様方承合せ候処、上納之義者書入ルニ及間敷候、御願さへ相叶候得ハ、上納之義〔荻原〕近江守様へ可被仰渡候、其節者宜可被仰上与之御事也」）。結局、案文しか残っていないことから、荻原・小笠原どちらの意見が採用されたかは判然としない。

(28) 前掲「江戸日帳」、正徳元年正月四日条。

(29) ここには「金子三万六、七千両」とあり、実際に拝借した「金五万両」とは異なっている。これは小笠原（土屋御用人）の内見を経た際に、杉村（江戸家老）が「対馬守分限茂有之義ニ候故、不相応之願申上、若相滞候而者如何ニ存候」との理由から、拝借希望額を減額して記載していたためである（前掲「十二月十七日　帳面書状」）。しかし、実際に土屋へ提出した「願書」には、「金五万両」と記されていたようであり、この点について江戸に参上した平田（国元家老）は、土屋の反応次第で減じる用意があることを小笠原に説明している（前掲「江戸日帳」、正徳元年二月廿三日条）。結局のところ、「金五万両」はそのまま土屋に認められ、以後この額が来聘費用獲得の一つの基準となる。

(30) 大平祐一氏は、幕府が大名家に拝借を許可した理由として、①居城罹災、②領分町在罹災、③居屋敷罹災、④領分損毛、⑤転封、⑥御用勤務、⑦役職勤務、⑧続柄、を挙げている（同「江戸幕府拝借金の研究―幕藩関係の一考察―」〔『法制史研究』二三、一九七四年〕）。大平氏が対象としたのは幕末期の事例だが、あえて今回の対馬宗家に当てはめてみると、③居屋敷罹災＋④領分損毛＋⑥御用勤務、となろうか。

(31) 「宝永八辛卯年　覚書　四冊合帳」（大韓民国国史編纂委員会「對馬島宗家文書」記録類六五七四・MF〇〇〇〇九六〇）は、①「覚書」、②「覚書」＝吉野宛て杉村書状（指示書）、③「覚」、④「口上覚」＝「口上書（案）」を合綴したものである。本章では②④を取り上げるが、残りの①③については別の機会に検討するつもりである。

(32) 前掲「宝永八辛卯年　覚書　四冊合帳」のうち、①「覚書」、③「覚」のいずれかとも考えられるが（注(31)）、筆者はこのどちらでもないと思っている。

(33) 現に「口上書（案）」の末尾には、荻原の内見を受けるよう準備されていた。

右之趣相模守（土屋政直）殿迄願上度存候御事、多中乍御無心御披見被成、思召寄之程無御遠慮御差図被成被下候ハヽ、
別而可（ママ）忝存候、以上

月日　宗対馬守（義方）

近江守（荻原重秀）様

(34) 「願書（案）」と「口上書（案）」が同じときに国元へ送られなかった事情を考えると（前者が宝永七年十二月十七日、後者が正徳元年正月五日）、当初から杉村は「口上書」を土屋へ提出する予定ではなかったことが分かる。ここでは「願書（案）」の送付以降、杉村の中で何らかの心境の変化があったと考えたい。

(35) 前掲「江戸日帳」、正徳元年正月四日条。

(36) 吉野宛て杉村書状（指示書）の表紙には、後筆で「此四冊〔「宝永八辛卯年　覚書　四冊合帳」〕江戸杉村三郎左衛門方ゟ来ル、本帳者平田直右衛門方江送遣候付、写置之」と墨書されていることから、前掲「宝永八辛卯年　覚書　四冊合帳」が写であることが判明する。

(37)「口上書（案）」の末尾には、荻原の内見を受ける旨が記されていたが（注(33)）、実際の請願までに平田や杉村が荻原の内見を受けたか否かは定かでない。

(38)〝官位昇進願い〟は結局断念したようであるが、〝武備に関する要求〟については、費用拝借が実現したのち、実際に新井白石（家宣侍講）へ願い出ている。このことは、田代前掲「対馬藩経済思想の確立」に引用された史料からも窺うことができる。

(39)ロナルド・トビ「承認のレンズ―幕府の正当性確立における外交―」（同〔速水融・永積洋子・川勝平太訳〕『近世日本の国家形成と外交』創文社、一九九〇年）。

(40)琉球使節・朝鮮通信使ともに、このとき改めて意義付けがなされたからこそ、幕府は島津家・対馬宗家に記録性の高い絵巻の作成を命じたと考えられる。このことは幕府にとっても何らかの意識の変化があったことを示していよう。なお、両使節の絵巻については、横山前掲「琉球国使節の展開」、田代和生「朝鮮通信使行列絵巻の研究―正徳元年（一七一一）の絵巻仕立てを中心に―」（『朝鮮学報』一三七、一九九〇年）に詳しい。

(41)前掲「宝永八辛卯年　覚書　四冊合帳」。

(42)紙幅の関係上、「口上書（案）」を引用することができなかったが、同文書は二〇〇〇字を超えており、また内容からしても短期間で作成したとは考えにくい。

(43)「本多伯耆守様江朝鮮御用御奉り被仰出候付江戸表贈答之次第」（長崎県立対馬歴史民俗資料館「宗家文庫史料」記録類一　表書札方N④―一）。

(44)現に、これまで対馬藩主登城の上、朝鮮御用老中交代の命令がなされていたものが、急遽簡略化されたり（前掲「本多伯耆守様江朝鮮御用御奉り被仰出候付江戸表贈答之次第」）、その上意を書き記した老中奉書が発給されず、半切紙の「書付」で済まされたりする（「大衍院様御実録下書　二」〔長崎県立対馬歴史民俗資料館「宗家文庫史料」記録類三　宗家C一〕）、といった扱いを受けていた。

(45)前掲「宝永八辛卯年　覚書　四冊合帳」。「口上書（案）」の冒頭に「対州之儀古来ゟ朝鮮国与申通、隣交之御役相務候付、其訳兼々申上置度、左之通御披見茂如何奉存候へ共申上候」とあったのは（第三節）、これ以前から続く対馬宗家に対する軽い扱いを、信使を境に改善してもらおうと意図していたためであろう。

(46)鶴田啓「「朝鮮押えの役」はあったか」（佐藤信・藤田覚編『前近代の日本列島と朝鮮半島』山川出版社、二〇〇七年）、二一〇ページ。

第8章　琉球王国の財制と外交儀礼
――戊冠船をめぐって――

麻生伸一

はじめに

近世琉球（一六〇九～一八七九年）の首里王府は、近世日本と中国（明清朝）、双方と従属的な関係を持っていた。政治主体としての首里王府には、薩摩藩の「附庸」としての側面と、明清朝の「属国」としての側面の双方があったといえる。当然、外交儀礼に関しても近世日本「向け」と、中国「向け」の両方が存在した。そのうち中国向け儀礼のひとつとされるのが「冠船」である。

冠船とは、明清朝の皇帝が琉球の新国王を冊封するために派遣する使節を指す(1)。もともと冊封使節の乗り込んだ船隻を「冠船」と呼んだが、近世琉球では船自体を含め、冊封使節や使節の渡来など冊封全般を示すことが多かった。また、頻繁な渡来ではなかったことから、干支を付していつの冠船かを区別しており、たとえば、本章で主として扱う尚育王への冊封使は「戊之御冠船」（一八三八、天保九、道光十八年）、最後の国王である尚泰王の際は「寅之御冠船」（一八六六、慶応二、同治五年）などとされていた。

ところで、琉球国王は、近世日本の権威に依った即位、清朝の権威に依った即位という二度の即位を経験する(2)。琉球国王が死去すると、国王候補者（主に中城王子）が薩摩に報告され、薩摩は幕府に伺いを立てて承

『紙本着色奉使琉球図』のうち「諭祭先王」の場面

（沖縄県立博物館・美術館所蔵）

『冊封使行列図』（部分　沖縄県立博物館・美術館所蔵）

認する。その情報が琉球に到来すると、まず一度目の即位儀礼が執り行われる。その後、清朝へ冊封使の派遣を要請し（請封）、冠船が渡来するのである。このことから、冠船を二度目の即位儀礼、かつ即位過程の総仕上げともみなすこともできよう。尚育王の場合、一度目の即位は一八二五年（文政八、道光五）に、二度目は一八三八年に行われた(3)。

琉球国王にとって冠船とは、これまで、明清朝による琉球国王への権威付けであり、新国王の政治的な「通過儀礼」であるとされてきた(4)。清朝との「冊封＝朝貢関係」を刷新する機会＝冠船という理解である。他方、冠船は薩摩の琉球支配を牽制するものであるとも捉えられている(5)。近世日本の権力構造から外れた琉球（首里王府）のすがたを、薩摩側にアピールする機会＝冠船という理解である。

しかし、清朝の権威性、権力構造を琉球が取り込みつつ琉球王権を再構築し、薩摩との差異性を強調するという理解だけでよいのか。権威・権力の方面では、薩摩側の冠船への関与はなかったのかという問題については充分に検討されていない。

また、これまでの研究では冠船に伴う財政負担が大きかったことから王府の財政を圧迫する要因となったこと、さらに民衆の生活にも大きな影響を与えていたことが指摘されてきた(6)。しかし、王府がどのような財政対策を執っていたかは必ずしも充分に言及されてこなかった。

以上を踏まえ、本章では尚育王に対して冊封使が派遣された戌冠船（一八三八年）を中心に財政問題と儀礼をキーワードとして冠船を考えたい。

一　財政問題からみた戌冠船

1　戌冠船の財政問題と税制

上原兼善氏は、王国末期の社会問題を明らかにするなかで王府財政について分析し、次のことを明らかにしている。すなわち、王府財政は、日本と清朝、双方の市場経済と連携せざるを得なかったことが要因となり、「劣弱な農業生産基盤と過重な収取体系との矛盾」および「モノカルチャー的農業構造の矛盾」[7]が起こったことや、異国船来航の頻発や、銅銭と、鉄銭の交換レート操作に代表される貨幣政策（いわゆる「文替り」）による混乱により追い込まれていった。日清と結びついた琉球の経済構造の問題、近世後半に頻発する諸問題により財政が窮地に陥ったという指摘である。

西里喜行氏も、先行研究を敷衍しつつ、近世末期の疲弊の要因を内政面と外交面から求めている。内政面では、自然災害の頻発と、災害への王府対応の拙さ、それに伴う村落の疲弊と王府財政への影響を、外交面では、薩摩への臨時納税および、外交儀礼（江戸参府、冠船）の増加などを要因として挙げている。[8]

戌冠船が行われたのはまさにそのような時期に当たり、道光十七年（一八三七、天保八）八月に冠船の総括役（冠船方役人）は、王府財政を逼迫させる要因として、道光十二年（一八三二、天保三）の江戸立に伴う拝借銀を完済していないこと、「風旱之災殃」の連続により沖縄島および周辺の島々からの租税の一種である「出米・出銀」の納入が滞っていること、宮古では「無類災変」、八重山では「麻疹」の流行により年貢滞納がみられることを指摘している。[9]他方、およそ七〇年間に、江戸参府が五回、冠船が四回あったことが確認されるように（表1）、外交儀礼の度重なる実施が、支出や負債を増大させる要因であったことは想像に難くない。[10]

そのようななか、王府は冠船の予算確保を目指していた。王府が模索したいくつかの方策のなかでこれまで注目されてきたのが献金・融資である。[11] 尚育冊封に際しては前王である尚灝の死後すぐに献金・融資が奨励されたことが王府の正史『球陽』によって確認できる。[12] 対して王府は献金者に士族身分を下賜するなどの褒賞を与えている。[13] このように献金は王府歳入のひとつであり王府財政を考える上で重要な論点とはなるが、本章では次の二点に着目したい。

第一に、臨時的な課税および増税である。道光十四年（一八三四、天保五）六月には、「知行高・仕明知行・仕明請地幷請地・おえか地・百姓地・両先島上木高」一石あたり「出米四升五合四勺八才」を、「地頭作得」に対しては同じく「壱斗弐升弐合八勺弐才」を付加している。[14] これは支配者層である地頭（士族）や、地方役人層をふくめた百姓全般に対して収穫高に応じて課税したことを示す。[15] また、商業者に関する増税もみられた。[16] 表2によると、焼酎職、紺屋職などの職人、町屋職、質屋などの商業者、沖縄・両先島間および沖縄周辺を運航していた運送業者を対象として臨時税を課していることがわかる。

表1　近世後期の外交儀礼一覧

西暦	外交儀礼の種別
1790年	江戸立（慶賀）
1796年	江戸立（謝恩）
1800年	申冠船
1806年	江戸立（謝恩）
1808年	辰冠船
1832年	江戸立（謝恩）
1838年	戌冠船
1842年	江戸立（慶賀）
1866年	寅冠船

ただし、商業者には、「当分御所帯方より申付置候税銭者用捨ニ而来月より冠船相済迄之間、右通上納方可申付」と、付加税ではなく新税率を設定していることに留意したい。土地に関する増税方法が付加税であったのに対し、商業税は新しく税率を設定することによって税収増加を目指していたのである。

一方、王府財政の窮乏に際して、自身の勢力拡大をめざす人びともいた。最後の冊封となる一八六六年の寅冠船の際、兼城間切糸満村に集住していた漁民集団は漁獲量を増大するため、「伊那野・地謝嘉・神之干瀬」と呼ばれる那覇から浦添沿岸にかかる干瀬（リーフ）の利用を申請した。申請文のなかで、これまで上納銭の納税を延滞したこ

表２　道光14年における商人への臨時税

業　種		税　額
焼酎職	一軒／一ヶ月	50貫文
紺屋職	一人／一ヶ月	4貫文
油　職	一人／一ヶ月	7貫500文
見せかい（店借）	一人／一ヶ月	1貫100文
素麺職	一人／一ヶ月	1貫100文
饅頭職	一人／一ヶ月	1貫100文
味噌職	一人／一ヶ月	3貫文
首里町屋職	一棡／一ヶ月	2貫500文
那覇町屋職	一棡／一ヶ月	15貫文
質　屋	一軒／一ヶ月	7貫500文
両先島運送馬艦船	一往復／一反帆	15貫文
浦漕ぎ船	一往復／一反帆	9貫文

「冠船付廻文」（尚家文書63号）をもとに作成。

とはないことを示しつつ（「上納銭之儀者年々無滞上納仕」）、漁場の保全、魚介類の育成に注力し冠船に関する「御用」を担いたいと述べる（「右境内入念格護仕魚貝之類飼立、御冠せん御用無滞相弁申度奉存候」）。また「先年御冠船之節」、つまり戊冠船の時も許可され、「全御用相弁置申候」と、勤めを果たしたことを挙げて申請している[17]。これに対し、王府側は銭二四〇貫文という税額（年額）で利用権を与えた。このように冠船を契機として税銭の増収をはかる王府と、漁場拡大をめざす糸満漁業集団側の利害を調整することで、那覇港沿海の利用権は運用されていたのである[18]。

2　経費削減

王府の経済方策として二番目に着目する点は、冠船にかかる諸経費の削減である。これは儀礼経費や準備費用などいわば琉球側の自助努力に類する方針と、清朝側へ働きかけることで総体的な経費削減をめざすというふたつの方針が図られた。

前者は、衣装・道具の仕立て料、普請料の切り詰めなどである。準備にあたり先例でもできるかぎり予算を削減し、各人が（王府の財政状況を）よく理解して、職務を全うするようにとの指示が出されている（「跡々より仕来候内ニ茂諸奉行・諸役人働ニより而者御物入相減候手筋茂可有之候条、此砌格別之儀者いつれ茂厚汲受、随分其詮相立候様精々可被相働」）。また、冊封使節の接待費削減は極力避けるよう注意を与えつつも予算履行の検査を充分に実施し（「時々御遣羽委ク致吟味」）、「各座々先冠船之御遣羽を茂取添首尾可被申出、働之品ニ應し夫々御褒賞を茂被仰付筈候」と、それぞれの役所が前回より経費を削減することができれば、状況に応じ褒賞を与えることを明示していた[19]。その他、渡唐儀礼の簡素化もみられるなど、冠船予算のみならず、王府財政が全体的に見直されていたのである[20]。

一方、清朝側にもいくつかの対応を迫っている。寅冠船（一八六六年）については、すでに豊見山和行氏が分析しているが[21]、戌冠船の際にも、あらかじめ負担を減らすために諸策を講じていた。冊封使節を迎接するため福州まで派遣された真栄里親雲上は、冠船貿易（評価貿易とも）の取引量を減らすことなど、清朝側と予算削減にかかる交渉を行うよう指示を受け福州に向かった。「評価物之儀、右銀高之分被持渡候而も高直之物不益之物買取候儀者失墜ニ相成事候間、別さつ之通勝手相成候品々被持渡様可被相働候、尤右之段ハ下々之者共江も申渡置、自然唐人より聞合も有之候ハ、別さつ持渡候様ニ与之品々商売勝手可相成由申達候様堅被申渡候[22]」とあるように、高値の物品や琉球にとって無益の物品などを事前に選定し、取引可能な品目をリスト化したうえで事前に清朝側へ提示し[23]、購入できない物品があることを周知徹底させ[24]、「進貢・接貢船も国中用分之品ハ買求用事相達事候処、評価物太分被持渡候ハ、都而買取方不被成、至極可及難渋候間、部銀相込四百貫目之分ニ不過様随分可被相働候[25]」と、取引総額が銀高四〇〇貫目を超えないことなどを要請している。

また、冊封使船として利用される船舶の選抜にも細心の注意が払われた。真栄里は、「那覇港連々浅め」になっているので「大振之船者出入難成」と弁明しつつ[26]、選抜を担当する海防官に水面下で接触し、進貢船と同規模の船舶を選ばせるようにと指示を受けている（「手寄を求、両艘共大抵渡唐船程来之船江御賦付候様可相働様」[27]）。実際の選抜への関与は倦厭されたようだが、候補が八艘に絞られた段階で「大船」であった金長春船の問題点（那覇港入港が困難であることや、古船であることなど）を提示することで、金長春船を候補からはずさせ、最終的に琉球側にとって都合のよい二艘を選ばせることに成功している[28]。

冊封使節団が四〇〇人を超えないように交渉することも真栄里の任務であった[29]。使節の人数制限は、食料費など通常の接待費に加え、使節の搭乗する船舶の大きさにも関わる重要な問題であったが、人数の確定は出港するまで把握できず、出発直前になりようやく総員で四〇八人と決定する。それでも「抜け乗り」もあって(「手形外抜乗仕候者も罷在候」)、那覇に到着した時には四一七人となっていた[30]。これら一連の要請は、冠船にかかる支出をできるだけ抑えようとする王府の財政対策であったといえよう。

加えて、琉球国内で使節が非法行為を行わないように、関係衙門(総督、撫院、布政使、海防官など)や正副使それぞれに上申し、禁令の布達も求めていた。例えば王府は清朝側に一七五六年(宝暦六、乾隆二十一)の冠船において琉球で「違法事件」を起こした唐人が帰国後に死罪に処された事例を提示し[31]、「天朝之御法令相背候迄ニ而無之、外国御撫恤筋之思召不被叶」と非法行為は皇帝の琉球を憐れむ意志にも反すると訴えるなど、諸規定の遵守を迫っている。このように冠船とはあくまで冊封体制における清朝と琉球国の関係を再構築するものであり、派遣される唐人が私欲に走らないよう牽制していたのである[32]。

二　債務からみた戊冠船

1　拝借銀とその返済

そもそも冠船関連の予算は、臨時予算ではなく毎年積み立てるという計画性のあるもので[33]、さらに、予算制限策、予算確保策を執っていたが、王府財政のみでは冠船関連予算を確保することはできなかった。そのため、薩摩藩に補助を要請することとなる。

冠船や江戸立を理由とする幕府や薩摩藩からの借銀(借金)はほぼ恒例化しており、たとえば一八〇〇年

（寛政十二、嘉慶五）の申冠船時には、八〇〇貫文を借り受けているが、そのうち二五〇貫目を「無利足」、のこりを「八朱利足」で借りている。返済期限の延期を要請するなかで「代々冠船之度毎国力難相達、太金之入価御座候故、時々拝借之御蔭を以是迄礼式相調来候」と述べているように、拝借銀がなければ冠船を執り行うことができない状況となっていたのである。ただし、「御金有合無之大坂御借入を以拝借被仰付候」と、薩摩藩自体、逼迫した財政状況のなかで大阪の商人などから借り受けたものを王府へ貸借していたようで、薩摩藩も冠船に伴って負債を負っていた(34)。

さて、戌冠船の際には「来戌年封王使渡来付、入用銀及不足古銀八百貫目拝借之願」と、不足充当のため古銀八〇〇貫目の拝借が許可された(35)。当然、冊封使の帰国後には返済が開始されることとなるが、度重なる外交儀礼がその返済をさらに厳しいものとしていた。その状況を示すものとして、次の史料を紹介したい(36)。

口達

去戌年（一八三八）冠船方拝借銀之儀、①翌亥年（一八三九）より丑年（一八四一）迄三ケ年府上納被仰付置、亥子弐ケ年府返上者相済候得共、丑年上納分者利銀直違銀等取合、文銀千貫目余相及候処、②既ニ江戸立・冠船料太分之銀高、用聞中致出銀、別而令困窮候上、寅年（一八四二）江戸立ニ付而茂過分之入価、是又用聞中出銀之賦ニ而、右手当向掛而拝借銀返上不相調得、不得止事及再度願申上趣有之候処、容易御取揚難被仰付候得共、莫太之入価打続候付而者難被黙止、別段厚御仁恵を以、利銀者是迄通之七朱利ニ而、惣本銀高ニ相掛、利銀并丑年（一八四一）上納分之元銀共当巳年（一八四五）迄被延置候条、翌午年（一八四六）元利金共無出入、屹上納可有之旨被仰渡置候、然者③冠船評価物も依御願立御売捌相成、右為代金五千両被相下候付、奉願五千両之内三千百弐拾両者右拝借銀之方江内上納仕、今八百貫目余来午年（一八四六）皆返上可仕儀候処、冠船并両度江戸立付而者莫太之御入価ニ而、用聞中出銀茂爾今過分引負、且近年王子・按司御使者事相続、此節王子御使者上国付而者、附添人数茂及大勢、国中出米銀等を以御手当有之候得共筈合兼、不足分者館内借入を以相調申見賦故、弥増時借致増長、用聞中出銀至極難渋可仕者差見得申事候付、此上太分之返上銀皆同出銀致弁達候儀、所詮相調間敷与至極心配仕事候、然共格別成拝借銀、殊前文通厚／思召を以被召延置御事候付、此上皆同年延之方ニ者迚も難奉願候間、④御自分上国之上、聞役・古在番・和琉役々申談、用聞共江も得与申諭し、右返上銀半方丈者是非出銀を以来年上納仕、残半方者今三ケ年程是迄之通被召延置被下候様、御内意を以願申上候様被取計度候、就右者我々より屹願越候様ニ者難仕候間、御内分御都合向等聞繕候上、願被申上、随分詮立候様可被相働候、猶御物奉行可申越候、此段申達候、以上。

（一八四五年）五月十五日　　国吉親方／小禄親方／与那原親方／浦添王子

富島親方

これによると、①薩摩からの拝借銀返済は三年で完済する予定であったが、最後の一年分は手違いがあり元文銀換算で元利一〇〇〇貫目あまりが未返済であること、[37]②薩摩商人から江戸立や冠船の際に借銀をし、薩摩から借りた銀については利率などを調整して一八四六年まで返済が延期されたこと、その後、③長崎での唐物売却が許可され、[38]売却総額五〇〇〇両のうち、三一二〇両を返済に充てることができ、負債の残りは（元文銀換算で）八〇〇貫目あまりとなったが、琉球から薩摩への使者派遣が続いたことから借財がかさみ続け、薩摩商人からも借りることができず、四六年までには返済できなくなっていること、したがって、④富島親方が上国して薩摩側と交渉し、半分は来年返済、残り半分はこれまで通りの利率で、さらに三年間返済を延期してもらえるよう交渉するようにとある。

この要請は許可されることとなったが、[39]冠船や江戸立を実施するたびに王府の負債は増え続け、それが王府財政を逼迫させていたことが如実に表れている。長崎貿易で得た五〇〇〇両についても、王府としては全額、戌冠船の負債に充てたかったが、薩摩藩の了解を得ることができず、江戸立の返済が優先された。[40]外交儀礼としての冠船は、琉球王権にとってその重要性は確かなものであったが、王府財政を逼迫させていたのである。

さて、戊冠船の拝借銀の返済についてであるが、すでに見てきたように、一八四五年の段階で三年延期が許可されたが、一八四八年（嘉永元、道光二十八）にはさらに一年延期された[41]。その後も延期が繰り返され、ようやく完済したのは一八五一年（嘉永四、咸豊元）、すでに尚育は死去し、幼年の尚泰が「一度目の即位」をした後であった[42]。

2 古借銀・時借銀と利下げ交渉

首里王府が銀を借り受けたのは薩摩藩からだけではない。商人などからの借銀や借銭も相当額に達していた。琉球では薩摩藩からの負債を「拝借銀」、その他鹿児島琉球館を出入りする商人（立入、用聞）からの負債を「古借銀」「時借銀」と呼んでいた。証文は借り受け時の在番親方（鹿児島琉球館に駐在した首里王府役人）の名義で作成され、返済には琉球から送られてくる砂糖が充てられており、商人は砂糖買い付けの優先権、割引購入権などを得たとされる[43]。王府の負債総額やその内訳が確認できる史料は少ないが、管見の限り列記すると次のようになる。

一八〇二年（享和二、嘉慶七）、「御拝借銀千四百六拾貫目、古借銀六千四百貫目、時借弐千四百貫目[44]」
一八五四年（安政元、咸豊四）、「時借銀又者古借銀・拝借銀等取合凡六千七百六拾九貫八百目餘之銀高[45]」
一八五六年（安政三、咸豊六）、「時借銀又者古借銀等取合凡六千百貫目餘[46]」（拝借銀含まずか）
一八七一年（明治四、同治十）、「五万五千貫目、利子一ヶ年一万六千五百貫目[47]」（内訳不明）

変遷が大きい理由はつまびらかではないが、一八〇二、五四、五六年の負債状況から確認できるように、拝借銀よりも古借銀・時借銀の方が多額で、明治期には極端にふくれあがっていることが分かる。

古借銀・時借銀は基本的に六分利で借用していたが[48]、十八世紀末以降、王府は商人らに対して連続して利率の変更を「要請」していた。王府は一八七八年（明治十一、光緒四）にそれまでの利率変更の経緯を整理して

表３　薩摩商人への利率変更一覧

番号	変更利率	開始年	終了年
①	二部利下げ	1795年	1804年
②	年次にて二部利払	1805年	1814年
③	二部元入	1813年	1822年
④	年次にて二部元入	1823年	1832年
⑤	年次にて二部元入	1833年	1842年
⑥	二部元入休	1834年	1838年
⑦	年次にて二部元入休	1839年	1841年
⑧	年次にて二部元入休	1842年	1844年
⑨	年次にて二部元入休	1845年	1847年
⑩	年次にて二部元入休	1848年	1852年
⑪	年次にて二部元入休	1853年	1858年
⑫	年次にて二部元入休	1860年	1866年
⑬	年次にて二部元入休	1867年	1873年
⑭	年次にて二部元入休	1874年	1878年

「古借銀日記」（尚家文書403号）をもとに作成。

いる。(49)

表3によると、一七九五年から一八七八年まで途切れることなく利率が二分に変更され、さらに一八一三年からは「二部元入り」となり、それでも返済できないとして一八三四年からは「二部元入休」が認められていることが分かる。債務にかかる返済額の削減は、王府の財政対策のひとつであったことが確認できよう。

この利下げ交渉でキーワードとなるのが「冠船」であった。一連の利下げ交渉のなかで、①から③にかけての王府から薩摩商人への交渉内容が残されている。本章では②のみを検討してみたいが、史料が長文であるため史料は後掲し、ここでは要約のみを示しておく。なお、①、②などは表3の番号に対応し、年号は西暦に改めている。

①の時には、利銀を下げることを了承してもらい、一〇年待ってもらったので、何事に替えても返済するつもりでいたが、すでに御聞きになっただろうか。一八〇二年、〇三年に尚温王、尚成王が続いて卒去し、尚穆王の即位が認許されればまた江戸立、冠船が実施されるであろう。冠船の延期も考えたが、遅くなると清朝から王爵を軽んじていると誤解される恐れもあり、どうしても一八〇八年には冠船を呼ばなくてはならない。倹約はしているが、ほかに思慮工面も尽き果て窮迫している状況である。薩摩藩にも助けてもらうこととなり、今年の追加税（重出米）は冠船の翌年に支払うことが許可された。ありがたいことではあるが、それでも予算が不足しているので、古銀八〇〇貫目を拝借できるよう薩摩藩に要請している。わ

ずか十年のあいだに三人の国王が死去するという前代未聞の事態に伴い、多額の経費が必要となる。一国の浮沈の際であるので、どうぞ今年から一〇年間、二分利を延長していただきたい(50)。

このように、利子を六分に戻す期限直前になって、さらにあと十年間の利下げを要求している。王府としては国王の相次ぐ死去とそれに伴う外交儀礼（江戸立、冠船）の頻発、冠船実施の重要性、緊縮財政の徹底、薩摩藩の「協力」を提示し、とるべき手段はすべてとったことを強調し、それでも利下げの継続が必要であると要請している。利下げ継続を要請する根拠のひとつに冠船があるが、注目したいのは、冠船の「使われ方」である。

要請文のなかで王府は、冠船の延期を検討したとするも、冠船を延期すれば、清朝との外交関係が悪化する懸念があるので延期はできないと述べている。清朝との関係が薩摩藩との交渉「材料」となることは注目されてきたが(51)、薩摩商人たちとの交渉でも琉清関係は「利用」され、一定程度の説得力を持っていたといえよう。

さらに、一連の要望を認めさせるために、王府はいくつかの対策を準備していた。そのひとつめは薩摩藩側との調整である。一八三四年（天保五、道光十四）に尚灝王が死去すると、にわかに冠船の準備が本格化するが、王府は、銀主との利下げ交渉の前に家老職にあった島津但馬、調所笑左衛門、島津主計に、銀主へ提示する要望書（「銀主共江相談之書物」）を提出していた(52)。それが認められ⑥の利下げが決定したのである。⑨の時にも薩摩藩上層部の関与がみられる(53)。一連の交渉は王府側が単独で行っていたわけではなく、薩摩藩からの承認（後ろ盾）を得たうえ行っていたことを指摘しておきたい。

また、銀主からの了解を得るために奔走した人びともいた。③の事例では「大和役々三人并林金蔵」に「謝礼銀」を支払い、⑥の事例では「武士方」銀主へは「大和役々」が、「町方」銀主へは「大和手伝川崎直左衛門」が「相談」に当たっていた(54)。琉球人のみでは交渉せず、薩摩役人や商人に依頼しつつ利下げ交渉を展開していたことが窺われる。

それでも、要求を拒否する者も存在した。一八一四年（文化十一、嘉慶十九）九月の鹿児島琉球館から王府への書状によると、[55]③の利下げに関して「上町年寄勤」で「御物藍玉之御用」を勤めている原田十次郎は、「頃日家内急迫」しているので琉球からの返済がなくては藍玉の御用をまかなうことができないと薩摩当局に訴えていた（「館内より借入銀皆同返弁不請取候而ハ藍玉之御用相弁候儀難成訳を以御物江相附事」）。この件に関して、意見をとりまとめ提出するよう薩摩藩から指示を受けた王府は、ほかの銀主たちも様々な理由で断ってきたが、王府の財政難を根拠に説得してきたとし、もし原田の要求を認めたならば、すでに納得した銀主も翻意とすることも予想され「一統之崩」となる恐れがあると報告している。

また、⑥の時にも「小田善兵衛殿、小田善之丞殿」が「元入」の支払いをもとめ、薩摩当局（「御物」）へ訴え出ようとしていた。対して王府は、支払い額が少額であったことから内々に支払うことにしたとある（「両人壱ヶ年元入分ニ而者文銀百五拾目位ニ而僅之銀高、其上内分之取計を以去午年壱ヶ年銀元入いたし候筋申聞済候上相渡候ハヽ、何そ故障之儀も相見得不申候付、右両人申立通去午壱ヶ年ハ致元入申候」[56]）。利下げ要求は、薩摩当局からの事前承認、薩摩人交渉役への依頼、銀主それぞれへの個別対応という手段をもって当たっていたといえる。

冠船を含む琉球の外交儀礼を執行するには多額の予算が必要であったが、遅くとも十八世紀末には琉球一国の財源のみではまかなうことができなかったこと、そのために王府は薩摩側（藩、商人）から銀銭を借り受けていたことを確認することができた。また、負債の増加による返済の不履行は利下げという状況まで呈することとなった。王府への拝借銀を準備するために大坂で負債を被る薩摩藩、利下げに応じざるを得ない薩摩商人、王府からの返済が滞ることで藩御用をまかなうことができなくなるとする原田の件からも分かるように、冠船は薩摩藩にとっても必ずしもプラスの側面ばかりをもたらすものではなかったのである。

三　儀礼からみた戊冠船

1　儀礼からみた冠船の範囲と分類

以上みてきたように、王府はさまざまな財政上の対策、準備を講じていたが、琉球のみでは「即位儀礼」である冠船を執行することができず、薩摩側の助力に頼らざるを得なかった。このような薩摩への経済的な依存は、王府の「冠船」自体への理解、ひいては冠船の定義をもより広く捉えるべきであることを示している。たとえば、冠船に関する使者派遣についての経費をとりまとめた「冠船之時唐大和御使者入目総帳」の冒頭の目録は次のように記されている(57)。

目録

一、請封御願入目　　一、御迎大夫入目

一、謝恩御使者入目　　一、大和献上物并脇御進物入目

一、給地御蔵唐大和之旅衆賦飯米　　一、仕上世座上国衆乗間運賃

一、砂糖座右同　　一、銭御蔵焼酎仕立

目録にある費目には、清朝へ冊封を依頼する使者（請封使者）、冊封使節を迎接する使者（御迎使者）、冊封御礼使者（謝恩使者）という清朝向け使者関連の予算とともに、薩摩への進呈物（大和献上物并脇御進物）や、薩摩への上納物運搬に関する費用（仕上世座上国衆乗間運賃、砂糖座右同）などもある。そもそも史料表題からも「冠船之時」には「唐・大和」双方へ使者を派遣する必要があると王府が理解していたこと、そのために「唐・大和」それぞれに関連する予算が組まれていたことが分かる。このことからも、冠船は唐（清）との関

係のみで完結するものではなく、大和（薩摩）との関係にも密接に結びついていたと理解する必要がある。

同様のことは、冠船に関する諸儀礼（以下、冠船儀礼と略記する）からも明確になる。「冠船付御書院日記」[58]は冠船にかかる国王政務室記録ともいう性格を持ち、前欠ではあるが国王が参加した儀礼を網羅しているという意味で注目すべき史料である。この史料を中心として、尚育王が参加した冠船関連の儀礼を抽出したのが表4である。[59]一見すれば分かるように、冠船に関する儀礼は冊封使の帰国後にも開催されている。参考とした史料が前欠のため、冠船儀礼の端緒を判断することはできないが、終わりについては、一八四一年（天保十二、道光二十一）十月十一日に行われた「唐之首尾御使者の帰国祝儀」までとみなすことができる。すなわち、清朝へ冊封謝恩使が派遣され、謝恩使が清朝から琉球へ帰国し、その報告のための使者（唐之首尾御使者）が薩摩へ送られる。彼らが琉球へ帰国し、首里城で催される帰国報告儀礼までが冠船儀礼であったのである。つまり、王府は清朝との外交のみではなく、対日本（薩摩）外交をふくめた一連の事項を冠船と認識していたことが分かる。

このようにみると、これまで冊封使節との関係のなかのみで捉えられてきた冠船儀礼をより広く捉え直すことが可能となる。表4をもとに、琉球人のみで行う儀礼、冊封使と王族や首里王府役人が参加する儀礼、薩摩役人参加の儀礼に分類してみたい。

一つ目の琉球人のみで行う儀礼には、冊封全竣を祝儀するための諸儀礼などがあった。御膳拝領、天之御拝（子之方規式[60]）（5、数字は表4の番号、以下同じ）、御膳進上（17）、関連使者への振る舞い（13、24、27など）、田舎人への躍拝見（18）、歴代国王の位牌が安置された崇元寺をはじめ（10）、第二尚氏の菩提寺である三ヶ寺（円覚寺、天王寺、天界寺）や（16）、諸所に点在した拝所（28）への参詣などがこれにあたる。これら琉球人のみで執り行われた儀礼には、王族や高官、王府役人をはじめ、百姓身分である地方役人などの参加も求められた。

二つ目は冊封使の参加する儀礼である。先王葬送儀礼である諭祭（1）や新国王叙任儀礼の冊封（3）をは

表4　尚育冊封関係儀礼・宴席一覧（尚育参加行事のみ）

番号	年　月　日	事　項	内　　容	場　　所	参加者
5月9日冊封使船那覇港入港					
1	道光18（1838）年6月24日	諭祭	先王の葬礼	崇元寺（那覇）	琉、冊
2		諭祭宴（七宴）	諭祭礼後の宴席	崇元寺（那覇）	琉、冊
3	道光18年8月3日	冊封	新王の任命	首里城御庭	琉、冊、（薩）
4		冊封宴（七宴）	冊封礼後の宴席	首里城正殿、北殿など	琉、冊
5	道光18年8月6日	御膳拝領・天之御拝（子之方規式）	冊封終了につき、祝儀のため国王から琉球役人への振る舞い	首里城	琉
6	道光18年8月8日	天使館行幸	冊封謝礼のための訪問、宴席	天使館（那覇）	琉、冊
7	道光18年8月12日	中秋宴（七宴）	中秋節の宴席（会食、組踊など鑑賞）	首里城北殿、首里城御庭	琉、冊、（薩）
8	道光18年8月24日	重陽宴（七宴）	重陽節（爬龍舟競漕・組踊など鑑賞）	龍潭、首里城北殿	琉、冊
9	道光18年8月26日	餞別宴（七宴）	冊封使との別れの儀礼	首里城北殿	琉、冊
10	道光18年8月28日	崇元寺参詣	先王参詣	崇元寺（那覇）	琉
11	道光18年8月29日	拝辞宴（七宴）	冊封使との別れの儀礼	首里城北殿	琉、冊
12	道光18年9月2日	望舟（旅送）宴（七宴）	冊封御礼、官生（留学生）派遣要請	天使館、那覇港（那覇）	琉、冊
13	道光18年9月10日	薩摩への冠船終了御礼使者への振る舞い	伊江王子、嘉味田親方への饗応	首里城御書院	琉
14	道光18年10月1日	冊封使首里遊覧、登城	冊封謝礼と別れの儀礼	首里城北殿、円覚寺、天界寺、御茶屋御殿、識名御殿（首里）	琉、冊
10月12日、14日冊封使船出船					
15	道光18年10月12日	勅使出港祝儀	王子衆、三司官、王舅、惣役による国王祝儀	首里城	琉
16	道光18年11月3日	三ヶ寺参詣	冠船後初の先王、先王妃らへの参拝	三ヶ寺（円覚寺、天王寺、天界寺）	琉
17	道光18年11月10日	御膳進上	琉球役人より国王への祝儀	首里城	琉
18	道光18年11月19、20日	田舎人躍拝見	田舎人への躍公開、粥の下賜	首里城勘定座	琉
19	道光18年11月21日	大和人衆申入れ	薩摩役人への御礼	首里城	琉、薩
20	道光18年11月24日	聖廟（孔子廟）祭祀	孔子廟での冠船終了報告	久米村、首里	琉
21	道光18年12月5日	御茶屋での躍鑑賞	冠船無事終了祝儀のための王族のみの行事	御茶屋御殿	琉
22	道光18年12月10日	禅家、聖家、僧侶へ振る舞い	冊封祝儀のための饗応	首里城南殿	琉
23	道光18年12月16日	聞得大君御殿参拝	冊封終了後、初めての参拝	聞得大君御殿（首里）	琉
24	道光19（1839）年5月10日	薩摩派遣使者への振る舞い	伊江王子、嘉味田親方への饗応	首里城	琉
25	道光19年5月13日	在番所訪問	冊封終了の御礼	那覇	琉、薩
26	道光19年6月11日	薩摩への冠船終了御礼使者への出国に対する振る舞い	伊江王子への饗応	首里城書院	琉

27	道光20（1840）年5月23日	王舅迎船（謝恩使）の帰国祝儀	清朝へ派遣していた謝恩使節の帰国祝儀	首里城	琉
28	道光20年11月3日	冠船無事終了の結願	海上平安、国王の安寧の立願に対応	そのひやん御嶽、弁財天堂（首里城周辺）聞得大君御殿、佐敷御殿での結願も同時開催	琉
29	道光21（1841）年10月11日	唐之首尾御使者の帰国祝儀	国吉親方への饗応	首里城か	琉

＊作表にあたり「大清道光18年戊戌　冠船付子之方御規式并諸士・出家江御膳拝領日記」（尚家文書66号）、「大清道光十八年戊戌　冠船付崇元寺御参拝日記」（同67号）、「（冠船躍方日記）」（同82号）「冠船付御書院日記」（同87号）、「戊戌冠船冊封之為御禮　上様天使館江行幸當日」（同115号）、「120　戊戌冠船拝辞宴公事日記　戊戌冠船拝辞宴前日之公事日記」（同120号）、「冠船御禮式日記　戊戌冠船ニ付拝辞宴當日御禮禮日記」（同121号）、「大和江御使者記」（同310号）、『中山世譜』附巻、趙新選『続琉球国志略』を参考とした。

じめとして、いわゆる「七宴」（2、4、7、8、9、11、12）と呼ばれる冊封使節を歓待するための儀礼、「七宴」以外の儀礼（6、14）が含まれる。これらの儀礼に参加した者は、冊封使側では正副使や高官の者、琉球側では王族や高官、警備のために動員される下級役人などが想定される。

三つ目は薩摩役人の参加する儀礼である。国王も参加したものは二例確認され（19、25）、冠船の那覇港出航後に行われていることが特徴である。薩摩役人を交えての儀礼には、琉球側では王族や高官、警備のために動員される下級役人、薩摩側は在番奉行などの役人や侍従の者（足軽など）が参加している（詳しくは後述）。

その他、町方に居住した琉球人たちも参加者とみなすことができる。冊封（3）や崇元寺参詣（10）、七宴などでは国王や冊封使が行列を組み仰々しく移動する。これは、自己の権威や新国王の誕生を町方の人びとに表明するためであるが、彼らは見物することで儀礼に参加していたのである。王府は秩序だって見物するよう指示するなど「見る態度」は制限するが、見物すること自体を禁止することは決してなかった[61]。

このように、冊封の当事者である琉球人（王族、役人）、唐人（冊封使節）とともに、その他の琉球人（「田舎人」、町方の人びと）や薩摩の人びと（役人、船乗りなど）も濃淡はあるが、冠船儀礼の不可分の存在として関与（参加、参列、見物）していたのである。

2　冠船滞在中の薩摩役人の業務と王府の接遇

①城間村の薩摩役人

明治期にまとめられた『琉球藩在勤来往翰』には、冠船渡来中の薩摩役人の対応として次の三点が示されている。すなわち、冠船に際しては、「前もって浦添間切城間村に引っ越しておき、唐人に関わる件は（王府が）報告するようにし、冊封使が帰国したらすぐに那覇に戻られる」こと、「冊封の式典をご覧になるため、薩摩役人は首里城に登城し、唐人に分からないように障子を立て幕越しにのぞき見する。仲秋宴の時には冊封使の行列をご覧になるため、大美御殿（現首里高校あたり）にお越しなり、のぞき見する」こと、「琉球に来た日本の船も冊封使が来る前には運天港に行くようにする」ことである。[62] 城間村へ移った薩摩役人らの動向については、「引き籠も」[63]るや「身を隠す」[64]などと表現されているのみで不明な点が多いが、このような対応は、琉球と近世日本との関係を清朝側へ秘匿しようとしたいわゆる「隠蔽策」[65]にもとづくもので、一七一九年（享保四、康熙五十八）の冠船以降に確立していったと理解されている。[66] また、城間村に詰めた薩摩役人は、必ずしも閉じこもっていたとはいえないこと、王府との関わりが一部制限されたことなどをすでに豊見山和行氏が指摘しているが、[67] 明らかにされていない点も多い。そこで、城間における薩摩役人の業務と王府の薩摩役人への接遇について、冠船渡来時とそれ以外を比較しながら検討していきたい。

通常（本章では冠船渡来時以外のことを指す）、薩摩役人は那覇にある在番奉行所などに駐在していた。職務内容はおもに首里王府との折衝、那覇港を出入りする一部船舶の船改め、貿易用の物品、銀両などの管理・監督などであった。[68] また、国王や高官が薩摩藩へ提出する起請文（「誓詞血判」）や渡唐役人が出航前に作成する起請文の作成にも立ち会っており、端的に述べると彼らの職務は、那覇港湾業務と首里王府の一部行政の管理・監視というものであった。

それでは冠船渡来時はどうだったか。戌冠船の事例を見ていきたい。

七月二十二日には、渡唐銀および渡唐船搭載用武器の検査と引き渡し（「壱番御銀渡幷武具改、惣銀高勘定」）が首里の中城御殿で行われた。薩摩側からは横目の冨山伝内左衛門、附役の奥山藤之助、足軽の桐野武兵衛が参加している[69]。また、渡唐船に搭乗する琉球人の身の回り品は城間村まで持参させ、幕を張った上で検査している。通常は那覇で実施していた業務を浦添や首里などで行なっていたのである。一方で、一部の渡唐役人については、起請文の作成を琉球役人のみで行うなど薩摩役人の関与が免除される事態もあった[70]。その他、船改めについては、大和船の寄港地が運天港に変更となっていたことから、薩摩側は運天港まで担当者を派遣して実施させている。

このほか、冠船渡来中の業務で特筆すべきは、冊封使、とくに正副使の行動を琉球側から逐一報告させることであった。たとえば、八月十六日と十七日両日に計画された冊封正副使の弁ヶ嶽、末吉社壇見物に際して、数日前から当日の予定を、事後は実施内容を報告させている[71]。ここでは通常と比べ薩摩役人の業務は制限されていたものの、王府や冊封使一行の動きを可能な限り把握しようとしていたことを確認しておきたい。

②薩摩役人への接遇

次に王府による薩摩役人への接遇についてみていきたい。通常、薩摩役人が琉球に着任すると、様々な名義で国王の使いである上使が派遣され食事や礼物が提供された。王府は、接待攻勢をかけることで薩摩役人との交渉を円滑に行おうとしていたものと思われる。この状況に薩摩藩も危機感を募らせ、一六五七年（明暦三、順治十四）には、首里城への招待を、着任時、年頭、帰任時のみと限定し、使者派遣や礼物の贈与機会も役職に応じて制限し、私的な交流や饗応を規制するなど、国王や王府役人と薩摩役人との距離を遠ざけようとした[72]。

一六八七年（貞享四、康熙二十六）になると、王府は「御在番御取合記」[73]を成立させ、薩摩役人への接遇を

表5　「御在番御取合記」目次

番号	項　　目
1	在番奉行を初めて首里城へ招待する際の条項
2	在番奉行へ年頭の挨拶のために首里城へ招待する際の条項
3	在番奉行が帰国するときのご祝儀のために首里城へ招待する際の条項
4	在番奉行を御茶屋御殿へ招待する際の条項
5	在番奉行へ暑気および寒気お見舞いの際の申し入れに関する条項
6	横目や付衆が在番奉行と別に琉球に来た時に初めて首里城へ招待する際の条項
7	横目や付衆が帰国するときのご祝儀のために首里城へ招待する際の条項
8	新任あるいは前任の在番奉行の乗った船が琉球の浦々で風待ちしている際の使者派遣について
9	新任の在番奉行や横目、付衆の乗った船が那覇港に入港した際の使者派遣について
	前任の在番奉行へもご祝儀のための使者を派遣する件も含む
10	元日の在番奉行・横目・付衆への使者派遣について
11	五節句の際の在番奉行所への使者派遣について
12	春季と秋季に到来する薩摩藩の無事の知らせに対するご祝儀のための使者派遣について
13	在番奉行所への月越し挨拶のための使者派遣について
14	爬龍船競争を在番奉行や横目、付衆が見学することについて
15	臨時的に在番奉行や横目、付衆へ御礼使者を派遣することについて
16	冬至の規式を在番奉行や横目、付衆が観覧することについて
17	在番奉行の引っ越しに係るご祝儀のための使者派遣について
18	在番奉行や横目、付衆へ餞別の品を贈るための使者派遣について
19	前任の在番奉行の乗った船が出航する際の新任、前任双方の在番奉行への使者派遣について
20	台風の時に在番奉行への安否伺いのための使者派遣について
21	在番奉行付近で火事があった際の在番奉行所への使者派遣について
22	大地震が起こった際の在番奉行所への使者について
23	在番奉行や横目、付衆が病気にかかった際の使者派遣について
24	在番奉行や横目、付衆が死亡した際の使者派遣について

「御在番御取合記」（尚家文書380号）をもとに作成。

規定していく。「御在番御取合記」目次をみると（表５）、たしかに首里城への招待は着任、年頭、帰任の三度に限られているが、国王からの使者派遣は頻繁に行われ、薩摩藩の規制がほとんど意味をなさなかったことが窺える。

薩摩役人への接遇について、一七六〇年（宝暦十、乾隆二十五）の史料からは「御在番奉行并御役々衆之儀、為上使御渡海被成候付那覇御入津之砌摂政三司官御迎に御下、於詰所段々御馳走有之、且又上様御始、王子・按司・三司官并親方中、其外役場に付て御取合之面々日賦を以御下着之御祝儀申上、御有付御用として品物を も差上、其上上様并王子・三司官よりは年に三度づゝ、御招請有之候先例之事」[74]という認識が見える。すなわち、薩摩役人（在番奉行、御役々衆）は上使（薩摩藩主から派遣された使者）であるので、那覇港入港の際には摂政（国王補佐役）・三司官（行政最高官、摂政に次ぐ）が迎接し、料理を振る舞い、その後は国王以下、高官の者や役所ごとに到着祝儀のために礼物を贈り、さらに国王や王子、三司官からはそれぞれ年に三度の招待をするのが先例となっているという。十八世紀中頃においても、接遇は依然重要な外交手段であったように思われる。

王国末期になると、財政難などが要因となり倹約令が徹底されたことや[75]、欧米諸国の琉球渡来などをめぐる薩摩役人の増員のため[76]、接遇の簡素化が見られるようになる[77]。さらに、勤務繁多や「面働」との理由で儀礼を「相済形」というあたかも実施したことにする対応も見られ[78]、薩摩役人への接待儀礼はその意味を変化させていく。

このように、薩摩藩により十七世紀中頃に制限を受けた薩摩役人への接遇は、形を変えながらも広く行われていた。しかし、近世末になると諸問題が噴出したことに加え、おそらく王府役人と薩摩役人の緊張関係が緩和（変化）したことにより規模が縮小していくのである。

以上を踏まえて冠船中の接待を考えてみたい。一八三八年（天保九、道光十八）の事例を表にまとめた（表６）。ほぼ「御在番御取合記」と同様の使者派遣であったことが確認されるが、冊封儀礼前後や冠船出港に伴

表６　道光８年（1838）の国王主催の招待一覧

番号	月日	区分	招待客（派遣相手）	招待（派遣）理由	招待（派遣）場所（地域）	備　　考	「御在番御取合記」との対応
1	閏４月３日	上使派遣	在番奉行	引っ越し見舞い		翌日、御礼あり	17
2	閏４月15日	上使派遣	在番奉行、唐物方御目附衆	「御鷹之鶴」拝領祝儀	城間村	翌日、御礼あり	12
3	５月５日	上使派遣	在番奉行	端午の節句祝儀	城間村	在番奉行から先に粽の進呈あり／簡素化の動きあり	11
4	５月５日		在番奉行	上記の御礼	城間村		
5	５月８日		唐物方御横目		城間村		
6	５月６日	上使派遣	唐物方御目附衆	暑気見舞い／端午の節句祝儀への返礼	城間村		5，11
7	５月18日	上使派遣	在番奉行	茘枝進呈	城間村	琉球にて栽培／翌日、御礼あり	なし
8	５月28日	上使派遣	在番奉行	風の見舞い	城間村	５月26日に大風の記録あり	20
9	６月３日	上使派遣	在番奉行、唐物方御目附衆	女子誕生祝儀への返礼	城間村	６月１日に薩摩役人より祝儀書状	12
10	６月４日	上使派遣	在番奉行、唐物方御目附衆	暑気ご機嫌伺い	城間村		5
11	６月９日	上使派遣	在番奉行	月越しお尋ね	城間村	翌日、御礼あり	13
12	７月18日	上使派遣	在番奉行、唐物方御目附衆	薩摩藩、在番奉行及び唐物方御目附衆の実家安泰の祝儀	城間村	翌日、御礼あり	12
13	８月１日	上使派遣	在番奉行、唐物方御目附衆	八朔の祝儀	城間村	在番奉行からも祝儀あり	なし
14	８月２日			八朔の祝儀への返礼		前日、唐物方御目附衆より祝儀挨拶あり	
15	７月29日	上使派遣	定式（在番役人）、唐物方役人	下記の約束	城間村	翌日、御礼あり	なし
16	８月３日	招待		冊封見物	首里城		
17	８月４日	上使派遣		上記の御礼	城間村	翌日、御礼あり	
18	８月４日	上使派遣	在番奉行、唐物方御目附衆	冊封儀礼の終了と冊封儀礼観覧の御礼	城間村		なし
19	８月９日	上使派遣	在番奉行	月越しお尋ね	城間村	翌日、御礼あり	13
20	９月１日	上使派遣	在番奉行	病気見舞い	城間村		23
21	９月３日	上使派遣	在番奉行所	在番奉行死亡へのお悔やみ	城間村	同日、唐物方御目附衆より返礼あり	24
22				香典銀進呈	城間村		24
23	９月９日	上使派遣	唐物方御目附衆	重陽の祝儀	城間村	翌日、御礼あり	11
24	９月21日	上使派遣	定式（在番役人）、唐物方役人	品物進呈	城間村	半山茶１壺・氷砂糖１篭、太白砂糖１篭／翌日、御礼あり	なし
25	10月８日	上使派遣	唐物方御目附衆	島津家婿養子、婚姻成立の祝儀	城間村	10月９日、御礼あり	12
26	10月19日	上使派遣	定式（在番役人）、唐物方役人	冠船出帆の御礼	城間村		なし

27	11月3日	料理進呈	定式(在番役人)、唐物方役人	引っ越し見舞い	那覇(役人宿舎)	翌々日、御礼あり	17
28	11月7日	上使派遣				翌日、御礼あり/白砂糖1篭、焼酎1壺	
29	11月17日	上使派遣	定式(在番役人)、唐物方役人	下記の約束	在番奉行所(那覇)	翌日、御礼あり	なし
30	11月21日	招待		冊封終了祝儀のため首里城へ招待	首里城	翌日、御礼あり	
31	11月22日	上使派遣		上記の御礼	在番奉行所(那覇)	翌日、御礼あり	
32	5月9日	上使派遣	定式(在番役人)、唐物方役人	下記の約束	在番奉行所(那覇)	翌日、御礼あり	なし
33	5月13日	「光駕」	定式(在番役人)、唐物方役人	冊封終了御礼のため在番所へ挨拶	在番奉行所(那覇)	翌日、御礼あり	なし

『冠船日記　那覇役人城間詰』(尚家文書94号)、『冠船日記　里主御物城城間詰』(同95号)、『冠船付御書院日記』(同87号)をもとに作成。

う上使派遣など冠船時ならではの接待も見受けられる。たとえば、通常であれば那覇里主所にて行われる爬龍舟競漕への招待のための儀礼は、浦添の「御涼所」で行われ、城間踊りなどが披露されている[79]。また、事例24では、上使を派遣して半山茶、氷砂糖、太白砂糖を贈与しているが、派遣理由は「当時田舎住居、無可為徒然候」というものであった。冠船に伴い城間村という「田舎」に移住したことへの王府(国王)なりの気遣いであろう。

一方で、王族や王府高官との交際は、先例に従い、那覇に戻ってからまとめて実施することとなり[80]、端午祝儀は、帰唐船入港の「御用繁多」のため、摂政、三司官は代理人派遣、御物奉行・申口による祝儀は中止となるなど簡素化の動きもみられた[81]。八朔祝儀も冊封業務繁多を理由に縮小している[82]。

ほかにも冊封諸儀礼への関与も見られた。冊封規式が執り行われる前日(八月二日)の「夜七ツ頭頃」、薩摩役人は城間村を出発し、首里城南殿にて規式が開始されるのを待つ。南殿から式を「御覧」[83]になるためである。また、仲秋宴(八月十二日)には、大美御殿(首里城付近の屋敷)へ出向いて、「勅使様御行列」を「御覧」[84]になる。薩摩役人と冊封使の接触が懸念される緊迫した事態ではあったが、冊封儀礼を観覧することは、監視役としての薩摩役人の職務のひとつであったと思われる。一方、王府の思惑としては、清朝との結びつき、ひいては琉球の異国性や近世日本のみに回収されない自らの立ち位置を表明することと密接に結びついていたのであろう。清朝皇帝からの権威分与ともいえる冊封規式や関連儀礼で首里を練り歩く冊封使節の行列を覗く薩摩役人のすがたは、琉球をとりまく近世日本と清朝中国の関係性を象徴するものであったともいえよう。(85)

3　冊封使帰国後の冠船儀礼

冠船儀礼のうち、薩摩役人を接待する儀礼で特徴的なものが、首里城への招宴と在番奉行所への国王「光駕」であった。

戌冠船における首里城招宴は、冊封使の帰国後、一八三八年十一月二十一日に実施された。ここでは、組踊りなどの芸能の上演や、(86)饗応、薩摩役人から国王、「太子」への干し鯛、昆布、諸白、扇子など進上物の進呈が行われている。(87)本儀礼についての食事の準備や会場設営などは琉球側が行うものの、あくまで冠船に伴う「御即位御祝儀」(88)という性格を持つ儀礼で、薩摩役人から国王、太子へ冠船終了に関する祝儀儀礼とそれに伴う進上儀礼と捉えることができる。同時に、冊封後はじめて「琉球中山王」と薩摩役人が面会する機会であったことにも留意したい。

一方、在番奉行所への「光駕」は、翌年五月十三日に行われた。ここでは、饗応とともに、在番奉行やその他の薩摩役人への礼状、礼物の進呈、藩主への礼状委託が行われた。薩摩側が提供する芸能もあり、(89)場所は薩摩側の施設であったが、酒・茶・タバコ・料理・御座構え（床掛け物、立花）は琉球側が準備したことから、(90)在番奉行所で行われた首里王府による接待儀礼であり、薩摩藩主、在番奉行などへの書状、進上品の贈与儀礼とみることができる。

この「光駕」儀礼の意味は端的に述べると「御礼」の表明であった。儀礼前後に交わされた在番奉行等との往復文書をみると、「御国許江御礼被仰上度来十三日国王様旅宿江可被為成御出」、「段々御厄害、偏大守様以御威光先規之礼式無残所相調」、「封王使饗応之儀、御国之以御蔭万端無残所相調致安堵候[91]」という文句が登場する。冠船を恙なく終了したこと、さらに清朝からの承認（冊封）を受けたこと自体、御国許（薩摩藩主）のおかげであったと述べているのである。この儀礼は薩摩抜きでは冠船を執り行えないという状況を薩摩側と共有するものであったと思われる。

このように、冠船帰国後に薩摩役人と行った「冠船儀礼」は、冠船が終了したことを祝い、相互に礼物を交換しつつ、冠船が琉球のみでは完結しなかった（できなかった）こと、冠船に薩摩藩が関与していたことを確認し合う儀礼であった。ただし、琉球側としては、薩摩への謝意を示しながらも、所々で清朝権威を垣間見せていたこともかさねて指摘したい。

おわりに

冒頭でも述べたが、国王の即位に関しては、近世日本と清朝双方の承認が必要であった。最初に近世日本からの許可を得て一度目の即位（叙任）儀礼を行い、清朝中国からの承認を得る二度目の即位（叙任）儀礼（＝冠船）を行うことから、冠船は国王即位過程の最終段階であったといえる。時間的なスパンは長いが、国王が即位する段階として、一度目には近世日本の、二度目には清朝の権威性を内に取り込むことで、琉球王権を補強していたのである。しかし、二度目の即位儀礼＝冠船の際であっても、近世日本の存在を「無視する」ことはなかった。冠船儀礼の最終段階に薩摩藩主の「御威光」に対して「御礼」を述べ、琉球国王と薩摩藩主の関係性を再構築する場も演出していたのである。当然、そこには琉球側の薩摩藩への従属的な性格のみを見いだすのではなく、清朝の権威性を日本側に見せつけるという一面も持ち合わせていた。その意味で、冠船とは、諭祭・冊封といった清朝皇帝の権威を背景に行われる琉球国王の就任に関する諸儀礼と、それに伴う琉球国王を中心に展開する国内儀礼および薩摩との外交儀礼の総体であったとみなすことができる。

一方、王府は臨時税、増税、献金などにより収入の増加をはかりつつ、支出減をめざして清朝側と交渉を展開するなど経済的な自助努力をしていた。しかし、対策にも限界があり、薩摩側からの借銀が必要で、それは薩摩藩のみならず、商人たちからも借り受けており、王国末期には多額の負債を被るようになっていった。王府は利率下げや支払い延期などを要請し、認めさせていたものの、冠船や江戸立という外交儀礼を行えば行うほど借財が累積するという構造を脱却することができなかった。

このように王府は清朝と近世日本、双方と結びつく自らの立ち位置を存分に発揮し、自らの王権を補強する儀礼として冠船を機能させていたといえるが、一方で財政的には自らを追い込む状況を現出させていた。冠船とは、琉球王権にとって不可分の儀礼ではあったが、同時に自らを苦境に陥れる危険性も内包していたのである。

〔注〕

(1) 琉球国王の冊封については、陳大端著、真栄平房昭訳「清代における琉球国王の冊封」『九州大学文学部九州文化史研究所紀要』三三、一九八八年、孫薇「冊封・朝貢について―中琉の冊封・朝貢関係を中心に―」『沖縄文化研究(法政大学沖縄文化研究所紀要)』一七、一九九一年、金城正篤「頒封論・領封論―冊封をめぐる議論―」『第三回琉球・中国交渉史に関するシンポジウム論文集』沖縄県教育委員会、一九九六年、真栄平房昭「琉球国王の冊封儀礼について」『沖縄の宗教と民俗』第一書房、一九八八年、豊見山和行「冊封の諸相」『新・琉球史』琉球新報社、一九八九年を参考とした。なお、冊封に伴う貿易に関しては、島尻勝太郎『近世琉球の社会と宗教』三一書房、一九八〇年、東恩納寛惇「南島通貨志の研究」『東恩納寛惇全集』四、一九七九年を参考とした。

(2) 拙稿「近世琉球における王位継承について―尚育王と尚泰王の即位を中心に―」『東洋学報』九五―四、二〇一四年。
(3) 前掲、拙稿「近世琉球における王位継承について―尚育王と尚泰王の即位を中心に―」。
(4) 真栄平房昭「琉球国王の冊封儀礼について」『沖縄の宗教と民俗』第一書房、一九八八年、一六八ページ。
(5) 金城正篤「頒封論・領封論―冊封をめぐる議論―」、陳大端、真栄平房昭訳「清代における琉球国王の冊封」、豊見山和行「冊封関係からみた近世琉球の外交と社会」『近世琉球の外交と王権』吉川弘文館、二〇〇四年(初出は一九八八年)。
(6) 金城正篤「冊封体制と奄美」『琉大史学』一二、一九八一年。西里喜行「琉球王国末期の内政と外交」『清末中琉日関係史の研究』京都大学出版会、二〇〇五年(初出は一九八五年)。
(7) 上原兼善「幕末期琉球国社会に関する覚書」『九州文化史研究所紀要』三七号、一九九二年、引用は一六四ページ。
(8) 西里喜行「近世末期の内政問題と対外関係」『沖縄県史　各論編』第四巻近世、二〇〇五年、六一六～六二一ページ。
(9) 「冠船爬龍舟方日記」(尚家文書七九号)道光十八年八月付、小禄親方などから「爬龍舟方座敷奉行」宛て「口達」。
(10) 真境名安興「沖縄一千年史」『真境名安興全集』一、琉球新報社、一九九三年、三六七～三七九ページ。
(11) 西里喜行「冊封進貢体制の動揺とその諸契機―嘉慶・道光期の中琉関係を中心に―」『清末中琉日関係史の研究』京都大学出版会、二〇〇九年(初出は二〇〇〇年)。
(12) 『球陽』巻二一、原文編四五四ページ。
(13) 前掲、西里喜行「冊封進貢体制の動揺とその諸契機―嘉慶・道光期の中琉関係を中心に―」、七〇ページ。
(14) 「冠船付廻文」(尚家文書六三号、那覇市歴史博物館所蔵)道光十四年六月二十七日付「手形」。
(15) ただし、宮古・八重山(両先島)には雑税(上木税)も対象となっている。また、「慶良間両間切幷久高嶋百姓高除」とあるように、土地が狭隘で、船舶の航海業務従事者の多かった慶良間や久高島には付加税はかけられなかった。
(16) 「冠船付廻文」道光一四年六月二十七日付「手形」。

(17)「冠船御手当日記」（尚家文書一三五号）同治三年正月付「口上覚」、同月付「覚」。

(18)当該海域の利用をめぐっては、管見の限り一六七三年（延宝元、康熙十二）から、泊村・那覇（若狭町村）と糸満村とのあいだで争奪が繰り返されており、それに伴い税額も増加している。一六七三年の糸満村の訴えにより一〇〇貫文に、一六七八年（延宝六、康熙十七）には泊村の訴えにより二四〇貫文に引き上げられている。本文でみたように一八三八年段階でも税額は二四〇貫文であったことから、税額の引き上げ自体は十七世紀後半から変化していない（「塩田租の事」小野武夫編『近世地方経済史料』第十巻、近世地方経済史料刊行会、一九三二年、四六～四七ページ、「地頭地其他付届」同二九八ページ）。

(19)「冠船爬龍舟方日記」道光十八年八月十日付、小禄親方から爬龍舟奉行宛て。

(20)「辰（一八〇八年）冠船迄者紫金大夫以下船頭迄於王舅宅朝手引一ツ之料理差出、御拝相済、三献、料理、引肴・汁物・菓子・間之汁物五ツ宛、肴五ツ為致馳走事候、戌（一八三八年）冠船之時（略）厳敷御倹約付（略）朝茶菓子御拝相済三献迄」と、国王から使節への振る舞い料理が簡素化している（「冊封謝恩御使者渡唐日記」尚家文書一八九号、同治五年三月七日付）。引用史料中の（　）は筆者による。

(21)豊見山和行「冠船貿易からみた琉球王国末期の対清外交」『日本東洋文化論集』六、琉球大学法文学部、一九九九年。

(22)「勅使御迎大夫日記」（尚家文書九六号）道光十七年五月付、三司官から「接封大夫役々中」宛て。

(23)「勅使御迎大夫日記」道光十七年五月付「覚」。「冠船に付評価方日記（上）」台湾大学所蔵、道光十八年閏四月付「覚」。

(24)朱徳蘭「一八三八年與一八六六年的封舟貿易」『第三届中琉歴史関係国際学術会議論文集』中琉文化経済協会、一九九一年。前掲、豊見山和行「冠船貿易からみた琉球王国末期の対清外交」。前掲、西里喜行「冊封進貢体制の動揺とその諸契機―嘉慶・道光期の中琉関係を中心に」。

(25)「勅使御迎大夫日記」尚家文書九六号、道光十七年五月付、三司官から「接封大夫役々中」宛て。

(26)「勅使御迎大夫日記」（尚家文書九七号）道光十八年閏四月付、差出人真栄里親雲上。

(27)「勅使御迎大夫日記」（尚家文書九六号）道光十七年八月十八日付、小禄親雲上以下四名から接封大夫宛て。

(28)「勅使御迎大夫日記」（尚家文書九七号）道光十八年閏四月付、差出人真栄里親雲上。

(29)「勅使御迎大夫日記」（尚家文書九六号）道光十七年五月付、三司官から「接封大夫役々中」宛て。
(30)前掲、朱徳蘭「一八三八年與一八六六年的封舟貿易」『第三届中琉歴史関係国際学術会議論文集』。豊見山和行「（史料紹介）勅使御迎大夫真栄里親方日記」『歴代宝案研究』第三・四号合併号、沖縄県立図書館、一九九三年、四一ページ。
(31)本件については、頼正維「清政府対中琉交往活動中違法事件的処置」（『福建師範大学学報』一一七号、二〇〇二年）を参照した。
(32)拙稿「王国末期の冊封における準備と唐人統制に関する一考察」『順風相送　中琉歴史與文化　第十三届中琉歴史關係国際学術会議論文集』海洋出版社、二〇一三年。
(33)十八世紀前期に成立したとされる王府の予算項目が列記された「御財制」（沖縄県立図書館所蔵）には一六六三年～一七一八年までの間に二度の冠船があったことを踏まえながら、費目を挙げつつ一年当たりの積立額を石高にて計算している（「康熙二癸卯より同五十七戊戌迄、其間五十六年ニ両度有之ニ付、一度之御入目取立、廿八年ニならしニして、壱年分／一米千七百五拾六石七升四合八夕六才、／皇帝様江御進物上物　七宴御料理方　評価物代　諸役人賄　諸道具仕立　諸方普請　修補　冠船奉行御扶持」、／は改行を示す。以下同じ）。
(34)以上、「薩琉往復文書集　琉球館文書三」（琉球大学附属図書館蔵、仲原善忠文庫）嘉慶八年四月「口上覚」。
(35)「道光十六申年より同弐拾子年迄、御状案書」（「石室秘稿」国立国会図書館蔵）。
(36)「下状写（一三四一号）」『琉球王国評定所文書』第二巻、浦添市教育委員会、一九八九年、九一ページ。また、（　）内および①、②、③、④は筆者による加筆である。
(37)「御状案書（一三四二号）」『琉球王国評定所文書』第二巻、二一五ページ。
(38)上原兼善『鎖国と藩貿易』八重岳書房、一九八一年、二五六～二五八ページ。
(39)「下状写（一三四七号）」『琉球王国評定所文書』第二巻、二七四ページ。
(40)「下状写（一三四一号）」『琉球王国評定所文書』第二巻、六九ページ。
(41)「道光廿八年　案書」『琉球王国評定所文書』第四巻、浦添市教育委員会、一九九〇年、一一ページ。
(42)「従大和下状（一四五五号）」『琉球王国評定所文書』第五巻、浦添市教育委員会、一九九〇年、三九七ペー

ジ、「案書（一四七一号）」『琉球王国評定所文書』第六巻、五四ページ。

(43) 仲原善忠「琉球国末期の財制」『仲原善忠全集』一、沖縄タイムス社、一九七七年。西里喜行「琉球王国末期の内政と外交」『清末中琉日関係史の研究』京都大学学術出版会、二〇〇五年。梅木哲人「琉球貿易における日本銀—薩州御渡銀と銀座—」『近世琉球国の構造』第一書房、二〇一一年（初出は二〇〇九年）。

(44)「薩琉往復文書集　琉球館文書三」「覚」嘉慶七年九月八日付。

(45)「年中各月日記（一五一一号）」『琉球王国評定所文書』第八巻、浦添市教育委員会、一九九二年、八七ページ。

(46)「年中各月日記（一五四〇号）」『琉球王国評定所文書』第一一巻、浦添市教育委員会、一九九五年、三九〇ページ。

(47)「大和江遣状」（尚家文書三二五号）。仲原善忠「琉球国末期の財制」。

(48) 前掲、仲原善忠「琉球国末期の財制」。前掲、西里喜行「琉球王国末期の内政と外交」。たとえば、年代不明ながら「時借銀返済之儀、入札砂糖直成ヨリ十五匁直引ニテ、借入候月ヨリ六部利付ヲ以致決算候事、」（『近世地方経済史料』十巻、三七九、三八〇ページ）という記述がある。

(49)「古借銀日記」（尚家文書四〇三号）。寅（一八七八年）三月付け「覚」。本史料については安藤保「琉球館調達金に関する一史料」（『鎖国日本と国際交流　下』吉川弘文館、一九八八年）を参考とした。

(50)「古借銀日記」、嘉慶十年十二月付、児玉四郎兵衛・佐久真親方から「銀主々銘々御名宛」書状。

琉球館蔵方用として先年以来及御恩借居候銀之儀、御入用之砌前以承候ハヽ、無口能御返銀可致旨、其節々在番親方幷聞役連印を以証文差出置候処、去寅（一七九四）年国王被致卒去江戸立冠船莫太之入価差見得候処、国中災殃損失等相続極々困窮之折柄ニ而両様之用銀中々調達難成致利払等候手段一切無之、利銀弐拾ヶ年休給候様、最初御断申入候得共、其後不相調候付、猶又細密致吟味候処、国中難儀与申なから銀主之内ニ茂不迫之向も有之難渋之儀致推察候付、猶又一涯せり詰倹約相用、屹与相定置候国礼之儀迚も極々取細、右之余勢を以先此涯弐部利通を以差遣候筋ニ申談、寅年壱ヶ年者利休、卯年より先追送を以当丑年迄者二部利払御聞済給候様、其節之聞役・在番親方より段々御相談申入趣御座候処、御聞済給江戸立冠船之大礼兎哉角相済誠以不浅忝次第存申候、右ニ付而者、是迄銀主方ニ茂乍御損亡国難差及候付、多年弐部利御聞済給候付、当年より何事茂捨置、屹与元利致返済候事理、当然之儀ニ而手当之折柄、及御聞茂可有之哉、去戌年(一八〇二)尚温王卒去無間茂、翌亥年(一八〇三)ニは尚成王被致卒去、当尚穆王江継目被仰付候付而者、又候来年江戸立来辰年冠船申請差掛候処、此跡之冠船幷江戸立諸首尾方も未引詰不相調内ニ不慮之凶変而已打続、国中極々及困窮候得共、継目候而者難差置、用金急度手当無之候而不叶候得共、何様致心配候而も両様之入価出方一円無御座、左候得者、冠船申請候儀年延之方ニも可相成哉与於琉球段々吟味有之候処、於唐王爵冊封之儀者先王三回忌相済次第早速召行国典候処、今般之儀国中困窮之申立茂不相成、無訳も及遅滞候ハヽ、王爵致疎略候筋ニ相成何様之難渋歟可致出来哉も難計候故何連ニも来辰年招請不致候而不叶事ニ而銀目之出方、段々尽工面、当時省略内ニ者候へ共猶又鎖細之儀迄も格別省略申渡、諸役人扶持米等も引方申付江共何そ株立候出方無之、此跡冠船以来出物等も今以掛通申付置、一統難儀之砌候故、此上課役等申付候儀も不相成最早思慮工面も尽果、必至与行迫為申仕合御座候、琉球難渋ニ付而ハ御物ニも厚御取救等被仰付、重而御厄害筋難申上、役々ニ茂尽精力相働候得共、前文通之次第故不得止事、先達而奉訴趣有之難渋之御取分を以諸人一統相掛重出米当壱ヶ年被召延、冠船相済翌年上納被仰付候段被仰渡、御時節柄之儀ニも御座候間、容易御取揚者無之筈候処、畢竟一世一度大礼之儀ニ而厚御慈悲之御取扱、誠ニ難有次第御座候、然共両礼之入価過分之儀ニ而重出米壱ヶ年程御用捨被仰付候而も引足不申候付、乍此上先達而冠船入用銀古銀八百貫目拝借之願申上置候次第御座候、依之御頼申上候、先年以来之御恩情を不顧、誠不本意至極重畳失礼難申述御座候得共、右通難渋差掛候故来年より借状表之利銀差遣候手段一切無之凶入仕合候時運与者乍申、僅拾ヶ年之内外三王被致卒去琉国未聞之不幸打続太金之入価引負、一国浮沈之境節成立候訳合旁御憐察給、何卒当丑年より戌年迄追送を以今十ヶ年弐部利年延御聞済給度御頼申入候、尤年限相筈合候節々、又候年延等之儀共曽而申入間敷候、此段連印ニ而頼存申候、以上、

嘉慶十年(一八〇五)丑文化二

十二月

琉球館聞役

児玉四郎兵衛

在番

佐久真親方

銀主々銘々御名宛

(51) 豊見山和行「近世中期の対薩摩外交」『琉球王国の外交と王権』（初出は一九九六年）。拙稿「道光二十年代初期の国吉親方の上国―琉球・薩摩の外交交渉の一側面―」『九州史学』第一六〇号、二〇一一年。
(52) 「古借銀日記」「天保六年未二月十一日」付、川上直之進・小禄親方から物奉行衆宛て書状。
(53) 「案書（一三四一号）」『琉球王国評定所文書』第二巻、八〇ページ。
(54) 「古借銀日記」「文化十一年戌九月十六日」付、池城親方から奥平親方宛て書状、「天保六年未二月十一日」付、川上直之進・小禄親方から物奉行衆宛て書状。
(55) 「古借銀日記」「文化十一年戌九月十六日」付、池城親方から奥平親方宛て書状。
(56) 「古借銀日記」「天保六年未八月十三日」付、川上直之進・小禄親方・譜久村親方から物奉行衆宛て書状。
(57) 「冠船之時唐大和御使者入目總帳」（尚家文書九九号）。
(58) 「冠船付御書院日記」（尚家文書八七号）。
(59) ここでは国王が参加した儀式のみを抽出している。その他、摂政・三司官以下、首里王府高官による儀礼も行われていた。
(60) 北方遙拝儀礼のこと。安達義弘「琉球の近世期における朔日・十五日の行事」（『九州文化史研究所紀要』第三五号、九州大学九州文化史研究施設、一九九〇年）、上原ゆかり「首里城正月儀式「朝拝御規式」調査概報」（『首里城研究』一号、一九九四年）を参照した。
(61) 町方の人びとが行列を見る際、見る側の態度の規定や規制については、拙稿「近世琉球における冠船と民衆」（『日本歴史』第七六二号、二〇一一年）を参照していただきたい。
(62) 「清国より冊封使来着又者同国人其外漂流等之節、琉球藩ニ而是迄之取扱振書面壱」『琉球藩在勤来往翰　自明治五年十月至同六年十二月』。

冊封使渡来之時

一御在番奉行幷役々衆之儀、前廉より浦添間切城間村江御引越被成御迦、唐人江相懸候試向等之涯々及御届、冊封使帰帆次第那覇江御引移被成候事、

一冊封之礼式為御覧、当日御奉行役々衆城元江御越、唐人江不相知様障子立合、幕越より御覗、且仲秋宴之時封王使行列為御覧、大美殿江御差越、右之振合を以御覗被成候事、

一琉球下日本船之儀も封王使渡来前より那覇湊相迦運天津江致入着候事、

(63)　紙屋敦之「七島郡司考」『幕藩制国家の琉球支配』校倉書房、一九九〇年、二三五ページ（初出は一九八五年）。

(64)　嘉手納宗徳「在番奉行」『沖縄大百科辞典』沖縄タイムス社、一九八三年。

(65)　いわゆる「隠蔽策」については、紙屋敦之『東アジアのなかの琉球と薩摩藩』校倉書房、二〇一三年、同『幕藩制国家の琉球支配』校倉書房、一九九〇年、渡辺美季『近世琉球と中日関係』吉川弘文館、二〇一二年を参考とした。

(66)　紙屋敦之「琉球の中国への進貢と対日関係の隠蔽」『東アジアのなかの琉球と薩摩藩』校倉書房、二〇一三年、初出は二〇〇六年。

(67)　豊見山和行「冊封使・在番奉行・浦添間切について――「屋嘉部里之子親雲上御仮屋守日記」から――」『浦添市立図書館紀要』一号、浦添市立図書館、一九八九年。

(68)　真栄平房昭「幕藩制成立期の琉球在番」『琉球の歴史と文化』本邦書籍、一九八五年、同「在番制の成立」『新琉球史』、同「近世琉球への転換」『沖縄県史　各論編』第四巻近世。

(69)　「冠船日記　里主御物城城間詰」（尚家文書九五号）七月二十二日条。

(70)　「冠船日記　里主御物城城間詰」八月二十六日条。

(71)　「冠船日記　里主御物城城間詰」八月十一日から二十日条。

(72)　前掲、真栄平房昭「在番制の成立」。

(73)　「御在番所御取合記」（尚家文書三八〇号）。

(74)　「古老集記類の二（在番奉行上使渡海）」前掲『近世地方経済史料』三六一、三六二ページ。

(75)　薩摩から指示された倹約令には次のようなものがある（「年中各月日記（帳当座）（一五四一号）」『琉球王国評定所文書』第一二巻、浦添市教育委員会、一九九六年、二七〇ページ）。

先達而御在番所より我々御用有之致参上候処、近年江戸立・冠船引受ニ付而者莫太之失費も差見得候間、平常質素節倹を専心心掛決而驕奢之風儀無之様急度可申渡旨被／仰出候条、万端国王御為宜様可令精勤旨御家老衆御書付を以被仰渡候段御達有之、且又御当地御難渋ニ付而ハ追々上納銀等御宥免之上、猶御取救

をも被仰付砌柄ニ而一往御仮屋方御相待向引方減少等を以段々御取縮之方、駿河殿御ケ条書を以被仰渡候段、館内より到来、

(76) たとえば一八四四年（弘化元、道光二十四）のフランス船アルクメーヌ号の到来、および宣教師フォルカードらの残留を受け（西里喜行「アヘン戦争後の外圧と琉球問題―道光・咸豊期の琉球所属問題を中心に―」『清末中琉日関係史の研究』初出は二〇〇〇年）、薩摩藩は二階堂右八郎以下を派遣したが、彼らに対しては「国王様其外より御招請又者音信・贈答等一切無之様、勿論御役人衆ニ茂急事之御出立ニ而、贈答之品物等一切被持渡間敷」（「従大和下状（一三三八号）」『琉球王国評定所文書』第二巻、九ページ）との通達が薩摩からあった。

(77) たとえば一八七二年（明治五、同治十一）の五節句は停止された（「日記（上）高里親雲上」十二月廿四日条『那覇市史　資料篇一巻九近世那覇関係資料』那覇市役所、一九九八年、三九三ページ）。

(78) 一八四七年（弘化四、道光二十七）には帰任時の挨拶、年頭招待、八朔挨拶、御茶屋御殿招待、歳暮挨拶について「相済形」という対応が採られた（「年中各月日記（一三八二号）目録」『琉球王国評定所文書』第二巻、五〇〇ページ）。

(79) 「冠船日記　那覇役人城間詰」（尚家文書九四号）五月一日条。

(80) 「冠船日記　那覇役人城間詰」閏四月五日条。

御奉行様幷御役々之者城間村御詰中、王子衆・三司官、其外御取合之方より御安否為御尋何歟差上候節御挨拶之儀、里主旅宿江御出被成候而ハ御面働筋相成事ニ而、右体之御挨拶ハ那覇江御引移被成候節積御礼被申上先例候間、此節茂其通御座候而ハ何様可有之哉、那覇筆者大田筑登之江申含越候趣相達遂披露候処、此節も弥先例通那覇江御引移之上積御礼可有御座筋可被申上候、此段致問合候、以上、

閏四月五日　　　　　喜舎場里之子親雲上

里主　御物城

(81) 「冠船日記　那覇役人城間詰」五月四日条、五月七日条。

(82) 「冠船日記　里主御物城城間詰」七月晦日条。

(83) 「冠船日記　里主御物城城間詰」八月二日条など。

(84)　「冠船日記　里主御物城城間詰」八月十二日条など。

(85)　渡辺美季氏は、琉球の隠蔽策をマジックミラーに例えて表現したが、首里城御庭で行われる冊封の規式を覗き見する薩摩役人は、まさに清・琉関係をマジックミラーの後方からうかがい見る薩摩という構造を象徴するものと思われる（渡辺美季「清に対する琉日関係の隠蔽と漂着問題」『近世琉球と中日関係』吉川弘文館、二〇一二年、初出は二〇〇五年）。

(86)　板谷徹「御冠船踊りを観る冊封使—唐の御取持—」『ムーサ』沖縄県立芸術大学音楽学研究誌、一三号、二〇一二年、九～一〇ページ。

(87)　「冠船付御書院日記」十一月二十一日条。

(88)　本儀礼実施の名目が冊封による即位祝儀であったことは経緯を記録した史料タイトルからも確認される（「御即位御祝儀付横目衆附々衆唐物方御役々衆御招請日記」尚家文書六九号）。

(89)　「冠船付御書院日記」五月十三日条「冊封之御礼式首尾能被為済候為御礼御在番近藤彦左衛門殿御宿江被遊御光駕候御次第」には儀式の終盤に相撲が催されたことが記される。相撲を見物するように声を掛けるのが在番奉行の近藤であること、「相撲人数」へ「青銅四千疋」が琉球側から供されたことからみても、薩摩側が準備した芸能であることが分かる。なお、同日「相撲」の項目には、緑川、礎、白鷺といった五四名の力士が登場する。

(90)　「冠船付御書院日記」五月十三日条「職賦」。

(91)　引用はすべて「冠船付御書院日記」五月十三日付「口上」、五月十四日付「口上」。

第9章　フランス領グアドループ島と日本人について

——実証的研究を目指して——

ル・ルー　ブレンダン

「ドゥヴクー憲兵中尉が日本人の暴動を鎮圧する際に非常な巧妙さを見せたので、総督は彼に祝辞の言葉を伝えるよう、憲兵隊少佐に願いました。[1]」

はじめに

一八九五年（明治二十八）十月一日に述べられたこれらの言葉は、「南北亜米利加の中間、北大西洋の南部に碁布する西印度群島の一にして、日本を距る一万八〇〇〇哩余」[2]にあるフランスの植民地グアドループ島の行政に当たる総督（gouverneur）の考えを伝えるものである。あまり知られてはいないが、十九世紀末、「日本を去ること海上大凡四千里北緯一六度の処に」ある、「日本より直航すれば四〇日余」[3]もかかるカリブ海に浮かぶ小さなフランスの島に約五〇〇人の日本人が滞在した。いわゆる「出稼移民」[4]であった。

奴隷制が一八四八年に廃止されたフランスの植民地、特に甘蔗耕作・製糖産業を主な産業とするカリブ海とインド洋の島々では、十九世紀後半に主にイギリス領インドから下層労働者である「クーリー《苦力》」が甘蔗プランテーション[5]の資本家によって大量に導入された[6]。インド以外にも、アフリカや中国、ポルトガル領マデイラ諸島、さらにフランスの植民地になりつつあったインドシナの安南《アンナン》・東京《トンキン》からも「規制移民制度」[7]によって契約労働者が流れてきた。そして、「一八九四年に日本人一団の導入さえ行われた」が、彼らはその導入によって「グアドループ島で起きた動揺と、本人〔日本移民〕の抵抗の影響で一八ヶ月後に日本へ帰された」ことになり、「このように一八九六年にグアドループ島における規制移民の歴史が終止符を打たれた」というふうにそのエピソードが紹介されている。[8]フランスの先行研究では、その他に「仙台丸」に乗組んで神戸を出帆し一八九四年十二月二十日にグアドループ島に到着した日本人労働者は「しばらくしたら帰国させられ」、「日本移民が始まったとたん断念せざるを得なかった」[9]とされており、大量の史料の存在にもかかわらず、グアドループ島における日本出稼ぎ移民の歴史は全く研究されてこなかったと言っても過言ではない。

一方、日本の先行研究を見てみると、長い間同じような記述しかされてこなかったことが分かる。「グアドループ島移民については、従来の研究は、日仏両国政府の交渉の結果、契約が破棄され、明治二十九年一月から数回にわかれあいついで〔日本人が〕帰国し、同年七月には残余者全員が帰国し、一人も同地に止まるものがなかった」というような内容のものであったのである。[10]少なくとも一九〇〇年〔明治三十三〕まで日本人がグアドループ島にいたという事実とはかなり違う歴史叙述になってしまったのはなぜなのかというと、「これらの文献は、[11]すべて外務省の公的資料に依拠して叙述されているので、当時の公記録には満期まで一部の移民が在留した事実が残っていないものと思われる」からである。[12]

ところが、一九八三年に「外務省の公的資料」に依拠しない、グアドループ島移民に関する二つの論文が刊行され、新しい資料を利用してそれまでの叙述を覆らせた。その新しい資料は広島県史編纂室に寄託された「平賀家文書」というもので、「グアドループ島への移民をあっせんした日本吉佐移民合名会社とその後身である東洋移民合資会社の広島県業務代理人であった賀茂郡郷田村〔現東広島市西条町〕の土肥積が、業務の必要上作成した第一級の基本資料」[13]であり、それに基づいて論文を執筆した児玉正昭氏はちょうど広島県史編纂室の専門員だったのでその資料の整理・解読に当たったのである[14]。そして、同じ一九八三年にグアドループ島における日本人契約移民について論文を執筆したもう一人の石川友紀氏は「広島大学文学部内地研究員として一九七四年広島滞在中に[15]」同じ「平賀家文書」を閲覧し利用したのである。その結果、二つの論文は副題に見られるように（児玉：「広島県移民を中心に」、石川：「広島県出身移民を例として」）、広島県出身の移民の状況を詳細に分析しているもので、グアドループ島へ渡った移民の他の出身県（多い順に和歌山県、山口県、新潟県、岐阜県）については、研究する余地は残っていると言える。

なお、それらの論文の目的も類似しており、石川は「現在の西インド仏領ガードループ島の概要を述べ、その後同島の十九世紀末日本人契約移民の実態の一例を示す[16]」ものとし、一方で児玉は「西インド諸島にあるフランス領グアドループ島に到着した広島県移民（一八七人）について、送出過程と現地での紛擾とその結末を、当時の資料を中心に紹介し、移民と移民会社の実態について一事例を提示」し、つまり「実証的な研究はいままで全く行われていない[17]」日本移民の一事例として紹介するのが当初の研究目的なのである。石川論文の場合は非常に詳細な紹介ではあるものの、それに止まっていると言っても過言ではない。ところが児玉論文は、「移民受入側の事情をできるだけ紹介することにより、世界史的視野でグアドループ島移民を考え」、「なぜ遠隔地への移民が行われたかを世界史的視野で検討する[18]」目的をも持っている。その意味では、移民送出と日清戦争の関係（「帰還する軍人や軍用人夫の雇用問題[19]」）、さらに日本人の移民送出とグアドループ島内の状況との関係（糖価の暴落、糖業の不振、重要な労働力を提供していたインド人移民の激減）などを取り入れることによって、より「世界史的視野」が確かに見られる。しかしながらやはり日本の資料・先行研究しか使用されていないので、「世界史的視野」としては物足りないと認めざるを得ない。

特に、「グアドループ島への移民は、ハワイや北米の例のように、かなりの期間にわたって多くの移民が行われたのと異なり、一回限りで、しかも現地で紛擾が起こり、大部分が途中帰国をしている失敗例である[20]」と考えられてきたのにもかかわらず、その「紛擾」を日本側の言い分だけを根拠に語るのがかなり惜しい。実際、当時のグアドループ島総督が「日本人の暴動を鎮圧」せざるを得ないほどの状況になったと述べているわけで、フランス側の言い分にも目を向ける必要がある。

上記に従って、本章ではまず、「グアドループ島への契約移民に関しての研究は、この石川友紀〔1983.3a〕や児玉正昭〔1983.3〕を除けば皆無に等しい」[21]日本の先行研究の貴重な成果を踏まえながら、今まで日仏両国で全く使用されてこなかったフランスの国立海外史料館（ＡＮＯＭ）の資料、当時の新聞紙やグアドループ島議会（Conseil Général de la Guadeloupe、以下「島議会」と略す）の議事録などに基づいて、グアドループ島における日本人出稼ぎ移民に関する実証的研究を目指して新しい情報を提供したい。特に今までの研究では明らかにされてこなかったその移民事業が行われた背景（フランスの植民地における法令など）と移民送出に関する交渉の詳細を明記したい。

一　グアドループ島日本人移民送出の背景

１　日本移民事始めと移民会社

日本における移民の歴史は一八六八年（明治元）にハワイの甘蔗畑や製糖工場で働くために無許可で渡航した「元年者」と呼ばれる約一五〇人の一団によって始まり、翌年に戊辰戦争で負けた会津藩士によってアメリカ合衆国カリフォルニア州で築かれた入植地（いわゆる「若松コロニー」）などに続くが、移民自体は日本政府に正式に認められないままであった。[22]ところが、当時ハワイの甘蔗耕作・製糖産業で最も多い労働者層を占める中国人は定着率も評判も悪く、ハワイ政府は他の労働力源を求めて日本政府との交渉を開始し、その結果一八七一年（明治四）に日布修好条約が締結され、さらに一八八五年（明治十八）に日布移民条約が結ばれた。そこから日本政府の管理・保護のもと「官約移民」と呼ばれる特定の契約移民が始まり、一八九四年に民間の組織に委託されるまで約二万九〇〇〇人もの日本人がハワイへ移民した(23)。

そのような契約移民を取り扱う民間の組織とは、「移民会社」と呼ばれるものであった。一八九一年（明治二十四）十二月に日本最初の移民会社である「日本吉佐移民会社(24)」（後に「日本吉佐移民合名会社」と改称）が日本郵船社長の吉川泰次郎と秀英社社長の佐久間貞一によって設立された。移民会社というのは移民の送出を斡旋する民間の組織で、一八九四年（明治二十七）四月公布の「移民保護規則」第一条に定義されている「移民取扱人」、つまり「移民ヲ募集シ又ハ移民ノ渡航ヲ周旋スルヲ以テ営業トナス者(25)」が法人組織となったものである。全盛時代の一九〇三年（明治三十六）には、全国に三六もの移民取扱人があったとされている(26)。そのような移民事業に携わった理由について、日本吉佐移民会社の創立者の一人である佐久間貞一が以下のように説明している。

「余が移民会社を設立したるは労働者保護策の一端を実行したる者なり

余は日本労働者の賃銀の低廉なるが為めに彼等の痛苦甚しきを見、その原因は労働者の過多に在りと思ひければ、此過多なる労働者を海外に出せば、内地における労働者の供給を減じ、外国の高き賃銀と平均するより、確かに内地労働者の賃銀を引き上げ、労働者の収入を増加し、其生活に余裕を生ず可しと思ひしが故なり(27)」

「人口増加の労を察せよ、一小島国の日本、其人口問へば既に四千万に達し、年々の増加実に五十余万人を降らずと云ふ、一国の面積業既に包容の人口に適せずとせば、吾人は其溢出する所に向って生計給与の途を図らざるべからず、其給与の途は海外の地を措きて又地に覔むべからざるに、経済記者が之を非として毫も人口過多の影響を憂へざるは、面積人口の比較を知らざるにや、抑も亦た空しく人口制限法の実施を叫ぶの亜流なるか[28]」

つまり、佐久間貞一は、日本人の海外移民は国内労働者の状況の改善、そしてそれに関係している、日本が当時痛感していた人口問題の解決のために考慮せざるを得ない手段であると考えていたのである。

そのような考えのもとで日本吉佐移民会社が行った移民送出は、児玉の収集したデータによると、一八九二年（明治二十五）十月にイギリス領オーストラリアのクイーンズランド植民地へ五〇人、一八九三年（明治二十六）五月に同地へ五二〇人、同年八月にフランス領ニューカレドニアへ六〇〇人[29]、一八九四年（明治二十七）四月にクイーンズランドへ一一五人、同年同月にイギリス領フィジー諸島へ三〇五人、同年八月にクイーンズランドへ三二〇人、同年十月にフランス領グアドループ島へ四九〇人[30]、一八九六年（明治二十九）六月にクイーンズランドへ四一七人、要するに五年間で合計二八〇七人となっている[31]。これからは日本吉佐移民会社が行ったそれらの移民事業の一つであるグアドループ島への日本人移民について詳しく見てみよう。

２　先行研究による情報

日本の先行研究では、グアドループ島日本移民送出について、広島県の吉佐移民会社業務代理人土肥積と同本社、同社神戸出張所員、そして広島県知事や広島県の村郡長とのやりとり・交渉、つまり移民送出が決定した後の状況以外は、皆無に等しい[32]。児玉はたんに「日本吉佐移民合名会社とパリのコロニアル銀行との間に日本人契約移民を送出することが決定し[33]」たことを述べるにとどまり、その「パリのコロニアル銀行」についても、契約が決定した背景等についても何の説明も加えていない[34]。

時代が左右するが、日本吉佐移民合名会社の創設者の一人である佐久間貞一の伝記に、「更に移民を輸送したるものは仏領「ガードループ」島なりとす明治廿七年七月仏国巴理《ママ》なる「ラソシエテー、デユ、クレヂー、フオンシエーコロニアル」会社の注文に応ぜるもの是れなり」というより細かい記述があり、移民送出依頼

（契約の締結かどうかは定かではないが）の年月とその事業を依頼した銀行のフランス語名（« La Société du Crédit Foncier Colonial »）が明記されている(35)。

一方石川は、グアドループ島へ派遣された日本人を「日本吉佐移民合名会社扱いによる甘蔗耕地への契約移民」として紹介し、それらの「契約雇主は耕地所有者のフランス巴里《パリ》コロニヤール銀行であり、外務省は一八九四年（明治二十七）七月二十六日に東京府庁において、同社と移民間の書面契約案を承認した(36)」というふうに説明している。以下では、その「パリのコロニアル銀行」（「巴里コロニヤール銀行」）こと「植民地不動産（抵当）銀行」（Crédit Foncier Colonial、以下は不動産銀行と略す）に関する説明を加えてから、その銀行のもとで行われた日本契約移民に関する交渉を具体的に調べてみよう。

3　植民地不動産銀行（Crédit Foncier Colonial）について

日本吉佐移民合名会社は一八九四年（明治二十七）四月に「西印度「ガードループ」島略記」という「日本移民を渡航させせるに当たっての事前の調査報告書(37)」を発表した。平賀家文書の「移民事業関係書」に含まれている(38)この地誌のようなものの作成過程は先行研究によって明らかにされていないが、実はその中に不動産銀行に関する情報が見られる。同略記の「雑件」という節に以下のことが記されている。

「〔前略〕而して銀行営業者には「ガードループ」銀行あり。其資本金三〇〇万法を有し、又殖民地不動産銀行あり。今より三四年前ナポレオン三世の時に組織したるものにして、其資本一二〇〇万法、営業年限六〇年にして、「マルチニック」「ルユニヲン」の二島にも亦支店あり。本島〔グアドループ島〕に於ては耕区を多く有して、砂糖黍の耕作に従事し居れり。(39)〔後略〕」

ここに出て来る「「ガードループ」銀行」というのは、一八四八年の「奴隷制廃止後に財政難に陥った製糖企業を信用面で支援する目的から、商業及び発券銀行として」一八五二年に設立された植民地銀行の一つである。[40] その設立の背景として、奴隷制廃止の最も有力な推進者であったシュルシェール（Victor Schœlcher, 1804–1893）が、自由な零細農になった元奴隷が農閑期に働けるような製糖工場の建設に投資できる銀行が必要であると、一八四八年と一八四九年にフランス国会で唱えたことが挙げられる。また、そのような糖業の技術的近代化を助長する銀行の資金として、元奴隷所有者に補償金が支給されるべきということも提案し、その補償金がさらに労働者の給与にもあてるべき、とも主張した。[41] その結果、グアドループ島の場合は約一九五万フランにも及んだ「国債による補償金の八分の一が支給前に差し引かれ〔中略〕、グアドループ銀行の資本金に充当され[42]」たのである。グアドループ銀行は、「製糖企業への短期融資、特に未収穫物担保貸付に特化した、リスクの高い銀行経営[43]」を行い、技術の近代化による工業的生産体制が必要とする中長期融資を提供することができなかった。[44]

当初の植民地銀行のそのような不安定性を補強するため、糖業の伝統的な担い手であった統合型企業＝農工統合体の建設と設備に投資できる組織として、一八六〇年十月に植民地信用会社（Société de Crédit Colonial）が設立された。[45] その新しい融資制度の影響で、一八六〇年から一八六二年までの間に、「改良〔集中〕工場」（« usines perfectionnées »）が四つ新しく建設されるようになった。[46] 集中工場のそのような発展に伴う根本的な技術変化を助長するために、更なる金融制度の発展、特に糖業の再構成に大量の資金を長期にわたって貸付ができるような仕組みが必要になった。そのため、「一八六三年一月二十六日に海軍大臣兼植民地大臣ローバ（Chasseloup-Laubat）の要求により〔植民地信用会社の〕定款の変更」が行われ、同年八月に植民地信用会社が植民地不動産銀行と改称した。[47]

その銀行の目標は、「地主に個人的に、もしくは地主の団体に、製糖工場の建設、または既存の製糖工場の設備の改良・取り替えに必要な資金を貸し付けること」であり、「他の取引は全て禁じられている[48]」のである。糖業の再構成に融資するというその役割を果たすのに、植民地不動産銀行は融資期間が五年以下または五年から三〇年までの貸付金を出すことができるようになった。さらに、「その銀行の債権は、借款と、総額の二・五％が植民地当局によって保証された社債発行とによって調達された抵当貸付から構成されている[49]」ことも重要な側面である。というのは、「営業開始当初に既に多くの債務不履行に見舞われていたＣＦＣ〔植民地不動産銀行〕は、土地収用と競売の手段に加えて、この植民地保証の手段に訴え〔中略〕その本来的業務としての長期融資業務から遊離し、所有地の経営や転売を行う「不動産経営会社」(société d'exploitation)へと変質していく[50]」ことになったのである。

グアドループ島の製糖企業は、一八七〇年代まで砂糖の生産量の増加を経済成長の唯一の政策と考えていた。その結果、奴隷制廃止直後の一八五〇年に約一万二八〇〇トンに落ちていた砂糖の生産量は、一八七五年に約四万八〇〇〇トンにまで達し、要するに三・七五倍も増加したのである。ところが、その政策が進められたのは、ヨーロッパにおける甜菜による製糖の発展にもかかわらずであった。フランスでの甜菜による製糖の生産量は、一八五〇年に約七万六〇〇〇トンであったが、一八七五年に約四六万二〇〇〇トンにまで達した。つまり六倍も増加したのである。その結果、一八七七年から一八八四年までの間、砂糖の相場は約半分も低下し、一八八四―一八八五年にはグアドループ島（と他のカリブ海の植民地）における最初の過剰生産危機が起こった[51]。

上述したように競売によってプランテーションを次々と拡大していった不動産銀行は、その過剰生産危機の影響でプランテーション経営における赤字が増加し、一八九二年に破産手続きに入ったが、数ヶ月後に「破産管財人の下で強制和議が結ばれるに」至り、二十世紀初頭になると「植民地当局とＣＦＣとの間の協定の成立、負債の整理を経て、一九〇七年七月三日のデクレによって承認された定款の変更により、銀行は、株式資本金を減額しつつ、一九三八年十二月三十一日までその活動を続けることが規定された」が、「不動産融資、未収穫物担保融資、前貸しなど広汎な業務を行うこととなった[52]」のである。破産寸前にまで追いつめられた不動産銀行は、日本人移民とどうかかわるようになったのであろうか。その事例を具体的に追求する前に、まずグアドルーブ島における移民制度の概略を紹介する必要がある。

4 グアドループ島における契約移民について

植民地銀行と不動産銀行による金融制度が可能にした、甘蔗耕地の開拓と集中工場の建設による糖業の近代化は、労働力を大量に必要とした。グアドループ島における甘蔗関係の労働者は、奴隷制廃止直後の一八四八年には陥ったものの、その後一八八四年の製糖の過剰生産危機まで増加する一方であったことが左ページの表から読み取れる。しかしながら、実は現地のクレオール労働者だけでは間に合わない状況であった。その理由として、上記の甘蔗耕地の拡大と集中工場の建設に加わり、児玉が慎み深く記すように、「一八四八年の黒人奴隷制廃止以降、地主と耕作者との関係が安定しない」[54]状況にあったということも挙げられる。もっと詳しく言えば、グアドループ島の最も有力な雇主である集中工場の資本家＝「ユージニェ」[55]は、クレオール労働者の甘蔗関係労働に対するむらな性格を批判し[56]、「一八七〇年代初頭には、大農園主達がクレオール労働を決定的に断念したのは明らかである[57]」とまで言える。そのような発言の背景に主に以下のような精神的な理由がある。

つまり、前日まで無償で自由に利用できた元奴隷に給与を与えて雇いたがらない地主もいたわけであるが、それよりも逆に、自由になった元奴隷の内に前日まで彼らの所有者であった地主の耕地または工場で仕事を続けるつもりのない人が当然、多くいた。黒人の島議会員ジャン＝ルイが一八八三年に述べるように、「元奴隷または元奴隷の子弟にとっては〔中略〕賃金労働者としてサトウキビ〔プランテーション〕へ戻ることは、善かれ悪しかれ奴隷制に再び陥ることであるし、賃金が上がったにしても、もはや欲しがらない拘束[58]」なのである。そのような状況を背景に、大農園主は自由になってもはやプランテーションで働きたがらない元奴隷のクレオール労働者に代わる契約労働者を外国から輸入することを企画したのである。

ところが、一八五〇年代から立てられた様々な労働者の誘入企画には、上記とは別の重要な理由もあった。

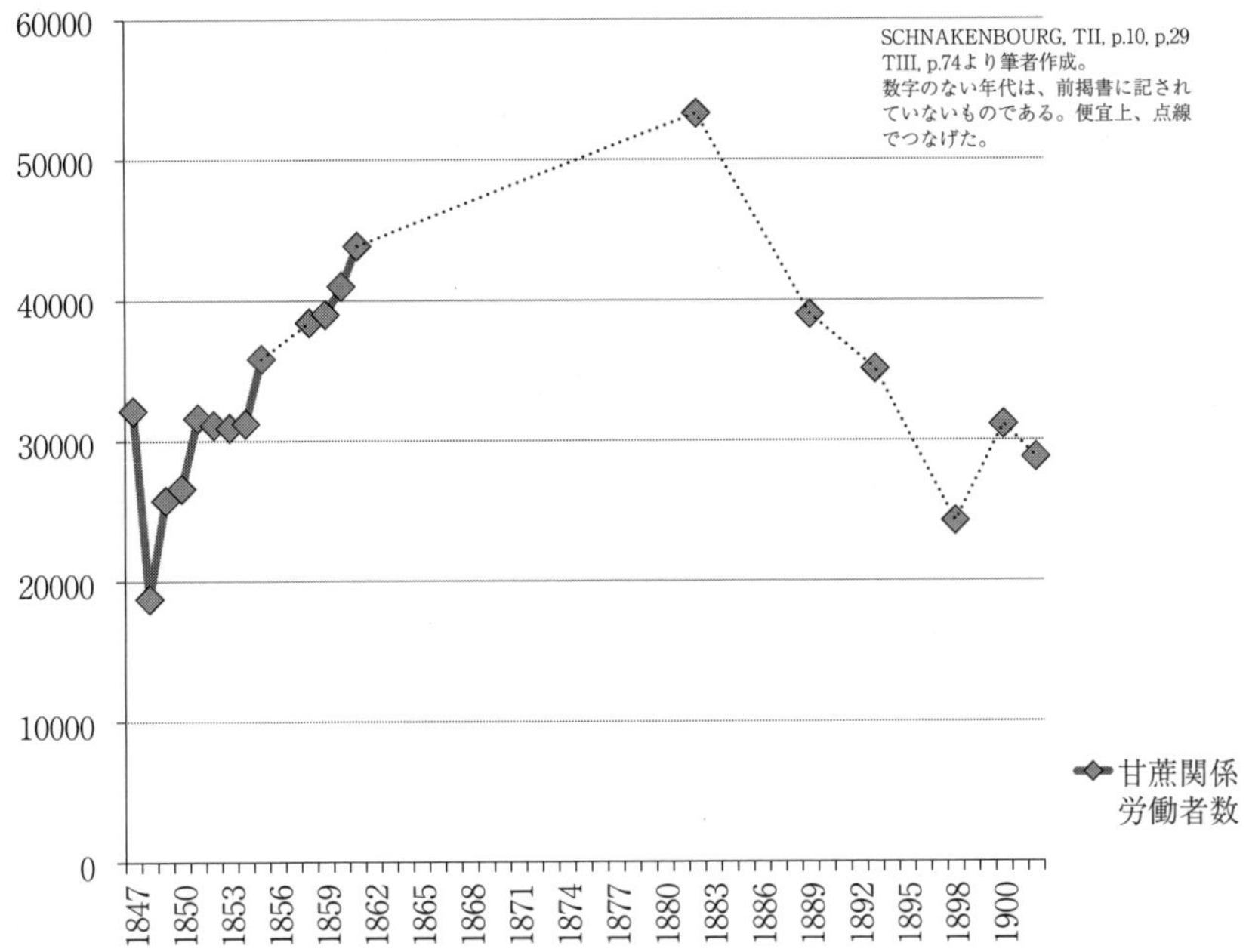

SCHNAKENBOURG, TII, p.10, p,29 TIII, p.74より筆者作成。
数字のない年代は、前掲書に記されていないものである。便宜上、点線でつなげた。

まず、根本的なことではあるが、移民の労働力に頼るという政策は、非常にコストの高いものであることを忘れてはならない。当時の推定では、インド人労働者の一日の労働費がクレオール労働者のそれより約二倍高いと考えられ、ユージニェにとって全体的に見て会計上では五～六％の過徴費用を要し、製糖の過剰生産危機が始まる前から糖業の経済的不安定性を助長した要素であったとも言えよう。[59]しかし、さらに移民の超過死亡率と欠勤率が非常に高く、逆にクレオール労働者と比べて移民の生産性が低かった、というような他のデメリットがあったにも拘らず、メリットの方が多かったからこそ導入された制度である。

自由になったクレオールと異なり、契約移民による労働力は安定した労働力になっている。プランテーションに住んでいる契約移民はいつでもすぐ出勤することができ、さらに私法上のものではない契約に基づいて、「中世の農奴が耕作地に縛り付けられていたのと同じようにプランテーションに縛り付けられている」[60]ことも地主にとって非常に利用する甲斐があったのである。その上、自由のクレオールと違って頼まれた仕事を断ることもできない契約移民は非常に柔軟性のある労働力を表している。インド人がサインする契約には、「雇主が望ましいと判断したいかなる農業・工業的な労働に移民を配置することができる」[61]と明記されているほどであった。

さらに、根本的な政治的メリットもあった。移民の導入はグアドループ島の労働市場で競争を生み出し、その競争によってクレオール労働者の抵抗や諸要求がつぶされるので、植民地社会の上層部をなす白人の大農園主の支配を保つ要となる。つまり、「移民制度は、クレオール労働者が以前、当然のこととして受け入れられることができなかった労働条件と給料を強いられる手段として用いられた」[62]と言えるのである。移民制度のそのような政治的、社会的な背景と諸問題が日本人移民の導入の際にも重要になってくるが、今後の課題として残しておきたい。

最終的に、そのようなメリットの多い契約移民制度が一八五〇年代以降導入され始めたが、労働者の出身地をどこに設定するという問題が残った。「一八五四年から一八八九年の間に、安南人二七二人（全体の〇・五%）、支那人五〇〇人（一・〇%）、アフリカ人六六〇〇人（一三・二%）、インド人四万二五九五人（八五・三%）、合計四万九九六七人の海外移民」[63]が受け入れられ、グアドループ島のユージニェは様々な地域から移民を導入しようとしたことが明らかである。その他に、カリブ海イギリス領の島々から数百人の季節労働者、ヨーロッパ（フランスの南西やドイツ）から約五〇〇人の自由移民、ポルトガル領のマデイラ諸島から一八八人とカーボベルデ諸島から七一人の労働者がグアドループ島に送られた、というように様々な送出先が検討されたが[64]、その数が少なく労働力不足を補うのに足りなかった。結局、奴隷制廃止を許せなかった大農園主が最初は反対したものの、一八六一年まで最も多い移民はアフリカ人となっている。しかし、アフリカからの移民が「隠れ奴隷制」に過ぎないという批判を浴びたフランス政府は、一八六一年七月一日にイギリスと協定を結び、アフリカからの移民を中止する代わりにイギリス領インドからの移民の導入を翌年同日から正式に認められ、一八八九年まで上記のように四万人以上ものインド人がグアドループ島へ送出されるようになった。

最後のインド人契約移民がグアドループ島に到着したのが一八八九年一月三十一日で、インドからの移民自体が同年禁じられるようになったのに、なぜ一八九四年に日本人移民が送出されたのであろうか。

5　移民に関する法令

最後の契約移民としてのインド人がグアドループ島へ到着した後、フランスの植民地への移民に関する法令が公布された。日本人移民送出・導入に関する交渉の際、しばしば参照されているのに先行研究では触れられていないので、ここで移民に関する諸法令について説明を付け加える必要がある。

既に述べたように、グアドループ島において一八四八年に奴隷制が廃止された後、クレオールによる労働力が安定せず、大農園主にとってはかなり問題となっていた。その時期、一八四八年十二月に大統領に選ばれたルイ＝ナポレオン・ボナパルトが五一年十二月にクーデターを起こし、奴隷制を廃止した第二共和制とは違う、保守的な政権が誕生した。その政権によって、一八五二年二月十三日に植民地の大農園主の労働力に関する要求を取り入れたデクレが公布された。[65]このデクレは、「クレオールの農民が輸出向けの作物を栽培するため大農園で賃金労働者として働くことを強制させる」目的をもち、クレオール労働者が一年以上の契約証またはそれより短い労働契約を証明する「手帳」（« livret »）を持っていなければ浮浪者として罰せられることを定めている。要するに、クレオール労働者のプロレタリアート化と、奴隷制廃止前の「人種的社会的成層」の維持を目指すものであった。[66]

この一八五二年二月のデクレは、植民地への移民に関する最初の法令でもあり、「いくつかの一般的な措置」しか含んでいないという意見もあれば、[67]それ以降の法令においてしばしば参考されているので、移民に関する重要な条文だけ紹介しておこう。まず、このデクレはマルティニーク、グアドループ、レユニオン、そしてギアナの四つの植民地にしか適応されず、それらの植民地への移民の導入が国庫か植民地の出費で、または何らかの経済援助で行われることを保障している（第一条、第二五条）。契約の年限はそれぞれの植民地で定められるべきで、その期間終了後一年の間、移民は帰国のための渡航費もしくは植民地で仕事を続けたい場合その渡航費に相当する手当をもらうことができる（第二条）。移民が植民地に着いてから六ヶ月の間、その労働契約は植民地の行政機関の承諾なしでも第三者へ譲渡することができる（第五条）。

しかしこの一八五二年二月十三日のデクレよりもっと重要なのがそれを発展させた同年三月二十七日のデクレである。「ヨーロッパからまたはヨーロッパ以外の場所からの、フランスの植民地への移民に関する」このデクレこそ「基準となる条文」(68)なのに、グアドループ島への日本人移民に関する先行研究では参考にされていないので日本人移民の送出についても重要になってくる箇所を訳しておこう。

第三九五八号―ヨーロッパからまたはヨーロッパ以外の場所からの、フランスの植民地への移民に関するデクレ

〔中略〕

第一章　（出）移民について

第一条

〔中略〕ヨーロッパからまたはヨーロッパ以外の場所から、マルティニーク、グアドループ、ギアナ、レユニオンという植民地への移民は、以下の条件で、そして以下の規則に従って行われる。

ヨーロッパからの（出）移民

第二条

ヨーロッパからの〔出〕移民は〔申請する地の〕知事に対して、もしくは外国人の場合は海軍植民地大臣が指定した他の当局に対して、上記の〔四つの〕植民地の耕地主との間で交わされた労働契約を提出する。

その労働契約には、雇われた者へ定められた報酬以外、雇主が以下のものを提供する義務も含まれている。

一．滞在の最初の一年間の食料、そして一つの小屋と庭、
二．雇われた仕事に必要な道具と器具、
三．病気になった時の治療と薬、
四．家族が同伴した場合は、上記の段落で定められたものが妻と子供にも支給される。

〔中略〕

ヨーロッパ以外の国々からの移民

第七条
ヨーロッパ以外の国々からの移民は、国家の資金に基づいた補助金をもらわずに行われたとしても、海軍植民地大臣の許可を得てからしか行われ得ない。
第八条
そのような移民のため、行われる場所で特別係員が設置される。
〔中略〕
第九条
二一歳以下の移民は、移民係員へ親または保護者によって代理される。〔中略〕
体の不自由な人や四〇歳以上の人の募集は厳禁とする。

〔中略〕

第十二条

インドからの移民は第二条で定められた労働契約を事前に結ぶことを免れることができる。

〔中略〕

第二章　移民の輸送について

〔中略〕

第十五条

移民のための輸送は二つのカテゴリーに分かれている。

第一は、インドとアジア海洋、アフリカの東海岸、マダガスカルやコモロ諸島からレユニオン島への輸送と、ヨーロッパ、マデイラ諸島、カナリア諸島、アゾレス諸島、アフリカの西海岸からアメリカの植民地への輸送である。

第二は、ヨーロッパ、マデイラ諸島、カナリア諸島、アゾレス諸島、アフリカの西海岸からレユニオン島への輸送と、インドとアジアの海洋、アフリカの東海岸、マダガスカルやコモロ諸島からアメリカの植民地への輸送である。

〔中略。第一六条と第一七条は船舶に関する規定と移民に提供される食料に関する規定である。〕

第十八条

それぞれのカテゴリーの輸送でヨーロッパからの移民の場合は、食料にさらに一人の移民に対して一日に二五センチリトルのワインも供給すべきである。

アジア地域からの移民の場合は、現地人の普通の食事の準備ができるような材料も充分に含まれるべきである。

第一九条
〔中略。第一九条から船舶の安全や設備に関する規定。〕

第三章　（入）移民について

第三四条
それぞれの植民地の内務局長は、移民の導入と植民者との最初の労働契約の締結を確認する特別委員を任命する。

第三五条
移民が乗組んでいる船舶が到着した際、特別委員は乗船し乗組員の数と身分を〔中略〕確認する。輸送の際に死人が出た場合は、特別委員はそれを確認し、その証書を出発港へ送付する。また渡航中の誕生を戸籍に登録させせなければならない。

第三六条
渡航中の状況に関する移民の表明や苦情がある場合それらを受け取る。〔中略〕
〔当該植民地の〕総督は〔中略〕移民の状況が必要とする全ての保護措置を用意する。特に、必要な場合、移民と行政機関との間の仲介人になり、移民の代わりに〔中略〕出廷する組合を組織する。

第四章　帰国について

第三七条
植民地の出費で帰国する権利は、〔中略〕植民地での滞在が五年を超えた時から与えられるが、労働契約の規定による雇主の植民者の出費でもっと早く帰国する権利を損なうことはない。
〔後略〕

この資料から、法令における移民関係の規定が非常に細かく、様々な分野にわたるものであることが読み取れる。日本人移民の送出について特に重要になってくるのは、「ヨーロッパ以外の国々からの移民は、国家の資金に基づいた補助金をもらわずに行われたとしても、海軍植民地大臣の許可を得てからしか行われ得ない」ということを定める第七条であると言える。この条文から、フランス政府は植民地にとって常に重要で困難となりえる移民事業を何らかの形で管理し続けたい様子が窺える。

一八五二年に公布された上記のデクレにおいて、日本人移民の送出が行われた四〇年後の一八九四年にまだ通用する規定が含まれているが、インド人契約移民の終焉に伴い、一八九〇年六月三十日に「グアドループ島における移民を規制するデクレ」が新たに公布された。上記のデクレの規定を改めたものも含み、これもまたグアドループ島日本人移民に関する先行研究において全く触れられていないので、重要だと考えられる条文を紹介しておこう。

まず、移民の定義が定められているが、移民とは「一八五二年三月二十七日のデクレに規定された条件で植民地に導入されたアフリカまたはアジアからの労働者」となっており（第六条）、一八五二年のデクレと違ってヨーロッパからの移民というカテゴリーがなくなっている。おそらく、ヨーロッパ移民の試みが成功しなかったことから生まれた改訂であろう。それ以外の労働者は一般法に従って普通の労働契約を結ぶことになる。第七条も非常に重要であるが、一八五二年三月のデクレの第七条とほぼ同じ内容で、つまり「グアドループ島へ植民地の資金を使わず移民を導入したい全ての個人または会社は、政府の許可を得なければならない」ことが引き続き定められている。また、労働者管理の一環として十九世紀の象徴の一つとも言える「手帳」（« livret »）は依然として義務づけられ、それを常に携帯しないと浮浪者として罰せられる可能性があることも、一八五二年のデクレの規定を引き継ぐものである（第三二、三五条）。

一八五二年のデクレを引き継いだ一八九〇年六月三十日のデクレを最後の規定に、日本人移民の導入が一八九四年にグアドループ島で行われたわけであるが、実は日本人出稼ぎ移民がフランス領へ赴いた最初の事業ではなかった。

二　グアドループ島日本移民送出に関する交渉

1　フランス領ニューカレドニア移民という前例

上述したように、日本吉佐移民合名会社の創設者の一人である佐久間貞一によると、不動産銀行からグアドループ島へ移民を送出したい旨が日本吉佐移民合名会社に伝わったのは一八九四年（明治二十七）七月とされている。ところが、同年四月に、日本吉佐移民合名会社が「西印度「ガードループ」島略記」という調査報告書を発表していることと、さらに少なくとも同年六月から日本吉佐移民合名会社の広島県業務代理人土肥積と同社神戸出張所員寺田一郎との間にグアドループ島移民に関するやり取りが既に始まっていたことから、不動産銀行と日本吉佐移民合名会社との間の交渉がもっと早い段階から始まっていたことが明らかである。[69] しかし日本の先行研究にも、フランスの先行研究にも、その交渉に関する記述はない。

ところが、ANOMの資料を見てみると、グアドループ島と日本人移民に関する最初の記述は、一八九四年よりも二年早くの一八九二年（明治二十五）に現れていることが分かる。実際、一八九二年八月二十七日付の書簡において、貿易省の植民地局次官[70]（Sous-secrétaire d'État aux Colonies）ジャメー[71]（Émile Jamais, 1856–1893）がグアドループ島総督とギアナ総督宛に、以下の内容を伝えている。

「〔前略〕少し前から、日本政府は自国民の海外移民を許可しようという態度を見せています。ニューカレドニアの「ニッケル社」が経営する鉱山のために六〇〇人のクーリーの募集が成功したため、〔グアドループ島とギアナが」必要としている労働力を提供できるかも知れないこのような労働者の源を貴方に知らせることが重要だと思いました。

外務省に届いた情報によると、日本政府は自国民が仕事を求めるために移民することを以前禁止していた措置を撤回したが、信頼できる会社や高潔なものであるという保証がついている組合が行う募集の場合のみ海外への出発を許可しようとしている、ということが明らかになっています。〔後略〕」

この資料から、一八九二年（明治二十五）八月より前に南太平洋に位置するフランス領ニューカレドニアへ六〇〇人もの日本人がニッケル鉱採掘のため出稼ぎ移民として送出されたことが読み取れる。それは、日本吉佐移民合名会社の仲介で一八九二年一月に熊本県（中でも天草島の出身者が非常に多かった）で採用された六〇〇人の男性が五年契約でニューカレドニアへ渡航した事実を物語っている。一八九〇年（明治二十三）に既にル・ニッケル社より香港の日本領事館を通じて労働者派遣の依頼があったが、当時の外務大臣青木周蔵（一八四四―一九一四）が「労働条件の不十分さや、流刑因とともに働くことの不安など」を懸念し、移民送出を許可しなかった[73]。ところが、植民問題を重要視していた後任の榎本武揚（一八三六―一九〇八）が直下に移民課を設置し、一八九一年（明治二十四）十一月にニューカレドニアへの移民送出を許可した。その直後に日本吉佐移民会社が設立され、ニューカレドニアへの移民送出は実は日本の移民会社が取り扱った最初の移民事業であったのである。それについて、佐久間貞一の伝記にこう記されている。

「是（＝日本吉佐移民会社が設立されること）より前仏国巴里なる「ニッケル」会社代理人「フランソワー、ルッシエー」氏我邦に来り仏領「ニューカレドニヤ」島に於て「ニッケル」採掘の為め日本労働者を雇傭したき旨を以て我が外務大臣に請願する所ありて数回交渉の結果我が政府は之を許可するに決したり依てルッシエー氏は之を日本吉佐移民合名会社に依託す第一回の事業即ち是れなり[74]」

ここに「ル・ニッケル社」の代理人として紹介されている「フランソワー、ルッシェー」という人物が出てきているが、実はグアドループ島移民の場合も仲介人としての役割を果たしているので、以下の節にＡＮＯＭの資料を使って彼の役割をもう少し詳しく述べる。

そのような背景・過程で採用された日本人出稼ぎ移民はその後どうなったのだろうか。上記のフランス政府内の書簡が書かれた一八九二年八月の段階で、「六〇〇人のクーリーの募集が成功した」と言えたかも知れないが、その後「日本人労働者の不満は〔中略〕高まる一方で、一八九三年（明治二十六）二月に五七人が帰国したのを始めとして帰国者が相次ぎ、他方ニッケル相場の低落から会社も事業を縮小したこともあって、契約期間を満了した者は約一〇〇人に過ぎなかった」ようである(75)。

しかし、日本人移民のそのような悲惨な状態がフランス本土に伝わらなかったのか、無視されたのか、ニューカレドニア移民という前例がグアドループ島へ日本人を出稼ぎ移民として送出しようという不動産銀行の企画に大きな影響を与えたに違いない。

2　植民地不動産銀行の企画とフランス政府の対応

現に、不動産銀行は日本吉佐移民会社との交渉を、以前ニューカレドニア移民事業に関わった同じ人物に任せることにしたのである。不動産銀行社長のクチュリェ（Couturier）が貿易省の植民地局次官ルボン（Maurice Lebon, 1849–1906）に宛てた以下の書簡に不動産銀行のこの企画がよく現れている。

「〔前略〕グアドループ島の農業・工業の発展への最大の障害である労働力不足に備えるため、当植民地の最も有力な地主と砂糖製造業者と手を組んで、我々は日本人労働者の移民事業を行うことができる条件を調べることにしました。

この事業の交渉を、駐上海フランス領事館の元書記官補佐フランソワ・リュットシェ氏に委託するつもりです。氏は、一八九一年にフランスの会社「ル・ニッケル社」のために同じような任務を任された人物で、近いうちに日本へ出発しようとしています。

フランスの植民地への労働者の移民に関する一八五二年三月二十七日のデクレの第七条に従い、交渉が成功して終わるように、我々の会社と、我々とともにその〔移民導入〕事業に参加したい他の地主のために、我々は日本で採用された労働者のグアドループ島への導入を許可して頂けますよう、お願い申し上げます。

この問題について、貴方の前任者のデルカセ氏の意中を探りましたが、氏は我々の依頼が認められないことはないであろうと仰ってくれました。貴方も同感であることを望んでおります。そして、我々の植民地のための労働力採用が重要な課題であることを考慮し、我々が現在申し出ている許可を貴方は速やかに与えて下さるようお願い申し上げます。〔後略〕」

一八九四年二月五日に出されたこの書簡は、管見のところグアドループ島へ日本人移民を導入しようとする不動産銀行の企画の発端であると言える(76)。同書簡に、不動産銀行はその企画について既に植民地局次官の前任者デルカセ（Théophile Delcassé, 1852–1923）(77)の意中を探ったと記されている。デルカセが植民地局次官であったのは一八九三年一月から同年十一月まで(78)なので、やり取りが行われたのは十一月より前になると推測できるが、それに関する資料は今のところ見当たらない。

とにかくここで重要なのは、「植民地のための労働力採用が重要な課題である」ことをアピールする不動産銀行がグアドループ島への日本人移民事業に関する交渉を駐上海フランス領事館の元書記官補佐フランソワ・リュットシェ（François Lutscher）という人物に委託したこと、そしてそのリュットシェが上述したように一八九一年に行われたニューカレドニアの「ル・ニッケル社」と日本吉佐移民会社との間の交渉に当たったこと、であると言える。つまり、これらの二つの事業の連続性・一貫性が明らかで、ニューカレドニアの場合にしても、グアドループ島の場合にしても、移民事業の交渉の仕組みが同じである。日本側に「半官半民の日本郵船会社のもつ社会的信用」に基づいて「政府や民間の信用度は高かった[79]」日本吉佐移民会社が立ち、フランス側に「ル・ニッケル社」と不動産銀行のような植民地の開拓・経済発展に大いに貢献しフランス政府を後ろ盾になっている会社が立ち、その間に一人の（元）外交官であるリュットシェ[80]が仲介人として交渉に当たった、という仕組みになっているのである。

その上、「フランスの植民地への労働者の移民に関する一八五二年三月二十七日のデクレの第七条に従い」不動産銀行は移民導入のための許可を政府に申請していることも重要である。「移民は、国家の資金に基づいた補助金をもらわずに行われたとしても、海軍植民地大臣の許可を得てからしか行われ得ない」ことを定めた第七条は、上述したように一八九〇年六月の「グアドループ島における移民を規制するデクレ」に引き継がれ、不動産銀行が法令に基づいた正規の手続きを踏んでいることが読み取れる。このことからも、植民地での労働者問題に対する政府の管理の一貫性が明らかになっているのである。

さらに、ニューカレドニアにしても、グアドループ島にしても、移民は「外務省から海外旅券（パスポート）が交付され、〔中略〕いわゆる国のお墨付きの移民であった[81]」ことから、「ル・ニッケル社」も不動産銀行も日本政府から「信頼できる会社」または「高潔なものであるという保証がついている組合」として見なされていたことが分かる。結局、一八九四年七月十三日に日本吉佐移民会社と不動産銀行との間に横浜で締結された契約がフランス領事館の庇護のもとで結ばれたことも考慮すると、日本人移民の送出はほぼ政府レベルの事業であったと言っても過言ではない。更なる証拠として、不動産銀行の上記の依頼の取り扱いを分析してみよう。

不動産銀行よりグアドループ島へ移民の導入を許可するように依頼された植民地局次官は、自分の権限を超える問題だと考え、閣僚評議会議長[82]兼外務大臣のカジミール＝ペリェ（Jean Casimir-Perier, 1847–1907）に対して「アンティル諸島の植民地のためになる」事業なので、「植民地不動産銀行の依頼を受け入れるよう」に促した。しかし一方で、政府の好意を請うと同時に、二月十九日の書簡を以て移民の導入に関するグアドループ島総督の意見を聞く際に、不動産銀行より「一八五二年三月二十七日と一八九〇年六月三十日のデクレの第七条の諸規定に従って」依頼が寄せられたグアドループ島への日本人移民の導入は「ニューカレドニアのそれと同じ条件で行われる見込みである」ことも説明している。

そして、総督の意見がパリへ伝わる前に、二月二十二日に不動産銀行社長宛の書簡を以て、「グアドループ島議会が新しい移民を導入する必要はないという意見を述べた」理由で、植民地局次官はグアドループ島「当局より更なる情報が届かない限り、貴方の依頼に応じることができない」ことを通知した。ここに現れているグアドループ島議会における移民に関する議論が非常に重要な問題ではあるが、これからの課題として残し、本章では不動産銀行と政府が関わっている交渉に注目することとしたい。

そこから、ANOMにおいて四月まで資料がないが、上記の一八九四年七月に締結された移民送出に関する契約には、興味深い情報が含まれている。契約の序文にこう記されている。

「一方、吉左移民合名会社《ヨシサイミンゴウメイカイシャ》(83)

他方、一八《マ》九《マ》五年二月二十日にパリで作成された委任状（ここに原本の正確な写しである証明書が添付されている）を以て、パリのモガドール・プロロンジェ通り二番にある植民地不動産銀行の名義で取引に参加しているフランソワ・リュットシェ氏との間に以下のことが定められた。〔後略〕」

この資料から、政府の声を伝える植民地局次官がグアドループ島総督の意見が届かない限り移民導入の計画を許可することができないという決定を不動産銀行に知らせる二日前に、不動産銀行はリュットシェ宛に委任状を作成していたことが読み取れる。移民導入という事業には、法令に基づいて政府の許可が必要不可欠な条件であるということを考えると、かなり大胆な動きに見える。しかし、移民送出に関する日本吉左移民会社との交渉を任されることになっていたリュットシェが近いうちに日本へ出発する予定であったので、不動産銀行としてはそのチャンスを逃すことができず、予め委任状を作成しておくべきだと判断したと推測できる。結果として、政府の許可が下りたので正しい判断であったとも言えるが、不動産銀行の権力を示すエピソードとして捉えることもできる。

現に、四月十六日付の書簡において、不動産銀行社長は新しく設置された植民地省の最初の大臣に対してリュットシェが日本にいることを伝えているのである。同じ書簡から、植民地局次官ルボンの返事が届いたのは約二ヶ月が経過した後ということについて、「グアドループ島砂糖生産者組合」（« syndicat des fabricants de sucre de la Guadeloupe »）に対して、「グアドループ島議会が新しい移民を導入する必要はないという意見を以前述べた」ことについて問い合わせたことが原因であることが読み取れる。大資本家であるユージニェによって編制されたその組合は、「島議会は植民地へ新しい移民を導入する必要はないという意見を一切述べたことはない」と反論し、さらに今回の移民導入は「国家または植民地の助成金を受けて行われる事業ではなく、諸個人により、自分の出費で、一般法に基づいた労働契約を利用して行われる雇用事業」であることを主張している。その意味で、政府による許可というのは何らかの経済援助を受けるためのものではなく、単に以前の法令に定められた条件に過ぎないこともユージニェと不動産銀行の論理になっている。

ここでかなり興味深いことがＡＮＯＭの資料に現れている。上記の不動産銀行社長の書簡の余白に、鉛筆でこう書かれている。「彼らはこのようなことを言っていなかった」と。どういうことかと言うと、「諸個人により、自分の出費で、一般法に基づいた労働契約を利用して行われる雇用事業」という内容に対する政府の疑問を表しているコメントであると言える。つまり、植民地関係の官僚の考えでは、不動産銀行とグアドループ島の資本家による日本人移民の導入という事業は、間違いなく以前行われていたインド人の導入と同様のものであることが明らかである。この点も、つまり日本人出稼ぎ移民の法的身分、「契約移民」なのか「自由移民」なのかという問題に関する議論も非常に重要なことであるが、これからの課題として残しておこう。

上記の書簡より一週間後の四月二十三日に、不動産銀行社長が改めて植民地大臣へ書簡を出した。日本に滞在中のリュットシェから日本人出稼ぎ移民を「良い条件で」雇用することができそうだということが電報で伝えられてきた内容になっている。その知らせを受けたクチュリェ社長が急いで許可をくれるように植民地大臣に対して願うことも読み取れる。[84]

それを受けて、植民時大臣は五月九日の書簡を以て不動産銀行の依頼に対応している。しかし、政府はやはり「貴方が推測しているのと違って、日本人の移民は、〔導入された〕場合は、一八九〇年六月三十日の規定、その第六条の措置に従うことになる」ことを主張し、「一八八五年七月三日の会議において島議会は契約移民に対して好意的でない意見を出した」ことを理由に総督の返事と意見を待つことにしたということを伝える。ここでポイントとなる一八九〇年六月三十日のデクレの第六条に、「一八五二年三月二十七日のデクレに規定された条件で植民地に導入されたアフリカまたはアジアからの労働者」が移民と定められており、「それ以外の労働者、いかなる出身国と国籍の者はフランスにおける労働契約を規定する一般法の原理に従う」ことになっている。政府にとっての日本人出稼ぎ移民は前者であるのに対し、不動産銀行とユージニェにとっては後者のようである。

一週間後の五月十六日に、少し苛立たしげな書簡が不動産銀行から植民地大臣の机に届いたが、今回の差出人は社長ではなく「取締役会会長」（« Le Président du Conseil d'Administration »）となっている。この書簡は、二月二十二日に当時の植民地局次官がグアドループ島総督の意見を聞いたという書簡が不動産銀行に届いたのに、三ヶ月経過しても総督からの返事がないのはどういうことなのか、というような内容で始まっている。しかしこの書簡の中心点は、一八八五年七月三日の島議会の会議内容で、それについて不動産銀行の弁護が展開する。ひと言で言うと、グアドループ島の経済危機により、植民地の助成金を受けた移民のみがこの会議で行われた投票によって一時停止の対象となったはずで、今回の日本人移民の導入はそのような助成金を受ける事業ではないので対象にはならないはずである。「不足している労働力を手に入れることは製糖産業にとって死活問題」であるからこそ、政府は「労働の自由という根本的な権利」、そして「個人発意の自由」というような基礎原理を妨げることはできないであろう、という弁護になっているのである。

一方、興味深いことに、この書簡を以て不動産銀行は初めて、日本人移民が一八九〇年六月三十日のデクレによって定められた規制に従うことになることを承知し認めている。日本人移民の導入を「一般法に基づいた労働契約を利用して行われる雇用事業」だと説明していた四月十六日付の書簡の内容とかなりの矛盾があると言わざるを得ない。移民の導入をできるだけ早く始めたい不動産銀行とユージニェによる譲歩としか考えられないが、それからの日本人移民の行方をある程度左右させる決定である。

結局、二月十九日付の書簡を以て意見を聞かれていたグアドループ島総督は、植民地省が五月二十三日に出した電報に対して二日後の二十五日に同じく電報を以てついに返事をしている。「日本人移民に対して好意的である」という短文。そして五月二十九日付の書簡を以て、グアドループ島総督はこの電報の内容を説明している。まず返事が遅れた理由としてインド移民を再開するかどうかという問題を取り扱う特別委員会に日本人移民の問題を任せたことが挙げられている。その委員会は、日本人移民の導入がグアドループ島の利益になるのでそれに同意していることも記されているが、委員に関する情報がないものの、ユージニェと砂糖生産者組合に偏っているメンバーであるに違いなさそうである。総督自身も、「農業の需要は不動産銀行の試そうとしている事業を裏付けている」という意見を付け加えているが、植民地の機関として唯一普通選挙によって選ばれている「島議会の意見をまだ聞く必要がない」とも述べている。クレオール労働者の代表をも含んでいる島議会の意見を聞かないことは、総督がユージニェと砂糖生産者組合の考えに偏っている事実を物語っているのではないかと考えられる。

最後に、六月十三日に植民地省が不動産銀行に対してグアドループ島総督の電報の内容、そしてリュットシェに日本人労働者の雇用のための指示を出してもいいということを伝えている。一週間後の二十日に不動産銀行からの感謝の返事があったが、上述したように六月下旬に日本吉佐移民会社広島県業務代理人土肥積と同社神戸出張所員寺田一郎の間にグアドループ島への日本人移民に関する議論が既に始まっていたことから、[85]不動産銀行が植民地省の返事よりも前にリュットシェに指示を出していた可能性があったと推測できる。

そしてフランスの外務省は、不動産銀行の代理人リュットシェが五〇〇人の日本人労働者を派遣するという契約を締結したことを一八九四年八月三十日に、さらにそれらの日本人は十月十七日に神戸を出帆したことを十二月三十一日に伝えている。

おわりに

上記のような交渉の結果一八九四年十二月二十日にグアドループ島に無事に到着した四九〇人の日本人出稼ぎ移民は、その後総督の言葉を借りると「暴動」を起こすことになった。しかし、当時の経済危機、製糖生産危機という背景も忘れてはならないし、さらにフランスの植民地が置かれた社会的・政治的な状況も考慮して日本人出稼ぎ移民の行方をもっと分析する必要がある。特に、グアドループ島の社会を行き渡っている様々な対立（白人対黒人・インド人、ユージニェ・大農園主対労働者、保守派であるユージニェ・大農園主対社会主義者など）という文脈に日本人の行動、特に「暴動」を読み取らなければならない。

以上のように、本章はグアドループ島における日本人移民に関する実証的研究を目指して、今までの日本の先行研究を踏まえ、そして使われてこなかったフランス側の新しい史料を取り入れて新たな一歩を試みたが、残しておいた課題が山ほどある。これからの研究において、日本人移民の実態をできるだけ詳しく追求しながら、それらの残された課題（島議会における移民に関する議論、日本人移民の法的身分、「暴動」の背景・実態・収束など）に焦点を当て、さらに日本人移民が置かれた他の環境（特にニューカレドニアでの紛擾）との比較を通じて、植民地という特別な環境に置かれた日本人移民労働者の対応、現地人との関係などを探求していきたいと思う。

〔注〕

（1）国立海外史料館（Archives Nationales d'Outre-Mer）所蔵GUA59/409（以下ANOMと略す）、*Journal officiel de la Guadeloupe*（以下『グアドループ島官報』）一八九五年十月一日付（傍点は引用者による）。フランス語の原文は、本章の最後の「資料原文」に所収されている（以下も同様）。

（2）石川友紀「西インド仏領ガードループ島における日本人契約移民（一八九四〜一九〇〇）について―広島県出身移民を例として―」、『移住研究』二〇号、一九八三年三月（一一三―一一五ページ）にある平賀家文書堀越蔀「移民事業関係書」の引用。

（3）同右、平賀家文書「第一回西印度仏領「ガードループ」島移民応募者心得」の引用。

（4）「出稼（ぎ）移民」という表現は当時の史料に出てくるものである。たとえば児玉正昭「グアドループ島への日本人契約移民―広島県移民を中心に―」、『広島県史研究』八号、一九八三年三月、四〇ページに引用されている移民の父兄よりの書簡に見られる。

（5）武田佑太「第一次大戦前カリブ海植民地における製糖産業の再編とフランス系銀行―グアドループを中心に―」、『歴史』一一二号、二〇〇九年、（一―二六ページ）、五―六ページ：「カリブ海植民地における砂糖生産の基本単位をなすプランテーションは、サトウキビの栽培＝収穫と製糖とが同一の経営体（habitations sucreries）の中で行われる「農工統合体」（entreprises agro-manufacturières）である。〔中略〕一九世紀中葉以降、新たに「集中工場」（usine centrale）が建設され始めている。集中工場は、蒸気機関・近代的製糖技術を備え、近隣のプランテーションから買い集めたサトウキビを一手に集めて加工を行う。この経営体は、それまでの「農工統合体」としての砂糖プランテーションの役割を栽培＝収穫作業に特化させ〔中略〕農工分離による効率的生産を可能にするものだった。」

（6）SCHNAKENBOURG, Christian, *Histoire de l'industrie sucrière en Guadeloupe aux XIXe et XXe siècles, Tome*

II, La transition post-esclavagiste 1848–1883, L'Harmattan, 2007、六六ページによると、一八五四年から一八八八年まで、四万四五五三人の労働者がイギリス領インドからグアドループ島へ移民した。

（7）仏語：« Immigration réglementée »、つまり移民の植民地への導入、耕作地への配布、権利や義務、帰国などに関する規制・法律が定められ、導入する国の政府や当局が何らかの形で関与する移民制度をいう。CASTA-LUMIO, Lucien, « Étude historique sur les origines de l'immigration réglementée dans nos anciennes colonies de la Réunion, la Guadeloupe, la Martinique et la Guyane », Faculté de droit de Paris（パリ大学法学部の博士論文）, 1906、一八四―一八六ページを参照。

（8）SCHNAKENBOURG、前掲書、八五ページ。

（9）LARA, Oruno, *La Guadeloupe : physique, économique, agricole, commerciale, financière, politique et sociale : de la découverte à nos jours* (1492–1900), Nouvelle Librairie Universelle, 1922、三一七ページ。

（10）児玉、前掲論文、三三ページ。

（11）『移民取扱人ニ依ル移民之沿革』（一九一〇）、『邦人海外発展史』（一九四二）、『兵庫県海外発展史』（一九七〇）が児玉氏によって挙げられている（引用者注）。

（12）児玉、前掲論文、三三ページ。

（13）同右、四ページ。

（14）児玉の論文は一九九二年に刊行された同著『日本移民史研究序説』（渓水社）に再掲されているが、重要な加筆が見られない。

（15）石川、前掲論文、一三六ページ。

（16）同右、一一三ページ。

（17）児玉、前掲論文、四ページ。

（18）同右、四―五ページ。

（19）同右、三七ページ。

（20）同右、四ページ。

（21）移民研究会編『日本の移民研究：動向と文献目録』明石書店、二〇〇八年、一三〇ページ。

（22）ROBINSON, Greg, *A Tragedy of Democracy — Japanese Confinement in North America*, Columbia University Press, 2009、七一八ページ。
（23）矢口祐人『ハワイの歴史と文化』中公新書、二〇〇二年、二四―二七ページ。
（24）フランス側の資料では、「日本よしさ移民会社」と明記されている（たとえば：« Je vous adresse, d'ailleurs, ci-joint un extrait du contrat passé par l'agent de la Sté « Le Nickel » avec la Compagnie japonaise « Nippon Yoshi Sa Imin Kaïsha » [...] »、ANOM、一八九二年八月二十七日付の書簡）。ところが、当時の新聞紙上には「きっさ移民会社」という記載が見られる（例えば『朝日新聞』東京朝刊、一八九六年（明治二十九）五月五日付、二面）。
（25）外務省通商局編『移民保護規則』第一条：「本令ニ於テ移民ト称スルハ労働ヲ目的トシテ外国ニ渡航スル者ヲ謂ヒ移民取扱人ト称スルハ何等ノ名義ヲ以テスルニ拘ラズ移民ヲ募集シ又ハ移民ノ渡航ヲ周旋スルヲ以テ営業トナス者ヲ謂フ」
（26）石川友紀「日本出移民史における移民会社と契約移民について」、『琉球大学法文学部紀要　社会篇』通号一四、一九七〇年（一九―四五ページ）、一九ページ。ところが、最盛期の明治三十年代に、「全国四七の移民取扱人中、三四の移民会社がその業界で営業活動を行っていた」という少し異なる数字もある（奥村直彦「日本明治移民会社について―初期移民会社の一事例―」、『キリスト教社会問題研究』三四号、一九八六年（六六―一〇二ページ）、六七ページ）。
（27）豊原又男『佐久間貞一小伝』秀英舎庭契會、一九〇四年（国立国会図書館の近代デジタルライブラリーで閲覧可能：http://kindai.ndl.go.jp/info:ndljp/pid/781454/61）、二五三―二五四ページ。引用者は旧字体を新字体に改めた。以下も同様。
（28）同右、三〇五ページ。
（29）クイーンズランドは一八五九年に植民地政府が設置され、一九〇一年に州に昇格した。
（30）ここでは、児玉が外務省外交資料館の資料に基づいて作成した表に明らかに間違いがあり、詳しいことは以下に記すが、ニューカレドニアへの日本人出稼ぎ移民の最初の送出は実際一八九二年（明治二十五）一月に行われ、日本吉佐移民会社が取り扱った最初の移民事業である（石川友紀「フランス領ニューカレドニアにおける日本人移民―沖縄県出身移民の歴史と実態―」、『移民研究』三、二〇〇七（六九―八八ページ）、七二ページ／津田睦美『マブイの往来　ニューカレドニア―日本　引き裂かれた家族と戦争の記憶』人文書院、二〇〇九、三二ページ）。

(31) 児玉、前掲論文、七ページ。

(32) フランスの先行研究に関しては、上記の通り、日本人移民がグアドループ島へ送出されたという事実しか記されていない。

(33) 児玉、前掲論文、一三ページ。

(34) 児玉が「すでに『広島県史』近代一に平賀家文書を利用して、グアドループ島移民の概略は紹介しているので、他の関連する諸資料も活用し、より広い視野に立ってたんなる資料紹介にとどまらないように努めた」と述べているが（児玉、前掲論文、三八ページ）、『広島県史』にも移民送出に関する交渉過程についての記述が見当たらない。

(35) 豊原、前掲書、九二ページ。

(36) 石川、前掲論文（一九八三）、一二六ページ。

(37) 同右、一一四ページ。

(38) 児玉によると、同略記が平賀家文書の「西印度ガードループ移民関係書」に含まれているという（児玉、前掲論文、三九ページ、注(19)）。

(39) 石川、前掲論文（一九八三）、一一六ページ。

(40) 武田、前掲論文、九―一〇ページ。同時代に設立された他の植民地銀行として、マルティニーク銀行とレユニオン銀行（一八五二年）、ギアナ銀行（一八五三年）、そしてセネガル銀行（一八五四年）がある。

(41) SCHMIDT, Nelly, « Les paradoxes du développement industriel des colonies françaises des Caraïbes pendant la seconde moitié du XIXe siècle, perspectives comparatives », *Histoire, économie et société*, 1989, n°3, pp. 313-333、三二一ページ。

(42) 武田、前掲論文、一〇ページ。

(43) 同右、一三ページ。

（44）BLÉRALD, Alain Ph., *Histoire économique de la Guadeloupe et de la Martinique : du XVIIe siècle à nos jours*, Karthala, 1986、一三三ページ。

（45）植民地信用会社の創立資本は一二〇〇万フランで、つまりそれぞれの植民地（グアドループ、マルティニーク、レユニオン、ギアナ）で三〇〇万フランずつになっている（武田、前掲論文、一四ページ／BLÉRALD、前掲書、一三三ページ）。

（46）それ以前は、一八四四年からの約二十年間に四つの集中工場（usine centrale）しか建てられてこなかった（SCHMIDT、前掲論文、三二一―三二二ページ）。

（47）武田、前掲論文、一四ページ。

（48）SCHNAKENBOURG, Christian, « La disparition des « habitation-sucreries » en Guadeloupe（1848–1906）. Recherche sur la désagrégation des structures préindustrielles de la production sucrière antillaise après l'abolition de l'esclavage », *Revue française d'histoire d'outre-mer*, tome 74, n°276, 1987、二六九ページ。

（49）BLÉRALD、前掲書、一三三―一三四ページ。

（50）武田、前掲論文、一四―一五ページ。SCHNAKENBOURGは「製糖経営会社」（« société d'exploitation sucrière »）というもっと相応しい表現を使っている（SCHNAKENBOURG, Christian, *Histoire de l'industrie sucrière en Guadeloupe aux XIXe et XXe siècles, Tome III, Fluctuations et dépendance 1884–1946*, L'Harmattan, 2009、一四ページ）。

（51）SCHMIDT、前掲論文、三三二ページ、三三四ページ、三三七ページ。

（52）武田、前掲論文、一八―一九ページ。

（53）クレオールとは、「カリブ海地域で、現地で生まれ育った者を、ヨーロッパやアフリカで生まれ育った者と区別して呼んだ呼称」である（『百科事典マイペディア』）。フランスの植民地関係の先行研究では、主に黒人の現地労働者と（契約）移民と区別するために用いられることもある。

（54）児玉、前掲論文、一〇ページ。傍点は引用者による。

（55）当時の資料とフランスの先行研究では、それらの大資本家が「ユージニェ」（« usinier »）つまり「工場（« usine »）の者」＝「工場主」という名称で呼ばれることが多く、本章でも以下でその名称を用いる。

(56) SCHNAKENBOURG、前掲書（二〇〇七）、三〇ページ。
(57) SCHNAKENBOURG、前掲論文、二七七ページ。
(58) SCHNAKENBOURG、前掲書（二〇〇七）、三〇ページ。
(59) 同右、三八―三九ページ。
(60) 同右、四〇ページ。
(61) 同右、四一ページ。
(62) 同右、四三ページ。
(63) 児玉、前掲論文、一一ページ。移民の統計は、先行研究によって若干異なっている。アフリカ人が五九〇〇人でインド人が四万二三二六人という数字（SCHMIDT、前掲論文、三二八ページ）や、アフリカ人が六〇〇〇人でインド人が四万四五五三人という数字（SCHNAKENBOURG、前掲書（二〇〇七）、四九ページ、六六ページ）が見られるが、同程度の規模である。また、「支那人」が四二八人で「安南人」が二六八人という数字も見られる（SCHNAKENBOURG、前掲書（二〇〇七）、四七ページ）。
(64) SCHNAKENBOURG、前掲書（二〇〇七）、四五―四六ページ。
(65) フランスの法律におけるデクレとは、「行政権力による文書化された命令、決定」のことである（『小学館ロベール仏和大辞典』）。
(66) SCHNAKENBOURG、前掲書（二〇〇七）、一七―一九ページ。
(67) 同右、一七ページ。
(68) 同右、四四ページ。
(69) 児玉、前掲論文、一三ページ。
(70) 「植民地省」（Ministère des Colonies）という独立した行政機関は一八九四年三月二十日に設立された。それ以前の植民地関係の業務は、一八八九年三月から一八九二年三月までの間は貿易産業植民地省（Ministère du Commerce, de l'Industrie et des Colonies）、一八九二年三月から一八九三年一月までの間は海軍植民地省（Ministère de la Marine et des Colonies）、一八九三年一月から一八九四年三月までの間は再び貿易産業植民地省の管轄下にあった（BERGE, François, « Le Sous-secrétariat et les Sous-secrétaires d'État aux Colonies :

histoire de l'émancipation de l'administration coloniale », *Revue française d'histoire d'outre-mer*, tome 47, n°. 168-169, 1960（三〇一―三七六ページ）、三六一―三七五ページ）。
(71) フランス語の「Sous-secrétaire d'État」（英：under secretary）は「次官」と訳されているが、その上司に当たる「長官」は管轄している省の大臣そのものとなっている。そのような「次官」の役職を定める唯一の法令は一八一六年のもので、彼らは「それぞれの省において大臣＝長官〔原文：ministres-secrétaires d'État〕が彼らに委任した業務・通信の部分を担当する」ものとされている（BERGE、前掲論文、三〇二ページ）。
(72) 日本吉佐移民会社の佐久間貞一が一八七三年（明治六）に「天草島民を北海道浦川に移住せしめたる」ことがあったように、天草との関係が既にあった（豊原、前掲書、八〇ページ）。
(73) 津田、前掲書、二三ページ。
(74) 豊原、前掲書、八三―八四ページ。
(75) 石川、前掲論文（二〇〇七）、七二ページ。詳しく言えば、九七人であった（津田、前掲書、二四ページ）。
(76) 不動産銀行またはフランソワ・リュットシェの資料が見付かれば、それ以前の企画の流れをもっと詳しく調べることができるかも知れないが、今のところそのような資料が発掘されていないようである。
(77) デルカセは一八九四年五月に植民地大臣に任命され、一八九五年一月までその職に就いた。後に一八九八年六月に外務大臣に任命され、一九〇五年六月までの七年間フランスの外交を担当した。
(78) BERGE、前掲論文、三六八―三七〇ページ。
(79) 児玉、前掲論文、六ページ。
(80) リュットシェに関する情報がまだ少なく、グアドループ島移民に関する交渉の時は「駐上海フランス領事館の元書記官補佐」であったことが明らかであるが、ニューカレドニア移民に関する交渉の際は、既に「元書記官補佐」であったかどうか、不明である。また、交渉の際に通訳がいた可能性が高いが、その点も今のところ不明である。
(81) 石川、前掲論文（二〇〇七）、六九ページ。
(82) 首相に当たるが、フランス第三共和制の場合、他の職を兼任していることがほとんどであった。
(83) フランス語の原文には「Yoski-Sa-Imin-Gomei-Kaiska」とあるが、「ｓｋ」という文字の組み合わせが、「ｈ」

と「k」の字体が似ていることから「sh」の代わりに使われた組み合わせで、書き写しの間違いである。同じ間違いの他の例として、拙稿「幕末期に来日した二人の仏人宣教師の日本語ローマ字表記について」、東京学芸大学大学院連合学校教育学研究科編『学校教育学研究論集』第二一号、二〇一〇年を参照。

(84)「一八七一年にはロシア極東部のウラジオストクから長崎に陸揚げされた海底ケーブルを用いた国際電信が開通した。この国際回線は、シベリア経由でヨーロッパまでつながっており、大西洋を渡り北米との電信も可能とした。〔中略〕さらに一八八〇年頃には、日本の大都市を結ぶ電信網が完成。〔中略〕一八九〇年頃には、全国の県庁所在地を網羅するほどに電信網は広がった。」（NTT東日本ウェブマガジンより：http://www.ntt-east.co.jp/business/magazine/network_history/05/）。

(85) 児玉、前掲論文、一三ページ。

ment sur le travail du 30 Juin 1890, et nous sommes prêts à nous y soumettre. [...]

C'est une question de vie ou de mort pour l'industrie sucrière de pouvoir se procurer la main d'œuvre qui lui manque.

Nous pensons que, en présence d'une situation aussi périlleuse, et alors que nous ne demandons aucun concours financier à l'État ni à la Colonie, le Gouvernement ne voudra pas assumer la responsabilité de mettre obstacle au libre exercice de l'initiative privée.

C'est en nous recommandant du droit primordial de la liberté du travail que nous venons faire un nouvel appel à votre haute équité. [...] »

・p. 337, ANOM, 1894年5月29日付グアドループ島総督より植民地大臣宛の書簡：

« [...] c'est que l'Administration locale a tenu, au préalable, à faire part du dit projet à la Commission coloniale, puis à soumettre la question à une Commission spéciale qui a été instituée pour procéder à une enquête sur l'opportunité de la reprise de l'immigration indienne, et qui fonctionne en ce moment.

Cette Commission, à l'unanimité, a émis l'avis qu'il est de l'intérêt de la Colonie que le Gouvernement accorde au Crédit foncier colonial et au Syndicat que cette société représente l'autorisation d'introduire à la Guadeloupe un convoi d'immigrants japonais aux conditions du contrat qui lui a été communiqué.

En ce qui me concerne, j'estime que les besoins de l'agriculture justifient pleinement l'essai que veut tenter la dite société.

Il ne m'a pas paru qu'il fût dès à présent nécessaire de saisir le Conseil général de la question __ [...] »

mément aux dispositions de l'art. 6 de cet acte. Il ne saurait en être autrement que si des mesures spéciales étaient adoptées à ce sujet.

Or le C. G[al] a émis, dans la séance du 3 juillet 1885 un avis défavorable au maintien de l'immigration règlementée [...] »

・p. 336, ANOM, 1894年5月16日付不動産銀行取締役会会長より植民地大臣宛の書簡：

« Monsieur le Sous-Secrétaire d'État des Colonies nous a fait savoir, par une lettre du 22 février dernier, qu'il avait demandé l'avis de l'autorité locale.

Nous ne pouvions pas supposer que cette consultation dût reculer de si longtemps la décision que nous attendons. [...]

Votre principale objection à notre demande est que le Conseil général a émis, dans la séance du 2 Juillet 1885, un avis défavorable au maintien de l'immigration réglementée.

Il y a, sur la portée de ce vote, une équivoque qu'il est important de dissiper.

[...]

« Le Conseil est-il d'avis, en raison des embarras financiers actuels, de voter la suspension du recrutement jusqu'à nouvel ordre ?

Adopté à l'unanimité. »

Les lignes que nous venons de citer démontrent clairement que le vote du Conseil général visait uniquement le recrutement officiel par les soins de la caisse d'immigration et avec le concours des fonds de la Colonie : c'est ce recrutement seul que le Conseil général a entendu suspendre jusqu'à nouvel ordre, par des considérations tirées de la situation financière de la Colonie.

Le vote ne saurait être opposé à notre demande, qui a pour objet une opération d'immigration à entreprendre par des particuliers, à leurs frais.

La question n'intéresse en aucune façon les finances coloniales.

Nous n'ignorons pas, d'ailleurs, que les immigrants Japonais que nous sollicitons l'autorisation d'introduire à la Guadeloupe seront régis par le règle-

Monsieur le Sous-Secrétaire d'État a sans doute été mal renseigné, car le Conseil Général de la Guadeloupe n'a jamais exprimé l'avis qu'il n'y a pas lieu d'introduire de nouveaux immigrants dans la colonie. Il suffirait de parcourir les recueils des procès-verbaux de cette assemblée pour en acquérir la preuve.

Nous vous prions d'ailleurs, Monsieur le Ministre, de vouloir bien remarquer qu'il ne s'agit pas, dans l'espèce, d'une immigration subventionnée sur les fonds de l'État ou de la Colonie, mais bien d'opérations de recrutement à entreprendre par des particuliers, à leurs frais, et en vertu de contrats de droit commun＊. [...] »

＊〔余白に鉛筆で〕« Ils n'avaient pas dit celà. »

・p. 335–336, ANOM, 1894年４月23日付不動産銀行社長クチュリェより植民地大臣宛の書簡：

« [...] nous avons l'honneur de vous informer que nous avons reçu de Monsieur Lutscher, chargé éventuellement de recruter des travailleurs au Japon pour le compte de notre Société et d'un Syndicat de propriétaires fabricants de sucre de la Guadeloupe, un télégramme indiquant qu'il trouverait actuellement à engager des émigrants à des conditions avantageuses, et signalant l'opportunité qu'il y aurait d'aboutir à une prompte conclusion.

Désirant profiter de l'occasion favorable qui s'offre, nous venons vous solliciter instamment, Monsieur le Ministre, de vouloir bien rendre une décision d'urgence sur notre demande en autorisation d'introduire des travailleurs Japonais à la Guadeloupe dans les conditions rappelées par notre lettre précitée. [...] »

・p. 336, ANOM, 1894年５月９日付植民地大臣より不動産銀行社長クチュリェ宛の書簡：

« [...] contrairement à vos suppositions les immigrants japonais seront soumis, le cas échéant, au règlement sur le travail du 30 juin 1890, confor-

« [...] L'opération dont il s'agit s'effectuerait donc dans les mêmes conditions que pour la Nouvelle-Calédonie [...].

Avant de prendre aucune décision à l'égard de la demande ci-dessus, qui m'est soumise en exécution des prescriptions de l'art. 7 des décrets du 27 Mars 1852 et du 30 Juin 1890, j'ai l'honneur de vous prier de me faire connaître votre avis sur la suite qu'elle vous paraît devoir comporter. [...] »

・p. 334, ANOM, 1894年２月22日付植民地局次官より不動産銀行社長宛の書簡：

« [...] J'ai l'honneur de vous informer que le Conseil général de la Guadeloupe a exprimé l'avis qu'il n'y avait pas lieu d'introduire de nouveaux immigrants dans la colonie. Dans ces conditions, je ne pourrai examiner utilement votre demande que lorsque j'aurai reçu de l'Adm[on] locale des renseignements que j'invite M. Nouet à me fournir sur son opportunité. [...] »

・p. 334, *La Vérité*, 1894年11月４日号：

« La Yoski-Sa-Imin-Gomei-Kaiska

D'une part ;

Et

M. François Lutscher, agissant au nom et pour compte de la Société du Crédit Foncier Colonial, doncilié [sic] à Paris, 2, rue Mogador prolongée, en vertu d'une procuration passée à Paris le 20 février 1895 [sic], et dont copie certifiée conforme demeure ci-annexée,

D'autre part ;

Il a été arrêté et convenu ce qui suit [...] »

・p. 335, ANOM, 1894年４月16日付不動産銀行社長クチュリェより植民地大臣宛の書簡：

« [...] Le syndicat des fabricants de sucre de la Guadeloupe, à qui nous avons communiqué la réponse de Monsieur Lebon, nous fait observer que

rait possible d'entreprendre une opération d'émigration de travailleurs japonais.

Nous avons l'intention de confier la négociation de cette affaire à M. François Lutscher, ancien chancelier du consulat de France à Shang-Hai, qui a été chargé en 1891 d'une mission analogue pour le compte de la Société française « Le Nickel », et qui doit partir très prochainement pour le Japon.

Conformément à l'article 7 du décret du 27 mars 1852 sur l'immigration des travailleurs aux colonies françaises, nous venons vous demander, en vue du succès éventuel de nos négociations, l'autorisation d'introduire à la Guadeloupe des travailleurs recrutés au Japon pour le compte de notre Société et, le cas échéant, des autres propriétaires qui voudraient se joindre à nous pour participer à l'entreprise dont il s'agit.

Nous avions pressenti sur cette question votre honorable prédécesseur, Monsieur Delcassé, qui avait bien voulu nous dire que notre demande ne souffrirait aucune difficulté. Nous espérons qu'elle n'en rencontrera pas davantage auprès de vous, et que, eu égard à l'intérêt général qui s'attache au recrutement de la main d'œuvre pour nos colonies, vous voudrez bien nous accorder d'urgence l'autorisation que nous sollicitons. [...] »

・p. 333, ANOM, 1894年２月[1)]付植民地局次官より閣僚評議会議長兼外務大臣宛の書簡：

« [...] l'opération qu'il doit diriger semble présenter de l'intérêt pour notre colonie des Antilles et je serais heureux qu'il vous parut [sic] possible de me mettre à même de donner satisfaction à la demande du Crédit foncier colonial. [...] »

・p. 333–334, ANOM, 1894年２月19日付植民地局次官よりグアドループ島総督宛の書簡：

1)　日付はこれ以外記されていないが、文脈によって２月５日より後で、２月19日より前の書簡であることが確実である。

ART. 35.

L'immigrant est toujours détenteur de son livret, qui doit être représenté à toute réquisition des agents de la force publique. Tout immigrant rencontré, un jour ouvrable, en dehors de la propriété à laquelle il est attaché et qui ne justifie pas d'un livret portant la mention du dernier arrêté mensuel dont il est parlé à l'article 33 est présumé en état de désertion ou de vagabondage. [...] »

・p. 329–330, ANOM, 1892年8月27日付貿易省植民地局次官よりグアドループ島とギアナ両総督宛の書簡：

« [...] le Gouvernement japonais parait disposé depuis quelque temps à autoriser l'émigration de ses nationaux à destination de l'étranger. En présence des heureux résultats qui ont couronné une tentative de recrutement de 600 coolies pour les exploitations des concessions de la S^té « Le Nickel » en N^lle Calédonie, j'ai pensé qu'il était intéressant de vous signaler cette source de recrutement qui pourrait peut-être fournir à la G... les mains d'œuvre dont elle a besoin.

Il résulte des renseignements parvenus au Ministère des Affaires étrangères que, tout en revenant sur l'interdiction précédemment faite à ses nationaux de s'expatrier pour chercher du travail, le Gouvernement japonais n'autorise cependant leur départ pour l'étranger qu'autant qu'il se trouve en présence d'enrolements [sic] effectués pour le compte de Cies sérieuses ou de syndicats offrant toutes garanties d'honorabilité. [...] »

・p. 331–332, ANOM, 1894年2月5日付不動産銀行社長クチュリエ（Couturier）より貿易省の植民地局次官宛の書簡：

« [...] Dans le but d'obvier au manque de bras qui est le principal obstacle au développement des exploitations agricoles et industrielles à la Guadeloupe, nous avons, de concert avec un groupe des principaux propriétaires et fabricants de sucre de la Colonie, étudié les conditions dans lesquelles il se-

TITRE IV.

DU RAPATRIEMENT

37. Le droit au passage de rapatriement aux frais de la caisse coloniale [...] sera ouvert à l'expiration de la cinquième année de séjour dans la colonie, sans préjudice du droit que les immigrants se seront réservé par leurs contrats d'engagement, d'être rapatriés dans un délai plus bref aux frais des colons aux services desquels ils se seront engagés.

[...] »

・p. 328, グアドループ島における移民を規制する1890年 6 月30日のデクレ：

« DÉCRET *réglementant l'immigration à la Guadeloupe.*

[...]

CHAPITRE II.

DE L'INTRODUCTION DES IMMIGRANTS

ART. 6.

Sont qualifiés immigrants les travailleurs africains ou asiatiques introduits dans la Colonie dans les conditions prévues par le décret du 27 mars 1852. Tous autres travailleurs, quels que soient leur pays d'origine et leur nationalité, sont soumis aux principes du droit commun qui régissent le louage des services en France, notamment à l'article 1142 du Code civil.

[...]

ART. 7.

Tout particulier ou toute compagnie qui veut introduire des immigrants à la Guadeloupe, sans le concours des fonds de la Colonie, doit en obtenir l'autorisation du Gouvernement.

[...]

ART. 32.

Tout immigrant engagé doit être pourvu d'un livret destiné à recevoir les différentes indications relatives à l'exécution de son engagement.

[...]

Les voyages de la seconde catégorie sont ceux d'Europe, des îles Madère, Canaries ou Açores, et des côtes occidentales d'Afrique à l'île de la Réunion ; des mers d'Inde et d'Asie, de Madagascar et des Comores aux colonies d'Amérique.

[...]

18. Pour les voyages des deux catégories, lorsque l'émigration aura lieu d'Europe, l'approvisionnement devra, de plus, comprendre vingt-cinq centilitres de vin par émigrant et par jour.

Lorsque l'émigration aura lieu des territoires asiatiques, l'approvisionnement devra comprendre, en quantité suffisante, les ingrédients nécessaires à la préparation du repas usuel des indigènes.

[...]

TITRE III.

DES IMMIGRANTS.

34. Le directeur de l'intérieur de chaque colonie déléguera un agent de son administration qui sera chargé, comme commissaire spécial, de contrôler l'introduction des immigrants et la conclusion de leur premier contrat d'engagement avec les colons.

35. A l'arrivée des navires porteurs d'immigrants, le commissaire spécial se rendra à bord et vérifiera le nombre des passagers et leur identité [...].

Si des décès ont eu lieu pendant le voyage, le commissaire spécial les constatera et en enverra les actes au port d'embarquement. Il devra également faire transcrire sur les registres de l'état civil les actes des naissances qui auront eu lieu pendant la traversée.

Il recevra les déclarations et, s'il y a lieu, les plaintes des immigrants sur la manière dont ils ont été traités à bord des navires [...].

36. Les gouverneurs pourvoiront [...] à toutes les mesures de protection que pourra réclamer la situation des immigrants, et notamment, quand il y aura lieu, à l'organisation des syndicats destinés à leur servir d'intermédiaire auprès de l'administration et d'ester pour eux en justice [...].

jardin ;

2° Les outils et les instruments nécessaires au travail pour lequel il est engagé ;

3° Les soins médicaux et les médicaments en cas de maladie ;

4° Les prestations déterminées dans les paragraphes précédents, pour sa femme et ses enfants, s'il est accompagné de sa famille.

[...]

ÉMIGRATION DE PAYS HORS D'EUROPE

7. L'émigration des pays hors d'Europe n'aura lieu, même sans subvention sur les fonds de l'état, qu'après avoir été autorisée par le ministre de la marine et des colonies.

8. Il sera créé, pour cette émigration, un agent spécial au lieu même où elle s'effectuera.

[...]

9. Les émigrants âgés de moins de vingt-et-un ans seront représentés, auprès de l'agent de l'émigration, par leurs parents ou tuteurs [...]

L'enrôlement des individus infirmes ou âgés de plus de quarante ans est formellement interdit.

[...]

12. Les émigrants de l'Inde pourront être dispensés de contracter préalablement l'engagement de travail prévu par l'article 2.

[...]

TITRE II.
DU TRANSPORT DES ÉMIGRANTS.

[...]

15. Les voyages pour l'émigration sont divisés en deux catégories.

Les voyages de la première catégorie sont ceux de l'Inde et des mers d'Asie, de la côte orientale d'Afrique, de Madagascar ou des Comores à l'île de la Réunion ; d'Europe, des îles Madère et Canaries ou Açores, et de la côte occidentale d'Afrique aux colonies d'Amérique.

Cette dépense sera à la charge de la colonie qui aura reçu les immigrants. Elle sera comprise dans son budget parmi les dépenses obligatoires.

[...]

5. A l'égard des immigrants, le contrat d'engagement de travail pourra, pendant les six premiers mois de leur arrivée, être transféré à un tiers sans l'approbation de l'administration.

[...]

25. Les dispositions du présent décret ne sont applicables qu'aux colonies de la Martinique, de la Guadeloupe, de la Réunion et de la Guyane.

[...] »

・p. 324-327, フランスの植民地への移民に関する1852年3月27日のデクレ：

« N°3958 — *DÉCRET sur l'Émigration d'Europe et hors d'Europe à destination des Colonies françaises.*

Du 27 Mars 1852.

[...]

TITRE 1er.

DES ÉMIGRANTS.

ART. 1er. [...] l'émigration d'Europe et hors d'Europe, à destination des colonies de la Martinique, de la Guadeloupe, de la Guyane française et de la Réunion, devra se faire aux conditions et conformément aux règles suivantes :

ÉMIGRATION D'EUROPE

2. L'émigrant d'Europe produira au préfet de son département, ou, s'il est étranger, à telle autorité que désignera le ministre de la marine et des colonies, un engagement de travail avec un propriétaire rural d'une des colonies ci-dessus désignées.

Cet engagement contiendra, pour l'engagiste, l'obligation de fournir à l'engagé, outre la rémunération convenue,

1° La nourriture pendant la première année de son séjour, une case et un

資料原文

・p. 311, ANOM, 『グアドループ島官報』1895年10月 1 日付：

« [...] Le Gouverneur prie Monsieur le Commandant de gendarmerie de vouloir bien transmettre ses félicitations à M. le lieutenant Devoucoux [...], pour l'habileté dont il a fait preuve dans la répression de l'émeute japonaise [...] »

・p. 323–324, フランスの植民地への労働者移民に関する1852年 2 月13日のデクレ：

« *DÉCRET relatif à l'Immigration des Travailleurs dans les Colonies* [...]

ART. 1er.

Les émigrants, cultivateurs ou ouvriers qui seront engagés pour les colonies pourront y être conduits soit aux frais, soit avec l'assistance du trésor public ou des fonds du service local.

Les conditions auxquelles les allocations de passage pourront être accordées seront déterminées par un règlement spécial.

2. Après l'expiration du nombre d'années de travail qui sera déterminé pour chaque colonie par le règlement à intervenir, l'immigrant introduit, soit aux frais, soit avec l'assistance du trésor public ou de la colonie, aura droit, lorsqu'il n'aura encouru aucune condamnation correctionnelle ou criminelle, au passage de retour pour lui, sa femme et ses enfants non adultes.

Il aura, pendant l'année qui suivra l'expiration du délai fixé, la faculté d'opter entre la jouissance de ce droit et une prime d'une somme équivalente aux frais de son rapatriement personnel. Cette prime ne sera allouée qu'après justification d'un rengagement ou de l'exercice d'une industrie dans la colonie.

＊執筆者一覧（掲載順）＊

宮《みや》坂《さか》　新《あらた》　1978年生まれ　館山市立博物館学芸員
主著：「江戸廻り地域の変容と天保改革」（『日本歴史』758，2011年）

下《しも》向《むか》井《い》紀《のり》彦《ひこ》　1983年生まれ　公益財団法人三井文庫研究員
主著：「近世後期港湾都市尾道における諸品会所の成立と展開」
（『史学研究』281号，2013年）

中《なか》山《やま》　圭《けい》　1976年生まれ　天草市役所観光文化部文化課主査
主著：「離島の織豊系城郭群―天草諸島における寺澤氏の支城網について―」
（『東アジア古文化論攷』２，中国書店，2014年）

小《こ》林《ばやし》 延《のぶ》人《る》　1983年生まれ　秀明大学学校教師学部専任講師
主著：『明治維新期の貨幣経済』（東京大学出版会，2015年）

鄭《チョン》　英《ヨン》實《シル》　1981年生まれ　韓国・慶尚大学校慶南文化研究院特別研究員
主著：「병사공 한범석의 대일본 의식（兵使公韓範錫の対日本認識）」
（『南冥学研究』43輯，2014年）

古《ふる》川《かわ》 祐《ゆう》貴《き》　1985年生まれ　長崎県立対馬歴史民俗資料館学芸員
主著：「慶安期における沿岸警備体制」（『日本歴史』758，2011年）

麻《あ》生《そう》 伸《しん》一《いち》　1981年生まれ　沖縄県立芸術大学音楽学部専任講師
主著：「近世琉球における王位継承について
―尚育王と尚泰王の即位を中心に―」（『東洋学報』95-４，2014年）

Le ROUX Brendan（ル・ルー　ブレンダン）
1980年生まれ　帝京大学外国語学部専任講師
主著：「フランス人宣教師メルメ・カションの「日本のヒエラルヒーに関する研究」について」（『帝京大学外国語外国文化』第８号，2015年）

荒武賢一朗《あらたけけんいちろう》

1972年京都府生まれ
東北大学東北アジア研究センター上廣歴史資料学研究部門准教授
主要編著書に『屎尿をめぐる近世社会—大坂地域の農村と都市—』（清文堂出版，2015年），『日本史学のフロンティア１・２』（共編著・法政大学出版局，2015年）『世界遺産を学ぶ—日本の文化遺産から—』（共著・東北大学出版会，2015年）など

世界とつなぐ　起点としての日本列島史

2016年２月20日　初版発行

編　者　荒武賢一朗
発行者　前田博雄
発行所　清文堂出版株式会社
〒542-0082　大阪市中央区島之内２－８－５
電話06-6211-6265　　FAX06-6211-6492
http：//www.seibundo-pb.co.jp
印刷：亜細亜印刷株式会社　製本：株式会社渋谷文泉閣
ISBN978-4-7924-1049-0　C3021